개정판

Contemporary Russian Politics & International Relations

현대 러시아정치와 국제관계

윤 영 미

도서출판 두남

preface

머리말

러시아연방(Russian Federation, 이하 러시아)은 세계에서 가장 넓은 영토를 가진 나라로 인구는 약 1억4천만 명에 불과하지만 석유 및 천연가스 등 풍부한 지하자원을 보유한 나라다. 많은 한국인들은 러시아 하면, 러시아 황제의 짜르(Tzar), 레닌의 사회주의 혁명, 붉은 광장의 크렘린 대통령 궁, 오색찬란한 바실리카 성당, '무색 · 무취 · 무미'의 보드카, 백조의 호수의 발레, 차이코프스키의 음악, 톨스토이와 도스토예프스키의 문학적 성취, 다산을 상징하는 마초료쉬카 목각인형, 시베리아횡단철도(TSR) 등을 떠올릴 수 있을 것이다. 우리 부모님 세대라면 이발소나 미용실 벽에 걸려 있던 푸시킨의 시 "삶이 그대를 속일지라도 결코 노여워하지 말라"라는 글귀를 기억하고 있겠지만 그 시가 러시아 농민의 고단하고 힘든 삶을 위로했던 뜻이라는 것을 알고 있는 이는 그리 많지 않을 것이다. 이처럼 복합적인 이미지로 우리에게 기억되고 있는 나라가 러시아다.

우리나라 사람들은 러시아를 조금은 먼 나라로 인식하고 있다. 그 동안 역사적인 교류가 적기도 하거니와 냉전의 우울한 기억도 사라지지 않고 있기 때문이다. 하지만 러시아 사람에게 한국은 그리 먼 나라가 아니다. 1884년 '조러수호통상조약'과 1896년 고종의 러시아 공관으로 피신했던 '아관파천'을 생각해 보자. 현재 러시아의 곳곳에 한국 상품이 즐비하고 삼성과 LG 전광판이 도심의 거리에서 빛나고 있다. 초코파이는 또 얼마나 인기가 좋은가. 멀게만 느껴지는 러시아가 우리의 좋은 이웃국가로 되고 있다.

'러시아는 이성으로 이해할 수 없고, 러시아는 공통의 자로 잴 수 없다,'는 말이 있듯이 알면 알수록 양파 같은 나라라는 생각이 든다. 러시아 지식인들스스로가 감추기보다는 있는 그대로를 드러내고 그 속에서 생생한 기억의 역사를 즐기는 민족이기 때문이다.

1996년 필자가 처음 러시아를 방문했던 곳은 러시아 극동지역의 블라디보스토크(동쪽의 끝이라는 뜻)이다. 당시만 해도 전력 사정이 원활하지 않아, 하루에 두 서너 시간을 제외한 곤 캄캄한 어둠 속에서 촛불을 켜고 지내야만 했다. 그곳 사람들은 불편했겠지만 필자에게는 낭만적인 기억으로 남아 있다. 그랬던 러시아가 이제 풍부한 전력과을 중국에 수출하고 이젠 석유와 천연가스를 중국, 일본, 한국에 수출하고 있다. 이렇게 러시아 동방정책은 급속도록 변화하고 발전하고 있다.

혁명과 체제전환을 겪었던 세계 역사의 변화를 주도했던 러시아는 이제 친근감 있게 우리에게 다가온다. 1917년 블라디미르 레닌의 사회주의 혁명의 성공으로 탄생했던 소련연방은 1991년 붕괴되었다. 탈냉전기의 본격적인 서막을 알리는 국제정치사의 중요한 역사적인 사건이었다. 노벨 평화상을 수상한 미하일 고르바초프의 페레스토로이카(개혁)와 글라스노스트(개방)와 신사고(New Thinking) 외교정책은 구소련 붕괴의 시작이었다. 2차 세계대전 이후 냉전기를 주도했던 미국과 소련의 이념과 체제 경쟁의 종식이자 새로운 역사 시작의 모멘텀이 되었다.

이미 1990년 동서독 통일과 주변 동유럽 국가들의 사회주의에서 민주화와 자본주의 체제전환과 구소련 연방에서 독립한 14개의 공화국들은 새로운 국가건설(State-Building)에 주력했다. 러시아를 주축으로 대부분 독립국가들은 독립국가연합(Commonwealth Independent State, CIS)을 구성했다. 일명 포스트소비에트(post-Soviet Space) 공간에서 세계화의 흐름 속에 대부분의 독립국가들은 민주화와 자본주의 물결에 편승했다.

러시아는 1990년대 정치적 민주화와 자본주의 경제체제의 전환기의 또 다른 '혁명(Revolution)'을 맞아 실패와 혼란을 겪었다. 보리스 옐친 대통령의 민주주의 국가건설은 국가 역량과 국제정치적 위상을 손상시키는 결과를 초래했다. IMF 위기, 체첸분리독립 전쟁과 블랙위도우로 불리는 여성테러리스트의 자살 폭탄테러 속에서 2000년 5월 블라디미르 푸틴 대통령의 집권은 강한 국가 건설의 초석이 되었다. 그의 후계자인 드미트리 메드베데프로 이어지는 독특한 전대미문의 '양두체제'(diarch)를 형성했다. 이제 러시아는 2012년 3월 초 대선을 앞두고 있다. 가장 유력한 대선 후보인 푸틴 총리의 재선 가능성이 높게 전망된다. 러시아는 헌법 개정을 통해 대통령 임기를 이번 대선부터 4년에서 6년 연임제를 채택했다. 이 말은 향후 푸틴 총리가 대통령으로 재집권 한다면 연임까지도 고려해 볼 때 앞으로 12년 통치 가능성이 벌써부터 제기된다.

또한 러시아는 에너지자원 외교를 중심으로 북극해 개발에도 적극적인 에너지정책으로 일관한다. 이런 정치체제의 전환기 속에 러시아는 '안정과 경제성장'의 목표 하에 러시아의 부활과 국제사회에서의 자국의 입지 강화로 요약되는 국가체제 완성과 세계전략에 주력한다. 러시아의 국가비전은 정치경제의 개혁과 발전, 국민의 삶의 질 고양, 강대국 러시아 재건, 실용주의와 다자주의 외교정책 등으로 요약된다.

포스트소비에트 공간의 새로운 국제질서 형성에서 러시아는 미국과의 신거대게임(New Great Game)에 직면했다. 협력과 갈등의 대미관계는 다양하게 표출되고 있다. 미국과 NATO의 동진을 견제하기 위해 러시아의 적극적인 쌍무적 및 다자주의 안보 구축은 상하협력기구(SCO)를 통해 형제국인 중국과의 전략적 동반자 관계 유지와 그 밖에 집단안보조약기구(CSTO), 유라시아경제공동체(EurAsEc) 등을 통해 중앙아시아와 CIS 국가들과의 결속을 강화하고 있다. 동시에 러시아는 환경, 반테러리즘 공조, 전략핵무기 협상 등 글로벌 이슈에 대해 미국과 양국은 새로운 화해와 협력이라는 관계의 재설정(Reset)에 주력하고 있다.

러시아는 동북아지역에서 유라시아국가로서의 국가위상 한반도 평화 및 비핵화 지지, 동시베리아 및 극동지역의 에너지개발 등 중장기적 발전을 위한 대외적 환경 조성 등 주요 사안에 대해 '적극적 개입정책'으로 유지된다. 2008년 9월 말 한러 양국은 '전략적 협력 동반자 관계'로 격상되었고, 2010년 양국 수교 20주년을 맞았다. 양국은 이제 한반도 문제 외에 다양한 글로벌 이슈와 러시아의 WTO 가입 지지 등 중요한 현안과제에 협력을 모색 해왔다. 결국 2011년 12월 러시아는 WTO 가입이 확정됨에 따라 경제 발전을 더욱 도모할 수 있게 되었다.

그러나 2차 세계대전 종결이후 일본과의 남쿠릴 4도(에토로후, 구나시리, 시코탄, 하보마이) 영토분쟁으로 이어진 영유권 분쟁의 미해결로 인해 일본과 평화조약을 맺지 못하고 있다. 1956년 러시아가 시코탄, 하보마이 2도 반환이후 평화조약을 제안했지만 일본은 4도 일괄반환 원칙을 고수한다. 1945년부터 '실효적인' 지배를 하고 있는 러시아의 입장에서 그동안 진전이 없는 영토반환 협상에 별다른 기대를 하지 않는다. 2010년 11월 초 전례 없던 메드베데프의 대통령의 구나시리섬의 방문으로 이어졌다. 러시아 국가원수로는 처음 있는 일이었고, 일본의 빗발치는 항의는 이어졌고 그 후에도 러시아는 계속해서 남쿠릴 4도의 경제개발과 군사기지 확충을 모색 중이다.

이 책에서는 주로 2000년 이후 러시아를 중심으로 국내외 정치, 경제, 외교, 안보를 이슈 다루고 있다. 따라서 대부분 글은 필자가 이미 학술회의와 세미나에서 발표했거나 학회지에 실린 글을 수정 내지 보완했으며, 또한 최근 주요 이슈를 중심으로 새롭게 집필한 글도 다수 포함되었다. 특히 2012년 봄에 새롭게 개정판을 내면서 러시아와 북한과의 관계를 집중적으로 조명해 보았다. 김정일 사망 전에 열린 2011년 8월 중순 극동지역의 울란우데 '북러 정상회담'과 '남북러 경제협력'의 현황과 전망이 주로 수록되었다. 또 러시아의 대중앙아시아 외교정책의 이해를 도모하기 위해 다자협력기구의 생성과 발전에 대한 글도 추가되었다.

더욱이 1996년 9월을 시작으로 그동안 수차례에 걸친 필자의 러시아 방문과 경험, 취재와 러시아 자료들도 함께 수록되었다. 이 책을 통해 2000년대 강한 러시아 부활을 꿈꾸고 실현해 하고 있는 러시아 사회에 대한 우리의 객관적인 접근과 분석에 도움이 되었으면 한다. 러시아의 독특한 정치사회와 문화의 특수성을 수용하고, 그 사회가 안고 있는 한계점을 있는 그대로 수용하는 태도 역시 중요하다고 본다.

필자는 평택대학교에서 2007년 '러시아사회와 문화'라는 교양과목을 개설하여 강의하고 있다. 요즘 러시아 관련 강좌가 조금씩 늘고 있지만 여전히 대학에서 러시아 정치사회와 외교에 관련된 과목을 찾아보기 쉽지 않다. 지리적 거리감만큼 학문적 거리 또한 멀다는 것을 느낄 수 있다. 필자는 대학교 3학년 때 강의를 듣다가 러시아정치에 관심을 갖게 된 이후 자신과의 약속을 지켰다. 그 후 석사와 박사 과정과 그 후 냉전기(Cold War Period) 세계 정치에서 미소의 관계 변화, 동북아와 중앙아시아에서의 러시아의 외교안보, 탈냉전기(post-Cold War Period) 한반도에서 러시아의 관계와 역할 등에 대한 연구를 계속해 왔으며, 이 책은 지금까지 연구를 정리하는 계기가 되었다.

또 이 책은 필자의 러시아에 대한 관심과 학구열의 표출이자 학생들에게 좀 더 쉽고 친근감 있는 러시아사회와 문화를 소개하고 강의하고 싶었던 소박한 열망의 산물이다. 책을 엮을 때마다 늘 느끼는 것은 여러 가지가 아쉽고 부족하다는 점이다. 특히 여기에 담긴 글은 러시아정치와 국제관계를 모두 설명하고 있지는 않지만 변화하는 생동적인 현대 러시아정치와 국제관계를 연구하고 이해하는데 적지 않은 도움이 될 것으로 기대한다.

매학기 러시아사회와 문화에 대해 관심과 호기심 가득한 눈빛으로 강의에 임해 주었던 많은 학생들, 늘 수강학생들은 차고 넘쳤다. 백조의 호수와 닥터 지바고 함께 감상하고 토론하면서 어느 덧 이제는 가장 인기 있는 과목 중 하나로 자리 매김을 했다. 마요네즈를 듬뿍 넣고 요리하길 좋아하는 러시아인들, 한러 양국의 숙원 사업인 동시베리아의 천연가스가 북한경유의 파이프라인(PNG)을 통해 공급되고 시베리아횡단철도(TSR)와 한반도종단철도(TKR)를 통해 한반도와 러시아가 연결되고 유럽까지 연결되는 날을 기대해 본다.

올 겨울도 유난히 추웠다. 한 동안 감기로 고생하면서 겨울 방학 내내 책과 씨름했지만, 따뜻한 봄에 이 책이 세상의 빛을 발할 수 있도록 관심과 편집에 주력해 주신 도서출판 두남의 전두표 사장님과 이승구 상무님 및 관계자분들께 진심으로 감사를 드린다. 마지막으로 이 책을 접하는 많은 독자들의 아낌없는 질정과 조언을 바란다.

2012년 2월 13일

평택대학교 용이동 연구실에서

저자 윤영미

차 례

PART 1 러시아정치의 역동성과 국제관계

Ⅰ. 들어가는 말 ······ 15
Ⅱ. 메드베데프 - 푸틴의 양두체제의 특징 ······ 17
Ⅲ. 메드베데프의 주요 개혁정책 ······ 21
Ⅳ. 다자주의 외교정책의 특성 ······ 27
Ⅴ. 러시아 양두체제의 시사점 ······ 32
Ⅵ. 맺음말 ······ 34

PART 2 러시아정치와 글로벌 의제

제 1 장 탈냉전기 러시아여성: 체첸분쟁과 테러 ······ 43

Ⅰ. 들어가는 말 ······ 44
Ⅱ. 탈냉전기의 러시아여성 ······ 46
Ⅲ. 탈냉전기 체첸분쟁의 양상 ······ 50
Ⅳ. 체첸분쟁과 여성 테러리스트 ······ 56
Ⅴ. 맺음말 ······ 61

제 2 장 에너지의 국제 정치경제: 파이프라인 구축의 협력과 갈등 ······· 71

Ⅰ. 들어가는 말 ······· 72
Ⅱ. 에너지 파이프라인의 국제 정치경제 ······· 73
Ⅲ. 러-투르크메니스탄의 파이프라인 연결 양상 ······· 81
Ⅳ. 중-투르크메니스탄의 파이프라인 연결 현황 ······· 87
Ⅴ. 맺음말 ······· 91

제 3 장 환경정책과 기후변화협약에 대한 대응방안 ······· 99

Ⅰ. 들어가는 말 ······· 100
Ⅱ. 이산화탄소 배출의 지역별 비교 ······· 101
Ⅲ. 정책결정 주체들의 역동적 상호작용 분석 ······· 105
Ⅳ. 러시아의 기후변화협약의 대응 방안 ······· 110
Ⅴ. 맺음말 ······· 114

제 4 장 북극해와 지정학적 역학관계의 변화 ······· 121

Ⅰ. 들어가는 말 ······· 122
Ⅱ. 해양안보 개념과 북극지역의 특수성 ······· 124
Ⅲ. 러시아의 북극지역에 대한 국가전략과 대응방안 ······· 133
Ⅳ. 국제체제 수준의 대응: 연안국들의 대응방안 ······· 138
Ⅴ. 맺음말 ······· 142

PART 3 러시아와 유라시아: 협력과 갈등 양상

제 5 장 러시아의 중앙아시아 정책의 변모와 전망 ······· 155

Ⅰ. 들어가는 말 ······· 156
Ⅱ. 중앙아시아와 국제 정치안보적 이해 ······· 158

Ⅲ. 러시아의 중앙아시아 정책의 변모 ········· 162
Ⅳ. 맺음말 ········· 165

제 6 장 **러시아와 중국: 협력과 경쟁의 관계** ········· 173

Ⅰ. 들어가는 말 ········· 174
Ⅱ. 상하이협력기구(SCO)의 주요 기능 ········· 175
Ⅲ. SCO와 러중의 협력 이슈 ········· 180
Ⅳ. SCO와 러중의 경쟁 이슈 ········· 187
Ⅴ. 맺음말 ········· 192

제 7 장 **러시아와 미국: 협력과 갈등의 관계** ········· 201

Ⅰ. 들어가는 말 ········· 202
Ⅱ. SCO와 다자안보협력의 함의 ········· 203
Ⅲ. 러시아의 협력과 갈등의 대미 견제 ········· 207
Ⅳ. 맺음말 ········· 218

제 8 장 **러시아와 중앙아시아의 다자협력기구: 분화와 협력** ········· 227

Ⅰ. 들어가는 말 ········· 228
Ⅱ. 중앙아시아의 다자협력기구: 역할과 기능 ········· 230
Ⅲ. 친미적 다자안보기구: GUAM의 역할과 전망 ········· 242
Ⅳ. 맺음말 ········· 246

PART 4 **러시아와 동북아시아: 실용주의적 접근**

제 9 장 **러시아와 한국: 회고와 전망** ········· 257

Ⅰ. 들어가는 말 ········· 258

Ⅱ. 포괄적 동반자 관계에서 전략적 동반자 관계 ······ 260
Ⅲ. 전략적 동반자 관계로의 도약 ······ 267
Ⅳ. 전략적 동반자 관계의 내실화 방안 ······ 270
Ⅴ. 맺음말 ······ 272

제 10 장 **러시아와 일본: 영토분쟁의 양상과 시사점** ······ 279

Ⅰ. 들어가는 말 ······ 280
Ⅱ. 정상회담과 정경분리 접근 ······ 282
Ⅲ. 탈냉전기 '2도 반환 vs. 4도 반환 갈등' ······ 285
Ⅳ. 영토분쟁의 해결방안과 시사점 ······ 293
Ⅴ. 맺음말 ······ 296

제 11 장 **러시아와 북한: 협력과 과제** ······ 303

Ⅰ. 들어가는 말 ······ 304
Ⅱ. 탈냉전기 러시아의 대북 정책의 변모 ······ 306
Ⅲ. 선린우호 협력 관계로의 발전 ······ 309
Ⅳ. 러북 경제협력의 양상과 전망 ······ 312
Ⅴ. 맺음말 ······ 323

PART 5 **부 록**

제 12 장 **부 록** ······ 333

Ⅰ. 러시아의 국가 개요 ······ 334
Ⅱ. 한러 정상회담 공동성명 전문(2010. 11) ······ 336

러시아정치의 역동성과 국제관계

– 메드베데프 대통령과 푸틴 총리의 양두체제(Diarchy) –

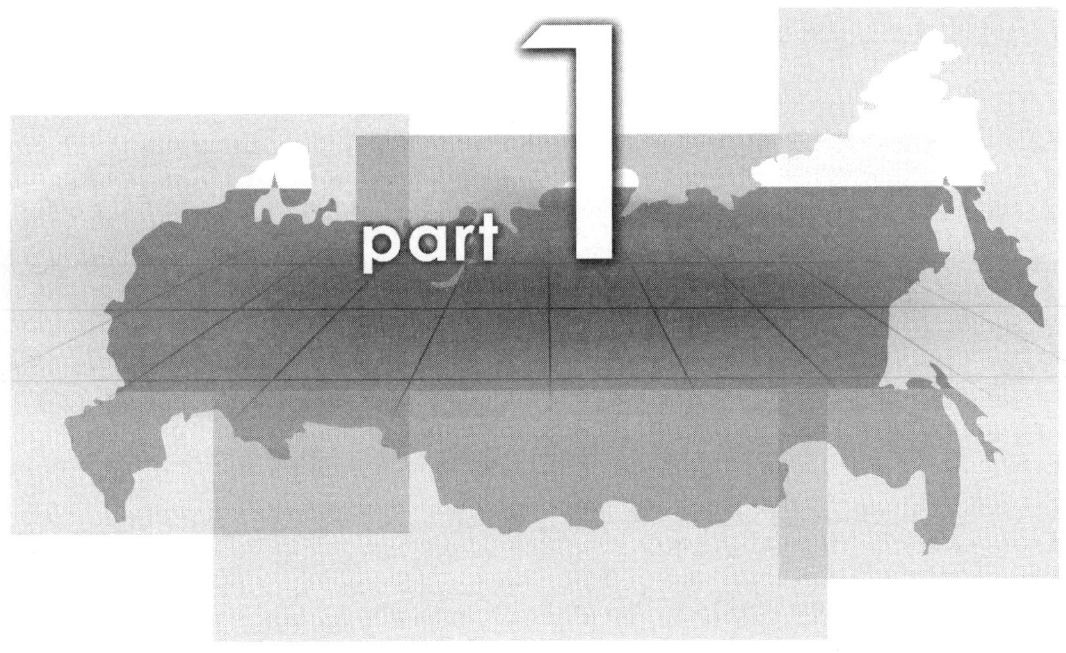

<shinchun.segye.com/Articles/Fami...tg2%3D00>

I 들어가는 말

블라디미르 푸틴(Vladimir Putin)은[1] 2000년 5월부터 2008년 5월까지 러시아연방(이하 러시아)의 대통령으로 집권했다. 8년 집권기간 동안 푸틴의 국가비전은 정치경제의 개혁과 발전, 국민의 삶의 질 고양, 강대국 러시아 재건 등이 포함된 러시아의 부활과 국제사회에서의 자국의 입지 강화로 요약된다.[2] 2000년 6월 푸틴은 대외정책 개념(Foreign Policy Concept)을 발표했다. 이를 통해 푸틴은 러시아가 직면하고 있는 국내외적 문제들을 지적했고 해결 방안을 제시했다. 또 그는 실용주의 정책과 효율성을 강조했고 주요 집권기반은 체제전환기 등장한 정치경제의 유력한 세력이었던 '올리가르히(Oligarchy, 신흥과두재벌)'보다는 '실로비키(siloviki)'가[3] 중심이 되었다.[4]

2008년 5월 초 푸틴의 후계자인 드미트리 메드베데프(Dmitry Medvedev)가 대통령에 취임했다.[5] 메드베데프 대통령과 푸틴 총리의 '양두체제(diarchy)'가 공식 출범했다. 러시아의 양두체제는 전통적으로 유럽보다 더 위계질서를 중시하는 '계서적' 성격이 강한 국가의 특성을 단적으로 잘 표출한다. 국가와 사회는 상호의존적인 관계가 아니라 국가가 사회를 통제하는데 초점이 맞춰져있다.[6] 이런 러시아의 양두체제는 민주적 선거를 통한 합법적 권력 이양, 지배 엘리트 내 권력 갈등 표면화 가능성 잠재, 푸틴의 2012년 재집권 가능성 제고 등도 내포한다.

러시아의 양두체제 출범은 푸틴통치 동안 추진되었던 독자적이고 다소 공세적 대외정책에 별다른 변화 없는 '푸틴니즘(Putinism)'의 지속을 의미한다. 이는 푸틴시기의 초국가권력 기반을 중심으로 정치경제발전 전략이자 철저한 실용주의의 정책이다.[7] 메드베데프는 러시아의 사회경제발전 및 선진화에 목표를 둔 중장기 국가발전 프로그램인 4I를 발표했다.[8] 또 그는 에너지개발 계획인 「러시아 에너지 발전전략 2020과 2030」과 2013년까지 「극동 자바이칼 발전 프로그램 등 지역발전 프로그램」도 추진 중이다.[9]

대외적으로 강한 러시아 부활을 꾀하는 메드베데프는 미국의 일방주의 외교정책을 견제하기 위해 1990년대 중반부터 적극적으로 추진해온 '다자주의' 외교정책을 계승 및 추진해왔다. 2008년 7월 메드베데프 대통령은 '신외교정책(foreign policy concept)'을 발표했다. 2000년 이후 8년 만에 발표된 외교정책이다. 향후 러시아가 추진할 외교정책의 기본방향 및 계획을 규정한 것이다. 푸틴의 국가발전 정책과 대외정책의 연속성을 강조한 것으로 2000년 국가안보개념과 기본적인 방향에서 일치하며 국내외 상황 변화를 감안해 일부 내용이 수정내지 보완되었다.[10] 이런 맥락 하에 본 장에서는 러시아의 국가발전을 주도하고 있는 메드베데프 - 푸틴의 정치권력을 설정하는 '양두체제'의 특징을 분석해보고 메드베데프의 정부의 신국가발전 전략과 대외정책에 대해 살펴보고자 한다.

Ⅱ 메드베데프 - 푸틴의 양두체제의 특징

1991년 러시아의 초대 대통령으로 집권한 보리스 옐친에 이어 2000년 집권한 푸틴은 8년의 재임기간 동안 대내적으로는 법과 질서를 확립하고 경제적으로 높은 수준의 성장을 달성했다<그림 1 참조>.

〈그림 1〉 구소련과 러시아연방의 역대 대통령

미하일 고르바초프
1990～1991
구소련 대통령

보리스 옐친
1991～1999
러시아 첫 대통령

블라디미르 푸틴
2000～2008

드미트리
메드베데프
2008～2012

출처: myweb.tiscali.co.uk/ultimatewiga...nOne.htm;
picasaweb.google.com/joinsmedia/LdYgJH;
www.vop.co.kr/A00000191574.html;
hljfb.dbw.cn/2008-06-11/index.html(검색일: 2011. 1. 25).

대외적으로 실추된 러시아의 국제적 지위를 향상시키는데 주력해 러시아의 국력과 국제적 위신을 크게 신장시켰다. 부연하자면 푸틴은 '강한 러시아 건설'을 기치로 내걸었고 다양한 정치개혁을 단행했다. 푸틴 집권 1기 동안 연방 89개 행정구역을 기초로 7개관구제도 도입을 통한 연방제도

개혁, 상원 및 지방자치제도 개혁, 세제 및 토지법 개정을 중심으로 법질서 확립을 도모하고 강한 국가건설을 위한 토대를 마련했다<그림 2 참조>.

집권 2기 동안 10년 내 GDP 2배 성장, 빈곤 척결 및 국민의 삶의 질 향상, 군현대화 구축을 통해 관료제도의 비능률 제거와 부패방지를 위해 리더십을 발휘했다. 푸틴의 '강한 러시아 건설'은 크렘린(Kremlin)[11]으로 권력집중화를 통해 국가시스템의 효율화와 국가주도에 의한 경제사회 발전전략으로 평가된다. 주요 대외정책으로 대해서는 방어적 군사적 성격, 핵억지력 유지, 방위산업 발전 노력, 국제질서의 다극화 추진에 주력했다.[12] 이런 정책 추진을 통해 그의 집권기간 동안 법치주의 확립과 사회적 안정, 6~7%의 고도경제 성장, 중산층의 성장기반 마련, 주택, 의료, 교육 등 국민들의 삶의 질 향상 등의 성과를 거두었다. 현재 푸틴 총리는 메드베데프 대통령보다 국민적 지지를 더 많이 받으면서 확고한 정치적 기반을 구축했다.

〈그림 2〉 러시아연방 89개 행정구역

출처: www.moskbahouse.com/tbbs6/board....26no%3D2(검색일: 2011. 2. 6)

2008년 푸틴의 뒤를 이어 메드베데프가 대통령으로 선출되었다. 메드베데프는 취임 직후 푸틴을 총리로 지명했고 총리인준 동의안을 국가두마(Duma, 하원)에[13] 제출했다. 두마는 5월 8일 푸틴총리 임명동의안을 찬성 392대 반대 56으로 가결함으로써 푸틴은 메드베데프 정부의 총리가 되었다.

2008년 5월 초 푸틴 총리는 새로운 내각 진용을 구성 발표했다<표 1 참조>. 푸틴은 총리로서 러시아정치의 핵심적인 역할을 수행할 수 있는 여건을 마련했다.[14] 푸틴 내각의 출범은 권위주의적 대통령중심제를 채택하고 있는 권력구조 하에서 양두체제라는 정치적 '신권력체제'로서 러시아적 특수성을 반영했다. 내각의 인선에 푸틴의 선택과 결정이 가장 중요한 요인으로 작용했다. 주요 특징은 다음과 같다. 우선 내각 조직이 7부총리(제1부총리 2인)의 18부제로 변모되었다. 전체적으로 변화가 크지 않으며, 내무, 외무, 국방, 비상사태, 법무 등 5개 부처에 대한 대통령 관할권도 변함없이 유지되었다. 메드메데프는 푸틴 대통령 시기의 크렘린 보좌진의 상당수를 유임시켰다. 푸틴 주변에서 활동한 인물들은 크렘린 행정실의 보좌진으로 임명했다. 내각과 마찬가지로 푸틴 대통령 시기의 크렘린과 크게 다르지 않은 인물들로 구성되었다. 결과적으로 내각뿐만 아니라 크렘린도 푸틴이 구축한 견고한 구도가 그대로 유지되었다. 푸틴 총리의 영향력이 여전히 강력하다는 것을 보여주는 단적인 예가 되었다.

아울러 푸틴은 자신의 영향력 강화의 일환으로 총리실에 '프레지디움,'을 신설했다. 마치 소비에트 시절을 연상케 하는데, 적어도 월 1회의 회의를 주재하며 국정전반을 논의한다. 프레지디움은 푸틴 총리, 7명의 부총리, 7명의 각료가 참여하며 총리에게 직접 국정보고를 한다. 또 국방상, 외무상, 내무상 등 3명의 요직 장관이 프레지디움에 포함된다. 메드베데프 대통령은 외교와 국방에 전념하고 총리는 내정과 경제를 담당하는 양두체제를 유지해 왔다.[15]

〈표 1〉 푸틴과 메드베데프의 주요 정치 경력

연 도	푸 틴	연 도	메드베데프
1952. 10. 7	상트 페테르부르크 출생	1965. 9. 14	상트 페테르부르크 출생
1975	레닌그라드 국립대학 법학부 졸업	1987	상트 페테르부르크 국립대학교 법학부 졸업
1985~1990	KGB(국가보안위원회)요원으로서 동독에서 근무	1990~1995	상트 페테르부르크 대외 관계 위원회 자문관
1990	상트 페테르부르크 국립대학 학장 및 국제문제 담당보좌로 재임/상트 페테르부르크시 소비에트 의장고문 담당	1991~1996	상트 페테르부르크 대학교 교수 역임
1991. 6	상트 페테르부르크 시행정부 대외관계위원회 회장	1999	총리실 부실장
1994	상트 페테르부르크 시행정부 제1부회장	1999~2000	대통령행정실 부실장
1997. 3	러시아연방 대통령부 부장관	2000	러시아연방 대통령 행정실 제1부실장
1998. 7	연방안전국(FSB) 장관	2001	가즈프롬 이사회 부이사장
1999. 8	러시아연방 총리	2002. 6	가즈프롬 이사회 이사장
1999. 12	러시아연방 대통령 권한대행	2003. 10	대통령 행정실 실장
2000. 3. 26	제2대 러시아연방 대통령에 선출	2005. 10	제1부총리
2000. 5. 7~2008. 5. 7	러시아연방 대통령(연임)	2008. 3.2	여당후보로 대선 승리
2008. 5. 8~2012	러시아연방 총리	2008. 5. 7~2012	러시아연방 대통령

계속해서 메드베데프는 국가주도의 경제 및 사회발전의 기본 골격이 유지하기 위해 전임 정권에서 직접 참여하여 만든 '푸틴 플랜 2020'의[16] 추진을 통해 푸틴 정책의 연속성을 유지해 왔다. 그는 당선 이후에도 푸틴의 정책을 계속 추진하겠다고 여러 차례 공언했다. 러시아정치의 핵심세력은

푸틴과 메드베데프의 고향인 상트 페테르부르크와 연관을 갖는 빼쩨르스키(Clan of Security People from St. Petersburgers), 구 KGB와 현재 FSB(연방안전국), 내무부, 군, 검찰 국세청 등 권력부서 인사를 통칭하는 실로비키(Ciloviki)와 자유주의 개혁세력으로 구성되었다.

러시아연방 헌법 하에 대통령은 국가안보회의 최고 수장으로 안전보장회의를 주관하고 외교정책을 담당하고 국제기구에서 러시아를 대표한다. 연방 상원(Federal Council)과 하원(State Duma)은 외교를 지원한다. 외교부 장관은 국가의 외교정책의 일반적인 전략을 수립한다. 메드베데프의 신외교정책과 관련한 국가안전보장에 전 세계와 언론이 주목하는 것은 "러시아 행정부가 외교정책 이행을 위한 조치들을 수행한다"는 조항 때문이다. 이런 내용은 푸틴 대통령 시기에 없었던 것이다. 헌법상 대통령에게 부여된 외교정책 수행권한이 푸틴 총리에게 상당부분 이양된 것으로 간주된다. 헌법상에 명기된 안전보장의 권한과 결정은 대통령이 수행하고 내각책임 관련조항을 그대로 유지되고 있으나 푸틴 총리의 권력 강화 조치를 잘 반영해 주는 것이다.[17)]

Ⅲ 메드베데프의 주요 개혁정책

앞서 언급한 대로 2008년 5월 취임한 메드베데프는 자신이 추구할 경제·사회정책 방향을 담은 4I를 발표했다. 제도화(institutions), 인프라 건설(infrastructure), 혁신(innovation), 투자(investment)의 4I를 통해 러시아 사회와 경제를 고도화·선진화하겠다는 것이다. 4I는 제도개혁의 강화 및 정착, 인프라의 증설, 산업분야 혁신과 금융부분의 강화 및 발전, 대내외 투자를 통한 러시아 경제의 고도화와 선진화로 요약된다. 이는 2030년까지의 장기발전계획에 따른 경제·사회발전 프로그램의 구체적 계획들과 연관되어 있다<표 2 참조>.

메드베데프는 푸틴 총리의 기존 정책을 유지해 나갈 것임을 밝히면서 현재의 경제성장 기조의 유지, 법치주의 확립, 대화에 의한 문제해결 등을 강조했다. 2008년 8월 초 개전한 그루지야 전쟁을 통해 그는 국정 장악 능력을 인정받았다. '양두체제' 하에서 사안별로 자신만의 목소리를 내기 시작했다. 금융위기에 대한 정부의 경제 운용을 둘러싸고 러시아에서 정당 간 마찰이 빚어지면서 두 지도자 사이에 불협화음이 제기되기도 했다. 자유주의 성향 변호사 출신인 메드베데프는 적극적인 국민과의 소통 및 각종 개혁 입법을 통해 보수적인 푸틴 총리와 차별성을 시도했다. 그는 '부패 척결'을 국정 최우선 과제로 내세우면서 부패방지법을 개정하고 공직자 재산공개법을 만들어 자신이 먼저 재산을 공개했다.

〈표 2〉 메드베데프의 주요 국정 정책

4I 정책	주요 내용
Investment (투자)	• 에너지 산업분야의 생산성 향상 및 영향력 유지를 위해, 신규 매장지에 대한 탐사와 기존 유정(油井)의 생산성 증대를 위한 해외자본과 첨단기술 도입
Infrastructure (인프라 건설)	• 발전을 위한 기초 인프라 건설 • 2020 및 2030 프로그램의 구체화 • 각 지역별 중장기 프로젝트 달성을 위한 기초 인프라 건설
Innovation (혁신)	• 러시아 경제의 구조개혁을 위한 혁신 • 원료 중심 경제에서 다양한 분야의 경쟁력 강화 • 중간 계층의 양성 • 소득 불균형 완화 등
Institution (제도화)	• 관료제도 개혁, 행정 및 법률 제도의 개혁 • 개인 소유권 제도의 명확화 • WTO 등 국제기구 가입 등

출처: 김석환, "러시아 메드베데프 대통령 체제의 신국가 발전 전략과 한러협력", 제399호(2008-25), 산업연구원(KIET), 2008. 5. 6, pp.1-2.

러시아는 세계 3대 외환보유국이었지만 세계 금융위기로 인해 외화보유액은 줄어들기 시작했다. 고유가로 인해 성장가도를 달려온 러시아 경제는 국제유가 하락 등으로 인한 자본의 해외 유출 등으로 급속도로 위축되었다. 2008년 러시아 물가 상승률이 정부 목표치 8%를 훨씬 초과한 11.9%를 기록했다. 2009년 인플레이션에 대한 우려가 최대의 경제현안으로 부상했다. 대통령의 정치적 생명력은 경제 회복에 달려 있었는데 원자재 가격하락, 외환 유출, 경기 침체로 러시아 경제는 최악의 상황에 직면했다. 노동자들은 대량해고와 임금 삭감에 처했다. 10년 만에 다시 외환위기 도래에 직면할지 모른다는 우려가 제기되었다. 1990년대 초 국영자산을 민영화하는 과정에서 많은 갑부가 탄생되었고 민영경제의 핵심을 이루었다. 러시아 갑부는 2008년 74명으로 뉴욕의 71명, 런던의 36명보다도 많은 숫자였다. 국영자산을 사유화한 러시아 갑부의 부가 원자재 가격과 주가 상승으로 늘어났다. 그러나 2009년 3월 말 조사한 결과 모스크바 갑부 가운데 부호 명단에 남은 사람은 27명으로 줄었다. 세계 금융위기로 인해 러시아부호가 3분의 2로 줄어들었다. 러시아의 최고 갑부로 '광업·금융의 황제'로 불리는 미하일 프로호로프(Mikhail Prokhorov)의 재산은 2008년 195억 달러에서 95억 달러로 줄었다.[18)]

〈표 3〉 러시아 GDP 성장률(%)

연 도	경제성장률(%)
2010	4
2009	-7.8
2008	5.2
2007	8.5
2006	8.2
2005	6.4

출처: 「러시아연방통계 자료」 2010.

그러나 지난 몇 년 동안 고유가에 대한 의존도가 심하고 비교적 변동성이 큰 러시아 경제가 서서히 금융위기의 충격에서 벗어나 빠르게 회복되었다. 2010년 러시아의 국내총생산(GDP)은 정부의 예상을 넘는 44조5000억 루블을 기록해, 전년대비 4%의 성장률을 기록했다<표 3 참조>. 2009년 대비 성장세로 반전되었다. 물론 성장률 시장 전망치(3.8%)를 웃도는 결과였다. 국내외 자본의 투자가 증가되어 성장을 이끌었던 만큼 2011년도 투자확대가 성장의 관건으로 평가되었다. 러시아 경제성장의 최대 요인은 투자와 소비다. 고정자본 투자는 2010년 9조1000억 루블에 달했다. 투자규모는 전년대비 6% 증가해 전망치 5.9%를 달성했다. 소매판매도 증가했다. 2010년 소매 증가율은 4.4%(전망치 4.5%)를 기록했다. 개인소비도 증가했다. 2010년 농어업과 건설, 금융 분야에서 감소했지만 총 부가가치는 광업 제련 전력 소매 호텔서비스 등 대부분 산업분야에서 증가세를 나타냈다. 세계 글로벌 경제에 영향을 미치고 있는 지정학적 리스크와 러시아 국내의 체첸분리주의 갈등과 테러위협 등으로 해외자본이 러시아 투자에 부정적인 영향을 미칠 수도 있다.[19]

구체적으로 중장기적 차원에서 러시아의 국가이익은 민주주의 및 시민사회의 발전, 국가경제의 경쟁력 강화, 주권과 영토적 단일성 및, 헌법 질서의 유지, 국제사회의 다극화 질서 구출 및 국제사회의 전략적 안정성 유지를 통해 세계강국으로서의 러시아 위상을 강화로 귀결된다. <표 4>에서 보여주듯이 국가발전 전략의 우선순위는 국방, 국가 및 사회안보, 국민들의 생활수준 향상, 혁신적 발전과 인적자원 투자를 바탕으로 한 경제성장, 과학, 기술, 교육, 보건, 문화 부분의 역량강화, 환경보호 및 수요를 감안한 에너지자원의 합리적 사용 등 대내적 목표에 치중된다.[20]

〈표 4〉 국가발전의 주요 추진 방안

분 야	주요 핵심내용
국 방	• 국방분야의 전략적 목표는 전 세계적, 지역적 분쟁 예방과 전략 억제능력의 확보이며, 전략적 억제능력은 경제력 등 총합 전력 강화와 군사인프라 및 군 조직 체계의 발전계획을 통해 확보에 있음. • 러시아는 합리적 충분성과 효율성의 원칙에 따라 국방관련 목표를 달성하고자 하며, 이를 위해 비군사적 대응수단, 일반외고, 평화유지군 및 국제군사협력 등을 활용할 계획임. • 전략적 핵전력, 정보통신 등 고급기술력으로 군사 분야에 있어 러시아에 대해 우위를 점하고자 하는 국가, 일방적 국제질서의 형성시도, 대량파괴무기 확산 등이 러시아 국방에 있어 위협요인으로 작용하고 있음. • 중장기적 관점에서 국방력 강화의 최대 과제는 러시아 군을 새로운 체계의 군으로 변화시키는 것임. 새로운 체계로 러시아 군을 개편하기 위해 전략적 핵 전력 보유, 상비 전력부대의 확대, 작전 및 전투태세 강화 등에 주력할 것임. 러시아 군의 개편과정에서 나타나는 과제 해결을 위해 군수산업의 발전계획도 추진할 예정임.
국가 및 사회 안보	• 헌법질서, 헌법상 자유와 권리, 주권, 영토적 단일성 및 정치, 사회 안정성 유지가 국가안보를 위한 전략적 목표임. • 테러리즘, 헌법질서 및 정부활동 와해를 목표로 하는 조직의 움직임, 군사시설 및 주요 생활기반 시설에 대한 파괴 움직임 등이 국가 및 사회안보를 저해하는 요인임. • 국가 및 사회안보 확보를 위해 정부는 테러리즘, 극단주의, 범죄, 부패 척결 분야에 있어 정부의 역할을 강화하고 관련 법제도를 정비할 것임. • 정부는 부패척결 국가계획 실현을 위해 노력할 것이며, 테러리즘, 극단주의 및 인종분리주의 등에 대응하기 위한 사전예방체제 마련 방안을 모색할 것임. • 테러리즘 등 국가, 사회 안보 위협요인 예방 방안의 일환으로 러시아 국경감시체제의 효율성 강화를 추진할 예정이며, 테러 등에 의해 발생하는 긴급사태 해결을 위한 국가 시스템 강화에 노력할 것임.
러시아국민의 생활수준 향상	• 생활수준 격차 해소, 인구문제에 대한 근원적 해결책 마련 등이 국민 생활수준 향상을 위한 주요 목표임. 국제금융위기, 에너지, 물, 식량, 등 부족한 자원에 대한 경쟁, IT 등 주요 기술에 대한 접근성 차이 등이 국민생활수준을 저해하는 위협요인임. • 국민생활수준 향상을 위해 정부는 조직범죄, 부패, 마약 등 사회불안 요인을 해소하기 위해 노력할 예정이며, 식량안보와 주

	민들에 대한 안정적인 의약품 공급을 위한 중기 계획을 마련할 것임.
경제성장	• 중기적 관점에서 러시아를 GDP 대비 세계 5위권 수준의 경제대국으로 진입시키기 위해 노력할 것임. 이를 위해 국가혁신시스템의 발전, 노동 생산성 향상, 국가 기간 산업분야 현대화, 금융산업의 발전 등의 목표가 달성되어야 함. • 원자재 수출 중심의 경제구조 탈피 실패, 경쟁력 저하, 자원생산기반 약화, 지방간 불균형 발전, 국내 금융시스템의 낙후상태 유지 등이 경제성장에 있어 주요 위협요인이 될 것임. 에너지자원, 수자원 부족 등도 러시아의 경제성장과 경제안보에 직접적인 부정적 요인으로 작용할 것임. • 장기적 차원에서 경제안보 확보 및 경제성장 실현을 위해 에너지안보가 가장 중요한 사항이 될 것임. 에너지 안보 달성을 위해 관계국들은 WTO 원칙에 충실한 국제에너지 시장 정립 및 에너지 사용 효율성 제고방안 모색을 위해 상호 협력할 필요가 있음. • 안정적인 에너지 수요 확보, 연료 에너지 부족사태 방지, 전략적 에너지 비축량 확보 등도 에너지 안보 달성을 위해 중요함.
과학, 기술, 교육, 보건	• 과학기술 연구의 발전 및 높은 수준의 인적 자원 형성은 국가안보와 지속가능한 사회경제 발전의 기반으로 간주함. 과학기술 연구 활동 저하 및 교육시설 낙후 등의 문제점 해결 방안 마련을 위해 노력할 예정임. • 보건 시설 개선을 통해 수명연장, 장애 및 사망률 감소 등의 조치가 필요함. AIDS 등 전염병 확대와 알코올, 마약 사용 확대도 보건 분야에 커다란 유해요인으로 작용함으로 이에 대한 대책 마련이 필요함. • 러시아 문화에 대한 이해 제고 및 러시아를 구성하는 다양한 민족 고유문화에 대한 상호 이해 증진은 안보적 차원에서 중요한 문제라고 생각되며, 문화적 가치에 대한 이해 증진을 위해 시민사회와의 협력방안을 모색할 예정임.
환경 유지와 합리적인 천연자원의 사용	• 생태계 등 자연환경 유지 보존을 위해 경제활동에 따른 환경유해 요인을 제거하는 정책이 필요하며, 국제 기후변화 움직임에 동참할 필요가 있음. • 천연자원 개발 및 사용시 수요 측면과 환경보호 측면을 모두 고려하는 합리적인 방안을 마련할 예정임.

출처: http://www.scrf.gov.ru(검색일: 2011. 1. 2); 함택영 & 박영준(공편), 『러시아의 안전보장제도와 정책』(서울: 사회평론, 2010), pp.482-483.

2010년 2년 중순 메드베데프는 내무부 개혁을 골자로 한 대통령령을 발포했다. 내무차관 2명과 지방의 최고위급 경찰 간부 16명을 해임했다. 이와 같이 많은 수의 관료와 간부를 해임한 것은 전례가 없었다. 이 숫자는 푸틴 집권기 8년 동안에 해임된 공직자 수보다 많다. 대통령은 내무부의 독직 척결을 장담했고 이를 직접 자신이 지휘할 것이라고 강조했다. 부분적으로 이번 사례를 두고 '실로비키'에 대한 메드베데프의 선전포고로도 보는 견해도 있었다. 그동안 메드베데프는 실로비키와의 깊은 연관이 없었지만 이들에 대한 통제는 푸틴에 의존할 수밖에 없다. 해임된 내무차관 2명의 후임으로 메드베데프가 자신의 측근인 대통령실 간부 2인을 채용했다. 구소련시기부터 사용되던 경찰의 명칭 '밀리치야'를 제정 시기의 명칭인 '폴리치야'로 변경하는 개정안이 대통령의 제안으로 마련되었다. 의회의 심의를 거쳐 2011년 1월부터 시행되었다. 동 개정안은 법조인 출신의 메드베데프가 추진하고 있는 사법개혁과 연결되는 중요한 법안으로 간주되었다. 동 개정안에는 명칭 변경과 함께 경찰 활동의 범위를 명백히 규정해 법망을 빠져나갈 여지를 봉쇄하는 방안도 포함되었다. 그는 새로운 법률에 의해 경찰조직을 전문적인 집단으로 탈바꿈하는 계기가 될 것으로 간주하기도 했다.[21)]

Ⅳ 다자주의 외교정책의 특징

2008년 7월 초 메드베데프가 발표한 신외교정책은 주요 내용과 구체적 실천 과제 면에서 더 방대하고 포괄적 안보 내용을 담았다.[22)] 메드베데프는 미국의 '일방주의'를 견제하기 위해 1990년대 중반부터 적극적으로 추진해온 '다극화' 및 '다자주의' 외교를 계승하고 활발히 추진해 왔다. 그러나 푸틴 시기와 달리 21세기 국제관계의 발전과 러시아 국력의 신장으로 자국을 둘러싼 환경을 새롭게 평가할 필요가 있음을 강조했다. 국제질서의 다극화 추진 및 국제사회의 제반 문제에 적극적 참여를 통한 주요 국가와의 동등한 동반자 관계수립이 추진되었다. 즉 유라시아의 거대한 틀을 기반으로 다소 '공세적'이고 '적극적' 참여를 통한 주요 국가와의 동등한 동반자 관계 수립이 목표였다.[23]

메드베데프 대통령은 자유주의적, 시장친화적 경향이 강해 대미 정책 및 국제현안에 대해 보다 유연하고 협력적인 정책경향을 보였다. 국제금융 위기, 유가 및 주가 폭락 등에 따른 국내 경제위기에 직면해 있기 때문에 미국과의 경제협력은 매우 중요했다. 특히 대외적으로 전략무기 감축 협상, WMD 비확산, 반테러리즘 공조 같은 국제현안 해결에 미국과의 협력 증진을 중요시해 왔다.

동시에 러시아의 '다자주의' 전략은 미국의 일방주의 견제, 자국의 군사·경제적 취약성 보완, 유엔(UN) 안보리의 상임 이사국 지위 활용, 국제사회의 이슈에 대한 주요 행위자로서의 입지 강화가 포함된다. 서방국가들과 우호 협력관계 유지, 외국에 거주하는 러시아인 보호, 구소련지역과 같은 특정지역에 대한 러시아의 국가이익을 강조한다. NATO와는 이사회의 기본 틀 내에서 관계증진의 중요성을 인식하고 있지만 NATO의 중앙아시아지역으로 확장은 반대하며 특히 그루지야 및 우크라이나의 가입을 반대한다.[24]

러시아는 UN 차원의 반테러 협력을 지속하면서 상하이협력기구(SCO) 국가들과 반테러 협력을 강화한다. 양자 및 다자적 차원의 반테러 국제공조도 추진 중이다. 동북아 및 아태 지역의 다자협력체, 아세안안보포럼(ARF), 아시아태평양경제협력체(APEC), SCO, 북핵 6자회담 등에 적극적인 참여를 중요시 한다. 러시아의 재부상은 중앙아시아 및 독립국가연합(CIS) 지역의 다자주의 지역협력에서 더욱 확대되고 있다. 유라시아 경제공동체(EurAsEC), 집단안전보장조약(CSTO) 등을 주도함으로써 자국의 군사적, 경제적 역할과 통합성을 강화시키는 요인으로 활용한다.[25]

가즈프롬(Gazprom)의 전 회장 메드베데프의 당선은 푸틴이 추진해온 에너지 자원에 대한 국가통제의 강화 및 대외 전략적 활용전략을 더욱 강화시키는 요인으로 작용한다. 계속해서 에너지는 러시아의 대외관계에서 중요한 비중을 차지한다. 에너지 산업은 중요한 외화 획득이자 대러 에너지 의존도가 높은 국가들에 대한 영향력을 확대시키기 위한 정치적 무기로도 활용된다.[26)]러시아는 에너지 판매시장의 다변화를 위해 전통적 시장인 유럽연합(EU)과의 협력을 지속하면서 한국, 중국, 일본, 미국, 인도 등 아시아 및 북미지역 국가들과의 에너지 협력을 강화한다. 러시아는 총 280억 달러를 투입해 동시베리아 및 극동지역 개발을 시행 중이다. 동부지역 가스전을 개발해 러시아 전체를 하나의 가스배관(UGSS: Unified Gas Supply System)으로 연결해 유럽 일변도의 천연가스 수출체계를 아태지역으로 확대하는 동부가스계획이 추진 중이다. 또 러시아는 석유수출국기구(OPEC) 회원국은 아니지만 옵서버 국가로서 OPEC 회원국들과 긴밀한 관계를 유지한다. CIS 정상회의, SCO 정상회의, G8 및 G20 정상회의 등을 통해 에너지 협력을 추구한다.

2009년 5월 초 메드베데프는 「러시아 국가안보전략 2020」을 채택했다. 러시아의 국가이익과 전략적 국가 우선순위, 국가안보 확보방안, 국가안보 전략실현을 위한 조직적, 법적 기반 등의 총 112개 조항으로 구성되었다.[27)] 국가안보의 범위를 기존의 국방 및 대외정책에서 사회, 경제발전, 과학기술, 교육 역량 강화 및 환경과 천연자원의 합리적 사용 등으로 확대했다. 국가안보와 지속가능한 발전을 위해 달성해야 할 목표를 단기 2012년, 중기 2015년 및 장기 2020년으로 명시했다. 2020년까지 지속가능한 국가발전 목표를 설정하고 달성하기 위해 전략적 우선순위와 수단을 포함하는 포괄적 시스템을 제공한다.[28)] 러시아의 국가안보는 대내외적 위협에 대한 개인(삶의 수준, 헌법상의 자유와 권리 확보), 사회(지속가능한 사회경제적 발전) 및 국가(주권 및 영토적 단일성 유지 등) 안보를 포괄한다. 러시아의 국익은 개인, 사회 및 국가안보를 위해 러시아 정부가 필요로 하는 대내외적 목표임을 명시했다<표 5 참조>.[29)]

〈표 5〉 대외정책의 주요 방안

순위	해결 방안	주요 내용
1	새로운 국제 질서 창설	• 국제연합(UN)은 국제문제 해결의 중심지로서의 역할을 계속 해야함. 이를 위해 유엔헌장(UN Chart)의 준수, 변화하는 환경에 적응하기 위한 UN의 효율적 개혁, 안전보장이사회의 효율성을 강조함. • G8내에서의 교류를 강화하고 중국, 인도와 삼각관계를 유지하면서 BRICs와의 교류 강화함.
2	국제관계에 있어서의 법의 우위	• 국제법의 일반규범 준수, 유엔헌장, 국제법의 일반원칙에 관한 선언, 1975년 유럽안보협력회의(CSCE) 조약상에 명기된 국제법의 일반원칙을 수정하려는 시도에 대응함. • CIS 역내 및 다른 지역·소지역기구와의 협력을 위한 국제법적 기반 강화 러시아 연방의 국경을 확정시키기 위한 국제법적 조치를 완료함.
3	국제안전보장의 강화	• 비확산·군축에 관한 국제협정의무 준수 및 군사 분야 대륙간 탄도 미사일(ICBM) 조치 시행 및 모든 핵보유국과 함께 전략적 핵무기 감축을 준비함. • 우주 내 무가사용 방지 및 전략미사일 방어 관련 일방적 조치에 대응 및 무기경쟁에 대한 반대 및 새로운 무기 개발 및 배치 시도에 반대함. • 국제정보 및 안보에 각별한 관심 부여 및 소형무기 불법이전 방지를 위한 국제노력의 지지 및 유럽지역 안보강화를 위한 지속적 노력 및 군사 분쟁 해결 수단으로서 국제평화유지군 역할을 인정함. • 유엔 안전보장이사회가 유일한 무력제재의 권위를 가지며 유엔헌장 제51조의 유지 및 다민족·다종교 국가로서 다른 문화·종교·문명 간의 대화 및 동반자 관계 조성에 기여함.
4	국제경제	• 러시아의 국제경제 편입시 위험의 최소화 및 이익의 극대화, 국제사회에서의 러시아의 존재가 다변화될 수 있도록 유리한 정치적 환경을 조성함. • 과학 지향적 산업을 포함, 주요 핵심 산업에 외국인들의 투자유도, 유류 및 에너지 산업체의 잠재성을 제고함. • 국가이익을 보호하기 위해 모든 경제적 수단 및 자원 활용함.
5	국제인권	• 지구상 모든 인간의 기본권리 및 자유존중을 위해 기여, 해외에 거주하는 모든 러시아 시민 및 교포의 권익 보호, 러시아어 개발에 기여함.

출처: 「러시아의 신외교정책(2)」 국회사무처 자료집, 2008 재정리함; 함택영 & 박영준(공편)(2010), p.477.

계속해서 2010년 2월 초 메드베데프 대통령은 2020년까지의 안보정책 청사진을 담은 신군사독트린을 발표했다. 2000년 독트린 이후 9.11테러 사태, 글로벌 금융위기, NATO 확장, 그루지아의 CIS 분리 움직임 등 국제안보환경 변화와 위협에 적극적 대응이 잘 반영되었다. 총 4장 53조로 구성되었다. 제1장 총칙에서 문서의 성격 및 관련 용어를 정의하고, 제2장 위협평가에서 대외 및 대내 위협의 유형과 현대전의 특징을 기술했다. 제3장 군사정책에서는 군의 임무, 군사력의 사용, 군사력 건설의 원칙 등을 기술했다. 제4장 군사·경제적 보장에서는 재정 및 군수지원, 방위산업 육성 및 수출, 군사기술협력 등을 기술했다. 2000년 정치, 군사, 경제적 원칙 위주로 되어 있었으나 2010년 세부적이고 체계적인 논리에 입각한 정책 위주로 구성되었다.[30)]

제2장에서 대규모 세계전쟁의 발발 가능성은 감소한 반면 러시아에 대한 군사적 위협은 증가하고 있다고 간주했다. 특히 군사적 외부위협에 대해 2000년 상정한 러시아 및 동맹국 인접지역에 외국군 배치 및 군사력 사용, 영토분쟁, 국제테러, 인종분쟁, 분리주의 등의 위협 외에 'NATO의 동진 확대, 미국의 동유럽 MD 구축동향, 대량살상무기 및 미사일 기술의 확산' 등을 군사적 위협[31)]으로 상정했다. 제3장 군사정책의 기본목표를 군사적 충돌 및 핵전쟁 예방에 두고 있다. 군사력 운용에 있어 최우선으로 NATO에 대응한 CSTO의 집단안보 기능의 강화를 천명했다. CSTO 국가에 대한 공격을 러시아에 대한 공격으로 간주하며, 자위권을 발동하는 동맹의 강화를 강조했다. 동시에 자국민 보호 및 국제평화를 위해 러시아 영토 밖에서 군사력 사용이 가능함을 명시했다. 핵무기 사용에 대해 과거와 동일하게 핵 및 재래식 전쟁을 예방하는 중요한 기능으로 간주했다. 핵무기 사용 시기에 대해 2000년 독트린과 동일하게 다음과 같이 정리했다. 우선 러시아에 대한 핵무기 사용에 대응, 동맹국이 핵 또는 대량살상무기로 공격을 받았을 때, 러시아의 존재를 위태롭게 하는 재래식무기의 공격에 대응할 때로 명시했다. 군사력 운용 및 구축에 대해서는 해외의 러시아 국민 보호를 위해 러시아군의 해외파병 조항의 명시를 통해 자국민과 연계된

분쟁지역에 군사력을 신속하게 투입할 수 있도록 했다, 핵무기를 전쟁억제의 기본수단으로 하면서도 추가적인 저강도 분쟁에 대비하여 첨단 재래식 무기의 증강에도 중점을 두었다.[32)]

V 러시아 양두체제의 시사점

메드베데프는 국내외 대통령의 정책의 수행에 있어서 양두체제의 영향을 많이 받았다. 현재와 같은 권력구조 체제 하에서 그는 푸틴의 지명에 따른 후계자이자 총리와의 특수한 관계로 인해 정치권력에 있어 일정한 한계가 있었다. 그럼에도 불구하고 푸틴 총리와 달리 실용적 CEO형이 혼재된 합리적이고 온건한 개혁주의자이자 자유주의적 성향을 다소 드러냈다.[33)] 친기업적(business friendly) 스타일 권력기반 역시 자유주의적 빼쩨르스키로 푸틴과 구별되었다. 현재 그의 국정운영은 부패척결, 관료주의 혁파 등 공공부문 혁신에 주력해 왔다. 국제금융위기 대처, 국토균형발전 및 인프라 개선 정책 추진, 4I 국가프로젝트 달성 등이 주요 국정추진 과제였다.

푸틴 총리는 자신의 정치적 역량을 과시하면서 푸틴플랜 2020, 2014 소치 동계올림픽 개최 준비, 최근 2018년 월드컵 유치 성공 등 국가적 중장기 프로젝트를 관리했다. 동시에 2012년 3기 재집권을 위한 권력기반 관리 및 국가경쟁력과 국가위신 제고에 중점을 둔 개혁정책을 중점적으로 추진해 왔다.

내용면에서 약간의 수정이나 보완되었지만 메드베데프의 국내외 정책기조와 방향은 푸틴 전 대통령 시기의 연속성을 고수했다. 현재는 푸틴 총리는 일종의 권력의 '균형자' 역할을 수행했다. 메드베데프는 러시아의 최고 통치자이나 권력의 핵심 수반으로서 국가안보회의를 실질적으로 장악하고 헌법에 명시된 대통령의 직무를 수행했다. 푸틴 총리는 총 집무실을 크렘린에서 러시아 정부청사로 옮겨 자신의 역할에 주력했다. 러시아 정치권력의 중심 세력을 형성하고 있는 실로비키와 자유주의 그룹의 권력 갈등이 내재해있지만 표출되지 않았다. 향후 이권 개입과 영향력을 둘러싼 양 진영의 권력 갈등 양상이 표출될 가능성도 내재했다. 양 진영을 대표하는 국영가스회사인 Gazprom과 석유회사 로스네프트간의 관계가 주목되었다. 에너지, 교통, 군사복합체 등 국가자원의 배분 분야에 대한 지배엘리트들의 인사 동향이 계속해서 주목되었다.

대통령과 총리를 중심으로 모스크바의 정치 권력구조는 복잡하고 불확실해 보였다. 이런 러시아의 특수한 정치과정이 향후 어떤 결과를 초래할 것인지는 아직은 결론 내리기 어렵다. 푸틴은 총리로서 여전히 강력한 권력과 영향력을 유지하고 있고 자국 국민들로부터 많은 지지를 받고 있다. 그는 1990년대 러시아의 혼란과 굴욕적인 국가 위기를 극복한 위대한 지도자로 여전히 간주되고 있다.

부연하자면 전임 대통령이 자신이 지명한 후계자 대통령의 현재와 같은 독특한 통치구조 하에서 총리직을 수행하는 양두체제는 러시아정치 역사상 처음 있는 사례이자 세계 정치사에서 유례가 없다. 러시아의 독특한 정치문화와 특수한 정치상황이 만들어낸 '정치권력 구조'로 간주된다. 러시아의 정치 환경에서 형식적인 대통령의 지위보다 정치세력과 국민적 인기를 유지하고 있는 푸틴 총리의 잠재된 권력이 우위를 유지했다. 러시아 정부의 정치경제가 더욱 복잡해짐에 따라 법적절차의 필요성이 제기된다. 현재와 같은 이중적인 핵심 권력 중심을 가진 러시아의 국정운영 방식은 과거에 없었던 '견제와 균형'의 정치적 진화로도 간주된다. 이런 측면에서 푸틴은 여전히 러시아정치의 유일한 독립변수로 간주된다. 러시아의 양두체제의 정치상황은 역사발전 과정에서 형성된 독특한 러시아의 정치문화를 반영하는 것이다. 이런 상황 하에 푸틴과 메드베데프의 '정치적 협력 내지 동거'는 당분간 지속될 것으로 보인다.

동시에 메드베데프의 '탈푸틴화'의 움직임 여부에 관심이 집중되었다. 2010년 메드베데프는 푸틴으로부터 벗어나려는 의도를 수차례 드러냈지만 쉽지 않아 보였다. 실질적으로 대통령령이 상당 부분 실행에 옮겨지지 않았다.[34] 2010년 5월 실시한 여론조사 결과 대통령의 지지율은 1년 전인 2009년 59%에 비해 7% 증가한 66%를 기록했다. 또 대통령이 독자노선을 추진하고 있다고 보는 사람이 19%에서 42%로 크게 증가했다. 그러나 대통령이 여전히 총리와 그 측근들의 조정을 받고 있다고 생각하는 사람이 44%였다(2009년 68%였음). 전년도에 비해 향상되었지만 대통령이 기본적으로 총리의 정책을 실행에 옮기고 있다고 보는 사람도 58%였다. 2009년 59%에 비해 크게 다르지 않았다. 이런 결과는 여전히 중요한 정치권력의 영향력이나 실권이 총리에게 있다는 러시아 국민의 여론을 잘 반영해주는 결과로 분석된다. 더욱이 유리 루쉬코프 전 모스크바 시장이[35] 대통령의 퇴임 권유를 무시하면서 메드베데프와 푸틴 사이에 갈등이 고조기도 했다. 당시 푸틴 총리가 나서서 해결한 사건으로 강한 대통령의 모습을 과시하려던 메드베데프의 전략은 실패했다는 평가다.[36] 즉 새 신임 모스크바 시장인 소뱌닌이[37] 기용되었다. 일종의 메드베데프 대통령의 정치권의 세대교체 시도가 간간히 진행되지만 쉽지 않다. 신임 시장 역시 푸틴의 측근이었다.

VI 맺음말

2010년 12월 말 메드베데프는 대통령으로서 간접적으로 푸틴 총리의 국내 정치와 관련 이견을 표출했다. 예를 들면 당시 TV 방송의 자체 검열 관행을 지적하는 강도 높은 발언으로 주목을 받았다. 그는 러시아 전역을 커버하는 제1채널, 라시야(Russia), NTV 등 3개 방송사 사장과의 인터뷰 형식으로 진행된 '2010년 결산' 생방송에서 투옥 중인 전 러시아 석유 재벌 미하일 호도르코프스키 사건과 야당 정치인들에 대해 푸틴 총리와는 전혀 다른 견해를 밝혔다. 감옥에 수감 중인 전 러시아 최대 석유재벌이었던 호도르코프스키의 유죄를 강조하는 발언을 한 푸틴 총리에 대해 대통령은 동의하지 않고 있음을 시사했다. 그는 대통령이든 다른 고위직 공무원들은 진행되고 있는 재판에 대해 판결이 나기 전에 각자의 견해를 밝혀서는 안 된다고 했다.[38)]

이처럼 대통령으로서 메드베데프는 푸틴 총리의 특수한 관계를 유지하면서 동시에 자신의 입지와 영향력을 신중하게 확대하고 있는 것으로 분석된다. 푸틴의 권위주의적 통치스타일을 부분적으로 계승하면서 자유주의적 통치 스타일도 드러내고 있다. 푸틴 총리는 메드베데프의 4년 임기가 끝나는 2012년 다시 대선에 출마를 선언했다. 2010년 11월 말 미국 CNN 방송의 인기 토크쇼 '래리 킹 라이브'와의 화상 인터뷰에서 푸틴 총리는 2012년 예정된 대통령 선거 출마 여부에 대해 메드베데프와 함께 조율해 결정하겠다는 입장을 밝혔다. 메드베데프와의 대선 경쟁에 대해 푸틴은 합의를 통해 입후보 문제를 결정할 것임을 다시 한 번 대외적으로 알렸다.[39)] 만약 대선에 성공해 다시 대통령으로 재집권이 가능해진다면 메드베데프의 직위가 어떤 형태로 유지될지도 주요 관심사가 될 것이다.

중장기적 측면에서 볼 때 경제사회 구조의 변화, 지배엘리트의 분화와 변동, 러시아 사회의 다원화주로의 진전, 국민의 정치의식의 향상 등으로 인해 메드베데프와 푸틴의 양두체제는 다양한 도전과 변화에 직면하게 될 것으로 간주된다.

미 주

1) 최근 푸틴 총리의 성과 '대통령'을 합친 '푸통령'은 국내 네티즌들이 푸틴 러시아 총리를 부르는 별명이다. 국내외로 강경 일변도의 정책을 펴는 푸틴 총리는 네티즌들에게 냉혹한 '통치자'의 상징 같은 존재가 되었다. 「아시아경제」 2011. 1. 6.

2) 푸틴 대통령은 의례적인 행사 개최를 많이 개최했다. 주요 국가적 행사로 2003년 상트페테르부르크 도시 건설 300주년 행사, 2005년 대독 전승 60주년 행사, 2006년 상트페테르부르크에서 G8 정상회의 개최 등을 통해 국제적 위상을 도모하였다. 더 자세한 논의는 다음을 참조. 이웅현·윤영미(역), 『러시아의 자본주의 혁명』(서울: 전략과 문학, 2010), pp.461-474.

3) 체제전환기 러시아 정치경제의 유력한 세력이었던 '올리가르히(Oligarchy)'는 푸틴 대통령의 집권으로 도전을 받았다. 푸틴은 이들의 세력을 축소하기 시작했다. 대신에 자신의 권력을 다지는 과정에서 KGB 전 동료들을 부활시켰다. 국가 중대사는 푸틴의 옛 KGB 동료와 그의 고향 상트페테르부르크 출신들로 구성된 '실로비키'에 의해 영향을 받는다. 이들은 권력과 돈에 집중하며 대통령궁인 크렘린과 정부 각 부처와 군·언론·재계까지 관여하고 있다. 또 이들은 국가 자체로도 간주된다. 러시아학술원의 사회학자인 올가 크리슈타노프스카야(Kryshtanovskaya)는 전국 고위 관료의 4분의 1이 실로비키라고 진단하기도 했다. 더 자세한 논의는 다음을 참조. 이웅현·윤영미(역)(2010) 참조.

4) 더 자세한 논의 다음을 참조. 함택영 & 박영준(공편), 『러시아의 안전보장제도와 정책』(서울: 사회평론, 2010).

5) 메드베데프는 2007년 12월 10일 푸틴의 새 후계자로 지명되었다. 2008년 3월 2일 대선에서 70.2%의 득표로 쥬가노프(러시아 공산당, 17.8%)와 지리노프스키(자유민주당, 9.4%)를 압도적으로 이기고 새 대통령으로 당선되었다. 2009년 5월 7일 크렘린에서 대통령에 취임했다.

6) 자세한 논의는 다음을 참조. 정한구, "푸틴-메드베데프 체제의 출범과 러시아정치의 미래", 「세종정책연구」 제5권 1호, 2009, p.24.

7) 윤영미, 『21세기 세계정치와 상생의 외교전략』(서울: 두남, 2010), pp.43-45.

8) 그밖에 국정과제로 법치주의 실현, 부패 척결, 세금 감면, 금융시스템 개혁, 인프라 구축, 정부 혁신, 사회보장 프로그램 제시 등의 7개 중점과제를 추진 중이다.

9) 더 자세한 논의는 윤영미, 『동북아시아의 외교와 안보』(서울: 두남, 2010) 참조.

10) 푸틴 총리를 보좌할 외교정책 및 국제경제이슈 담당 부실장직이 총리실에 신설되었다. 푸틴의 외교정책에 대한 영향력이 지속될 수 있는 제도적 장치가 마련된 것이다. 더 자세한 논의는 다음을 참조. "러시아 메드베데프 대통령의 당선과 향후 전망", 「해외경제투자정보」 해외경제연구소 동북아팀, 2008. 3. 12, pp.4-5.

11) 러시아어로 '성채'를 뜻하며 요새를 의미한다. 수도 모스크바의 중심을 흐르는 모스크바 강가에 위치한다. 제정러시아의 궁전이었고, 2.25km의 성벽과 스무 개의 성

문이 있다. 크렘린 내부에는 여러 시대 양식의 궁전이나 성당도 있다. 사회주의 혁명으로 군주제가 폐지된 이후 구소련 시기 소비에트 연방 공산당의 의회가 설치되었다. 현재 대통령 관저와 정부 기관이 있다.

12) 여인곤, 『러시아 안보·군사전략 변화와 푸틴의 한반도 정책』(서울: 통일연구원, 2001), p.109-113.

13) 러시아연방 의회는 상원인 연방소비에트와 하원인 국가두마로 구성된다. 연방의회 의원의 임기는 각각 4년이다. 상원은 89개 연방구성주체의 입법대의기관과 집행기관에서 각 1인씩 2명의 대표로 총 178명의 의원으로 구성된다. 국가두마는 450명으로 구성된다. 소선거구에서 1인씩 선출되는 225명과 정당 및 정치단체별 득표율에 따라 의석이 배분되는 전국구 비례대표 225명으로 구성된다. 전국구의 경우 총 유효표의 5% 이상을 득표한 선거단체의 득표비율에 따라 의석이 배분된다.

14) 박상남 외, 『두 개의 권력, 러시아의 미래: 메드베데프, 푸틴의 이중권력 그 운명은』(서울: 플래닛미디어, 2008) 참조.

15) 이웅현, "메드베데프 정권 출범과 대외전략 전망", 「정세와 정책」 2008. 6, p.12.

16) 러시아가 2020년까지 세계 5대 경제대국 진입을 목표로 삼은 것이다. 주로 산업과 교통기반 시설 및 핵발전소 등 전력시설에 4,800억 달러, 철도 확장에 4,000억 달러, 공항 확충에 300억 달러, 나노기술에 30억 달러 등 총 1조 달러가 투입될 예정이다.

17) 함택영 & 박영준(공편) (2010) 참조.

18) 러시아의 기업인으로 세계 최대의 니켈 생산 기업 노릴스크의 전 사장이자 오넥심 그룹의 사장이자 세계적인 갑부다. 모스크바 출생으로 노릴스크를 세계 최대의 천연 자원 기업으로 성장시켰다. 2007년 2월 노릴스크 사장직을 사임했다. 2007년 5월 자산 170억 달러를 이용해 민간 투자 기업 오넥심 그룹을 세웠다. 금광 개발을 하다가 니켈 개발로 바꿨다. 2004년 미하일 프로호로프 재단을 세워 스포츠와 예술을 후원했다. 2009년 9월 미국의 농구팀 뉴저지 네츠의 구단주가 되었다. 2009년 세계의 최대 부호 24위였다. http://ko.wikipedia.org/wiki(검색일: 2011. 1. 12).

19) 「머니투데이」 2011. 2. 2.

20) Roberts John,"Energy Reserve, Pipeline Politics and Security Implication", The South Caucasus: A Challenge for EU, Chaillot Paper No. 65 (December 2003), p.104.

21) 2010년 10월 베를린에 본부를 둔 국제독직 감시단체의 연례 발표에 의하면 '국제독직도 순위'에서 러시아는 187개국 가운데 154위를 기록했다. 2009년에 비해 8단계가 더 낮아진 수치다. G20 국가들 가운데 최하위를 기록했다. 1999년 국제독직투명도 순위에서 러시아는 82위였다. 러시아가 카자흐스탄, 벨라루스, 우크라이나보다도 낮음을 의미한다. 「2010 Russia Report: Events Analysis」 한국외국어대 러시아연구소, 2011. 1. 1, p.18.

22) "러시아 메드베데프 대통령의 당선과 향후 전망", 「해외경제투자정보」 해외경제연구소 동북아팀, 2008. 3. 12, pp.4-5.

23) 서동주, "최근 러시아 대외정책 변화와 동아시아 정책적 함의, 「국가안보전력연구소 보고서」 2008. 9. 9, p.2.

24) http://www.rian.ru/defense_safety/20091016/189160225.html(검색일: 2010.10.18).

25) EurAsEC와 CSTO의 역할 및 기능은 7장 참조.

26) 주요 에너지 공기업은 로스네프트(석유), 가스분야에서는 가즈프롬(가스), 트랜스네프트사(파이프라인)가 각각 중추적인 역할을 한다.

27) 서동주, "러시아 국가안보전략 2020의 정책적 함의와 파급영향", 「국가안보전략연구소 보고서」 2009. 4. 14, p.1.

28) http://www.scrf.gov.ru(검색일: 2010. 12. 2).

29) http://www.ng.ru/economics/2009-10-13/4_prioritety.html(검색일: 2010.10.14).

30) http://www.scrf.gov.ru/documents/33.html(검색일: 2010.12.12).

31) 2000년 군사독트린에 제시된 용어다. 군사위험은 일정한 조건에서 군사위협을 일으킬 수 있는 국제 및 국내의 상태를 의미한다. 군사위협은 분리주의 조직(테러조직) 등이 군사력을 사용할 준비상태가 높은 수준에서 갈등 당사국들에 의한 군사분쟁을 일으킬 수 있는 실제적 가능성이 있는 국내외 상황을 의미한다.

32) http://www.scrf.gov.ru/documents/33.html(검색일: 2010.12.12).

33) 2012년 블라디보스토크 APEC 정상회의와 2014년 소치 동계올림픽을 준비 중이다. 또 2018년 월드컵유치에 성공했다.

34) 「Moscow Times」 2010. 3. 26.

35) 1992년부터 18년 동안 모스크바 시장을 맡아온 루쉬코프는 가족이 연루된 부정부패와 정실주의 등의 문제로 여론의 비난을 받았다. 2010년 9월 메드베데프 대통령에 의해 전격 해임되었다. 자신의 지위를 이용해 모스크바 최대의 건설 및 부동산그룹 '인테코'를 운영해온 부인 바투리나의 사업을 지원했다. 막대한 재산의 소유자다. 2010년 약 10억 달러의 개인 재산을 소유한 러시아 최대 갑부 공무원으로 조사되었다. 2010년 말 러시아 주재 라트비아 대사관에 영주권 신청서를 냈다. 「리아노보스티 통신」 2011. 1. 17.

36) 「2010 Russia Report: Events Analysis」 pp.18-19.

37) 신임 모스크바 시장인 50대 초반의 소뱌닌은 서시베리아의 만시 출신이다. 1991년 시베리아 지역 시장, 1994년 주의회 의원, 1996년에 상원의원에 선출되었다. 러시아 굴지의 유전 지대인 튜멘주 지사였을 당시 푸틴에게 발탁되어 중앙으로 진출한 푸틴 총리의 측근이다. 「2010 Russia Report: Events Analysis」 p.17.

38) 메드베데프는 올해의 주요 정치 현안들에 대한 질문에 답할 때, 러시아 최대 석유재벌이었다가 탈세와 횡령 등의 혐의로 8년 형과 다른 혐의로 추가 기소된 호도르코프스키에 대한 질문을 받고, "대통령을 비롯한 고위 공무원들은 이 사건에 대해 논평할 권리가 없다"고 말했다. 「인테르팍스 통신」 2010. 12. 30.

39) 「연합뉴스」 2010. 12. 1.

참고문헌

강혜련, 『러시아 국가와 시민사회』(서울: 오름, 2003).

김대성, 『중앙아시아학 입문』(서울: 한국외국어대학교출판부, 2009).

김석환, "러시아 메드베데프 대통령 체제의 신국가 발전 전략과 한러협력", 제399호(2008-25), 산업연구원(KIET), 2008. 5. 6.

러시아 메드베데프 대통령의 당선과 향후 전망, 「해외경제투자정보」 해외경제연구소 동북아팀, 2008. 3. 12.

「러시아의 신외교정책(2)」 국회사무처 자료집, 2008.

박상남 외, 『두 개의 권력, 러시아의 미래: 메드베데프, 푸틴의 이중권력 그 운명은』(서울: 플래닛미디어, 2008).

박정호 외, 『푸틴의 러시아: 권력과 시장 그리고 비즈니스』(서울: 한울아카데미, 2007).

박상남, 『현대 중앙아시아』(서울: 한신대학교출판부, 2010).

______, 주요국의 대중앙아시아 통상전략 및 시사점』(서울: KIEP, 2007).

서동주, "최근 러시아 대외정책 변화와 동아시아 정책적 함의", 「국가안보전력연구소 보고서」 2008. 9. 9.

______, "러시아 국가안보전략 2020의 정책적 함의와 파급영향", 「국가안보전략연구소 보고서」 2009. 4. 14.

여인곤, 『러시아아 안보·군사전략 변화와 푸틴의 한반도 정책』(서울: 통일연구원, 2001).

이웅현·윤영미 (역), 『러시아의 자본주의 혁명』(서울: 전략과 문학, 2010).

이웅현, "메드베데프 정권 출범과 대외전략 전망", 「정세와 정책」 2008. 6.

이영형, 『러시아 정치사』(서울: 엠에드, 2000).

윤영미, 『동북아시아의 외교와 안보』(서울: 두남. 2010).

______, 21세기 세계정치와 상생의 외교전략』(서울: 두남, 2010).

정한구, "푸틴-메드베데프 체제의 출범과 러시아정치의 미래", 「세종정책연구」 제5권 1호, 2009.

함택영 & 박영준 (공편), 『러시아의 안전보장제도와 정책』(서울: 사회평론, 2010).

「2010 Russia Report: Events Analysis」 한국외국어대 러시아연구소, 2011. 1. 1.

「리아노보스티 통신」 2011. 1. 17.

「머니투데이」 2011. 2. 2.
「아시아경제」 2011. 1. 6.
「연합뉴스」 2010. 12. 1.
「인테르팍스 통신」 2010. 12. 30.
「Moscow Times」 2010. 3. 26.

http://article.joinsmsn.com/news/articl...D3061735(검색일: 2011. 1. 2).
http://www.scrf.gov.ru(검색일: 2011. 1. 2).
http://www.ng.ru/economics/2009-10-13/4_prioritety.html(검색일: 2010. 10. 14).
http://www.rian.ru/defense_safety/20091016/189160225.html(검색일: 2010. 10. 18).
http://www.scrf.gov.ru/documents/33.html(검색일: 2010. 12. 12).
www.article.joinsmsn.com/news/articl...D3061735(검색일: 2011. 1. 28).

러시아정치와 글로벌 의제

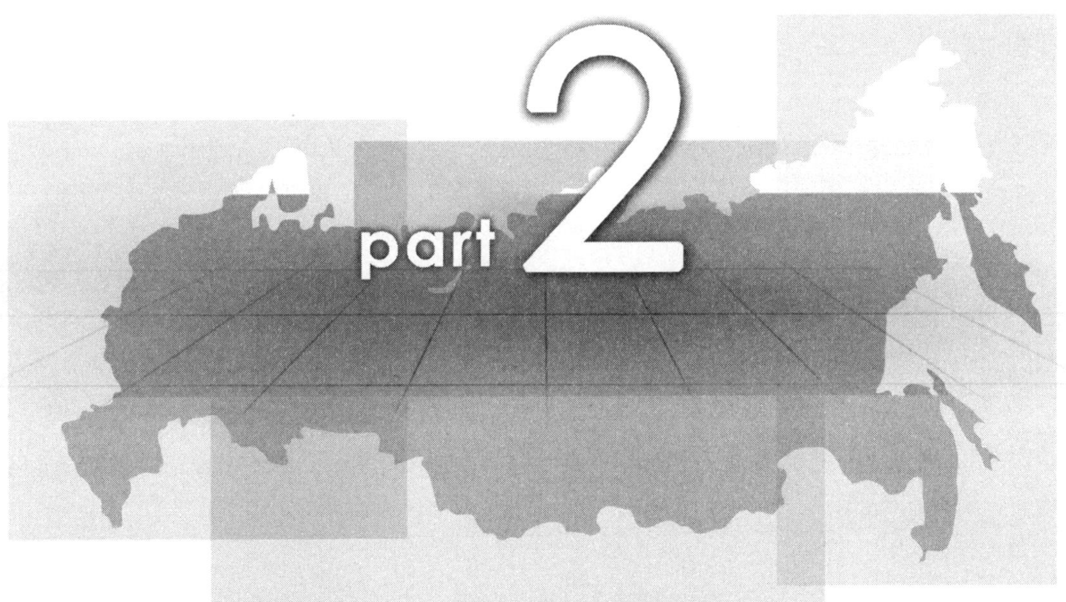

제1장 탈냉전기 러시아여성: 체첸분쟁과 테러

제2장 에너지의 국제 정치경제: 파이프라인 구축의 협력과 갈등

제3장 환경정책과 기후변화협약에 대한 대응방안

제4장 북극해와 지정학적 역학관계의 변화

Chapter 1

탈냉전기 러시아여성: 체첸분쟁과 테러

<ask.nate.com/qna/view.html%3Fn%3D8149630>

I 들어가는 말

탈냉전기 국제질서는 이념, 체제, 제도간의 갈등과 대립이 현저하게 감소된 반면, 종족, 민족 대립, 종교 갈등, 영토분쟁 등 국가간의 분쟁과 전쟁의 원인은 다양해졌다.[1] 이런 양상으로 세계적인 규모의 분쟁 가능성보다 지역적 분쟁이 더욱 빈번하게 발생한다.[2] 러시아연방(이하 러시아)과 독립국가연합(CIS) 지역의 분쟁은 근본적인 원인이 소멸되거나 해결된 것은 아니다. 러시아의 체첸 분리주의 분쟁은 테러와 전쟁 양상을 보이면서 가장 대표적인 사례가 되었다.[3] 민족주의를 앞세운 체첸 분리주의는 구소련의 붕괴 이후 현대 다민족국가로 구성된 러시아의 정치과정에서 가장 위협적인 도전으로 인식되었다.[4] '체첸-잉구세티아' 공화국에서 러시아로부터의 분리주의 분쟁은 1990년 11월 독립 선언으로 불거졌다. 그 후 1994년 11월 보리스 옐친(Boris Yeltsin) 대통령의 체첸 수도 그로즈니 공격으로 1차 체첸전쟁이 발생했고,[5] 1999년 2차 체첸전쟁으로 이어졌다. 광대한 영토를 가진 다민족 국가인 러시아는 체첸의 독립과 북카프카스 지역의 불안정을 허용하지 않는다. 체첸의 독립은 유사한 역사적 배경과 이슬람지역인 주변의 다게스탄이나 잉구세티아 등에서도 혼란을 초래할 가능성이 크기 때문이다. 러시아는 체첸의 독립을 계기로 '도미노 효과'가 주변 소수 민족지역을 중심으로 발생할 경우 연쇄적으로 독립을 요구하는 민족분쟁의 소용돌이에 빠질 소지가 다분해질 것으로 간주되었다.

체첸 분리주의는 특히 여성 테러리스들이 가담한 자살 폭탄테러 계속되었다. 국제분쟁에서의 테러는 몇 세기 동안 특정 정치인과 민간인 공격을 목표로 전개되어온 대표적인 갈등 양상의 한 형태다. 그러나 탈냉전기 2001년 9·11 테러 이후와 연쇄적인 체첸반군의 테러에서 보여주듯이 테러의 양상이 변화되었다. 테러공격 방식의 다양화와 대상의 변화, 특정 지역에 제한하지 않고 여러 지역에서 발생한다. 테러 유형의 대형화, 일반 시민대상의 무차별화, 자살 폭탄테러, 높은 발생 빈도 등 수단이나 목표, 영향력 측면에서 한 국가의 안보를 위협할 정도의 강도 높은 테러공격이 주를 이룬다. 이런 맥락에서 본 장에서는 탈냉전기 체첸 분리독립 분쟁의 양상과 러시아여성의 역할 변모와 체첸여성 테러리스트 '검은 미망인(Black Widows)'에 대해 조명해 보고자 한다. 아울러 체첸 분리독립과 이에 대한 러시아정부의 대응과 시사점에 대해 집중적으로 고찰해보고자 한다.

Ⅱ 탈냉전기의 러시아여성

전통적으로 러시아는 가부장제 하에서 남존여비 사상이 매우 강한 사회였다. 1917년 짜르 정권의 몰락을 초래한 2월 볼셰비키(Bolsheviks) 혁명이후, 블라디미르 레닌(Vladimir Lenin)을 중심으로 볼셰비키는 다른 유럽나라에 비해 빠르게 러시아여성의 정치 참정권을 허용하였다. 1918년 1월 볼셰비키 당은 정책 및 성명서에서 여성문제에 대한 평등한 인식을 강조하였다.[6] 예를 들어 전통적으로 여성들의 선호하던 직업과 의사 및 교육자와 같은 전문직을 포함해서 여성의 노동참여율은 약 90%에 이르게 되었다. 임금이나 고용 면에서 소비에트(Soviet)[7] 여성들은 남성들과 동등한 권리를 가졌다.[8] 구소연방 최고회의에서 여성의 비율은 30 내지 40%를 차지하면서 여성은 정부 및 당에서 다양한 대표성을 표출했다.[9] 정부는 이와 같은 여성의 사회적 활동이 서구사회와 비교할 때 월등히 활발하다는 점을 통계 수치로 제시했다.[10]

여성과 남성은 동등한 권리와 의무를 지니며 동일노동과 동일임금의 원칙이 강조되었다. 가족법에도 이혼의 자유가 보장되었다. 재산법과 상속법의 변화는 경제적 단위로서의 가족을 약화시키고 가장의 지배를 축소시켰다. 따라서 1930년대 초까지 소련정부는 공동세탁, 공동육아 등을 표방하면서 여성의 가사와 육아를 사회적으로 전환하고 이념적으로 남녀평등을 표방하였다.[11]

1950년대와 1960년대 러시아 여성의 지위가 향상되었다. 그러나 정부 및 당 고위층 등 분야에서 여성의 고위층으로 실질적으로 진출한 경우가 거의 없었다. 여성의 대표성 문제는 심각할 정도였다. 소련 여성의 노동에 참가하는 기회가 가사에 대한 책임과 더해져 이중적 부담이 되었다. 사회적 성공이나 심리적인 남녀평등이라는 점에서 여성들은 남성에 비해서 종종 억압적이며 불리한 사회적 정치적 상황에 직면했다.[12] 니키타 흐루시초프(Nikita Khrushchev)[13] 집권 시기 가사노동의 사회화라는 취지하에 여성위원회를 조직했다. 가정주부 중심으로 여성의 정치 및 사회참여를 장려를 목표로 하는 자발적인 여성들의 모임을 발족했다.[14] 동 조직은 지역 수준에서의 여성 활동에 주축을 이룬 반면에 중앙당에서의 여성들의 참여는 성공적이지 못하였다. 공산당 중앙위원회의 여성위원은 1981년 당시 3.8%이고, 당내 여성비율은 25.6%, 지역위원회의 참여율은 49%였다. 이는 중앙 권력에서의 여성들의 정치참여가 제한되었음을 시사해 주는 것이다.[15]

1985년 미하일 고르바초프(Mikhail Gorbachev)가[16] 당 서기장에 취임한 후 소련여성들이 남성들과 동일한 정치적 권리를 가지고 있음을 주장했다. 그러나 역시 권력 상층부로 올라갈수록 여성들의 정치참여 수는 감소하였다. 예를 들면 1984년 소연방 소비에트 최고회의 구성원의 30%의 이상이 여성이었다.[17] 1989년 3월 15.7%로, 연방의회에서 여성의 비율은 5.5%로 감소하였다.[18] 1986년 비로소 여성으로 처음 알렉산드라 비류코바가 소련 공산당 중앙위원회 서기로 선출되었다. 당 최고 기관인 정치국에는 단 1명만이 진출했다.[19] 고르바초프는 1986년 제27차 당 대회에서 전국 규모의 여성조직 제노텔의 부활로 소련 전 영역에 걸친 사회문제 해결에 여성들이 앞장서서 도와줄 것을 주장했다. 그는 여성들의 자발적 발의에 의해 활동하는 독립적 여성만을 위한 사회조직인 여성소비에트 조직의 활동에 대해 언급하였지만 성공적이지 못하였다.[20]

1980년 고르바초프의 개혁 및 개방정책을 통해서 여성 차별대우 문제와 가정 폭력에 대한 문제가 대중매체 통해서 공식적으로 논의되었다. 또한 1987년 그의 신사고(New Thinking) 노선은 가정과 가장 내에서의 여성의 역할에 대해 새로운 역할을 강조하였다. 청소년 비행이나 가족구성원 간의 유대 약화를 가정 내에서 일상적인 의무를 다할 시간이 충분하지 못한 여성들에게 책임이 전가되었다.[21] 동시에 실업의 증가와 자본주의로의 체제 전환은 러시아 여성의 실업률 증가를 초래하였다. 예를 들면 1987년 52%의 여성 고용률이 1990년 48%로 줄었다. 주로 전문직의 60%, 기술직의 54%, 의사의 67%, 도서관 사서의 91%를 구성하였다. 고용인으로서의 여성은 남성에 비해서 더 빨리 감원대상이 되었고 실업 수당 등 기타 혜택에서 제외가 되었다. 한 자녀의 어머니로서 30세와 40세의 고학력자 실업은 증가하였다. 1990년대 중반 러시아 여성의 실업률은 공식적으로 75%를 기록하였고 실업자 4명 중 3명이 여성이었다.[22] 농촌보다 도시에서의 여성 실업률이 더 높았다. 더욱이 정치조직, 노동조합의 정책 결정에서 여성의 진출이 제한되었다. 여성의 노동인구 초과와 여성의 고용기회 감소로 러시아 여성은 엄마와 가사노동자로서 역할에 심리적 부담이 더 커져 낮은 출생률과 남녀평등의 이념이 심각한 문제로 제기되었다. 체제전환기 러시아는 주택난, 알코올 중독 등 경직된 사회분위기 속에서 급속한 이혼율의 증가로 인해 러시아 가정이 많이 위협을 받았다.[23]

이러한 부정적인 측면 외에 민주화와 시장경제로의 전환이 러시아여성에게 사회적 정치적 신분상승, 새로운 정당에의 가입, 노동조합에의 참여, 사업가로서의 변신, 사회 운동과 인권 보호 운동에의 적극적인 참여 연대의 확산, 각종 다양한 신생 압력단체에서의 참여 확대 등의 기회가 제공되었다.[24] 1990년대 초 구소련의 붕괴는 궁극적으로 러시아의 참여민주주의와 다당제 정치구조에 기반이 되었다. 공산당의 권력 독점을 명시한 소련헌법 제6조의 폐기 이후, 복수정당이 허용된 규칙제정, 등록절차 마련, 선거법 제정 등의 민주화 과정이 이루어졌다.[25] 이 시기 수천 개의 새로운 정당과 이익집단이 등장하게 되었다. 이들 중 1993년 창당된 '러시아 여성당'은 러시아여성의 정치참여와 이들의 인권보호를 위해서 새로운 활동을 전개하였다.[26]

이와 같이 레닌의 사회주의 혁명기부터 고르바초프의 개혁과 개방 시기와 탈냉전기 러시아여성들은 새로운 국가건설에 적극적인 기여와 참여를 했다. 여성의 권익보호, 여성 차별대우 문제, 가정 폭력에 대한 문제 등 여성 관련문제들에 대한 논의도 활발해졌다. 이런 변화로 1993년 10월 16일 러시아 여성당이 창당되어 중앙정치무대에 여성들이 대거 진입하게 되었다. 여성들의 권익향상과 복지정책이 중요한 사안으로 다루어질 수 있는 기틀을 마련하였다. 구소련 시기 각 지역단위로 연결되었던 여성위원회의 조직망이 여성당의 창당 중요한 역할을 했다. 러시아 여성당은 구소련의 연방여성위원회에 기반을 둔 세 개의 여성운동단체(러시아여성연맹, 여성

연합협회, 여성해군연합)가 의회 선거를 불과 2개월 남겨두고 1993년 10월에 연합해서 창당되었다.[27] 연합의 지도자들은 여성문제에 관심을 갖는 다른 정치연합이나 정당이 출현하지 않았기 때문에 자신의 정치활동을 '여성해방' 운동으로는 불리는 것에 동의하지 않았다. 이들은 선거운동에서 여성들은 정치부패에 덜 연루되었고 덜 부패하다는 점을 강조하면서 러시아 유권자들에게 호소했다.[28]

1993년 국가두마(Duma, 하원) 선거에서 대부분의 여성 후보들은 러시아 여성당을 통해서 출마를 했다. 이들 후보의 대부분은 구소련의 공산당 출신들이었다. 예를 들면, 러시아 여성당의 당 서열 1위인 알레브찌나 페둘로바는 러시아 여성동맹의 대표였고, 다른 후보들도 소연방연합 출신들이 대부분을 차지했다.[29] 그녀는 러시아 여성동맹의 총재직을 맡고 있으며 남녀평등권과 사회정책의 우선권을 주장하였다. 동 조직과 러시아 기업여성연합, 러시아 해군연합 등과 함께 러시아 여성당을 발족하고 법무부에 등록하였다. 1993년 선거에서 러시아 여성당은 중도노선의 입장을 고수하면서 자유 시장경제구조에서 가장 타격을 받고 있는 여성들을 대변하고 여성들의 권익 옹호를 위한 정책을 표방하였다. 총선 당시 노동자사회당, 코삭스연합, 석유산업노동자연합 등 기업가들과 합동전선을 펼쳤다. 여성당 후보중에는 각종 다양한 이념적 노선과 경제계층으로 이루어졌다. 예를 들면 구소련 공산당 전직 관리가 많고, 기업인들, 옐친 대통령의 여성문제 보좌관, 흑해 함대 출신 군인 등으로 구성되었다.[30]

러시아 여성당의 당수였던 에카테리나 라크호바는 박사 출신으로 1991년부터 1993년까지 여성, 가족, 인구 분과 위원회를 조직하여 옐친의 대변인으로도 활동하였다.[31] 여성이 러시아 유권자의 절반을 차지하고 있다고 주장하면서 라크호바는 러시아에서 '여성 없이는 민주주의 건설이 불가능하다'는 입장을 고수했다.[32] 특히 체첸에서의 군의 무력 개입에 대한 반대와 비판은 체첸에 파견된 군인들의 부모들로부터 강한 지지를 이끌 수 있다고 믿었다.[33] 특히 러시아 여성당은 많은 러시아여성들을 대신하여 체첸과의 전쟁을 반대했다. 전쟁미망인들과 아이들에 대한 지원책도 주장했다.

증가하는 난민의 문제에 관심을 표명하고 평화적인 해결책을 강력히 주장하였다.

여성들의 특수한 위치를 명백히 파악하고 있는 여성당의 경우 여성들의 권익을 보호하고 신장시키려는 이념적 노선의 채택은 당연하다고 간주되었다. 사회복지정책의 확충에 대한 지지와 러시아가 당면한 현실적 해결책을 강구하고자 하는 실용정당으로서의 면모를 분명히 했다. 계속되는 의회선거에서(1993년, 1995년, 1999년) 여성 정치가들이 차지하는 의석수가 감소되었다. 보수와 개혁의 이중성이 강하게 나타나는 러시아 정치문화 속에서 다양한 여성 계층을 중심으로 탄생한 여성당은 전 러시아여성의 권익과 여성의 사회적 신장을 위해서 노력해야 하는 과제를 안고 있었다.

Ⅲ 탈냉전기 체첸분쟁의 양상

1 역사적 갈등과 반목

체첸은 카스피해와 흑해를 동서로 가로지르는 거대한 북카프카즈 산맥의 북쪽 지역에 위치한다<그림 1 참조>. 역사적으로 북카프카즈 지역은 유럽과 아시아의 경계지역에 위치한 교통의 요충지로 고대부터 수많은 민족들이 패권을 놓고 각축을 벌여온 지역이었다.[34)] 북카프카즈 산맥을 넘어 지중해를 향해 남진하려는 북쪽의 러시아 세력과 이란과 오스만 투르크 등 남쪽 이슬람 세력이 대립 가운데 전쟁이 끊이지 않았다. 체첸과 잉구쉬 두 민족은 북카프카즈 인종으로 나흐족 일파로 BC 7세기경 북카프카즈 산맥 북쪽 중앙부에 정착했다. 그 후 10여 세기 동안 동 지역에 살아온 원주민이었다. 이들은 유목민족으로 전통적인 씨족 연대감이 강했다. 산악 민족인 체첸인들은 카프카즈 산지를 중심으로 단결력과 집단 공동체 의식과 종교성 또한 강한 민족이었다. 18세기말 팽창정책을 폈던 제정러시아의 남하정책은 북카프카즈 정복을 위해 나섰다. 이때 이들은 격렬하게 저항하였고 정복전쟁은 약 반세기 가까이 계속되었다. 1835년 수 십 년간의 항쟁에도 불구하고 1859년 최종적으로 제정러시아에 정복되었다. '이반 대제'가 이 지역문제에 개입한 이래 300여년이나 정복할 수 있었다. 제정러시아의 북카프카즈스지역 정복의 역사는 정복자의 무력에 의한 침략과 이에 대한 피의 저항이 반복되는 참혹한 전쟁의 역사였다. 제정러시아는 막대한 희생과 전쟁 비용을 소모했다. 러시아는 체첸인들에게 잔인한 지배정책을 펼쳤다.[35] 당시 체첸 민족의 2/3 정도 사망했고 심지어 어린아이들은 사냥개의 먹이가 되었다. 러시아의 잔인성은 체첸인들에게 큰 상처와 한을 안겨 주었다. 이런 역사적인 정복과정을 체첸 씨족장들은 후손들에게 주입시키면서 러시아에 대한 복수심을 키운 주요 요인이 되었다.[36]

〈그림 1〉 체첸-잉구세티아 자치공화국

출처: http://www.kida.re.kr/woww/index.htm(검색일: 2010. 12. 30).

정복전쟁에서 동부에 거주하던 나흐족은 러시아에 격렬하게 저항을 했으나 서부의 나흐족은 전쟁에 개입하지 않았다. 러시아는 이 두 집단을 다르게 구별하여 동부의 나흐족을 체첸으로 서부의 나흐족을 잉구쉬로 구별했다. 이러한 역사적 민족적 갈등과 반목은 20세기 초 소비에트 혁명기 체첸인과 러시아인들 치열한 갈등으로 이어졌다. 무슬림 형제 결속을 강조하는 이슬람 전통으로 러시아의 지배에 저항한 체첸인들은 자신들의 저항을 성전으로 규정하고 전투적인 이슬람 교단을 중심으로 해방투쟁을 전개했다. 1917년 10월 혁명과 내전시기 인접한 다게스탄 지역에 이슬람국가인 '다게스탄 체첸 회교국'을 세우기도 했다. 그러나 1921년 소련군이 이들을 정복함으로써 구소련의 일부가 되었다. 구소련의 강한 반이슬람 정책에도 불구하고 체첸인들은 자신들의 이런 민족의 종교를 더욱 강하게 지켰다. 이로 인해 레닌은 체첸의 굴욕적인 피지배민족의 역사를 상기하여 '러시아 내 이슬람교도'에 대한 성명서를 통해 체첸인을 비롯한 모든 이슬람교도들의 권리를 보장했다.[37)]

1930년대 중반 스탈린은 탄압은 체첸인들의 숙청으로 이어졌고 1935년 체첸-잉구세티아 자치공화국으로 탄생되었다. 과거 구소련 지도자들은 모스크바의 정권을 유지하기 위해 체첸 민족들에게 많은 박해를 가했다. 1937년 여름부터 1938년까지 체첸-잉구세티아 자치 공화국을 포함한 북카프카즈 전역에서 지식인과 지방당 간부들이 총 10만 명이 체포되어 일부는 처형되었고 나머지는 기타지역으로 강제 추방되었다. 1940년 초 체첸인과 잉구쉬인들은 소련 정부에 저항했으나 1942년 말에 진압되었다. 체첸인에 대한 러시아의 박해는 2차 세계대전 말 다시 전개되었다. 당시 스탈린 정권 하에서 2차 세계대전 중 일시 점령했던 독일군에게 체첸인들이 협력했다는 의심 하에 체포, 수송, 강제추방 등 체첸인들의 1/4이 처형되었다. 스탈린은 민족말살정책의 일환으로 1944년 2월 체첸-잉구쉬인 약 100만 명을 카자흐스탄, 중앙아시아와 시베리아 등으로 강제로 이주시켰다. 강제이주에서 도망친 소수 사람들은 북카프카즈 산악에 숨어들어 게릴라전으로 소련군에게 저항했다. 강제이주와 게릴라 투쟁 과정에서 약 23만여 명이 사망했다. 강제 이주된 체첸인들의 대부분은 추위와 굶주림 속에서 아사할 정도로 많은 박해를 당했다.[38)] 현재 카자흐스탄에 많은 체첸인들이 살고 있다.

1956년 말 흐루시초프 집권 당시 강제이주 정책이 폐지된 후 체첸인과 잉구쉬인들은 체첸-잉구세티아 공화국으로 돌아가도록 허용되었고 자치공화국으로 부활하였다. 1959년 체첸인의 거의 반 정도가 체첸-잉구세티아 공화국으로 되돌아왔다. 스탈린의 강제이주를 통한 민족말살 정책으로 많은 체첸인들이 죽었고 열악한 환경에서 고통과 원한을 가졌다. 체첸인들의 러시아인에 대한 증오와 분노는 더욱 커졌고 독립에 대한 민족적 열망은 더욱 강렬해졌다. 강제이주 전 공화국전체 인구의 58%를 차지했던 체첸 민족이 41%로 하락되었다. 당 조직은 이미 러시아인들에 의해서 지배 통치되었다. 공화국으로 돌아온 체첸인들은 대량실업으로 러시아과 카자흐스탄으로 일자리를 찾아 나섰다. 1980년대에 인근 지역으로의 이주가 급증하였다. 1980년대 후반 숙련노동인구의 실업률이 25%에서 40%정도로 상승되었다.[39]

1989년 인구조사에 의하면 구소련의 전체의 총 체첸 인구는 95만 7천명으로 체첸 인구의 3/4가 체첸-잉구세티아 자치공화국에 거주했다. 당시 체첸-잉구세티아 공화국의 인구는 127만 명이었다. 이 중 체첸인이 74만 명, 러시아인이 29만 명, 잉구쉬인이 16만 명으로 체첸인이 다수를 차지했다 <표 1 참조>. 인구의 2/3가 체첸 민족이었다. 약 1/4는 러시아인으로 이들은 주로 수도인 그로즈니와 체첸의 북쪽지역에 거주하고 있었다. 수도 그로즈니에는 약 40만 명이 살고 있었는데, 그중 약 절반이 러시아인이었다. 체첸인은 약 12만 명에 정도였고 계속되는 분쟁으로 수십만 명 사망했고 난민이 되어 피난을 떠났으므로 인구는 급속이 감소했다.[40]

〈표 1〉 체첸-잉귀쉬 공화국 인구

민 족	1979년	1989년
전 체	1,156,000	1,270,000
체 첸 인	611,500	734,500
러 시 아 인	336,000	294,000
잉 귀 쉬 인	135,000	164,000
아 르 메 니 아 인	14,500	15,000
우 크 라 이 나 인	12,000	12,600

출처: http://www.peace2003.net/country/chechen.02.html(검색일: 2003. 12. 30).

② 제1, 2차 체첸전쟁과 갈등 양상

120여개가 넘는 다민족국가의 러시아는 1990년대 초 체첸 분리주의 분쟁으로 연방 해체의 우려가 제기되었다. 체제전환기 러시아에 속해 있던 체첸-잉구세티아 공화국에서 1991년 11월 초 체첸 자치공화국 대통령의 조하르 두다예브가 체첸을 잉구쉬로부터 분리하고 러시아로부터 탈퇴 및 독립을 선언했다. 잉구쉬는 1992년 10월 공화국을 선포했다. 1993년 12월 민주주의의 전환기에 채택한 러시아 연방헌법에 의해 두 민족은 각각 러시아의 21개 공화국에 편승되어 공화국으로 편입되었다.41) 현재 북카프카즈 지역은 1991년 구소련 붕괴이후 체첸, 잉구세티아, 다게스탄 등 9개 자치공화국이 위치한다. 동 지역은 50여 개 민족으로 구성되며 러시아어가 아닌 고유 언어를 가지고 있다. 이처럼 슬라브족과 카프카스의 문화적 이질성이 강하게 상존한다.

당시 옐친 대통령은 두다예브를 중심으로 체첸 분리독립 선언을 수용하지 않았다. 체첸 공화국에 비상 상태를 선포한 후 군대를 보내 '반두다예브' 세력을 구성했다. 옐친은 배후에서 조종하면서 친러시아 정권을 수립함으로써 체첸의 분리독립을 막고자 했다. 옐친의 이런 강력한 대응이 오히려 체첸 내 반러시아감정을 고조시켰다. 두다예브 자신은 체첸의 영웅이 되었고 옐친의 정권을 정당화시키는데 결정적인 역할을 하였다. 반두다예브 세력이 두다예브에 의해서 무너졌다. 옐친의 반두다예브 세력의 지원 실패는 평화적인 해결이 아닌 1994년 12월 제1차 체첸전쟁으로 촉발되었다. 전면적인 군사공격을 감행했다. 러시아군은 1995년에 체첸의 수도 그로즈니와 체첸공화국의 주요 전략적 요충지를 점령했다. 이에 체첸군은 테러로 대응했다. 1994년 12월 체첸과의 전쟁에 돌입한 러시아군은 2년에 걸친 체첸군과의 전쟁에서 체첸군의 게릴라 전술에 말려 승리를 거두지 못했다. 1996년 3월 옐친은 6월 예정된 대통령 선거를 앞두고 체첸과의 평화협상을 시도했지만 갑작스런 두다예브의 죽음으로 새 후계자 얀다르비예프와 1996년 6월 1일 휴전 협정에 서명을 했다.42)

결과적으로 1994년에서 1996년까지의 제1차 체첸전쟁은 러시아 경제와 옐친정권에 막대한 손실을 초래했다. 약 3천명 이상의 전사자와 수많은 부상자와 2억 달러 이상의 전비가 소모되었다. 1996년 6월 휴전협정을 체결하여 체첸의 독립을 사실상 허용하게 되었다. 1996년 8월 '하사뷰르트(Khasavyurt accord)' 평화조약으로 2000년까지 독립 문제를 유보하기로 했다. 러시아군이 철수함으로써 전쟁은 일시적으로 종결되었다. 제1차 전쟁이 끝난 후 체첸은 대러시아 협상론자인 마스하도프가 대통령에 당선되어 전후 복구에 주력하면서 러시아와도 안정된 관계를 유지하기 위해서 노력했다.

1999년 8월 체첸의 강경파 민병대 지도자였던 '샤밀 바사예프'가 다시 '체첸 다게스탄 회교 공화국' 건설을 선언했다. 그는 이슬람 연합국가 건설을 명분으로 다게스탄 자치공화국을 침략했다. 이로써 러시아와 체첸은 다게스탄에서 직접 전투를 개시했다. 체첸 테러리스트들에 의해 모스크바 내 아파트 폭탄테러가 재개되었다. 1998년과 1999년 9월 모스크바 아파트 연쇄 폭파사건 등과 같은 체첸의 보복성 테러로 인해 러시아 정부는 '테러집단 체첸 완전소탕'이라는 구호아래 체첸에 지상군을 투입했다. 9월 이후 테러는 점점 대담해지고 무고한 민간인까지 확대되었다. 체첸인들에 의한 모스크바에서의 테러는 계속해서 발생했다.

1999년 여름 모스크바와 상트 뻬쩨르부르크에서 연이은 폭탄 테러로 많은 희생자가 발생했다. 러시아 정부는 체첸 테러리스트들에 의한 것으로 간주했다. 동년 9월 초 이후 러시아는 체첸 국경지역에 대대적인 공중폭격을 시도함으로써 제2차 체첸 전쟁이 개시되었다. 1999년 10월 체첸 영토 내 다시 전면전으로 이어졌다. 연방군이 체첸 영토의 절반을 점령했다. 러시아는 10만의 막대한 병력과 장비를 투입하여 체첸군의 진압작전을 전개하였다. 러시아군은 2000년 2월 초 수도인 그로즈니 함락을 위해 공격을 감행했다.[43] 동년 3월 연방군은 체첸의 전 지역을 장악에 성공했다. 구소련 붕괴 이후 1991년 분리독립을 선포한 체첸과 이를 막으려는 연방정부와의 분쟁으로 약 10만 명 이상의 사상자와 30만 명에 이르는 난민이 초래되었다.[44]

옐친 대통령의 사임으로 대통령 권한을 수행하고 있었던 블라디미르 푸틴(Vladimir Putin) 총리는 체첸 전쟁이 2000년 예정된 차기 대통령 선거에서 자신의 대통령 당선 여부를 결정짓는 중요한 변수가 될 것이라는 인식하에 전쟁에서 승리를 위해 막대한 무력을 동원하였다. 압도적인 군사력을 가진 러시아군은 첨단 무기를 동원하여 적극적인 작전을 펼쳤다. 그 결과 마침내 2000년 2월 6일 체첸의 수도 그로즈니를 점령하고 작전종료를 선언하였다. 그로즈니를 점령한 후 러시아 정부는 종전의 체첸 독립 약속을 철회했다. 러시아헌법에 의한 자치공화국으로서의 지위 회복을 선언했다. 러시아군의 그로즈니 점령 이후 2천명 이상의 체첸 반군들은 남부 산악지대를 거점으로 게릴라전을 전개하면서 테러활동이 계속되고 있다. 이들은 체첸에 수립된 친러 정부를 부정한다. 이에 대항하기 위해 '이츠케리야' 체첸공화국[45]을 세워 반러시아 투쟁 활동을 전개 중이다.[46]

Ⅳ 체첸분쟁과 여성 테러리스트

오랫 동안 체첸 여성들의 삶 속에서는 체첸인들의 씨족 중심의 집단 공동체 사회가 유지되어왔다. 땅을 공동소유 보유해온 전통으로 러시아 내의 다른 지역보다 가부장적 형태가 강하게 남아있다. 체첸인들은 보통 자신들의 부족 외부에서 배우자를 선택하게 되고, 3대 이내의 혈족관계가 있을 때는 결혼할 수 없었다. 결혼 할 때는 신랑의 가족은 이혼을 대비한 보증금으로 신부나 신부의 가족에게 지참금을 지불한다. 체첸의 여성들은 구소련 여성들처럼 노동과 가사의 이중부담을 안고 살아왔다.[47]

1991년부터 불거진 계속되는 체첸 분리주의 분쟁으로 인해 체첸 여성들은 전통적인 체첸의 여성 역할에서 벗어나는 계기가 되기도 했다. 제1, 2차 체첸 전쟁과 러시아 정부와의 갈등으로 체첸 여성인권 탄압과 가혹 행위로부터 난민 발생으로부터 자유롭지 못했다. 2003년 유엔난민고등판무관(UNHCR)이 집계한 '공식 난민'은 1100여 만 명으로 추정 하지만 '사실상의 난민'의 수는 약 2145여 만 명으로 추정되었다. 난민들은 굶주림과 전염병, 냉대와 절망이라는 새로운 환경에 맞서야 하는 이중고통을 감수해 내야 한다.[48] 러시아와 체첸과의 분쟁으로 가해지는 폭력과 억압은 체첸 여성과 어린아이들을 생존과 자유를 찾아 고향과 가족을 등질 수밖에 없는 난민으로 전락시켰다.[49]

세계적인 인권단체인 앰네스티 인터내셔날은 체첸의 난민문제와 체첸인들의 실종, 고문, 강간 등 국제인권법과 인도주의법 위반 사례들을 보도했다. 러시아군은 수 천 명의 체첸 민간인들을 자의적으로 구금하고, 고문하거나 살해했다. 러시아군에 억류된 대부분 민간인들은 체첸에서 잉구세티아로 이동하던 중 검문되거나 주거 밀집 지역에서 벌어진 습격(흔히 '짜치츠키' 혹은 '청소작전'으로 불린다)으로 인해 체포되었다. 민간인에 대한 광범위한 인권침해가 동반되었다. 여성과 어린이를 포함하여 민간인들이 납치되었고, 강간, 고문, 살해를 당했다. 구금된 이들은 마치 땅굴과 같은 시설에 감금되어 친지나 변호사를 만날 수 없었고, 외부와 철저히 차단되었다. 생존자들에 의하면 고문이 일상적이고 체계적으로 행해졌다. 잘 알려진 바와 같이 이들은 무차별적으로 강간과 구타와 가혹한 고문을 당하거나 최루가스에 노출되었다.[50]

러시아의 국제적 위상과 자국 내 정치안정 및 경제발전에 많은 영향력을 미치고 있는 체첸의 독립문제는 왜 계속해서 유보되고 있는 것인가. 체첸의 독립을 인정 할 수 없는 주된 이유는 체첸은 전쟁 전 연간 260만t의 원유를 생산하는 유전지대였다. 체첸은 카스피해와 러시아를 통과해 흑해에서 유럽으로 이어지는 송유관이 통과하는 전략 요충지였다. 또 교통의 요지로 러시아 정부에게 중요한 지역이었다.[51] 뿐만 아니라 러시아가 체첸 독립을 인정할 경우 러시아의 약 2000만 이슬람인들의 독립을 유발할 수 있고 다른 소수민족들의 분리독립의 가능성을 무시할 수 없는 것이다. 러시아는 2001년 전쟁 종식을 선언했고 2002년 3월 주민투표를 실시했다. 대다수 체첸인들이 러시아 내 존속을 희망하는 신헌법에 찬성하였다. 신헌법에 의거하여 푸틴정부는 총선과 대선을 실시하여 체첸을 러시아의 공화국의 일원으로 남게 하고자하는 구상이었다. 그러나 체첸반군들은 강력히 독립을 주장했으며, 카프카스 지역에서의 범이슬람국가 건설을 주장했다. 이들은 주변 이슬람권의 지원을 받으며 러시아에 저항했다. 체첸 내부에도 전쟁 종식과 평화를 희망하는 체첸인과 체첸 반군 간 내부 갈등도 극한 상황에 처해 있었다.[52]

2003년 잇따라 자살 폭탄테러를 감행하며 체첸사태는 탈냉전 이후 발생한 전형적인 분리독립 운동으로 간주되었고 국제사회의 주목을 받았다. 계속되는 분쟁으로 이어지는 유혈사태를 해결하기 위해 푸틴 대통령은 취임 이후 약 4만 명의 러시아 정규군을 체첸과 인근 자치공화국들에 영구 주둔시키는 방안과[53] 신헌법 채택 이후 10월에 체첸 대선을 실시하는 유화책을 실시했다. 그러나 완전한 분리독립을 요구하는 체첸반군의 끊임없는 공격과 무장 세력의 저항은 계속되었다. 체첸의 수도 그로즈니를 중심으로 테러가 계속 감행되었다. 러시아의 무력 점령에 항거해 주변 산악지대에 은거한 체첸반군은 도시 게릴라전과 모스크바의 자살 폭탄테러가 지속되었다.[54]

주목할 만한 것은 러시아에 대응한 자살테러의 독립투쟁에 적극적으로 관여하고 있는 주체세력이 체첸 여성들이라는 점이다. 이들은 주로 모스크바의 시민들이 많이 모이는 극장, 버스 등을 대상으로 자살폭탄이나 독가스 살포 등으로 선택적으로 무고한 시민들을 인질을 삼는 보복성 공격을 자행했다. 전력이 열세인 체첸반군에 있어 자살폭탄 공격은 러시아군에 대항하는 주요 저항수단으로 여성들의 가담이 부쩍 늘었다. 이들은 주로 체첸과 러시아와의 전쟁에서 남편이나 형제를 억울하게 잃은 여성들이 복수심과 좌절감 때문에 자원한 여성들로 구성되었다.[55] 이처럼 체첸 여성 테러리스트들은 자신의 정치적 독립을 달성하기 위해 무고한 시민을 대상으로 테러를 감행한다. 체첸 여성 테러리스트들은 특히 '검은 미망인(Black Widows)'로 불린다. 이들은 2000년 초부터 주목받기 시작했다. 주로 북카프카즈 지역의 이슬람계 테러단체다. 대부분 10대 후반에서 30대 초반의 여성이다. 초창기 체첸 반군 지도자인 샤밀 바사예프가 30명 이상의 여성 테러 자원자들을 받아 캠프에서 특수 훈련을 시켰다. 체첸반군 진영에 '가

미카제'식 폭탄 공격을 감행하도록 훈련받은 여성 결사대가 조직되었다. 바사예프는 주로 가족을 잃은 여성 수십 명으로 자폭 공격조를 구성해 러시아에 침투시킨 것이다. 그러나 일련의 폭탄테러는 반드시 훈련을 갖춘 기획된 전투작전 외에 복수심에 의한 즉흥적인 여성 테러도 포함되었다.[56)]

2002년 10월 모스크바 극장 인질 테러에도 연루되었다. 당시 체첸반군은 700여명을 인질로 잡고 독립을 요구했다.[57)] 다음 글은 2003년 모스크바에서 발생한 체첸 여성들에 의한 자살 테러에 대한 모스크바 연합뉴스 기사다:

> 인구 1천만의 러시아 수도 모스크바에서 체첸 출신으로 추정되는 여성들에 의한 폭탄 테러가 잇따름에 따라 '시민 안전'에 비상이 걸렸다. 2003년 7월 10일 오전 2시 15분경(현지시간) 모스크바 중심 트베르스카야 거리 16번지 '임비리(생강)' 카페 앞에서 폭발물이 터져 연방보안국(FSB) 소속 폭발물 제거반원 1명이 그 자리에서 숨졌다. 숨진 FSB 직원은 한 남자와 함께 카페에 들어가려던 여성이 행동을 수상히 여긴 카페 경비원들의 제지를 받자 가방을 길거리에 놓았다는 신고를 받고 현장에 달려갔다가 변을 당했다. 가방 안에는 최소 TNT 400㎏의 위력에 맞먹는 폭발물이 들어 있었다고 경찰이 밝혔다. 사고 당시 카페에는 손님들이 가득 차 있었으나 폭발물이 다행히 길거리에서 터져 대형 참사를 면했다. 경찰은 '폭발물 가방을 갖고 있던 여성은 1980년 생으로 체첸 출신'이라고 발표했다. 체첸 출신으로 보이는 여성 2명이 감행한 당시 자폭 테러로 10대와 20대 위주의 콘서트 관람객 15명과 테러범 여성 등 17명이 숨지고 59명이 부상했다. 이틀 뒤인 지난 7일에는 모스크바 중심 크렘린궁에서 남동쪽으로 3.5㎞ 떨어진 시모노프스키 발 거리 건물 신축 공사장에서 발견된 수류탄 3발 가운데 1발이 폭발해 인부 1명이 숨지고 5명이 부상했다.[58)]

계속해서 체첸의 독립저항 테러가 발생하고 있다<표 2 참조>. 2004년 9월 남부 북오세티야공화국의 학교에서 체첸 반군이 주도한 최악의 인질사건이 발생했다. 역시 체첸의 검은 미망인들이 연루되었다. 러시아는 전차와 공격헬기를 동원해 진압작전을 펼쳤고 테러리스트들과 인질을 포함해 330명이 숨졌다.

이처럼 체첸여성들의 자살폭탄 테러 가담에 대한 원인과 형태에서 보여주듯이 체첸은 씨족사회의 전통이 강하게 남아 있는 사회다. 가부장적 가족특성이 강한 체첸 여성들이 전쟁을 통해서 가족을 잃고 증가하는 난민과 인권유린의 대상에 대한 반감의 표출이었다. 민족의 독립을 위해 반군의 조직에 의해서 조직적으로 훈련을 받거나 또는 개인적인 복수심으로 체첸 여성들이 자살테러에 가담했다.

〈표 2〉 러시아 주요 테러 발생 개요

연 도	피해 현황
1999. 9. 9	모스크바 남동부 9층 아파트 폭발 93명 사망
2000. 8. 8	모스크바 푸슈킨 광장 지하도 폭탄 테러 13명 사망, 130여명 부상
2001. 3. 24	3개 지방도시 동시다발 차량 폭탄테러 28명 사망, 150여 명 부상
2002. 10. 23	모스크바 극장 인질극 129명 사망
2003. 7. 5	모스크바 북서부 투시노 록 콘서트장 자살폭탄 테러 20명, 30명 부상
2003. 12. 9	모스크바 내셔널 호텔 앞 승용차 자살폭탄 테러 6명 사망, 14명 부상
2004. 2. 6	파벨레츠카야 지하철역 폭탄 테러 40명 사망, 122명 부상
2004. 8. 24	러시아 여객기 2대 자폭테러 추락 89명 사망
2004. 8. 31	모스크바 자보드스카야 지하철 역사 폭탄테러 10명 사망
2004. 9. 1	북오세티야 베슬란 인질 테러 사건 344명 사망
2007. 8. 13	모스크바 북서부 고속열차 테러 승객 60명 부상
2009. 11. 27	노브고로드주 열차 폭탄 테러 27명 사망, 90여 명 부상
2010. 3. 29	러시아 모스크바 지하철 자살폭탄 테러 40여명 사망
2011. 2. 24	러시아 모스크바 도모데도보 공항 폭탄 테러 최소 35명 사망했고 180명 부상

2009년 11월 모스크바와 상트 페테르부르크 사이를 연결하는 고속열차 폭탄테러로 27명이 사망했다. 2010년 1월 다게스탄에서 차량을 이용한 자살폭탄 테러로 6명이 사망했다. 2010년 3월 말 새벽에 러시아 모스크바 지하철역 두 곳에서 발생했다<그림 2 참조>. 이번 테러로 인해 지하철에 타고 있던 승객 40명이 사망하고 80여 명이 부상을 입었다.[59] 러시아 정보당국은 테러사건의 주모자로 체첸의 이슬람 분리주의 테러단체인 '카프카스키 에미리트'의 지도자 우마로프를 지목했다. 두 명의 체첸 여성은 테러 당

일 다게스탄 키즐라야시에서 버스로 모스크바에 도착한 것으로 알려졌다. 이들은 검은 미망인 소속인 17세와 20세 여성으로 드러났다.[60] 계속해서 2011년 1월 말 모스크바의 남동쪽 외곽의 도모데도보 국제공항에서[61] 자살 폭탄테러로 추정되는 강력한 폭발이 발생해 최소 35명 사망했고 180명 부상했다.[62]

〈그림 2〉 2010년 3월 29일 모스크바 테러 지역

출처: 「한겨레」 2010. 3. 29.

V 맺음말

앞서 살펴본 대로 18세기 말 제정러시아는 북카프카즈 지역으로의 진출을 하기 위해 체첸과 전쟁을 했다. 이런 갈등 속에서 체첸인들은 숱한 저항과 항쟁 속에서 강한 민족으로 거듭났다. 이들은 1940년대 스탈린의 박해로 중앙아시아와 시베리아지역으로 강제이주를 당했다. 그 이후 흐루시초프에 의해 고향으로의 재이주가 허용되었다. 체첸은 가부장적 전통적인 생

활양식과 이슬람 전통을 숭배하는 민족으로 1991년 구소련의 붕괴와 여타 공화국들이 독립을 선언함으로써 체첸 분리독립을 선언했다. 그러나 러시아는 체첸의 석유 자원이라든가 북카프카즈 지역이 갖는 교통 요충지 그리고 다민족 국가로 구소련이 체첸의 분리로 민족적 분열을 막기 위해서 독립을 하용하지 않았다. 러시아와 체첸은 두 차례의 전쟁(1994년과 1999년)을 치렀고 이슬람 세력인 체첸반군으로부터 끊임없는 저항을 받았다.[63] 탈냉전기 체첸분쟁에서 보여 주듯이 종교, 민족 문제, 난민, 여성들을 대상으로 갈등은 국제사회의 평화를 위협하는 요소가 되고 있다. 특히 체첸분쟁에서 여성은 단지 피해지가 아니라 보복 저항의 주역으로 자살 폭탄테러를 주도하는 새로운 역할을 주도하는 저항세력으로 부상했다.

푸틴은 전쟁 종결이후 체젠반군에 대한 철저한 색출작전을 벌여 조직적인 반군 세력은 크게 약화시켰다. 친러시아계 대통령을 중심으로 연방정부의 경제지원 하에 전쟁으로 파괴된 시설의 복구가 진행되었다. 2006년 푸틴은 체첸에 대한 10년간의 군사작전이 종료되었음을 선언했다. 2008년 집권한 메드베데프 대통령은 체첸공화국의 경제력 회복과 사회적 통합정책을 수행해왔다. 반면 체첸은 테러를 통해 독립의 의지와 존재를 국내외에 드러냈다.

러시아와 두 차례에 걸친 전쟁에 패배하면서 소수의 반군들이 험준한 카프카스 산맥에 은거하여 게릴라전과 무차별적 테러행위로 저항의 명맥을 유지했다. 러시아 정부는 체첸반군과 일체의 타협을 거부한다. 또 체첸 여성테러리스트들에 의한 불특정 다수를 대상으로 극단적인 무차별적 테러는 계속되었다. 2010년 3월 말 모스크바 지하철 자살폭탄 테러사건과 2011년 1월 말 모스크바 도모데도보 공항 테러 등은 메드베데프 대통령과 푸틴 총리에게 정치적 부담으로 작용했다. 이들은 체첸의 테러행위를 비난하고 국제사회의 공조를 강조했다. 향후 테러리스트에 대한 강력한 대응을 시사했다.[64]

러시아에 대한 체첸분리주의자들의 테러에도 불구하고 메드베데프의 대체첸 정책에 큰 변화가 없었다. 결코 러시아는 체첸의 독립을 허용하지 않았다. 러시아는 체첸과 북카프카스 지역에서 반군 소탕작전을 지원하면서 체첸의 경제 발전과 사회통합의 정책을 더 확대했다. 러시아가 체첸의 테러에 강경일변도로 대응한다면 체첸에 의한 테러공격이 반복되는 악순환이 되풀이 될 것이다. 러시아는 인내심을 가지고 체첸의 저항세력을 평화적으로 포용하는 정책과 대화를 계속해서 모색해야 할 것이다.

미 주

1) http://kida.re.kr/limdata/world/KIDA 세계분쟁-전쟁 사이트(검색일: 2003. 12. 21); 「매일경제」 2003. 4. 17.

2) 아시아에서의 국제분쟁은 주로 식민유산, 종교, 분리 독립운동, 테러, 핵 확산 등과 밀접한 관련이 있다. 대표적인 분쟁이었던 인도네시아의 동티모르의 독립은 아시아의 분리주의 운동에 상당한 영향을 주었다. 전 세계의 최대 분쟁지역인 아프리카는 유엔(UN)의 적극적인 평화유지활동(PKO)으로 인해 충돌 강도는 다소 완화되어가는 추세다. 중동에서의 오랜 갈등은 터키-쿠르드족 분쟁, 이스라엘-팔레스타인 등이 있다. 유럽의 분쟁은 탈냉전기 이후 체제전환 과정을 겪었던 동유럽 국가들에서 주로 발생했다. 대표적인 예가 독립 및 분리주의가 심화되었던 구유고연방의 분쟁이었다.

3) http://www.peace2003.net/country/chechen.02.html(검색일: 2003. 8. 21); 그 외 CIS 지역에서의 분쟁사례는 아르메니아-아제르바이잔 간의 나고르노-칼라바흐 영토 분쟁, 그루지야-압하지야간의 민족분쟁, 몰도바의 트랜스드네스트르 등의 지역에서 분리독립 운동, 북오세티아-잉구세티아의 영토분쟁, 러시아-에스토니아간의 민족 및 영토분쟁, 러시아-우크라이나간의 흑해함대 소유권 공방 등이 있다. 김강녕, "탈냉전 이후 국제분쟁 현황과 전망", 「군사논단」 제7호, 2001, pp.172-175.

4) 우평균, 『소련의 붕괴와 현대러시아정치』(서울: 매봉, 2002), p.17.

5) Vera Tolz, "The War in Chechnya", Current History, 1996. 10, p.318.

6) 「Pravda」 1984. 4. 13, p.1.

7) 소비에트(Soviet)는 평의회를 뜻하며 노동자·농민·병사들의 민주적 자치기관이다. 1905년 10월 페트로그라드에서 노동자 대표 소비에트가 창설되었다. 그 후 러시아 각지에서 자주적인 소비에트가 설립되었다. 1917년 2월 혁명 때 노동자 대표 소비에트와 병사 대표 소비에트의 연합이 있었다. 러시아 임시 정부 시기 소비에트가 실권 장악에 성공했다. 그 후 소비에트 내에서 볼셰비키가 우위를 점했다. 10월 혁명을 주도했으며 프롤레타리아 독재의 소비에트 연방이 성립했다.

8) Ann-Mari Satra Alhlander, "Women's and Men's Work in Transitional Russia: Legacies of the Soviet System", Post-Soviet Affairs, 2001, Vol. 17 No. 1, 2001. 1/3, pp.56-57.

9) 「Pravda」 1989. 6. 2, p.2.

10) 고재남 외 역, 『러시아 21세기를 향한 도전』(서울: 한울, 1999), p.187.

11) 「Pravda」 1989. 3. 9, p.2.

12) Stephen White, Russia's New Politics: The Management of a Post-communist Society (Cambridge: Cambridge University Press, 2000), pp.171-172.

13) 1953년부터 1964년까지 구소련의 국가원수 겸 공산당 서기장을 역임했다. 1958년부터는 소련 총리와 겸 소련 국가평의회 의장이었다. 스탈린주의를 비판했고 대외적으로 미국을 비롯한 서방 국가와의 공존을 모색하였다. 국내적으로 집단지도 체제를 무시한 정책 결정, 농업 정책 실패, 1962년 쿠바 사태이후 1964년 10월 당 중

앙위원회의 결정으로 실각되었다.

14) Barbara Wolf Jancar, Women Under Communism(London: Johns Hopkins, 1978), pp.109-110.

15) 안용택, 『신소련정치론』(서울: 박영사, 1986), p.129.

16) 1980년 중반 구소련 공산당 서기장에 취임했고 구소련 최초의 대통령(재임 1990.3~1991.12.25)을 지냈다. 페레스트로이카(개혁)와 글라스노스트(개방)를 통해 개혁과 개방을 추진했다. 그는 신사고(New Thinking)를 중심으로 서방과의 외교관계를 확대 하는 등 동유럽 지역에서 사회주의 체제에서 민주화 개혁 등 세계질서 및 사회주의 변화를 주도했다. 1990년 노벨평화상을 받았다. 1991년 소련공산당이 해체되었고 구소련은 그 해 말 붕괴되었다.

17) 고재남 외 역(1999), p.187.

18) 「Rossiiskaya gazeta」 1992. 12. 3, p. 1.

19) 김경숙, "체제 변환기 동구 정치에 있어서의 여성", 공주인문사회과학연구소, 1997. 12, p.13.

20) 소련 여성들은 이 조직을 통해 지방소비에트, 노동조합과 다양한 위원회와 다른 사회대중조직에 광범위하게 참여할 수 있었다. 1929년 여성의 지위향상과 당내에 별도의 조직으로 존립할 필요성이 줄어들어 소멸되었던 제노텔과 같은 전국적인 여성조직을 부활시키겠다는 여성정책이 발표되었다. 하부조직단위에서 각 당위원회 내에 여성조직이 마련되었다. 반 년 만에 20만개 정도로 확산되었다. 이런 여성조직은 각 조직과 지역의 특성에 따라 전체 사회개혁이 당면한 문제의 제기와 특히 여성과 관련된 문제인 식료품 소비문제, 의류 문제, 탁아소 운영문제 등 그 지역의 특수한 문제에 많은 관심을 표명하였다. 장하진, "소련붕괴 이후의 러시아 여성", 「여성과 사회 5」 1994. 6, pp.233-234.

21) 배광옥, 『러시아 전환기의 삶』(서울: 두남, 2002), pp.193-194.

22) Grigorii Gedler and Marina Gildingersh, "A Socioeconomic Portrait of the Unemployed in Russia", RFE/RL Research Report, vol. 3, no. 3, 1994. 1, p.35.

23) 「Argumenty i fakty」 no. 31, 1996, p.4.

24) Otogovyi otchet o rabote i nezavisimogo zhenskogo foruma, 1991, p.7.

25) 「Dinmukhanmed Kunaev in Prostor」 no. 12, 1991, p.39.

26) 고재남 외 역(1999), p.189.

27) Penny Morvant, "Bearing the Double Burden' in Russia", 「Transition」 no. 16. 8 September 1995, pp.4-9

28) Laura Belin and Robert W. Orttung, The Russian Parliamentary Elections of 1995: The Battle for the Duma (Armonk, New York: M. E. Sharpe, 1996), p.54.

29) Stephen White(2000), p.45.

30) 「월간 북방동향」 한양대 중소 연구소, 1993년 12월 호, pp.34-35.

31) 「Transition」 no. 17, 1995. 9. 22, pp.46-47.

32) 「Izvesiya」 1995. 11. 5, p.4.

33) 「Alevtina Fedulova's interview in Delovoi mir」 1995. 7. 8, p.2

34) 북카프카즈 지역은 역사적으로 페르시아(이란)·투르크(터키)·러시아의 세력 각축장이

었다. 1828년 러시아가 합병이후 소련이 통치했다. 더 자세한 문화적 이질감에 대해 다음을 참조. 정세진, "북5카프카즈의 민족 정체성에 대한 연구 -전통적 아다트관습법과 이슬람의 샤리아 관계를 중심으로-", 「한국중동학회논총」 28권 1호, 2007 참조.

35) 「Moskovskie novosti」 1994, p.11: http://fieldinfo.hosanna.net/%c3%bc%3%be.htm(검색일: 2003. 7. 23).

36) 배광옥(2002), pp.60-61.

37) http://www.iacd.or.kr/countries/ch.html(검색일: 2010. 12. 30).

38) http://fieldinfo.hosanna.net/%c3%bc%c3%be.htm: http://russia. kcm/military/mi001.html(검색일: 2010. 12. 30).

39) http://www.peace2003.net/country/chechen.02.html(검색일: 2003. 9. 20).

40) 「Izvestia」 1996. 12. 26: http://www.peace2003.net/country/chechen.02.html(검색일: 2003. 7. 23).

41) 러시아연방은 89개의 행정단위로 구성되어 있다. 21개의 공화국과 6개의 현, 49개의 주, 공화국의 지위를 가진 모스크바와 상트 페테르부르크, 1개의 자치구와 10개의 자치구역으로 구성된다.

42) 고상두, "러시아 연방주의 현실과 체첸분쟁", 「국제정치논총」 제37집 2호, 1997, pp.92-93.

43) 배광옥(2002), pp.51-52.

44) 「국제기독신문」 http://www.kgcnews.com/news/(검색일: 2003. 7. 21).

45) 러시아인이 체첸이라고 부르는 나흐족이 세운 나라의 이름이다.
http://pal.or.kr/xe/?document_ srl=37086&mid=freeboard(검색일: 2011. 1. 14).

46) http://nanuri21.tistory.com/295(검색일: 2011. 1. 14).

47) http://www.kcm.co.kr/bethany/p_code/982.html(검색일: 2003. 12. 23).

48) 구유고연방 내 분쟁이었던 소위 '인종청소'로 약 20만 명이 사망하고 150만 명이 고향을 떠났다. 코소보에서는 알바니아인 100만 명이 쫓겨났다. 나토의 성공적인 개입으로 대부분 귀환했다. 세르비아인 10만 여명이 코소보를 떠났다. 1999년 8월 독립투표를 실시한 동티모르에서도 20만 명이 서티모르로 탈출했다가 국제 평화유지군 주둔 이후 5만5,000여 명이 돌아왔다. 이슬람 대 기독교간 종교내전으로 수단 주민 200만 명이 죽고 400만 명이 난민이 되었다. 르완다, 라이베리아, 콩고 민주공화국 등도 같은 실정에 놓여있었다. 「조선일보」 1999. 11. 18; http://www.islammission.org/news/992news/ne991120.htm(검색일: 2004. 1. 23).

49) Chris Corrin, Women in a Violent World: Feminist Analyses and Resistance Across Europe(Scotland: Edinburgh University Press), Vol. 21, No. 2, p.210.

50) http://www.amnesty.or.kr/campaign/2003_russia_(검색일: 2004. 1. 23).

51) 고상두(1997), p.89: http://www.hk.co.kr/조무/last/991014/w61560.htm(검색일: 2004. 1. 23).

52) 「조선일보」 2003. 7. 6.

53) 「중앙일보」 2003. 6. 5.

54) 「국제기독신문」 2003. 5. 25.

55) 「동아일보」 2003. 6. 6.

56) 「모스크바 연합뉴스」 2003. 5. 15.

57) 러시아 특공부대는 극장을 기습해 무차별적 진압작전을 펼쳤다. 과정에서 마취가스를 대량 살포했다. 사망한 인질 129명 대부분이 가스에 희생되었다.

58) 「모스크바 연합뉴스」 2003. 7. 10.

59) 「모스크바 연합뉴스」 2010. 4. 1.

60) 테러 용의자인 여성의 사진이 공개되었다. 17세의 다게스탄 공화국 출신이었다. 2009년 정부군의 총에 맞아 숨진 반군 지도자 우마라트 마고메도프의 부인과 또 다른 여성 용의자가 올해 20세의 체첸공화국 출신으로 2009년 10월 숨진 반군 사이드 에민 히즈리예프의 부인으로 알려졌다. 「세계일보」 2010. 4. 1.

61) 도모데도보 공항은 러시아에서 가장 붐비는 국제공항으로 월평균 250만 명의 승객이 이용한다.

62) 「리아노보스티 통신」 2011. 1. 24.

63) http://russia.kcm.co.kr/military/mi001.html(검색일: 2003. 12. 29).

64) 체첸반군과 테러리트들의 러시아 정부에 저항할 수 있는 무력수단을 사실상 상실되었다. 체첸의 저항세력들이 테러행위를 러시아와의 전쟁의 연장으로 간주했다. 체첸의 검은 미망인들은 테러에 가담하고 있는 주역이었다. 자살 테러행위만이 자신들이 선택할 수 있는 마지막 저항수단으로 간주했다. http://nanuri21.tistory.com/295(검색일: 2011. 1. 14).

참고문헌

본 장은 “체제전환기의 러시아 여성과 정치참여”, 「분단과 여성」 민주평통 북한연구회, 통권 제6호 2002와 “탈냉전기 러시아-체첸분쟁의 양상”, 「평화연구」 제13권 1호, 2005 봄에 실린 논문을 수정 및 보완했음.

고상두, “러시아 연방주의 현실과 체첸분쟁”, 「국제정치논총」 제37집 2호, 1997.

고재남 외 역, 『러시아 21세기를 향한 도전』(서울: 한울, 1999).

김강녕, “탈냉전 이후 국제분쟁 현황과 전망”, 「군사논단」 2001.

김경숙, “체제 변환기 동구 정치에 있어서의 여성”, 공주인문사회과학연구소, 1997. 12.

김선욱, 『21세기의 여성과 여성정책』(서울: 박영률 출판사, 1996).

배광옥, 『러시아 전환기의 삶』(서울: 두남, 2002).

안병준, 『탈냉전기의 국제정치와 한반도통일』(서울: 법문사, 1994).

안성호 편저, 『동유럽 민족문제연구』(청주: 도서출판 개신, 2002).

안용택, 『신소련정치론』(서울: 박영사, 1986).

우평균, 『소련의 붕괴와 현대러시아정치』(서울: 매봉, 2002).

유강은 역, 『전쟁에 반대 한다』(서울: 도서출판 이후, 2003).

정세진, “북5카프카즈의 민족 정체성에 대한연구 -전통적 아다트관습법과 이슬람의 샤리아 관계를 중심으로-”, 「한국중동학회논총」 제28 1호, 2007.

Alevtina Fedulova's interview in Delovoi mir, 1995. 7. 8.

Alhlander, Ann-Mari Satra, “Women’s and Men’s Work in Transitional Russia: Legacies of the Soviet System”, *Post-Soviet Affairs*, 2001, Vol. 17 No. 1, 2001. 1/3.

Belin, Laura and Orttung, Robert W, The Russian Parliamentary Elections of 1995: The Battle for the Duma (Armonk, New York: M. E. Sharpe, 1996).

Gedler, Grigorii Gedler and Gildingersh, Marina Gildingersh, “A Socioeconomic Portrait of the Unemployed in Russia”, *RFE/RL Research Report*, vol.3 no. 3, 1994. 1.

Kay, Rebecca, Russian Women and Their Organizations: Gender, Discrimination and Grassroots Women’s Organizations, 1991-1996(London: Macmillian Press, 2000).

Morvant, Penny, “Bearing the Double Burden' in Russia”, *Transition*, no. 16, 1995. 9.

Sommer, Theo, “A Balkan Intifada”, *World Press Review*, Vol. 43 No. 5, 1996. 5.
Tolz, Vera, “The War in Chechnya”, *Current History*, 1999. 10.
White, Stephen, Russia's New Politics: The Management of a Post-communist Society(Cambridge: Cambridge University Press, 2000).
「Transition」 no. 17, 1995.

「국제기독신문」 2003. 5. 25.
「동아일보」 2003. 6. 6.
「리아노보스티 통신」 2011. 1. 24.
「모스크바 연합뉴스」 2003. 7. 10.
「매일경제」 2003. 4. 17.
「세계일보」 2010. 4. 1.
「조선일보」 2003. 7. 6.
「중앙일보」 2003. 6. 5.

「Argumenty i fakty」 no. 31, 1996.
「Dinmukhanmed Kunaev in Prostor」 no. 12, 1991.
「Izvesiya」 1995. 11. 5.
「Otogovyi otchet o rabote i nezavisimogo zhenskogo foruma」 1991.
「Rossiiskaya gazeta」 1992. 12. 3.
「Pravda」 1984. 4. 13, 1989. 6. 2.

http://kida.re.kr/limdata/world/KIDA 세계분쟁-전쟁 사이트(검색일: 2003. 12. 21).
http://www.peace2003.net/country/chechen.02.html(검색일: 2003. 8. 21).
Izvestia, 1996. 12. 26: http://www.peace2003.net/country/chechen.02.html(검색일: 2003. 7. 23).
http://fieldinfo.hosanna.net/%c3%bc%3%be.htm(검색일: 2003. 7. 23).
http://www.peace2003.net/country/chechen.02.html(검색일: 2003. 12. 30).
http://www.iacd.or.kr/countries/ch.html(검색일: 2010. 12. 30).
http://fieldinfo.hosanna.net/%c3%bc%c3%be.htm: http://russia. kcm/military/mi001.html (검색일: 2010. 12).
http://www.kcm.co.kr/bethany/p_code/982.html(검색일: 2003. 12. 23).
http://www.eurasiad.com/Russia1.html(검색일: 2003. 12. 30).
http://www.hk.co.kr/조무/last/991014/w61560.htm(검색일: 2004. 1. 23).
: http://www.islammission.org/news/992news/ne991120.htm(검색일: 2004. 1. 23).
http://www.amnesty.or.kr/campaign/2003_russia_(검색일: 2004. 1. 23).

http://russia.kcm.co.kr/military/mi001.html(검색일: 2003. 12. 29).
http://www.kgcnews.com/news/(검색일: 2003. 7. 21).
http://pal.or.kr/xe/?document_srl=37086&mid=freeboard(검색일: 2011. 1. 14).

Chapter 2

에너지의 국제 정치경제: 파이프라인 구축의 협력과 갈등

<internetsourceincome.com/jo/sp-a...rom.html>

I 들어가는 말

러시아의 중앙아시아(Central Asia) 전략의 우선순위는 시기와 국내외 정치 및 국제정치의 상황에 따라 변모한다. 최근 러시아의 대중앙아시아 정책의 가장 중요한 비중을 차지하는 것은 에너지 개발 및 협력 부문에 대한 장기적인 제도화 방안이다. 에너지 부분의 협력은 양쪽 모두에게 정치적 이해관계보다 더 긴밀한 관계를 유지시켜주는 외교적 수단이 된다. 탈냉전기 세계 에너지 안보측면에서 안정적인 공급지 확보에 대한 경쟁이 심화되고 있는 시점에서 석유 및 가스 공급처로서 중앙아시아의 전략적 가치는 더욱 중요해지고 있다.

2000년대 이후 러시아의 에너지 생산 및 소비구조에서 천연가스의 비중이 더욱 증대되고 있다. 천연가스는 러시아 전체 1차 에너지 생산의 약 43%를 차지한다. 러시아의 가스산업은 국내총생산의 7%를 차지하며 러시아 총 수출액의 14%를 담당한다. 러시아 천연가스 생산량의 70%는 국내소비, 나머지 30%는 해외에 주로 수출된다. 가스수출 부분에서 가즈프롬(Gazprom)은 생산량의 1/3에 해당하는 가스를 유럽연합(EU)에 수출된다.[1] 나머지는 중앙아시아 및 독립국가연합(CIS) 국가에 수출된다. 러시아 천연가스의 약 20%는 벨로루시와 80%는 우크라이나의 파이프라인을 통해 유럽지역으로 공급된다.[2] 현재 러시아 가스수출의 주요 공급국가는 투르크메니스탄(Turkmenistan)이다. 따라서 러시아의 가스수출은 투르크메니스탄에 가스공급량과 가격에 의해 영향을 받는다. 가스거래에 있어서 양국의 상호의존성은 상당히 높은 편이다. 이런 맥락에서 본 장에서는 탈냉전기 국제에너지 협력과 경쟁의 중요한 핵심 요소가 되고 있는 국제 에너지 연결통로(Energy Corridor)인 파이프라인(Pipeline)의 정치경제학적 측면에서 러시아와 투르크메니스탄의 에너지 협력과 경쟁 양상을 분석해 보고자 한다.

Ⅱ 에너지 파이프라인의 국제 정치경제

① 에너지 파이프라인 구축의 의미

탈냉전기 국제 에너지 안보 위협의 가장 중요한 요소는 '안정적인 자원확보와 수송로' 구축일 것이다. 해상수송과 육상으로의 에너지 연결통로인 파이프라인을 어떻게 구축할 것인가는 에너지 안보의 중요한 요소이자 관련국가들과 에너지 경쟁과 동맹까지 가능케 한다<표 1 참조>. 최근 에너지 탐사 기술의 향상과 투자 확대에 따른 자원개발 사업에 대한 리스크는 점차 줄어들고 있다. 반면 생산지에서 안전하게 어떤 경로와 지역을 경유해 공급할 것인가와 막대한 '수송비용'은 에너지 전략의 핵심된다.[3] 현재 중동의 석유의 대부분은 미국의 세계 에너지 전략의 중요한 축으로 유럽과 아시아 국가들에게 안정적인 '해상수송로'의 확보에 주력해 왔다. 중동의 주요 생산지에서 파이프라인을 통해 연안 항구의 오일터미널까지 운송된 이후 대규모 유조선을 통해 수에즈 운하를 통해 유럽으로 공급된다<그림 1 참조>. 또 페르시아만에서 호르무즈 해협과 말라카 해협 등을 통해 중국, 한국, 일본을 포함한 아시아 국가로 수송된다.[4)]

〈표 1〉 국제 에너지 안보의 위협 요인

구분	공급물량 위기	공급물량과 가격위기	공급, 가격, 총체적 위기
시기	1970~1980년대	1990년대	2000년대
계기	Opec 중심의 아랍의 석유 무기화	국제석유시장 발달	에너지 안보의 강화
발생 요인	• 에너지 수급불균형 자원보유국의 전략으로 예기치 못한 돌발적인 공급중단	• 메이저의 독점, 투기자금의 유입 • 에너지 산업의 민영화 및 규제완화 • 세계 환경규제 강화	• 자원 및 수송로에 대한 소유권 경쟁 확산 • 지역적 무력충돌, 자원 공급국의 내전, 테러, 자원민족주의 • 정치적 리스크의 상시화

출처: 윤영미, “탈냉전기 세계 에너지안보의 역학적 변모와 대응전략”, Global 이슈와 해결방안, 제28차 학술세미나 발표논문, 2010. 11. 10, p.85.

최근 러시아를 중심으로 중앙아시아와 카스피해를 통과해 유럽과 아시아로 연결하는 파이프라인 건설은 단순히 에너지 공급측면 외에 국제 정치경제적으로 중요해지고 있다. 공급물량에 따른 불안정한 수송확보 실패는 에너지 안보에 중요한 혼란을 초래하기 때문이다. 러시아와 미국에 이어 EU, 중국, 인도 등의 국가들은 안정적인 파이프라인 구축과 노선 확보에 막대한 비용을 지불한다<표 1 참조>. 파이프라인을 통한 안정적인 대륙간 에너지 연결은 해상 수송로와 달리 복잡한 정치경제적 협력과 경쟁을 내포한다<그림 1 참조>.[5)]

러시아와 유럽지역을 연결하는 파이프라인은 에너지 공급 노선의 경제적 측면 외에 국제정치적 의미도 함축한다. <그림 1>에서 보여주듯이 긴 노선은 안정적인 석유 및 가스 공급이라는 경제적인 측면 외에 다수 국가의 국경지대를 통과함으로써 도로와 철도에 의한 복잡한 통관 절차 및 비용을 줄일 수 있다. 러시아의 대유럽 노선은 동유럽과 서유럽을 연결해 주는 중요한 국제 에너지 연결통로다. 에너지 공급 측면에서 파이프라인은 생산된 에너지를 소비국까지 효율적으로 운반해야 하므로 정치적 위협이나 약탈적 행위로부터도 안보 및 안전이 확보되어야 한다.6)

〈그림 1〉 러시아의 대유럽 가스 파이프라인 연결망

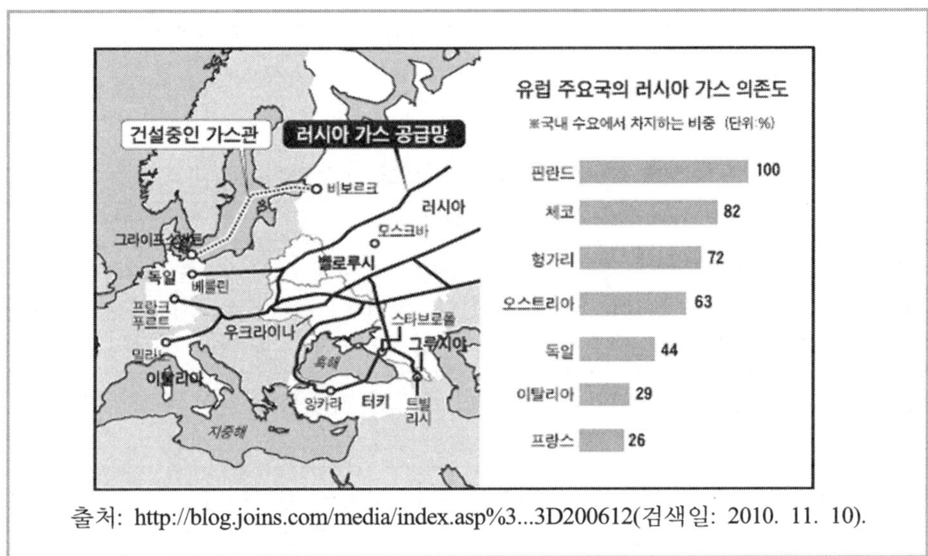

출처: http://blog.joins.com/media/index.asp%3...3D200612(검색일: 2010. 11. 10).

이처럼 수 천 km를 연결하는 국제 파이프라인은 에너지 수급 확보와 초기 구축에 막대한 비용이 필요하다. 상대국 및 관련 국가들의 정치경제적 외교군사적 이해가 상충하는 경우가 많아 리스크가 매우 높다. 수출국의 입장에서 파이프라인이 연결되면 초기 투자비용 때문에 파이프라인의 노선을 다른 지역으로 바꾸는 것은 거의 불가능하다. 따라서 국제 에너지 파이프라인은 최종 종착지가 어디가 될 것인지가 핵심이자 국제정치적 갈등의 요인이 되기도 한다. 구축과정은 구상부터 건설까지 최소 2년에서 10년 정도 소요된다. 갈등을 최소화하면서 이익 분배까지는 30년 정도 소요된다 <표 2 참조>.7)

국제 파이프라인 구축의 선결조건을 살펴보면 다음과 같다. 첫째, 수출국의 경우, 장기적인 협력의사가 분명한 파트너 국가가 필수적이다. 둘째, 수출 지역을 다변화할 수 있는 대상국가가 있어야 한다. 파이프라인의 설치가 사업의 핵심이다. 셋째, 수입국의 경우, 수출국보다 리스크는 적지만 파이프라인 유치를 위해 투자를 해야 한다. 넷째, 장기공급 계약을 체결해야 하기 때문에 파이프라인의 경제성과 안전성 등이 충분히 고려되어야 한다. 파이프라인의 속성상 일단 설치되어 가동하기 시작하면 공급국가와 수입국가가 파이프라인의 운영에 대한 이익을 공유하기 때문에 정치경제적 상호협력 체제가 지속되어야 한다.[8)]

〈표 2〉 파이프라인의 주요 구축과정

단계	주요내용
1단계	• 파이프라인을 통해 경제적 이득이나 정치적 헤게모니를 장악할 수 있는 국가가 자신의 구상을 밝힌다. 실질적으로 가장 오랜 기간이 걸린다. 다원화되고 민주화된 국가가 참여할수록 더욱 많은 시간이 소요됨.
2단계	• 에너지 공급국이나 초강대국이 주도할 가능성이 높은 주도국가가 계획안을 제시하고 기타 참여 국가들을 설득하는 단계임.
3단계	• 구체적인 실행을 위한 비용에 대한 협상이 진행된다. 주도국이 결정되고 참여 국가들은 이익극대화를 위해 공급 물량확보와 자금 부담에 대한 부담을 줄이기 위해 노력함.
4단계	• 건설 과정으로 대부분 관련 국가들은 최대한 협력함.
5단계	• 운영과정으로 갈등을 최소화하고 구체적 이익 산출에 주력함.

출처: http://www.211.173.74.130/include/filedown.jsp?fname=3_1_1_(검색일: 2010. 10. 12); Keith C. Smith, "Russia-Europe Energy Relations: Implications for U.S. Policy", Center for Strategic and International Studies, 2010. 2. 26 참조.

<표 3>에서 설명하고 있듯이 국제 파이프라인 구축까지는 '주도적인 리딩파워, 관련국들의 협력, 합리적인 비용'의 세 가지 요소가 복합적으로 잘 연계되어 추진되어야 한다. 공급국가와 초강대국이 일치하는 경우(구소련이나 러시아)도 있지만 수요국가(EU와 중국)이거나 정치적 이유로 주도권(러시아 및 미국)의 역할을 수행하기도 한다. 이런 점에서 국제 파이프라인

프로젝트를 추진하는 국가들은 미국의 개입을 자발적으로 요구하는 경우도 있다(BTC 노선). 주변 국가를 설득할 수 있는 이념이나 소프트파워(Soft Power)와 특히 막대한 비용을 동원할 수 있는 자본력의 하드 파워(Hard Power)가 결합할 때 파이프라인 노선이 형성된다.[9)]

〈표 3〉 국제 파이프라인 연결의 성공 조건

요소	조건
주도적인 리딩파워	• 막대한 자금과 인력, 장기간 시간을 요구하는 국제 파이프라인의 성공적인 구축과 운영은 참여국들에 대한 참여와 비용을 투자할 수 있는 초강대국의 리더십이 선결조건임.
관련국들의 협력	• 초강대국은 리더십을 발휘하여 파이프라인 관련 주변국가들을 설득하여 긴밀한 상호협력 관계를 구축하게 해야 함. • 주변국가들의 협력을 증진시키기 위해 파이프라인과 관련된 민간 기업들의 이해와 상호 협력도 상당히 중요함.
합리적인 파이낸싱	• 파이프라인 건설을 위한 합리적인 비용확보는 프로젝트 건전성을 좌우함. • 초기 투입 비용 부담을 경감이 중요하며 시간과 비용 절감 측면에서 기존의 인프라를 활용하는 것도 중요함.

출처: http://www.211.173.74.130/include/filedown.jsp?fname=3_1_1_(검색일: 2010. 10. 12); http://www.keei.re.kr/keei/download/FE021921.pdf(검색일: 2010. 10. 13).

2. 러시아의 파이프라인 구축 현황

중앙아시아와 카스피해 지역에서 생산되는 대부분 석유와 천연가스가 러시아의 파이프라인을 통해 유럽으로 연결된다. 그러나 탈냉전기 미국과 EU 국가들은 러시아를 우회하면서 간섭과 통제를 받지 않는 새로운 파이프라인 구축에 주력해 왔다. BTC 노선이 그 대표적인 사례이다. 2005년 5월 카스피해의 아제르바이잔(바쿠), 그루지아(트빌리시)와 터어키(세이한)를 통과해 유럽으로 연결되는 BTC 노선이 구축되었다. 이후 중앙아시아에서는 서유럽 및 중동유럽, 중국과 이란, 우크라이나로 연결되는 새로운 국제 에너지 연결망이 활발하게 구축되고 있다<그림 2 참조>.[10)]

〈그림 2〉 러시아와 카스피해 파이프라인 연결망

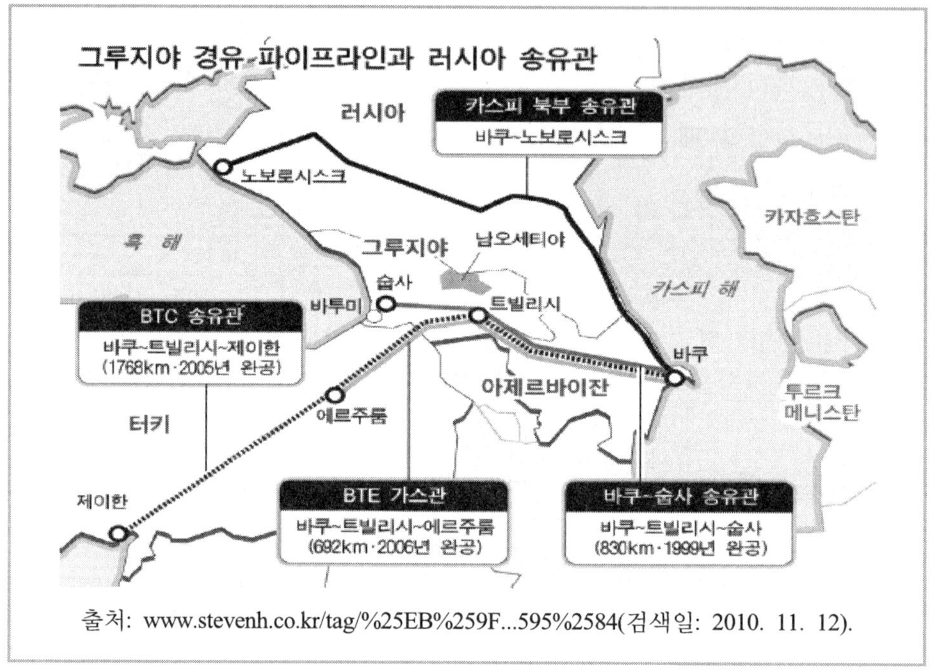

출처: www.stevenh.co.kr/tag/%25EB%259F...595%2584(검색일: 2010. 11. 12).

부연하자면 러시아를 우회하고 우크라이나를 통과하지 않는 BTC 노선 구축으로 러시아의 독점적인 카스피해 지역의 통제는 불가능해졌다. BTC 라인은 1770㎞를 연결한다. 11년간 36억 달러가 투자되었다. 주로 아제르바이잔 소유의 카스피해 지역에서 생산되는 석유가 그루지야를 걸쳐 터키의 항구인 세이한으로 수송되는 파이프라인이다. BTC 노선을 둘러싼 미국의 러시아에 대한 견제와 파이프라인에 대한 통제 및 접근 강화에 대한 러시아의 대응도 강경하다. 러시아는 그루지야와 국경을 맞대고 있는 '압하스와 남오세티아' 문제를 내세워 1999년 이스탄불 협정으로 철수를 약속한 러시아 군을 계속 주둔시키고 있다. 2008년 8월 초 러시아는 그루지야를 공격을 했다.[11)]

러시아는 카스피해 북동쪽에 위치한 카자흐스탄의 텐기즈(Tengiz) 유전에서 러시아의 노보로시스크로 이어지는 1,580㎞의 파이프라인을 확장 건설하는 카스피해 파이프라인 컨소시엄인 'CPC(Caspian Pipeline Consortium)' 노선을 구축했다. 카스피해 최대 산유국인 카자흐스탄이 CPC 파이프라인의[12] 주요 공급국가로 러시아의 통제력은 여전히 유지된다. 그러나 BTC 노선 건설로 카자흐스탄 역시 새로운 대안과 러시아 의존에서 벗어나 카스피해 지역을 통해 자국의 에너지 자원을 유럽으로 수출이 가능해졌다<그림 2 참조>.

현재 CPC 노선은 터키에 의해 통제된다. 흑해 연안의 러시아 노보로시스크항에서 해상 운송으로 유럽으로 연결되기 위해 터키의 보스포루스 해협을 통과해야 한다. 최근 터키는 보스포루스 해협의 유조선 출입 급증으로 인한 해협의 혼잡과 사고에 따른 원유 유출 가능성을 문제 삼기 시작했다. 터키는 지정학적 이점을 최대한 살려 NATO 가입국으로서 미국과 최대한 협조하여 지중해의 관문 보스포루스 해협을 통해 러시아를 압박하고 있다. 이런 이유로 길이 200m을 초과하는 선박의 야간 출입을 통제해 월별 원유 수송량이 180만t에서 30만t까지 급감하기도 했다. 친미성향이 강한 터키가 보스포루스 해협을 통제할 경우 러시아의 대서방으로의 에너지 수출은 어렵게 된다. 따라서 최근 푸틴 총리는 러시아와 터키 양국은 파이프라인을 둘러싸고 새로운 파이프라인 연결 노선 협력 및 다각적인 정치경제적 협력에 주력한다.[13]

현재 러시아는 동시베리아 및 극동지역의 파이프라인 건설을 적극적으로 추진 중이다. 카스피해와 흑해를 통한 유럽 수출 파이프라인 외에 동북아시아 지역을 연결하는 노선이다. 서시베리아의 앙가르스크까지 연결된 파이프라인을 극동지역의 페레보즈나야까지 연결하면 부동항인 블라디보스토크를 통해 태평양으로 연결된다. 향후 세계 최대 석유 및 가스 소비국이 될 중국과 일본, 한국, 인도, 미국까지도 해상을 통해 수출할 수 있다. 특히 동시베리아 및 극동지역을 횡단하는 파이프라인은 세계 최대 석유 소비국인 한국, 중국, 일본, 인도 등과 에너지협력이 강화될 수 있어 경제적 및 전략적으로 아시아에서의 러시아의 위상이 강화될 것이다<그림 3 참조>.[14]

〈그림 3〉 러시아의 동북아시아 파이프라인 노선

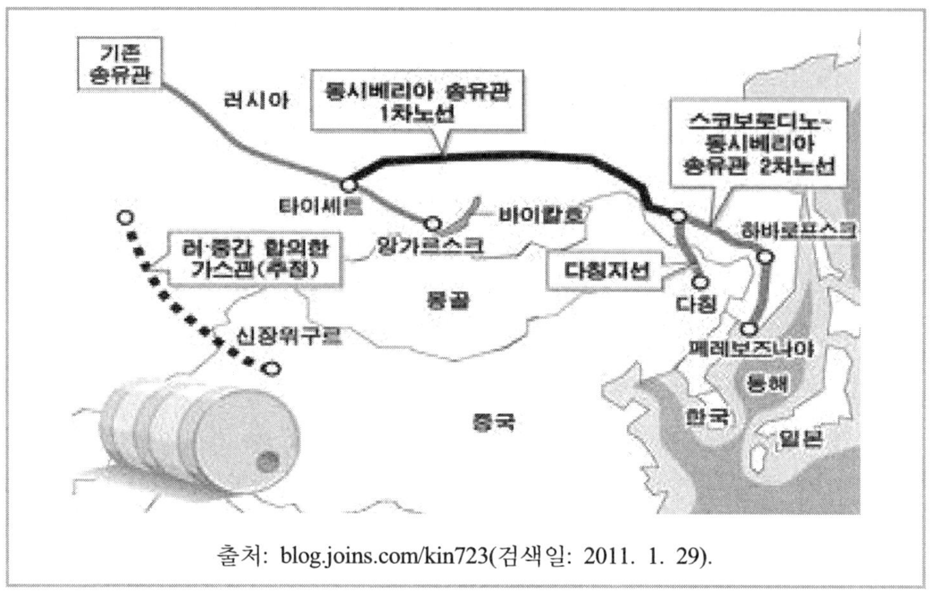

출처: blog.joins.com/kin723(검색일: 2011. 1. 29).

러시아의 에너지 정책의 주요 특징은 '국가통제 시스템'을 구축에 있다. 국가 균형발전론과 같은 국가전략을 수행하는 중요한 방법으로 사용된다.[15)]푸틴 전 대통령이 발표한 2003년 8월 말 러시아연방 정부령(No.1234-r) 「에너지전략 2020, National Energy Strategy Through 2020, 이하 ES-2020」에 잘 드러난다.[16)] 러시아의 에너지 정책은 자원 채굴사업에서 고부가가치 에너지 산업인 정유, 화학, 석유화학, LNG산업 등을 전략적 성장산업으로 집중적으로 육성하고 있다.[17)] 2003년 동 지역의 에너지 개발에 관한 기본 정책을 수립했고 러시아도 상당한 파급효과를 기대한다. 현재 유전 및 가스전 개발, 송유관 및 가스관 노선문제, 재원 조달 및 투자 유치 방안 등을 추진 중이다. 동시베리아 및 극동지역의 원유 및 천연가스 보유량은 <표 4>와 같다. 러시아는 유럽 시장에 편중되어 왔던 에너지 교역과 파이프라인 인프라를 동시베리아 및 극동지역의 개발 및 수출 시장 확보를 적극적으로 추진 중이다. Gazprom이 주도하며 총 280억불을 투입해 통합가스공급망(UGSS)을 통해 동시베리아 및 극동지역 개발을 위한 대형 프로젝트를 진행 중이다<그림 3 참조>.[18)] UGSS은 러시아의 주요 영토를 통과하기 때문에 정치적 및 경제적인 수요 및 안정적인 수송로도 확보된다. 향후 세계 석유 및 가스 시장의 판도가 변경될 가능성도 높다. 러시아의 카스피해 및 중앙아시아의 지속적인 파이프라인 연결과 동시베리아 및 극동지역의 파이프라인 연결을 통해 '그랜드 플랜(Grand Plan)'의 중요한 두 축이 형성되고 있다.19)

〈표 4〉 러시아 지역별 원유 및 천연가스 자원 현황

지 역	매장량 (백만 배럴)	감모율(%)	탐사율(%)	수명(년)
티만-페초라	17,173	26.0	24.0	98
볼가-우랄	24,663	69.8	67.7	34
북코카서스	1,675	83.0	61.7	37
서시베리아	134,248	40.0	31.7	47
동시베리아	11,334	0.6	4.1	1.410
극동	3,984	27.9	9.9	94
발틱	134	64.7	39.4	22
카스피해	5,247	7.8	30.1	143
러시아전체	198,458	47.5	31.0	49

주: 매장량 = 확인 매장량 + 추정 매장량, 감모율 = (1993년 초기 매장량-누적생산량) / 1993년 초기 매장량, 탐사율 = 매장량 / 자원량
자료: 러시아 연방정부 지하자원 위원회, 외교통상부(2008).

출처: www.todayenergy.kr/news/articleV...%3D40140(검색일: 2011. 1. 19).

Ⅲ 러-투르크메니스탄의 파이프라인 연결 양상

① 러-투르크메니스탄의 파이프라인 연결 현황

투르크메니스탄은 중앙아시아의 세계최대 천연가스 시장으로 많은 국가들의 투자와 에너지 협력이 진행 중이다. 중앙아시아에 위치하며 카스피해

연안국으로 러시아를 통해 유럽으로의 가스 수출의 유리한 조건을 갖추고 있다.[20] BP 통계에 따르면 투르크메니스탄의 가스 매장량은 약 2조 9천억 m³(세계 5위)이다. 투르크메니스탄의 확인된 원유 매장량은 약 6억 배럴, 천연가스 매장량은 100조 m³ 천연가스 매장량의 약 4.3%를 점유한다. 그러나 확인되지 않은 원유 매장량이 20억 배럴에 달할 것으로 추정된다.[21]

현재 투르크메니스탄의 천연가스는 러시아와의 가스 계약에 따른 갈등에도 불구하고 대부분 러시아가 구축한 파이프라인을 통해 유럽으로 공급된다. 가스 생산(연평균 약 6백억 m³)의 대부분은 러시아로 수출된다. 러시아는 투르크메니스탄으로부터 수입된 가스의 상당량은 우크라이나를 통해 유럽으로 공급된다.[22] 투르크메니스탄은 현재 총 500억~550억 m³ 가스를 러시아에 공급한다. Gazprom은[23] 투르크메니스탄으로부터 연간 가스 수출량의 80% 가량을 구입하여 우크라이나와 유럽에 재판매한다. 나머지 투르크메니스탄의 천연가스는 중국과 이란에 수출된다. 1990년대 후반과 2000년대 대부분 국제 에너지 호황으로 양국 모두에게 만족스럽게 진행되었다. 그러나 2008년 세계 금융위기로 인해 상품 수출에 의존하는 국가의 시장이 급격하게 변화하면서 러시아가 공급하는 투르크메니스탄 가스에 대한 유럽의 수요가 줄었다. 최근 러시아는 수입량을 확대 내지 수입을 독점하기 파이프라인을 증설 중이다. 수 년 안에 800억~900억 m³ 가스량 운송을 목표로 한다.[24]

구소련 시기부터 현재 투르크메니스탄에서 러시아에 수출되는 가스는 우즈베키스탄-카자흐스탄을 경유하여 러시아로 연결되는 CAC(Central Asia Center) 파이프라인을 통해 수출된다.[25] 따라서 러시아와 투르크메니스탄의 가장 중요한 수출품인 가스 수출에 러시아와의 절대적인 협력이 필요하다. 2007년 5월 초 러시아, 투르크메니스탄과 카자흐스탄은 CAC를 개보수 하기로 합의했다. CAC 가스관의 수송용량을 현재의 연 400억 m³에서 900억 m³ 수준으로 대폭 확장하기로 합의했다. 또 새로운 가스관 ECGP(East-Caspian Gas Pipeline) 건설을 통해 러시아는 투르크메니스탄을 자국의 에너지전략 구도 속에 포함시키는 자원외교의 성과를 달성했다.[26]

이와 관련 2007년 7월 양국은 투자 계약을 체결하기로 합의했다. 2008년 공사가 개시되었다. 동 가스관은 2012년까지 200억 m³에서 연 300억 m³ 수송을 목표로 건설될 예정이다.[27)]

계속해서 2007년 12월 러시아는 CGP(Caspian Gas Pipeline)의 확장을 재천명했다. 동 노선이 완공 될 경우 투르크메니스탄의 서안 360km, 카자흐스탄의 서안 150km에 달하는 파이프라인이 기존의 CAC 파이프라인과 연결된다. 2003년 25년간 투르크메니스탄 천연가스의 대러시아 공급을 규정하는 양국 정부의 협력협정과 양국 국영가스공사간 약정을 체결했다. 러시아는 매년 약 420억 m³ 투르크메니스탄의 가스를 구입했다. 2008년 상반기 에너지 가격이 상승하자 Gazprom은 투르크메니스탄의 천연가스 가격 인상 요청에 동의했다. 그러나 2009년 Gazprom은 국제 에너지 수급 상황의 변화와 4월 투르크메니스탄의 가스관 폭발 사고 발생이후 투르크메니스탄의 천연가스 구입을 전면 중단했다. 동년 12월 메드베데프 대통령의 투르크메니스탄 방문으로 연간 300억 m³(과거 430억 m³)의 투르크메니스탄 가스를 러시아가 구매하기로 결정했다. 양국의 최대 갈등이 되었던 천연가스 공급 가격에 대해 Gazprom은 대유럽 가스 공급 가격에서 운송비용과 적정 이윤을 차감한 금액으로 수입하기로 합의했다. 2010년 1월 투르크메니스탄의 대러시아 천연가스 공급이 재개되었다<표 5 참조>.[28)]

〈표 5〉 러시아의 대투르크메니스탄의 가스 가격 현황

연도	2007	2008상반기	2008년 하반기	2009년 1/4분기
가격	U$100/1,000m³	U$130/1,000m³	U$160/1,000m³	U$340/1,000m³

출처: "투르크메니스탄 정치경제동향", 「Country Report」 한국무역보험공사, 2010. 10, p.5.

② 투르크메니스탄의 천연가스 수출의 다변화 정책

투르크메니스탄은 Gazprom의 가스수입 중단 조치이후 천연가스 수출의 다변화 방침을 발표했다. 투르크메니스탄은 천연가스가 GDP의 50%와 수출의 80~90%를 차지하고 있기 때문에 국가재정의 안정적 운영이 중요하다. 외국기업의 투자유치를 통해 천연가스의 안정적 생산과 수출노선의 다변화를 적극적으로 추진 중이다. 러시아는 투르크메니스탄과의 천연가스 공급 가격 인상에도 불구하고 자국의 내수공급과 동시베리아의 야말 가스전 개발에 시간이 필요하기 때문에 수입을 중단할 수가 없다. 투르크메니스탄도 가스관의 폭발 사고에 따른 공급 중단 사태나 공급 가격문제에도 불구하고 러시아의 천연가스 수출과 에너지 협력 방안은 계속 논의되고 있다. 투르크메니스탄은 감소되는 대러시아의 천연가스 수출에 대처하기 위해 중국과 이란 등 새로운 수출대체 파이프라인의 다변화 정책을 추진 중이다<표 6 참조>.

〈표 6〉 투르크메니스탄의 대체 가스관 노선

노선	주요 특징
TCP(trans-Caspian Gas Pipeline	• 투르크메니스탄에서 카스피해 해저를 관통해 아제르바이잔 바쿠에서 그루지야의 트빌리시, 터키의 에르주룸을 잇는 SCP(South Caucasus Pipeline)라인으로 연결됨. • 동 가스관이 건설되면 투르크메니스탄은 자국의 가스를 직접 유럽으로 수출할 수 있게 됨. • 동 노선은 나부코 가스관과도 연결된다. 그러나 카스피해 영유권 분쟁과 러시아의 간섭으로 건설 가능성이 낮은 상황임.
TAP(Trans-Afghanistan Pipeline)	• 투르크메니스탄-아프가니스탄-파키스탄-인도로 이어지는 노선으로 2008년부터 건설 계획 예정이었으나 실행하지 못했음.

출처: 이종문, "한-유라시아 에너지협력과 경제적 타당성(투르크메니스탄을 중심으로)", 2008년도 1차 APRC HK 사업단 정례학술회의 발표논문; Yigal Schlefer, "Questions Cloud Turkish-EU Energy Cooperation", Eurasian Insight, June 12, 2007 참조.

앞서 언급했듯이 투르크메니스탄을 비롯한 중앙아시아 국가들에서 생산되는 가스의 제3국으로 운송은 거의 모두 러시아를 경유한다. 2005년부터 가동된 BTC 노선 구축 외에 미국과 EU는 러시아에 대한 가스 의존도를 줄이기 위해 새로운 러시아 우회노선인 나부코(Nabucco)[29] 파이프라인 노선을 추진 중이다.[30] BTC 라인과 새로 연결될 Nabucco 노선은 러시아를 통과하지 않고 우회해서 각각 지중해로 연결된다. 이들 노선은 미국의 영향력 하에 통제되고 있는 지역을 통과하며 러시아를 견제하는 역할도 할 가능성이 높다<그림 4 참조>.[31]

〈그림 4〉 투르크메니스탄의 천연가스 연결 파이프라인

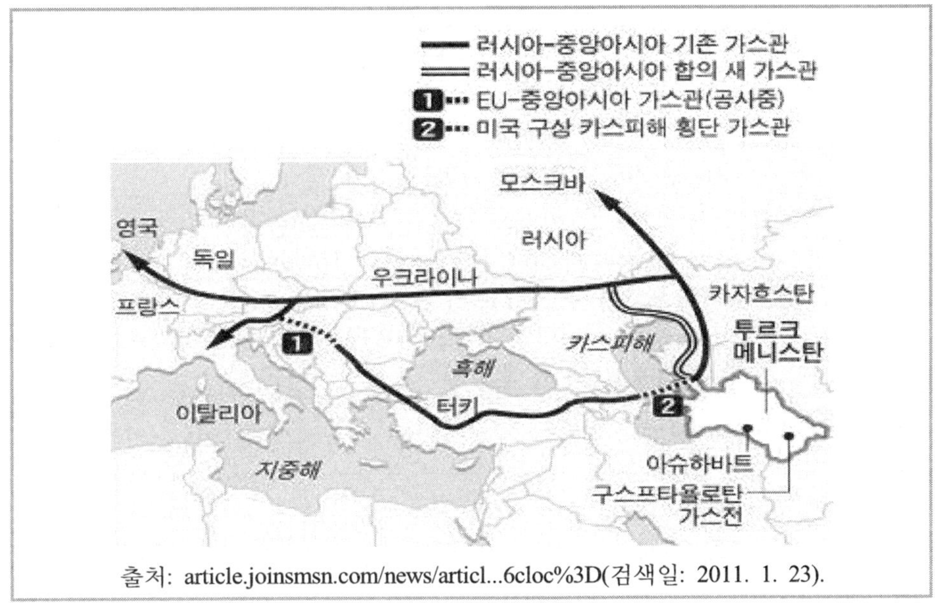

출처: article.joinsmsn.com/news/articl...6cloc%3D(검색일: 2011. 1. 23).

Nabucco 노선은 중앙아시아 및 카스피해 지역의 천연가스를 터키에서 시작해 불가리아, 루마니아, 헝가리를 통과해 오스트리아로 연결되는 총 3,300㎞ 길이의 프로젝트이다. 2002년부터 논의가 시작되어 2009년 7월 초 터키, 루마니아, 불가리아, 헝가리, 오스트리아의 5개국 정상들이 정부간 협정에 최종적으로 서명했다. 노선의 주요 특징은 중동유럽의 슬로바키아, 불가리아, 체코 등 러시아 천연가스의 수입의존도가 매우 높은 '에너지 소비국'이 주도하는 것이다. 두 차례(2006년과 2009년)의 러시아와 우크라이나 가스 분쟁으로 심각한 타격을 받은 이후 이들 국가들은 안정적인 가스 수입처를 다변화하는 에너지안보의 정책을 대의로 내건 사업으로 EU의 지원과 미국의 지지를 얻고 있다. 계획대로 진행된다면 2011년 착공해서

2014년 완공을 목표하며 향후 유럽전체 소비량의 5%를 초과하게 된다<표 7 참조>. Nabucco 노선이 건설되면 유럽국가들은 '가스공급 안정과 운송 노선의 다변화'의 구축을 통해 에너지안보 정책을 강화할 수 있게 됨을 의미한다.32)

〈표 7〉 Nabucco 가스관의 주요 개요

개 요	주 요 내 용
총 길 이	• 3,300km(터키 Erzurum ~ 오스트리아 Baumgarten)
경 유 국	• 터키-불가리아-루마니아-헝가리-오스트리아
수 송 량	• 연 310억㎥, 유럽전체 소비량의 5%를 초과할 예정임
건설기간	• 2011년 착공, 2014년 완공 예정임
건설비용	• 79억 유로
사 업 자	• Nabucco Gaspipeline International Gmbh.
주주구성	• OMV(오스트리아), MOL(헝가리), Bulgargaz(불가리아), Transgaz(루마니아), BOTAS(터키), RWE(독일)의 6개 기업이 각각 지분 16,67% 보유함
잠재적 가스 공급국	• 투르크메니스탄, 아제르바이잔, 카자흐스탄, 이란, 이라크

러시아 에너지에 대한 의존도가 높은 EU는 투르크메니스탄 가스연결에 적극적이다. 투르크메니스탄은 Nabucco 노선을 통해 자국에 유리한 가격으로 천연가스를 유럽에 직접 판매할 수 있는 기회로 간주한다. 러시아는 EU-투르크메니스탄 에너지 협력과 Nabucco 노선을 자국 에너지 산업에 대한 근본적인 위협으로 간주한다. 러시아는 투르크메니스탄의 Nabucco 참여에 대해 반대 의사를 밝히고 압력을 넣기도 했다. 투르크메니스탄이 Nabucco 노선을 통해 러시아를 통과하지 않고 동유럽 및 유럽으로 가스를 공급하거나 이란을 통해 가스 수출이 확대될 경우와 미국과 협조 하에 파키스탄으로 가스가 수송할 경우 CPC 라인의 위상은 급격히 줄어들 가능성이 높다.

러시아는 그 대안 노선으로 사우스 스트림(South Stream) 파이프라인 프로젝트를 추진 중이다. South Stream 노선 역시 우크라이나를 통과하지 않고 유럽지역으로 직접 가스를 공급하는 새로운 가스관 건설이다. 러시아는

2006년부터 South Stream 건설 논의를 본격적으로 시작했다. 2007년 6월부터 동 사업을 주도하고 있는 Gazprom과 이탈리아 에니(Eni)사가 주도적으로 추진하고 있다. 2009년 5월 Gazprom과 이탈리아, 세르비아, 불가리아, 그리스를 포함해 유럽 4개국이 합자회사 설립 등의 협정서에 서명했다. Gazprom은 2010년 말까지 타당성 조사를 마치고 Eni와 2015년 말이나 2016년 가동을 목표로 공급물량을 당초 합의한 연간 310억 ㎥에서 630억 ㎥로 2배 이상 확대할 예정이다<그림 5 참조>.33)

〈그림 5〉 러시아와 중앙아시아의 가스관 노선 연결 현황

출처: http://blog.chosun.com/blog.log.view.sc...D3947789(검색일: 2010. 12. 15).

Ⅳ 중-투르크메니스탄의 파이프라인 연결 현황

투르크메니스탄의 두 번째 다변화 전략의 주요 대상 국가는 중국이다. 중앙아시아에 대한 중국의 공세적이고 안정적인 공급지 확보는 러시아 입

장에서는 잠재적인 대외 에너지 위협 요소로 간주된다. 중국의 대중앙아시아 '전방위 에너지외교'를 주목해야 한다. 경제적 목적 외에 상하이협력기구(SCO)를 중심으로 중국의 잠재적인 정치적 영향이 확대되고 있다.[34] 러시아가 배제된 중국과 중앙아시아 국가들의 에너지협력은 향후 중러 갈등의 요인이 될 수도 있다. 중국은 이미 중앙아시아 국가들과 대형 가스 공급 프로젝트를 진행 중이다.

〈그림 6〉 중앙아시아와 중국 파이프라인 노선

출처: shindonga.donga.com/docs/magazin...20500015(검색일: 2010. 10. 23).

새로운 이해당사자로서의 중국의 등장은 기존의 러시아와 투르크메니스탄의 가스거래에 및 장기적 협력에 걸림돌이 될 것은 자명한 사실이다. 중국과 투르크메니스탄의 협력은 더욱 가시화되고 있으며 장기화될 추세이다. 2006년 투르크메니스탄은 중앙아시아-중국가스관(Central Asia China Gas Pipeline, 이하 CAGP) 건설에 합의했다.[35] 2008년 6월 연 400억 m^3로 증대하기로 재합의했다. 2007년 8월 중국이 주도하는 CAGP의 투르크메니스탄 부분인 188km 구간에 대한 공사가 시작되었다. 2009년 12월 초 중국과 중앙아시아 3개국인 투르크메니스탄, 우즈베키스탄, 카자흐스탄의 정상들은

CAGP 개통을 공식 선언했다. 투르크-우즈벡-중국 북서지방을 연결하는 총 7,000km 가스관의 1단계 공사가 완료되었다<그림 6 참조>. 가스관 개통으로 투르크메니스탄은 58.5억 달러의 수익을 보장받게 되었다. 2010년 1월부터 30년간 연 300억 m^3의 천연가스를 중국에 공급하기로 했다<표 8 참조>.[36)]

〈표 8〉 중국과 투르크메니스탄의 파이프라인 연결 현황

분류	주요 협상
규모	• 투르크메니스탄의 아무다리야(Amu Darya)강 서편에 위치한 가스전사만데페(Samandepe) 가스전-우즈베키스탄의 사막과 카자흐스탄의 대평원을 통과 후 톈산산맥을 지나 중국서부 신장성 호르고스 가스관까지 1833km임. • 이 노선은 중국 내에서 수요지인 중국 서부와 남동부 연안지방까지 연결되는 8700k임. 현존 가스관의 세계 최장 가스관인 러시아의 '야말-유럽 가스관 5100km보다 두 배 이상인 1만 533km에 달함.
담당	• 동 지역 개발은 투르크메니스탄 국영 투크메가즈(Turkmengaz)가 담당함. • 나머지 가스는 아무다리야 강 서편의 China National Petroleum Corporation(CNPC)이 생산물 분배계약을 체결한 가스전에서 생산될 예정임.
수송용량	• 2010년 100억 m^3, 최대 용량 2011년 400억 m^3로 예상됨.[37)]
투자액	• 중국은 약 730억 달러 규모의 독자적으로 투자했음. 가스관 1km 건설에 약 700만 달러를 투자함.

출처: 윤성학 외, "중앙아시아~중국 가스관 개통과 정책 시사점", 「지역경제 포커스」 KIEP, 2010. 1. 25, pp.1-2; http://segero.hufs.ac.kr/xe/933/b40/trackback(검색일: 2010. 6. 5).

투르크메니스탄과 중국의 중앙아시아를 연결하는 국제 파이프라인 연결의 정치경제학적 의미를 분석해 보면 다음과 같다. 첫째, 투르크메니스탄의 가스 판매 노선의 다변화이다. 중국과의 가스관 및 자원 협력을 통해 가스의 러시아 대러 의존도를 줄이고 자국 가스의 '러시아 독점체제'에서 벗어나는 계기가 마련되었다. 둘째, 적정 판매가격의 달성이다. 그동안 자국의 가스가 러시아 파이프라인에 종속되어 국제시세보다 낮은 가격으로 판매되고 있었다. 러시아와 주변국에 대한 자국의 가스 수출단가를 인상할

수 있는 수단을 확보하게 된 것이다. 특히 중국은 가스대금 전액을 미화로 지불하기로 함으로써 투르크메니스탄의 부족한 외화 획득에 기여할 것이다.[38] 중국석유천연가스공사(CNPC)는 추가 물량을 더 확보할 수 있는 전략적 우위를 확보했다<표 9 참조>.[39]

〈표 9〉 중국의 전략적 우위 확보

특 징	주요 내용
지정학적 요충지로 인식	• 투르크메니스탄을 지정학적 요충지로 인식함. • 중앙아시아를 횡단하는 국제가스관 구축에 성공함으로써 에너지 수입의 다변화 구축은 물론 투르크메니스탄은 유럽과 중국을 연결하는 중요한 국가로 부상했음.
가스관 공사 기간 단축	• 공사비용의 자국 부담을 통해 서방이 Nabucco 건설이 착공 지연을 극복했음. • 우즈베키스탄과 카자흐스탄을[40] 설득해 이 구간 공사비용을 중국정부가 100% 제공함으로써 가스관 운영에 필요한 합작사를 설립했음.[41]
정상회담의 성과	• 중국은 정상간 회담을 통해 가스관 공사를 단기간에 성사시켰음. • 중앙아시아의 권위주의적 중앙집권식 민주주의 통치자들은 자국의 정통성을 인정하는 중국과의 정상회담을 선호했음.

출처: http://blog.daum.net/kazakhstan2030/6807531(검색일: 2010. 6. 10); 윤성학, "중국 '석유·가스' 싹쓸이, 한국의 에너지안보 위협", 「신동아」 통권, 605호, 2010. 2. 1, p.423 재정리함.

이란과 투르크메니스탄의 파이프라인 연결의 잠재성도 확대되고 있다. 이란은 투르크메이스탄의 접경국으로 제2의 교역 상대국이다. 1997년 이란은 투르크메니스탄 서부지역의 코르페제(Korpeje)와 코르드쿠이(Kort Koy) 파이프라인을 통해 매년 80억 m^3의 천연가스를 투르크메니스탄으로부터 수입했다. 이란은 2010년 1월 초 마무드 아마디네자드(Mahmoud Ahmadinejad) 이란 대통령이 투르크메니스탄과 이란을 연결하는 제2 파이프라인 공사가 완공되는 개통식을 위해 중앙아시아를 방문했다.[42] 동 가스관 개통으로 이란은 연간 80억 m^3의 가스를 수입하던 것을 140억 m^3까지 가스공급량이 확대될 것이다.

IV 맺음말

살펴본 대로 러시아와 투르크메니스탄의 기존 및 새로운 파이프라인 연결을 통한 에너지 협력의 국제 정치경제가 활발하게 구축되고 있다. 러시아의 에너지 기업은 러시아 경제가 세계경제에 편입되는 방식을 결정하는 주요 핵심 요소가 된다. 새로운 가스공급지 확보와 파이프라인의 연결은 중요한 에너지 정책의 일환이다. 중앙아시아의 가스대국으로 부상한 투르크메니스탄은 러시아의 Gazprom이 관리하는 CPC와 CAC 노선을 중심으로 러시아의 주요 가스 공급국이자 유럽 가스수출에 지대한 영향을 주고 있다.

부연하자면 러시아는 투르크메니스탄의 천연가스 수출물량의 80~90% 이상을 파이프라인을 통해 유럽 및 기타 지역으로 수출되었다. 러시아는 천연가스 시세를 국제시세보다 저렴하게 구입해 높은 가격으로 판매를 통해 경제적 실익을 유지해 왔다. 동시에 기존의 러시아와 투르크메니스탄의 파이프라인을 통해 주변국들이 투르크메니스탄 천연가스 도입의 직접 구매를 차단해왔다. 투르크메니스탄이 가스 가격 상승 및 수출 다변화 정책을 활발하게 전개하고 있음에도 러시아는 갈등보다는 수입물량의 확대와 새로운 노선 구축 등을 통한 전략적 변화를 모색 중이다.

기존의 소극적인 관찰자 입장에서 적극적 행위자로 새롭게 부상한 중국과 투르크메니스탄과의 협력에도 러시아는 중국을 협력국가로 간주한다. 러시아는 미국이나 EU 국가들이 중앙아시아 에너지 개발에 참여보다 SCO의 주요 핵심국가이자 에너지 주요 투자국인 중국을 더 선호한다. 동시베리아 및 극동가스전에 대한 중국과의 협력을 염두에 두고 있다.[43] 투르크메니스탄의 천연가스 수출은 생산도 중요하지만 안정적인 수송로의 확보가 중요하다. 향후 Nabucco 노선이 활발하게 진행된다면 투르크메니스탄은 한층 더 중요한 천연가스 공급국으로 부상할 것이다. 또 투르크메니스탄 천연가스의 대표적인 이해당사국인 러시아는 파이프라인 구축을 적극적인 관계를 모색할 것이다. 러시아의 대투르크메니스탄의 에너지 정책의 상호의존성은 약화되기보다는 더 강화될 것이다.

미 주

1) 이유신, "상호의존론에 입각한 러시아의 가스거래 분석: 러시아-유럽, 러시아-우크라이나, 러시아-투르크메니스탄의 거래를 중심으로", 「국제정치논총」 제47집 4호, 2007, p.197.

2) МИД РФ, "Концеция Внещней политики Российской Федерации", http://www.ln.mid.ru/ns-osndoc.nsf/0e9272befa34209743256c630042d1aa/fd86620b371b0cf7432569fb004872a7?(검색일: 2010. 10. 22); 러시아의 대유럽 및 중앙아시아 에너지 전략은 다음을 참조. 현승수 & 이웅현 (역), 『부활하는 러시아의 자원외교』(서울: 전략과 문학, 2008).

3) http://www.211.173.74.130/include/filedown.jsp?fname=3_1_1_ (검색일: 2010. 10. 12).

4) 좀 더 자세한 해상수송로에 대한 논의는 다음을 참조. 윤영미, 『동북아시아의 외교와 안보』(서울: 두남, 2010).

5) 육로를 통한 대륙간 파이프라인 연결은 러시아와 북미와 유럽지역이 가장 활발하다. 1970년대부터 현재까지 유럽지역은 구소련으로부터 파이프라인을 통해 석유와 가스를 안정적으로 공급받기 시작했다.

6) http://www.211.173.74.130/include/filedown.jsp?fname=3_1_1_(검색일: 2010. 10. 12); 더 자세한 탈냉전기 에너지안보의 재편에 대해서 다음을 참조. 김재두 외, 『왜 에너지 안보인가』(서울: 한국국방연구원, 2007).

7) 중앙아시아의 자원 개발 및 현황은 다음을 참조. 김대성, 『중앙아시아 사회의 이해』(서울: 한국외국어대학교, 2009);
http://www.211.173.74.130/include/filedown.jsp?fname=3_1_1_ (검색일: 2010. 10. 12).

8) http://www.211.173.74.130/include/filedown.jsp?fname=3_1_1_(검색일: 2010. 10. 13).

9) http://www.211.173.74.130/include/filedown.jsp?fname=3_1_1_(검색일: 2010. 10. 13).

10) 더 자세한 논의는 다음을 참조. 윤영미, "탈냉전기 카스피해 유전을 둘러싼 국제갈등체제의 쟁점", 『사회과학연구』 서강대 사회과학연구소, 13권 제2호, 2005.

11) Keith C. Smith, "Russia-Europe Energy Relations: Implications for U.S. Policy", Center for Strategic and International Studies, Feb 26, 2010; 윤영미, "상하이협력기구(SCO)와 러시아의 군사안보적 이해에 대한 고찰: 대미 견제를 중심으로", 「평화학연구」 제11권 1호, 2010, p.271.

12) CPC는 카자흐스탄 육상 유전인 텐기즈에서 악타우를 거쳐 흑해에 접한 러시아 노보로시스크항으로 이어진다.

13) 러시아는 2005년 말 완공된 흑해를 통해 러시아-터키로 연결된 '블루 스트림(Blue Stream)' 가스관을 통해 가스 수송능력을 점점 증대하고 있다. 「한국에너지」 2008. 3. 24; http://www.sisainlive.com(검색일: 2010. 11. 12).

14) 동시베리아와 극동의 파이프라인 구축은 러시아와 중국, 일본, 한국으로 연결된다.

15) Министерство промышленности и торговли РФ, Энергетическая Стратегия Росси

и на период до 2020 года (Москва, 2003) 참조.

16) Правительство РФ, Программу развития Дальнего Востока и Забайкалья до 2013 года, http://apec2012.ru/content/?a=418&s=175&p=1(검색일: 2010. 9.11).

17) 윤영미(2010), pp.129-132 참조; Правительство РФ, Концепция энергетической стр атегий России на перод до 2030(Проект), (Москва: Изд. ЭНЕРГИЯ, 2007) 참조.

18) 동시베리아 및 극동지역은 러시아 영토의 절반 이상을 차지하며 인구는 약 1,500만 명 규모(11%)이다. GDP 비중은 13%에 불과하다. 동 지역의 에너지 자원 개발에는 2020년까지 약 1,300억 달러 이상 소요될 것이다. 석유 개발에 송유관 사업은 120~150억 달러를 포함해 약 350억 달러 내외가 소요될 예상이다. 현재 연간 900만t 생산과 300만t 수출에서 2020년 7,800만t 생산과 4,600만t 수출 예정이다. 가스개발비는 약 300억 달러가 예상된다. http://www.emerics.org/posts/postPrint/1/114970/NP.do (검색일: 2010. 9. 20). 자세한 논의는 다음을 참조. 윤성학, 『러시아 에너지가 대한민국을 바꾼다』(서울: 뿌쉬낀하우스, 2008).

19) 「한국에너지」 2008. 3. 24.

20) 박상남 & 강명구, "주요국의 대중앙아시아 통상전략 및 시사점", 「대외경제정책연구원 중장기통상전략연구」 2007, pp.90-91.

21) 「BP Statistical Review of World Energy」 2008. 6; 러시아는 투르크메니스탄과 2009년까지 연간 최고 800억㎥의 가스 수입 계약을 체결했다.

22) "투르크메니스탄", 「Country Profile」 KIEP, 2006. 3. 10, p.12.

23) 더 자세한 가즈프롬의 형성과 발전에 대해 다음을 참조. 이웅현 & 윤영미(역), 『러시아의 자본주의 혁명』(서울: 전략과 문학, 2010).

24) 투르크메니스탄의 천연가스는 우즈베키스탄을 통해 중국으로 연결된다. 동 노선 건설로 인해 2009년부터 300억 m³ 가스가 수출되었다.

25) Vladimir Paramonov & Aleksey Strokov, "Structural Interdependence of Russia & Central Asia in the Oil and Gas Sectors", Conflict Studies Research Centre, Defence Academy of the UK, 07/16E, 2007, p.49.

26) "투르크메니스탄의 최근 에너지외교 동향", 「해외지역정보」 수출입은행 해외경제연구소, 2007. 5. 30.

27) http://www.globalresearch.ca/index.pho?context=va&raid=7538)(검색일: 2010. 9. 12); 김계환, "러시아서규가스산업의 전환과 러시아국가자본주의", 「민주사회와 정책연구」 통권 14호, 2008, p.136.

28) "투르크메니스탄 정치경제동향", 「Country Report」 한국무역보험공사, 2010. 10, pp.4-5.

29) 2002년 서명 이후 5개국 대표들은 오스트리아 빈 국립오페라 극장에서 주세페 베르디의 유명 오페라 나부코(Nabucco)를 관람이후 새 가스관 이름을 나부코로 정했다.

30) 러시아는 이에 대항하여 흑해 해저를 통과하는 두 개의 가스 파이프라인을 터키(Blue Stream)와 혹은 터키를 우회(South Stream) 부설하는 방안이 논의되었다. 「The Moscow Times」 2010. 10. 2.

31) 카스피해의 파이프라인 경쟁에 있어 러시아와 미국의 전략은 다음을 참조. 김연규 & 엄구호, "러시아, 미국, EU의 카스피해에너지 운송전략", 「슬라브학보」 제22권 4

호, 2007, p.208; 「한국에너지」 2008. 3. 24.

32) Keith C. Smith, "Bringing Energy Security to East Central Europe Regional Cooperation Is the Key", Center for Strategic and International Studies, April 7, 2010 참조.

33) 「The Moscow News」 2009. 5. 16.

34) 2004년 말 중국은 이란과 700억 달러 규모의 에너지 협약을 맺었다. 중국석유화공집단(Sinopec)이 이란으로부터 2억5000만t의 액화천연가스(LNG)를 30년간 구매와 이란의 야다바란유전 개발권을 획득했다. 가스관 건설, 석유화학공장 건설 등도 Sinopec이 담당하기로 했다. 이 계약은 중국이 석유수출국기구(OPEC) 국가들과 맺은 계약 중 최대 규모다. 또 양국은 이란으로부터 카스피해까지 약 386km 길이의 송유관을 건설하기로 했다. http://news.mt.co.kr/mtview.php?no=2007081910441805258&type=1(검색일: 2010. 6. 5).

35) 중국의 CNPC는 2005년 8월 카자흐스탄의 페트로카자흐스탄을 41억 8,000달러에 매입하는 등 공격적인 석유자산 매입을 진행했다. 후진타오 주석을 비롯한 중국 지도층은 미국의 영향력이 강화된 유라시아 남단을 벗어나 아프리카와 남미로 에너지 자원외교를 공세적으로 추진했다. 더 자세한 중국의 중앙아시아 에너지 진출 외교 현황은 다음을 참조. 이장규 & 이석호, 『카스피해 에너지전쟁』(서울: 올림, 2006), pp.63-70.

36) 「Itar-Tass」 2009. 12. 4.

37) 중국 전체 가스 수입량의 60%에 해당된다.

38) 투르크메니스탄 국영 통신 「TDH」 2009. 12. 14; CAGP의 개통으로 중국의 중앙아시아 자원의 확보에서 러시아, 미국, EU보다 앞서 전략적 우위를 점하게 되었다. 중국은 동 가스관 건설을 통해 기계, 전자, 금속, 건자재 분야의 시장 활성화는 물론이고 중국내 매년 5000t의 석탄 소비 절감과 이산화탄소 배출량도 1만3000t의 감소도 가능해 질 전망이다. 윤성학, "중국 '석유·가스' 싹쓸이, 한국의 에너지안보 위협", 「신동아」 통권, 605호, 2010. 2. 1, p.423.

39) 윤성학(2010), p.424.

40) 2009년 12월 초 카자흐(아타수)와 중국 신장위그르자치구의(알라샨코우)을 연결하는 1000㎞ 길이의 가스관 1단계 개통식 있었다. 카자흐-중국 간 가스관은 약 7천㎞에 달하는 CAGP 가스관의 일부분으로 카자흐스탄의 통과 길이는 약 1300㎞이고 중국 내 총 연결망은 4500㎞다. 동 가스관은 7억 달러가 소요되었고 CNPC와 카자흐스탄 국영 석유천연가스 기업인 카즈무나이가즈에 의해 공동으로 건설되었다. 서쪽으로 카스피해 연안에 있는 카자흐스탄 최대의 카샤간유전까지 연결되었다. 세계 최대 유전 중 하나인 카샤간 유전까지의 송유관 전 구간이 개통되면 하루에 100만 배럴의 석유를 생산이 가능해진다. 원유 수요량의 무려 15%에 달하는 엄청난 양으로 추산된다. http://article.joins.com/article/article.asp?ctg=13&Total_ID=1765377(검색일: 2010. 6. 10).

41) 대표적인 사례로 2009년 4월 우즈벡 국영기업인 우즈벡 석유가스와 CNPC와 연간 최대 300억 ㎥ 규모의 투르크메니스탄 가스를 중국에 공급하기로 했다. 투르크메니스탄-중국가스관을 연결하는 우즈베키스탄 구간 건설을 위해 양측이 동등하게 참여하는 AsiaTransGas 합동기업을 창설했다. http://blog.daum.net/kazakhstan2030/6807531

(검색일: 2010. 6. 10).

42) http://www.emerics.org/posts/postPrint/23/1245721/TR.do(검색일: 2010. 11. 3).

43) 최근 중러 에너지 협력에 대한 심도 있는 연구는 다음을 참조. 윤익중, “러시아-중국의 에너지협력: 메드베데프 시대를 중심으로”, 제6회 한림대학교 러시아연구소 학술세미나 발표논문, 2009. 12. 29.

참고문헌

본 장은 "에너지 파이프라인 구축의 정치경제학: 투르크메니스탄 가스관 연결을 중심으로", 「유라시아 연구」 제7권 4호, 2010에 실린 논문을 수정 및 보완했음.

김대성, 『중앙아시아 사회의 이해』(서울: 한국외국어대학교, 2009).

김명섭 역, 『거대한 체스판: 21세기 미국의 세계전략과 유라시아』(서울: 삼인, 2000).

김연규 & 엄구호, "러시아, 미국, EU의 카스피해에너지 운송전략", 「슬라브학보」 제22권 4호, 2007.

박상남 & 강명구, "주요국의 대중앙아시아 통상전략 및 시사점", 「대외경제정책연구원 중장기통상전략연구」 2007.

이유신, "상호의존론에 입각한 러시아의 가스거래 분석: 러시아-유럽, 러시아-우크라이나, 러시아-투르크메니스탄의 거래를 중심으로", 「국제정치논총」 제47집 4호, 2007.

이장규 & 이석호, 『카스피해 에너지전쟁』(서울: 올림, 2006).

이종문, "한-유라시아 에너지협력과 경제적 타당성(투르크메니스탄을 중심으로)", 2008년도 1차 APRC HK 사업단 정례학술 회의 발표논문.

이홍섭, "중앙아시아의 부상과 미-러 관계: 에너지 자원과 9.11테러를 중심으로", 「중소연구」 Vol. 30 No. 2, 2006.

윤성학 『러시아 에너지가 대한민국을 바꾼다』(서울: 뿌쉬낀하우스, 2008).

_______ 외, "중앙아시아~중국 가스관 개통과 정책 시사점", 「지역경제 포커스」 KIEP, 2010. 1. 25.

________, "중국 '석유·가스' 싹쓸이, 한국의 에너지안보 위협", 「신동아」 통권 605호, 2010. 2. 1.

윤영미, "탈냉전기 카스피해 유전을 둘러싼 국제 갈등체제의 쟁점", 「사회과학연구」 서강대 사회과학연구소, 13권 제2호, 2005.

_______, 『동북아시아의 외교와 안보』(서울: 두남, 2010).

_______, "탈냉전기 세계 에너지안보의 역학적 변모와 대응전략", Global 이슈와 해결 방안, 제28차 학술세미나 발표논문, 2010. 11. 10.

_______, "상하이협력기구(SCO)와 러시아의 군사안보적 이해에 대한 고찰: 대미견제를 중심으로", 「평화학연구」 제11권 1호, 2010.

윤익중, “러시아-중국의 에너지협력: 메드베데프 시대를 중심으로”, 제6회 한림대학교 러시아연구소 학술세미나 발표논문, 2009. 12. 29.

이웅현 & 윤영미 (역), 『러시아의 자본주의 혁명 』(서울: 전략과문학, 2010).

이용권 & 이성규, “러시아와 중국의 관계발전 심화요인 분석: 에너지 자원을 중심으로”, 「국제정치논총」 제46집 2호, 2006.

“투르크메니스탄”, 「Country Profile」 KIEP, 2006. 3. 10.

“투르크메니스탄 정치경제동향”, 「Country Report」 한국무역보험공사, 2010. 10.

현승수 & 이웅현 역, 『부활하는 러시아의 자원외교』(서울: 전략과 문학, 2008).

「BP Statistical Review of World Energy」 2008. 6.

Nicolas, Francoise, “International Energy Order and Northeast Asia: A European Perspective”, Paper prepared for the conference on *New Partnership for Energy Cooperation in Northeast Asia* to be held in Seoul on October 28, 2005.

Smith, Keith C., “Bringing Energy Security to East Central Europe Regional Cooperation Is the Key”, *Center for Strategic and International Studies*, April 7, 2010.

Schlefer, Yigal, “Questions Cloud Turkish-EU Energy Cooperation”, Eurasian Insight, June 12, 2007.

Paramonov, Vladimir & Strokov, Aleksey, “Structural Interdependence of Russia & Central Asia in the Oil and Gas Sectors”, Conflict Studies Research Centre, Defence Academy of the UK, 07/16E, 2007.

Министерство промышленности и торговли РФ, *Энергетическая Стратегия России на период до 2020 года*, (Москва, 2003) 참조.

МИД РФ, ‘Концеция Внещней политики Российской Федерации”, http://www.ln.mid.ru/ns-osndoc.nsf/0e9272befa34209743256c630042d1aa/fd86620b371b0cf7432569fb004872a7? (검색일: 2008. 10. 22).

Правительство РФ, *Программу развития Дальнего Востока и Забайкалья до 2013 года*, http://apec2012.ru/content/?a=418&s=175&p=1(검색일: 2010. 9. 12).

Правительство РФ, *Концепция энергетической стратегий России на период до 2030(Проект)*, (Москва: Изд. ЭНЕРГИЯ, 2007).

「한국에너지」 2008. 3. 24.

「연합뉴스」 2009. 6. 17.

「Itar-Tass」 2009. 12. 4.

「The Moscow Times」 2010. 10. 2.

http://www.211.173.74.130/include/filedown.jsp?fname=3_1_1_ (검색일: 2010. 10. 12).
http://blog.joins.com/media/index.asp%3...3D200612(검색일: 2010. 11. 10).
http://news.mt.co.kr/mtview.php?no=2007081910441805258&type=1(검색일: 2010. 6. 5).
http://segero.hufs.ac.kr/xe/933/b40/trackback(검색일: 2010. 6. 5).
http://article.joins.com/article/article.asp?ctg=13&Total_ID=1765377(검색일: 2010. 6. 10).
http://blog.daum.net/kazakhstan2030/6807531(검색일: 2010. 6. 10).
http://www.emerics.org/posts/postPrint/23/1245721/TR.do(검색일: 2010. 11. 3).
http://www.shindonga.donga.com/docs/magazin...20500015(검색일: 2010. 10. 23).
http://www.keei.re.kr/keei/download/FE021921.pdf(검색일: 2010. 10. 13).
http://www.stevenh.co.kr/tag/%25EB%259F...595%2584(검색일: 2010. 11. 12).

Chapter 3

환경정책과 기후변화협약에 대한 대응방안

<shuen.egloos.com/3585639>

I 들어가는 말

1991년 구소련 붕괴 이후 러시아연방(이하 러시아)은 체제전환기 경제시스템의 혼란으로 1991에서 1998년 연평균 –6.5%의 경제성장률을 기록했다. 그러나 1999년부터 2008년까지 러시아 경제는 원유 생산량의 증가, 세계 에너지 시장의 가격 상승 등으로 연평균 5.8에서 6%의 고성장을 지속했다. 2000년대 이후 고유가의 지속으로 6%를 넘는 경제성장이 지속되었다. 경제성장의 60% 이상과 연방세입의 50% 이상은 에너지 관련 사업에서 기인했다. 원유와 천연가스에 기초한 경제성장으로 구소련 이후 설비투자가 부족하여 노후화된 천연가스 파이프라인, 유전 보수 등과 같은 인프라 사업에 투자되었다. 이러한 산업시설 개선을 위한 재투자와 새로운 산업부문 증가에 따른 환경오염의 증가는 세계 기후변화협약에[1] 대한 러시아정부의 관심이 높아지는 주요 요인이 되었다.[2]

구소련 붕괴이후 러시아의 온실가스[3] 배출량(GHG Emission: Greenhouse Gas Emission)은 1/3 정도 감소되었다. 그동안 러시아는 1992년 브라질 리오에서 체결된 유엔기후변화협약(United Nations Framework Convention on Climate Change, UNFCCC)에 다소 부정적이었다. 그러나 러시아는 2004년 국가별 온실가스 감축 목표를 구체적으로 정한 부속 문서인 교토의정서(Kyoto Protocol) 가입을 최종 결정했다. 2005년 2월 정식으로 가입했다.[4] 의정서의 공통의무사항은 가입 당사국 모두가 지켜야 할 의무로 온실가스 감축을 위한 국가적 노력을 보고서(National Communication)형식으로 당사국 총회에 제출할 의무를 말한다. 특정의무사항은 차별적 의무조항으로 가입 당사국을 부속서(Annex)와 비부속서(Non-Annex) 국가로 구분한다. Annex 국가는 지구 온난화의 역사적 책임이 있는 ANNEX-Ⅰ국가(영국, 미국, 일본 등)와 개도국의 온실가스 저감을 위한 기술적, 재정적 지원의무를 부여한 ANNEX-Ⅱ(일본, 미국 등) 국가로 구분된다.[5]

온실가스 배출량을 줄이기 위해서는 에너지 소비를 줄여야 한다. 온실가스는 사람들의 일상생활에서 발생하고 있는 것으로 대부분이 석유, 석탄 등 화석 에너지 소비에서 발생하기 때문이다.[6] 러시아의 정식 가입으로 교토의정서의 발효조건인 배출량의 55%를 차지하는 55개국 이상의 비준을 완료시킴으로써 세계 기후변화협약에 중대한 역할을 수행하게 되었다.[7] 이런 맥락에서 본 장은 러시아의 환경정책의 양상과 기후변화협약 대한 러시아의 역동적인 상호작용과 대응방안에 대해 집중적으로 고찰해 보고자 한다.

Ⅱ 이산화탄소 배출의 지역별 비교

러시아정부는 228개의 도시와 기상관측과 환경 모니터링이 설치된 623곳에서 정기적으로 대기오염을 측정한다. 대도시에서는 5에서 15개의 주요 대기오염 물질에 대해 정기적으로 관찰된다. 국경을 넘는 대기 유해 물질들에 대한 관측은 러시아의 서부 국경지역에 위치한 4개의 관측소에서 담당한다. 특히 관측소에서는 특히 대기 에어졸과 가스(질소와 황산화물) 및 강수에 대한 관측을 한다. 대기오염 관련 유해 물질 허용한계치는 세계보건기구의 한계치보다 더 엄격하며 대기오염에 대한 주요 규제는 13개 항목에 의거한다. 주로 유황 다이옥신, 질소 다이옥신, 질소 산화물, 탄소 산화물, 벤젠, 암모니아, 불화수소, 카본블랙, 황화수소, 탄화수소, 페놀, 포름알데히드 등으로 구성된다.8)

러시아의 대기오염은 주로 이산화탄소(CO_2), 아황산가스, 일산화탄소 등으로 파악된다. 전반적으로 고체상태 물질의 오염도는 감소하는 추세를 보이고 있으나 휘발성 유기화합물은 증가 추세다. 석유 및 화학산업의 비중 증가로 인하여 휘발성 유기화합물의 2005년도 배출량은 2001년 대비 54.5% 증가한 1.7백만 톤을 기록했다. 이는 러시아 에너지 산업이 대기 오염의 질적인 부분에 부정적 역할을 하고 있음을 드러내는 것을 의미했다. 러시아통계청 자료에 의하면 기체 및 액체상태 물질로 구성된 아황산가스, 이산화질소, 일산화탄소의 2005년 배출량은 각각 4.7, 1.7, 6.5백만 톤으로 집계되었다. 아황산가스는 2001년 대비 약 12% 감소하였고 이산화질소는 변동이 없는 것으로 나타났다. 그러나 일산화탄소는 27.5% 증가한 6.5백만 톤을 기록했다.9)

〈표 1〉 러시아의 CO_2 배출량

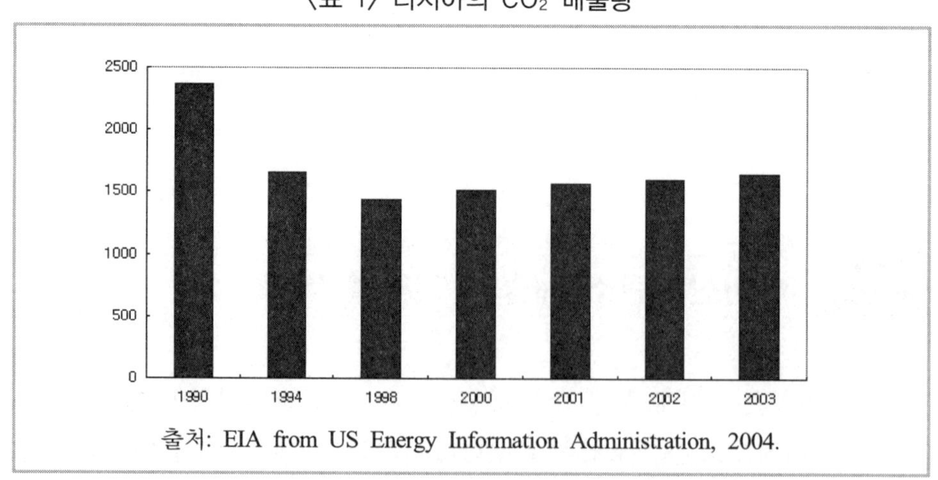

출처: EIA from US Energy Information Administration, 2004.

1990년대 말부터 경기회복으로 이산화탄소의 배출량은 꾸준히 증가 추세다. 러시아의 이산화탄소양은 1990년 23억 6천만 톤에서 2003년 16억 4천만 톤으로 약 7억 2천만 톤이 줄어들었다. 따라서 <표 1>에서 보여주듯이 온실 가스의 측면을 고려해 보면 러시아 대기 환경의 질은 체제전환 이전 보다 향상되었다.

2005년 러시아의 대기오염물질 배출량을 총 7개 지역으로 비교해 보면 튜멘, 쿠르간스크, 스베르들로프스크가 속해있는 우랄지역이 오염도가 가장 높은 것으로 나타났다. 중화학 공업이 발달한 우랄지역이 심각한 오염도를 나타낸다<표 2 참조>. 우랄지역의 오염도가 여타 지역보다 높은 이유는 2차 세계대전부터 중점적으로 육성된 군수 공장, 화학, 석유 등과 같은 중공업 관련 산업이 발달되었기 때문이다. 그 다음 오염도가 심각한 곳은 시베리아지역으로 2005년 대기오염물질 배출량은 총 56,153 톤이었다. 시베리아지역은 서시베리아와 동시베리아로 구분되는데, 서시베리아는 석유와 가스전을 기반으로 석유와 가스가공 산업단지와 기계 및 금속가공 산업단지로 형성되어 있다. 주요 산업은 연료, 에너지, 비철금속야금, 기계제작과 금속가공산업, 화학산업, 목재 산업이 발달되었다. 동시베리아는 러시아 전체 에너지의 1/3을 보급하는 원산지로서 석탄(러시아 전체 매장량의 45%), 갈탄, 원유, 가스, 동, 니켈, 수은과 금이 채취되는 지역이다. 따라서 중화학 산업, 원유 및 가스 산업, 목재가공 산업 등으로 인하여 대기오염이 심각한 것으로 나타났다.[10)]

이어서 오염도가 심각한 지역은 상트 페테르부르크(St. Petersberg)를 중심으로 북서부 지역과 모스크바(Moscow)를 거점으로 하는 중앙부지역, 극동지역, 남부지역, 볼가지역으로 나타났다. 도시간 비교를 고찰해 보면, 위험배출물질량이 지속적으로 감소했다. 전체적으로 러시아 도시에서 이산화황(SO_2)을 제외한 측정 혼합물의 평균 오염농도는 허용한계치(MPC)를 초과했다. 러시아의 146개 도시의 대기오염 농도는 높거나 아주 높은 것으로 나타났다. 상트 페테르부르크와 캄차카, 노보시비르스크, 옴스크, 사마르 등 자치지역에서는 75%가 넘는 인구가 높거나 아주 높은 대기오염지역에서 거주한다. 러시아에서 가장 오염된 도시 순위에 속하는 도시의 수는 29에서 43개로 증가하였다. 벤조피렌 농도 증가에 의해 높거나 아주 높은 수치의 대기오염도를 나타낸 도시의 수는 지난 5년 동안 49%가 늘었다. 러시아의 가장 큰 도시들에서는 대기오염정도의 성장이 30%가 넘는 것으로 나타났다.[11]

〈표 2〉 지역별 대기오염 모니터링

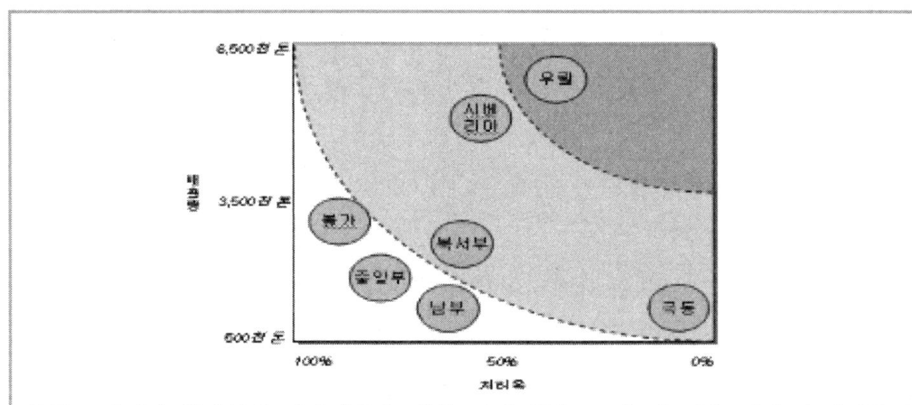

출처: "러시아 환경산업 시장진출을 위한 시장 현황 조사 및 진출 전략 수립연구보고서", 「환경부 보고서」 2006, p.122.

계속해서 약 5～6%의 경제성장률을 기록한다면 러시아의 CO_2 배출량은 2009～2016년 1990년 수준에 도달할 것으로 관측되었다. 러시아는 빠른 경제발전으로 인해 2009년 온실가스 방출량이 1990년도 수준 이상이 될 것이라고 우려한 바 있었다. 러시아의 7대 지역인 중앙부, 북서부, 남부, 볼가, 우랄, 시베리아, 극동을 대상으로 대기오염방지, 상하수 처리, 폐기물 관점에서 배출 및 오염, 처리 현황을 기준으로 분석해 본 결과 우랄지역이 대기오염 방지 분야의 경우, 현재 오염물질 배출량이 가장 많고 처리율도 여타 지역에 비해 매우 낮았다. 특히 오염물질 대기 배출 측면에서 88개 주 단위 지역 중 1, 2위를 차지하는 지역은 우랄의 튜멘과 스베르들로프스크다. 스베르들로프스크의 경우 오염물질 처리율이 31.3%(평균 50.5%)에 불과했다.[12]

Ⅲ 정책결정 주체들의 역동적 상호작용 분석

1 러시아 중앙정부와 지방정부

러시아 하원(두마)은 2004년 총선이후 교토의정서 비준 당시 당내 입장을 분석한 결과는 25%가 지지, 50%가 중립, 25%가 반대했지만 푸틴 대통령의 정권장악으로 의회에서 의정서 비준처리는 무난히 진행되었다. 실제 2004년 1분기 중 하원에서 교토의정서 비준관련 청문회를 개최이후 하원 내에서 교토의정서에 대한 이해를 증진시켰다. 국제사회에서 러시아내 이러한 이견이 존재함을 알리는 역할을 함으로써 교토의정서에 비준에 대한 국제사회 협상에서 러시아가 유리한 입장을 점하게 하는 전략의 일환으로도 활용되었다.[13)]

현재 2008년 대선에서 승리한 드미트리 메드베데프 대통령과 푸틴 총리의 양두체제 출범과 집권 연합당이 이끄는 정부와 하원의 장악으로 별다른 정책적 변화 없이 이전 정부의 국내외 기후협약 정책의 많은 부분이 연속선상에서 진행 중이다. 글로벌 경제위기에 직면해 환경 예산의 삭감이나 국제사회의 기후변화협약 의무 이행에 소극적일 가능성이 상당히 높다. 러시아는 지구온난화의 주요 요인인 이산화탄소 감축 실행을 논의하는 G8 에너지 환경장관 회의이나 국제회의에서 저탄소 에너지 시스템 구축방안을 제시하고 우수기술의 확보와 차세대 에너지 개발을 위한 국제협력 강화의 필요성을 강조했다. 또한 하원은 기후변화협약의 이행과 이에 대응하기 위해 에너지 이용효율 향상과 신재생에너지 분야의 기술개발을 위해 국제협력의 필요성을 강조했다.

러시아의 천연자원부(The Ministry of Natural Resources: Minresursov)는 러시아의 환경보호 및 자연자원 관리의 핵심 기관으로 1997년 옐친 정부시기 설립되었다. 러시아의 수자원, 숲 등 전반적인 생태환경 및 자연자원에 대한 감시 관리 기능을 담당하고 있다. 주요 활동은 대체로 자연자원의 개발 및 활용에 집중되어 있다. 사실 기후변화협약에 대한 대처 및 정책이 상대적으로 잘 작동하고 있지 않다. 천연자원부 장관은 역대로 교토의정서 비준에 대한 반대 입장을 견지해 왔다. 그 주요 이유로는 자국 내 천연자원의 채굴 및 수출을 제한하게 될 것으로 우려했다. 둘째, 환경보호위원회(The State Committee for Environmental Protection: Goskompriroda)가 있다. 동 위원회는 대기 및 수질 오염 모니터링 기능과 생물 다양성 보존 기능을 목적으로 설립되었다. 천연자원부 설립 이전 환경감독 관련 권한의 대부분을 행사해왔지만 현재는 크게 약화된 상태다. 동 위원회는 재정 및 인력 부족 현상을 겪고 있다. 환경 정책과 관련하여 천연자원부와 상당 부분 상충하면서 많은 기능이 제약된다. 동 위원회가 역점을 두고 추진하고 있는 공해세(polluter-pays)의 경우 기업들의 소극적이다. 셋째, 생태보호위원회(The Commission on Ecological Security)는 1994년 옐친정부 하에서 설립되었다. 동 위원회는 국가방위위원회(National Security Council)의 위원 중 1명이 참여하게 되었다. 1997년까지 생태보호위원회의 의장은 유명한 생태학자인 알렉세이 야블로코브(Aleksey Yablokov)가 맡았다. 그는 국가방위위원회 위원의 권한을 적극 활용해 환경 보존에 있어 매우 민감한 사안인 불법적인 핵폐기물 투기, 허술한 생화학 무기 관리 체계 등을 지적하는 듯 활발하게 공론화하기도 했다. 넷째, 그 외 핵 에너지 관리국(The Ministry of Atomic Energy: MINATOM)과 방사능 보호국(The State Service for Atomic and Radiation Safety: Gosatomnadzor)이 있다. 핵에너지 관리 및 방사능 오염과 관련한 이슈들을 취급하는 기관으로 재정 부족으로 원활한 기능 수행이 다소 제약을 받는다.[14)]

러시아는 사회주의의 영향으로 자본주의로의 체제전환기 이전까지는 환경에 대한 관심과 정책이 전무했다. 러시아에서 환경에 대한 정책 입안과 실행이 본격적으로 시작된 것은 1990년대다. 러시아에서 환경과 관련된 법률은 헌법, 러시아 연방법, 러시아 연방 대통령령, 러시아연방 정부법, 러시아 연방 행정기관 법률 등과 같은 위계를 가진다. 이들 법률들은 상위법이 우선하며 서로 배치될 수 없는 것이 원칙이다. 러시아연방 헌법(1993년) 42

조는 러시아인들이 쾌적한 환경에서 생활할 권리가 있으며, 국민 개개인의 건강과 재산에 대한 생태학적 권리 침해의 경우 그 손실을 보장 받을 수 있는 헌법적 권리를 명시한다. 헌법에서는 국민들의 환경 보호에 대한 의무도 명시한다. 7개의 환경 보호 관련법이 존재하고 17개의 자연자원 관련법이 존재한다. 2002년 제정된 환경보호법은 러시아의 환경정책을 총괄하는 법률로서 환경 관련 전 영역에 걸친 내용을 담고 있는 연방법이다. 1995년 제정된 환경전문 감정법은 환경 평가와 관련된 법률로서 지표와 현황을 평가하는 기준과 방식을 제시하고 있는 법률이다. 1999년 제정된 대기 보호법은 러시아 국민이 깨끗한 공기를 호흡할 수 있도록 토대를 마련하는 법률로서 대기의 상태, 오염 정도 규정, 대기 보호 정책 등을 담고 있다. 2006년 제정된 수자원 법은 가장 최근에 입안되어 만들어진 환경 관련 법률로서 러시아의 수자원 이용과 수질 보존에 관한 일반법이다. 국내 수자원 및 러시아 내 수자원 법(1998)은 하천, 강, 바다, 호수 등 모든 수자원의 현황과 관리를 규정하는 법률이다. 환경오염에 대한 기준도 담고 있다. 1986년 4월 체르노빌에서 원자력 발전소에서 방사능 유출 사고이후 체르노빌 사태를[15] 비롯한 일련의 핵폐기물이나 핵발전소 관련 사고를 경험 한데서 기인한 정책으로 간주된다.[16]

이런 종류의 법률은 비교적 새롭게 제정되었고 주로 정부가 중점적으로 관리하는 법률이다. 러시아의 환경 관련 주요 규제 기준들은 최상의 조건을 표시하는 것이 아니라 대부분 낡은 국가적 표준을 그대로 준용하는 경우가 대부분이다. 따라서 러시아의 환경 자격 검증이 세계적 수준을 확보하지 못하고 있다. 핵폐기물이나 방사능 오염 물질에 대한 강력한 법률을 갖추고 있다.[17]

러시아의 각 지방정부는 대체로 에너지 절약시설 투자촉진과 에너지기반 확충을 위해 교토의정서에 중요한 역할을 기대하면서 중앙정부에 적극적인 관심을 표명한다. 2003년 6월 89개 지방정부의 장들로 구성된 위원회는 러시아에 교토의정서 비준을 촉구했다. 전반적으로 지방경제 활성화 정책에 대한 기대감으로 기후변화협약에 대해 적극적인 입장을 표명한다. 실제로 각 지방정부는 비준이나 기후변화협약의 이행에 대해 다양한 입장을 보이고 있다. 볼가, 우랄, 남서지역 정부는 적극적이 편이고, 시베리아 및 중앙지역 정부는 지지에 온건적인 입장이다. 남부지역 및 극동지역 지방정부는 소극적이다. 남서지역의 경우 교토체제의 수행에 적극적이고 지방정부차원의 온실가스 인벤토리를 구축하고 있다. 지방정부는 에너지 집약적 석탄 및 석유산업이 주요 기간산업에 의존하는 지역이 많기 때문에 에너지 저감 및 신재생에너지의 투자 촉진책을 찾고 있다. 비록 지방정부의 입장이 중앙정부의 에너지 정책에 큰 영향을 미치지 못하지만 온실가스 인벤토리의 구축 및 잠재적인 프로젝트의 개발 등에 필요한 자료를 수집하는 등 교토체제의 이행에 중요한 역할을 담당할 것이다.[18)]

② Gazprom과 NGO

러시아 최대 국영기업인 가즈프롬(Gazprom)은 러시아 온실가스 배출량의 50% 이상을 배출한다. Unified Energy사와 노후화된 파이프라인 교체 및 업그레이드 관련 공동(Joint) 프로젝트를 추진 중이다. Gazprom이 추진 중인 첫 번째 공동프로젝트는 가스통합시스템(Unified Gas Supply System)의 보수 작업이다. 동 프로젝트의 내용은 Ruhrga AG사와 공동으로 Simone이라는 가스운송 자동화 시스템 도입과 볼가트란스가스(Volgotransgas)사에 처음 도입되어 연간 9,000만㎥의 연료 가스, 575백만㎾의 전력, 447,000톤 규모의 CO_2 절약을 목표로 한다.[19)]

Gazprom의 두 번째 프로젝트는 가스 전송 과정에서 발생할 수 있는 직접손실(Fugitive Emission)을 줄이는 것이다. 동 프로젝트는 니폰 스틸(Nippon Steel)과 같은 일본 회사들과 공동으로 추진했다. 파이프, 누수 공사 등과 동 사업이 종료되면 연간 114만㎥의 천연가스의 손실을 예방할 수 있고 100만 톤 규모의 CO_2를 절약할 수 있을 것으로 추산된다. 러시아의 배출권 거래에 따른 가치가 200~600억 달러에 달한다. 관료주의적인 러시아 행정부의 정책에 따라 배출권 거래가 활성화될 수 있을지는 불확실하다. 반면 러시아의 민간사업들은 초기의 회의적인 시각에서 강력하게 비준 지지 쪽으로 입장을 선회함으로써 기후변화협약 이행 및 관련 사업에 적극적이다. 특히 전기 및 에너지 분야의 대단위 투자를 필요로 하는 시점에서 JI사업이 이러한 문제를 해결해 줄 수 있을 것으로 기대되었다. 교토의정서 비준과 효과적인 이행을 위해 2003년 7월에 국가자본연합(NCU)를 형성되었다. 여기에는 러시아의 주요 에너지업체 및 산업체가 포함되었다. 이들 업체들은 전 세계 온실가스 배출량의 8%를 차지했다.[20)]

Gazprom의 액화천연가스 산업 정책도 주요 관심의 대상이다. 최근 국제유가의 급등으로 인한 고유가 시대에 대처하기 위해 저공해 연료에 대한 수요 확대로 LNG사업에 대한 외국기업의 투자가 확대될 전망이다. 예를 들면 영국계 로얄더치/셸은 카타르의 국영가스회사와 LNG사업 계약을 체결했다. 이들 회사는 70억 달러를 투자하여 2010년부터 매년 750만 톤의 LNG를 생산하여 미국과 유럽에 공급하기로 합의를 했다. 미국계 엑슨 모빌도 2007년부터 매년 1,560만 톤 공급을 위해 카타르에 LNG 기지건설공사를 착수했다. 프랑스의 토탈도 이 사업에 지분 참여를 발표했다. 외국기업이 LNG사업에 투자를 확대하는 이유는 향후 고유가 상황에 따른 석유에 비해 가격이 저렴한 LNG 수요가 증대될 것이라는 전망과 석유에 비해 이산화탄소 배출량이 상대적으로 교토의정서 발효에 따른 대비가 보다 수월하다는 이점 때문이다.[21)]

몇몇 과학행정가들은 교토의정서를 위해서 예산을 지출하기보다는 다른 과학 분야에 지원하는 것이 더 현실적이라고 지적한다. 이러한 비판과 러시아 과학아카데미 소속 250명의 과학자는 비준을 지지하는 NGO의 탄원서에 같이 서명하기도 했다. 그러나 메드베데프 대통령의 정책에 영향을 줄 수 있는 학계의 주요 학자들은 비준에 비판적이었다. 러시아 국민들은 기후변화가 실제 존재하며, 국제사회는 물론이고 러시아내에서도 많은 문제를 야기할 수 있다는 인식에 동의한다. 러시아 국민들은 실제 기후변화 원인이 인간 활동에 의해서 기인된 것이라는데 것에 비판적인 경향이다. 그러나 “교토 의정서는 러시아 경제 성장을 저해하고 러시아에 불공정한 것이며",[22] 러시아의 천연자원, 즉 청정공기와 같은 것을 판매하기 위한 정부정책의 일환으로 반대하는 의견도 많았다.[23]

러시아는 현재 환경보호 기술과 친환경적인 법규 마련과 그 적용이 매우 시급한 과제임을 인식하고 실제로 러시아 의회가 중요한 역할을 담당한다. 2005년 5월 초에 열린 정기회의 주요 의제로 '러시아의 삶의 질 향상과 환경 안전 확보'에 대한 논의가 있었다. 다양한 입법 기관 대표자들, 연방 부서, 관청, NGO 단체 대표 등이 참여하여, 친환경적 상품을 생산하는 70개 이상의 러시아 기업체 대표들도 옵서버 자격으로 참여하여, 환경 문제에 관한 의견을 교환했다. 현재 환경보호와 환경자원 활용 분야에서 30개가 넘는 유관 법률과 거의 2백 개에 가까운 하위 조항들이 시행되었다. 환경 관련 NGO 단체들은 환경 관련 정책과 사업의 주요 압력기관으로 활동한다. 대표적인 환경 NGO 단체로는 '전 러시아 자연보호 연합,' '사회생태 환경연합,' '러시아 생태환경 연합,' '러시아 녹십자,' '러시아 생활환경 신문연합,' '러시아 생태 환경연합,' 등이 활동을 한다.[24]

Ⅳ 러시아의 기후변화협약의 대응 방안

1 교토의정서와 온실가스 감축 방안

교토의정서는 청정개발계획(Clean Development Mechanism, CDM), 공동이행제도(Joint Implementation, JI), 방출거래(Emission Trading, ET) 등을 골자로 한다. 의정서는 선진국의 온실가스 저감 의무 및 방안을 법률적인 형식으로 규정하고 있다. 1997년 12월 일본 도쿄에서 개최된 3차 당사국 총회에서 채택되었다. 교토의정서는 선진국의 경우 제1차 기간인 2008년부터 2012년까지 의무감축 대상국으로 지정된 39개국은 온실가스를 1990

년 대비 평균 5.2%의 국가별로 차별적인 저감량을 규정했다.[25] 미국은 경제적 이유 등을 내세워 동 의정서의 비준을 거부했다. 중국, 인도 등 주요 온실가스 배출국도 유예기간이 필요하다며 감축대상국에서 제외되면서 한계가 드러나기도 했다. 미국의 불참은 의무 감축 대상국들의 이행 의지를 약화시키는 결과도 초래했다. 2006년 유엔 보고서에 따르면 의무감축 대상 38개국 중 영국, 프랑스, 러시아 등 16개국만 감축 목표를 조기 달성했다. 독일, 일본, 캐나다 등 22개국은 감축 목표에 접근하지 못하고 있다고 밝혔다. 오바마 행정부의 출범 당시 교토의정서의 문제점을 보완할 2009년 12월 예정된 '코펜하겐의정서'에 대한 기대가 높았다.[26] 지구 온난화 방지에 소극적이었던 부시 대통령과 달리 오바마 대통령은 온실가스 감축을 대선 공약으로 제시했다. 그는 2009년 2월 24일 의회 연설에서 "올해 안에 온실가스 감축을 위한 입법을 하겠다"고 다짐하기도 했다.[27]

러시아는 구소련 시기의 에너지 집약적 사업에서 1990년대 중반 시장 경제체제로의 전환으로 인해 2007년 온실가스 배출량이 22억 톤 수준으로 1990년 대비 34% 감소했다. 러시아는 중국, 미국에 이어 3번째로 온실가스 다배출 국가이지만 중장기 감축목표를 제시하지 않은 상태였다. 러시아는 2020년까지 온실가스를 20～30% 가량 감축하라는 EU와 다른 국가들의 압력을 더 이상 수용하지 않을 것을 명백히 했었다. 따라서 러시아는 G8 정상회의에서 2050년까지 80% 감축 목표에 대한 수용 여부를 두고 논란이 있었다. 러시아는 2009년 6월 2020년까지 자국의 온실가스 배출량을 기준년도에 대한 명확한 언급 없이 10～15% 감축하겠다는 목표를 발표했다 <표 3 참조>. 이런 목표는 1990년부터 2020년 동안 이산화탄소로 환산했을 경우 약 300억 톤 감소에 해당하는 양이다. 과거 러시아가 구소련의 일부로서 중화학공업으로 인한 온실가스 배출량이 많았던 1990년 대비 10～15% 감소한 수치이나 현 수준보다 29～36% 증가한 수준이다. 이런 목표가 낮다는 의견도 제기되었다. 메드베데프 대통령은 기후변화 완화를 위한 온실가스 감축노력이 필요하지만 국가발전에 방해되지 않는 수준에서 결정되어야 한다고 역설했다.[28]

〈표 3〉 세계 각국의 온실가스 감축 계획

국가	감축 계획
일본	2020년까지 2005년 대비 15% 감축(1990년 대비 8% 감축하는 수준)
영국	1990년 대비 36% 감축
미국	2020년까지 2005년 대비 17% 감축(1990년 대비 4% 감축하는 수준
호주	2020년까지 2000년 대비 5-15% 감축. 범세계가 동참할 경우 25% 감축 계획
대만	2025년까지 2000년 수준 복귀
캐나다	2020년까지 2006년 대비 20% 감축
EU	2020년까지 1990년 대비 30% 감축. 범세계가 동참할 경우 30%까지 감축 기후변화종합법에 명시
인도	특정 수준의 감축 의무 강제 수용 불가
중국	선진국의 2020년까지 40% 감축 전제 없이는 중장기 목표 설정 불가. 미국과 각료회담 당시 불가방침 선언
러시아	2020년까지 1990년 대비 10~15% 감축 발표

출처: 녹색성정위원회, 「한화증권 리서치센터」 2009. 9. 5.

러시아의 교토의정서 비준에 따라 신재생에너지원의 개발을 교토의정서상의 유연성체제(Flexibility Mechanism) 혹은 교토메커니즘을 통해 촉진시킬 수 있게 되었다. 이러한 메커니즘은 신재생에너지 기술을 미국이나 유럽으로부터 러시아로 기술을 이전시키는 청구 역할을 할 것으로 간주된다. 2002년 5월 개최되었던 EU과 러시아간의 에너지대화를 위한 정상회담에서는 공동이행제도(Joint Implementation: JI)를 통해 자금조달이 되는 에너지효율과 신재생에너지 프로젝트의 공동추진 가능성을 검토하는 사항이 논의되었다. 신재생에너지 프로젝트들이 JI 메커니즘을 통해 석탄이나 디젤로부터 바이오매스로의 연료전환, 기존 지역난방용 보일러를 대체 또는 보완할 태양열 온수 시스템, 격오지의 디젤방전기를 대체 또는 보완할 풍력 또는 하이브리드 풍력발전 시스템 등에 자금 조달이 가능해졌다. 러시아에서 신재생에너지 프로젝트를 추진함으로써 부속서 II(Annex II) 국가들은 교토의정서 온실가스 저감에 대한 의무부담을 이행할 수 있는 선택의 폭이 넓어졌다. 러시아가 JI를 활용하기를 원하는 경우 JI 프로젝트 시장은 활발하게 프로젝트 추진될 것으로 기대된다. 가장 큰 문제는 제도적 장애 요인이다. 현재 러시아의 행정조직이 미비하다는 점이다. 추진 과정에서 최대 걸림돌은 해외 파트너와 국내 파트너간의 협조의 어려움, 지역 기술 수준의 미숙, 불충분한 지역 인프라 등을 들 수 있다. 많은 프로젝트들이 자금부족과 지역 경제의 지원 미비로 취소되는 사례가 발생하기도 했다. 또 다른 중요한 장애물 중의 하나는 국가경제의 불안정으로 프로젝트의 거래비용(transaction cost)이 너무 높다. 대부분이 협상, 설비수입 및 대금지불의 지연이 주요 요인으로 제기되었다.[29)]

② 신재생에너지 활용 방안

신재생에너지 의무비율 할당제(RPS)는 전력판매업자 또는 발전업자로 하여금 전력판매량이나 발전량 중 일부 또는 일정 비율을 신재생에너지에 의한 발전으로 충당하도록 하는 제도다. 의무비율 할당량을 채우기 위해 자사 스스로 신재생에너지 발전 설비의 설치 또 신재생에너지발전 인증서(RECs)를 시장에서 구입하거나 복수를 택하면 된다. 러시아는 신재생에너지원의 중요성에 대한 인식의 일환으로 몇 가지 중요한 조치를 취했다. 2003년 5월에 채택된 '러시아의 에너지전략'에 따르면 경제적으로 이용 가능한 신재생에너지 부존량은 증가한 것으로 평가되었다. 또 연방프로그램인 '에너지 효율적 경제, 2002-2005와 2010년'이 2001년에 채택되었다. 비전통 신재생에너지원 및 지역에너지에 기반을 둔 효과적인 지역에너지 공급 방안이 포함되었다.[30)] 2003년 5월에 채택된 국가 에너지전략에서 신재생에너지 및 지역에너지 개발을 위한 전략적 목표를 에너지부문의 환경영향을 축소, 격오지의 에너지 공급을 안정화, 수송거리가 먼 지역의 연료 비용절감, 신재생에너지산업 기반 및 시장 전망으로 설정되었다. 주요 선진국의 사례에 비추어 규제정책이 러시아가 국가차원과 지역차원에서 신재생에너지 개발 및 보급을 촉진시킬 수 있는 방안으로 제시되었다.[31)]

러시아의 신재생에너지 부존형태는 태양에너지, 풍력, 지열, 수력, 바이오매스 등 다양하고 잠재량이 풍부하다. 실제로 러시아의 모든 지역에서 적어도 한두 가지 형태의 상업화가 가능한 신재생에너지가 부존되어 있다. 기술적으로 이용 가능한 신재생에너지 부존량은 총 에너지공급의 5배 정도에 달한다. 에너지시장 관점에서 볼 때, 현재 러시아는 신재생에너지 잠재량의 극히 일부분만을 활용되고 있다. 2001년 총에너지공급 중 신재생에너지의 비중은 3.5% 정도이며, 이중 2/3을 수력이, 나머지를 다른 신재생에너지원이 차지했다. 러시아의 에너지믹스를 보면 천연가스가 주종연료로서 총 에너지공급의 52%, 발전부문의 연료투입의 42%를 차지한다. 전력요금과 국내가스가격은 정부의 통제 하에 인위적으로 낮게 책정되었다. 앞으로 국내가스가격이 상승하면 더 많은 신재생에너지원이 경쟁력을 갖추게 될 것으로 예상된다. 러시아의 풍부한 신재생에너지 부존량과 기술력이 합치게 되면 경제적 편익을 증대될 것으로 관측된다.[32)]

V 맺음말

중앙집권적 권위주의의 민주주의를 고수하는 러시아의 관점에서 교토의정서 비준은 국제 환경 보다는 자국의 국익을 위해 경정되었다. 푸틴 전 대통령의 의견이 전적으로 반영되었다. 메드베데프 대통령은 기후변화협약의 이행이나 수행 등의 교토메커니즘을 활용해 주요 외교정책 이슈(WTO 가입 등)와 연계한다. 구소련 붕괴이후 러시아의 온실가스 방출량은 3분의 1 수준으로 줄었다. 그러나 꾸준한 경제성장으로 온실가스 방출량이 늘고 있는 추세다.

교토의정서에 따르면 러시아는 온실가스량을 항상 90년 이하의 수준으로 유지해야 한다. 기후변화협약에서는 지구온난화를 유발하는 온실가스 배출량을 줄이도록 규정하고 있다.[33)] 러시아는 기후변화협약의 내용이 정부의 이해관계와 맞지 않거나 또는 국제사회 자체의 온실가스 절감계획을 세우게 된다면 새로운 국제협약에 가입하지 않겠다고 밝혔다. 러시아는 만약 체결 예정인 UN의 새로운 기후변화협약이 각국의 경제적, 사회적 위치에 걸맞지 않는 책임을 부과하거나 불공정할 때에 체결하지 않겠다는 입장을 밝혔다. 주된 이유는 많은 국가들이 구체적인 방안을 가지고 기후변화에 대응할 준비가 미흡하다는 주장 때문이다. 동시에 향후 '저탄소경제'라는 새로운 경제체제에서의 이해득실이 달라질 수 있어 러시아도 온실가스 배출을 줄이기 위해 노력 중이다.

교토의정서를 비준한 이후 러시아는 배출권거래시장에서 주요 시장 참여자로 등장했다. 1990년대 러시아의 온실가스 배출량은 거의 33%나 저감되었다. 에너지 효율 향상이라기보다는 다분히 경제침체에 따른 것이다. 현재는 1990년 온실가스 배출수준을 유지하고 있으나 경제개발의 가속화에 따라 이 수준을 넘어설 것으로 전문가들은 예상한다. 향후 러시아가 풀어야 할 과제는 자생력을 가진 신재생에너지 산업의 개발에 국제산업과의 기술협력 및 파트너십을 통해 설비제조와 설치 및 유지보수에 대한 실천적 경험을 습득하는 것이 필요하다. 해외사례에 비추어 러시아는 국내 신재생에너지 산업을 지원하기 위해 신재생에너지 기술과 시스템 구축에 대한 재정 및 금융 인센티브 제공(예를 들어, 세금공제, 투자세액공제 등) 방안을 고려해야 한다. 신재생에너지 수입 장비에 대한 관세 면제 또는 경감, 신재생에너지 설비 제조나 설치 및 유지보수와 관련된 조인트벤처 등록절차의 신속간소화 등도 필요할 것이다.[34]

미 주

1) 기후변화협약은 1992년 6월 브라질의 리우환경회의에서 지구온난화에 따른 이상 기후현상을 예방하기 위한 목적으로 채택된 것이다. 지구온난화를 유발하는 온실 가스 배출량을 줄이도록 규정한다.

2) "러시아 환경산업 시장진출을 위한 시장 현황 조사 및 진출 전략 수립 연구보고서",「환경부 보고서」2006, 2006, p.8.

3) UNFCCC에서는 온실가스를 이산화탄소, 메탄, 아산화질소 등의 6개로 분류했다.

4) 지구온난화로 인한 이상기후 등 세계기후변화에 대처하기 위해 각국은 1992년 유엔기후변화협약(UNFCCC)을 맺고 이를 이행하기 위해 교토의정서(Kyoto Protocol)를 만들었다. 1997년 12월 일본 교토에서 열렸던 제3차 유엔기후변화협약 당사국 총회(COP3) 때 채택된 것이다. 2005년 2월 16일부터 발효된 교토 의정서는 산업화를 주도해온 선진국(37개국+EU)에 기후변화의 책임을 부과하는 국제 협약이었다. 2008~2012년 기간에 온실가스 배출량을 1990년 대비 평균 5.2% 감축해야 한다. http://blog.daum.net/jlshan - beseto love world(검색일: 2011. 1. 27).

5) 한국은 교토 당사국 총회에서 ANNEX-Ⅱ 국가로 분류되어 의무감축국에서는 일단 제외되었다. Annex 1 국가에서 동구권국가가 제외된 국가군으로 OECD 24개국과 EC로 구성되어 있으며, 온실가스 감축 노력과 함께 온실가스 감축을 위해 개발도상국에 대한 재정지원 및 기술이전의 의무를 가진다.

6)「중앙일보」2009. 7. 29.

7) 기후변화협약에서 공동 및 차별화원칙에 의해 당사국을 부속서I과 비부속서I 국가로 구분하여 각기 다른 의무를 부담했다. 서명한 모든 국가들은 각국의 온실가스 배출과 흡수현황에 대하여 국가보고서를 작성하고, 온실가스 배출 감축을 위한 정책을 수립 시행할 의무가 있다. 교토의정서에 의하면 부속서I 국가들이 3차 기간으로 나뉘어 온실가스 저감 목표를 설정하도록 했다. 전체 배출량을 2008년부터 2012년까지 1990년 수준의 5.2%감축을 결정했다. 각 국가별 감축목표량을 다르게 부여받았다. http://www.daejeon.go.kr/life/energy/unfccc/unfccc2/index.html(검색일: 2011. 1. 27).

8)「환경부 보고서(2006)」pp.60-61.

9)「환경부 보고서(2006)」p.61.

10)「환경부 보고서(2006)」pp.24-25.

11)「환경부 보고서(2006)」pp.25-26.

12)「환경부 보고서(2006)」p.122.

13) 박영구, "기후변화협약 비준 관련 러시아 내부분석 보고서(I)", 에너지관리공단 기후변화협약대책단, 2004 참조.

14)「환경부 보고서(2006)」pp.53-54.

15) 1986년 4월 말 구소련의 체르노빌에서 원자력 발전소에서 방사능 유출 사고가 났

다. 현재 우크라이나 영토가 되었는데 체르노빌 원전에서 수차례의 화학 폭발이 있었다. 2명이 현장에서 사망했다. 소화 작업에 나섰던 소방원들도 방사능 피해를 보았다. 당시 원자로 주변 30㎞ 이내에 거주하는 주민 9만여 명이 강제 이주되었다. 이후 원자로 작업자와 주민 4,000~8,000명이 목숨을 잃었다. 환경단체들은 직간접 피해자를 3만~6만 명으로 추산했다. 1945년 일본 투하된 원자폭탄보다 수백배나 많은 낙진 때문에 피해자가 수십만에서 수백만 명에 이를 것으로 추정되었다. 「조선일보」 2008. 6. 17.

16) 1999년 제정된 바이칼 호수 보호법은 특별법적 성격을 띤다. 법률로서 세계최대 담수해로서 생태계와 환경문제에 직접적으로 관련이 있는 바이칼 호수의 수질 보호 및 자연보호 관련 법률을 담고 있다. 「환경부 보고서(2006)」 p.54.

17) 「환경부 보고서(2006)」 p.55.

18) 박영구(2004) 참조.

19) 「환경부 보고서(2006)」 p.102.

20) 「환경부 보고서(2006)」 p.103; Gazprom Environment policy, Gazprom Management Committee Decree #45, September 25, 2008.

21) 그밖에 LNG는 석유에 비해 운반비용이 상대적으로 적게 들고, 섭씨 영하 161도로 냉동시키기 때문에 부피가 1/600정도 준다는 점과 액화처리, 운반, 가스로 기화하는 기술이 발달하여 10년 전에 비해 비용이 1/4정도다. 이들 회사들이 LNG투자를 더욱 촉진하는 이유는 국제에너지(IEA)가 향후 2025년 천연가스 공급비율이 현재의 22~23%에서 25%로 확대된다는 전망 때문이다. 더 자세한 논의는 김중구, "초미의 고유가 관리문제와 기후변화협약에 대비한 수소경제로의 에너지정책 기반 구축", 「에너지경제연구원」 2005. 4, pp.28-29 참조.

22) 「조선일보」 2003. 12. 4.

23) 박영구(2004)참조.

24) 「환경부 보고서(2006)」 p.57.

25) 「한화증권 리서치센터 보고서」 2009. 9. 5, p.2.

26) 기후변화협약에 가입한 국가를 당사국(Party)이라고 한다. 최고 의사결정기구인 당사국총회(COP, Conference of the Parties)는 매년 한 번씩 모여 협약의 이행방법 등 주요 사안들을 결정한다. 2009년 9월말 코펜하겐에서 100여 개국의 정상들이 모인 제15차 UN 기후변화협상이 개최되었다. 선진국과 개도국간 대립으로 난항을 겪었다. 최종적으로 코펜하겐합의(Copenhagen Accord)라는 형태로 합의를 도출했다. 이번 합의는 법적 구속력이 없고(not legally binding), 선진국과 개도국간 민감한 주요 쟁점들을 미해결 과제로 남긴 정치적 합의문 수준이었다. http://co2.kemco.or.kr/change/change_03.asp (검색일: 2011. 1. 24).

27) 「뉴욕타임스(NYT)」 2009. 3. 1.

28) 「기후변화 E-newsletter」 환경부, 2009. 6, Vol. 52 참조.

29) 「동북아에너지협력연구 정책 연구보고서」 "동북아 신재생에너지산업 진출 잠재력 분석 연구", 에너지경제연구원, 2005. 6, p.124.

30) Правительство РФ, Концепция энергетической стратегий России на перод до 2030(Проект) (Москва: Изд. ЭНЕРГИЯ, 2007) 참조.

31) 「동북아에너지협력연구 정책 연구보고서(2005)」 p.126.

32) 「동북아에너지협력연구 정책 연구보고서(2005)」 p.88.

33) 온실가스는 사람들의 일상생활에서 발생하고 있는 것으로 대부분이 석유, 석탄 등 화석 에너지 소비에서 발생한다. 온실가스 배출량을 줄이기 위해 에너지 소비를 줄여야 한다. 그러나 에너지 소비는 경제성장을 뒷받침하기 위해 불가피하게 증가할 수밖에 없다. 교토의정서는 온실가스 배출량의 감축에 시장개념을 도입했다. 목표치보다 더 많은 온실가스를 줄인 나라들이 목표에 미달한 나라들에 여분의 온실가스 배출권리를 상품처럼 파는 '국제배출거래권'이다. Yarygin, Grigory, "Environmental Policy of the Russian Federation", Paper presented at the annual meeting of the International Studies Association 48th Annual Convention, Hilton Chicago, CHICAGO, IL, USA, 2007. 2. 28 참조; http://www.allacademic.com/meta/p180602_index.html(검색일: 2009. 4. 28).

34) 「동북아에너지협력연구 정책 연구보고서(2005)」 p.122.

참고문헌

본 장은 "러시아연방의 기후변화협약에 대한 정책과 대응방안에 대한 고찰", 「한국시베리아연구」 제13권 2호, 2009에 실린 논문을 수정 및 보완했음.

「기후변화 E-newsletter」 환경부, 2009. 6, Vol. 52.

「동북아에너지협력연구 정책 연구보고서」 "동북아 신쟁생에너지산업 진출 잠재력 분석 연구", 에너지경제연구원, 2005. 6.

박영구, "기후변화협약 비준관련 러시아 내부분석 보고서(I)", 에너지관리공단 기후변화협약대책단, 2004.

윤영미(2009), "대양별 해양네트워크 현황과 한국의 할용 전략-북극해와 태평양", 글로벌 해양협력 네트워크 추진전략 워크샵, 한국해양수산개발원, 2009. 6. 24.

「환경부 연구보고서」 "러시아 환경산업 시장진출을 위한 시장 현황 조사 및 진출 전략 수립 연구보고서", 환경부, 2006.

「한화증권 리서치센터 보고서」 2009. 9. 5.

Gazprom Environment policy, Gazprom Management Committee Decree #45, September 25, 2008.

EIA from US Energy Information Administration, 2004.

「OECD 환경보호 활동 보고서(2007-2008)」.

Yarygin, Grigory "Environmental Policy of the Russian Federation", Paper presented at the annual meeting of the International Studies Association 48th Annual Convention, Hilton Chicago, CHICAGO, IL, USA, 2007. 2. 28.

Министерство промышленности и торговли РФ, Энергетическая Стратегия России на период до 2020 года(Москва, 2003).

Правительство РФ, Концепция энергетической стратегий России на перод до 2030(Проект)(Москва: Изд. ЭНЕРГИЯ, 2007).

「중앙일보」 2009. 7. 20.

「중앙일보」 2009. 7. 29.

「조선일보」 2003. 12. 4; 2008. 6. 17.

「파이낸셜 뉴스」 2007. 11. 5.
「뉴욕타임스(NYT)」 2009. 3. 01.

http://www.allacademic.com/meta/p180602_index.html(검색일: 2009. 4. 28).
http://www.lib.rusrec.ru/files/ishkov_en.ppt(검색일: 2009. 4. 28).
http://www.oecd.org/document/42/0,3343,en_2649_34291_1875562_1_1_1_1,00.html-26k (검색일: 2009. 4. 29).
http://www.gazprom.ru/documents/Ecology-2008-eng.pdf(검색일: 2009. 4. 30).
http://blog.daum.net/jlshan - beseto love world(검색일: 2011. 1. 27).
http://www.daejeon.go.kr/life/energy/unfccc/unfccc2/index.html(검색일: 2011. 1. 27).
http://co2.kemco.or.kr/change/change_03.asp(검색일: 2011. 1. 24).

Chapter 4

북극해와 지정학적 역학관계의 변화

<m.sisainlive.com/articleView.htm...no%3D757>

I 들어가는 말

20세기 후반부터 세계화는 근대적 영토개념에 새로운 변화를 초래했다. 노동력, 국경을 넘어 상품, 자본의 거래의 자유로운 이동은 국경선에 대한 배타적 통제권에 대한 인식이 줄어들었고 동시에 국경선에 대한 새로운 의미를 부여한다.[1] 탈냉전기 국가 및 민족적 정체성의 중요성을 재인식시키고 영토와 국경선은 민족주의의 상징성으로 중요성이 더 강조되고 있다.[2]

더욱이 안보적 차원에서 해양안보와 해양협력이 더욱 증대되고 있다. 해양은 원유, 원자재 중요 수송로이자 상품의 공급이 지연되거나 봉쇄되는 경우, 국가·지역·세계의 경제와 국가안보 등 모든 영역에 심각한 위협이 될 수 있다. 신해양법 국제체제 하에 자원의 보고인 해양의 개발, 보존 및 환경문제는 개별국가는 물론이고 국제사회의 총체적인 중요한 목표가 된다. 북극지역도 예외가 아니다. 현재 북극해 연안은 주요 당사국은 러시아, 덴마크(그린란드), 노르웨이, 미국, 캐나다 등 5개국으로 구성된다. 이들 국가들을 중심으로 북극 자원 개발의 지경학적 및 이해 당사국들의 영유권 분쟁의 지정학적 중요성이 한층 강화되고 있다.

북극해(Arctic)를 둘러싼 해양안보는 협력보다 갈등의 양상을 띤다. 왜냐하면 북극해 그 자체의 법적 지위가 복잡한 구조와 양상을 지니고 있기 때문이다. 사실상 북극해는 어느 특정국가의 영토가 아니다. 연안 5개 국가들의 북극해를 둘러싼 일련의 영유권 주장은 실질적인 점유나 실효적 지배사실이 없는 상태에서 국제법적 적법성 논란의 대상이다. 또 일부 국가들은 국내법을 통해 자국이 주장하는 북극해에 대한 통제정책을 시행하기도 한다. 무엇보다도 이들 국가들은 각각 소유권을 주장하면서 본격적인 자원개발에 나서고 있지만 인접국가들간 국경협약이 체결되어 있지 않아 자원개발을 둘러싼 갈등 양상은 더 불거질 추세다. 이들 국가들은 각기 경제수역만을 보유하고 있기 때문에 북극해는 관련국가들의 이해가 걸린 분쟁지역으로 확산되고 있다.

북극해도 유엔해양법(UN Convention on the Law of the Sea)에 따라 해역에 대한 개별국가의 주권이 인정되지 않는다. 인접국가들의 200해리 경제수역만 허용된다. 현재 북극에 대한 영유권 주장에 가장 적극적인 나라는 러시아다. 러시아는 북극해와 인접한 가장 긴 해안선을 가지고 있으며 북극해 대륙붕 지역에서 유전과 가스전 개발과 군사 활동도 증가 추세다. 러시아는 2001년 유엔 대륙붕한계위원회(Commission on the Limits of the Continental Shelf, CLCS)에 자국의 200해리에 대한 대륙붕 한계에 대한 관한 문서를 제출했다. 북극해 심해 탐사와 인근 해역에서 훈련을 지속하고 계속해서 북극해 선점에 주력한다. 최근 러시아는 구소련 시대 실시하던 태평양 연안 정찰을 정례화 했고 북극해까지 정찰 영역을 확대했다. 이런 맥락에서 본 장에서는 해양안보 개념에 기초해 북극해의 특수성과 러시아의 북극해 전략의 주요 특성과 이해 당사국들의 대응을 국제적 체제 수준에서 고찰해보고자 한다.

Ⅱ 해양안보 개념과 북극지역의 특수성

① 탈냉전기 해양안보와 북극권 개념

탈냉전기 왜 해양안보가 더욱 중요해 지고 있는가. 해양안보는 도서 영토분쟁이 핵심 사안이 된다. 이런 영유권 분쟁의 주요 원인 중에서 국가생존과 번영에 필요한 공간(Lebensraum) 확보라는 영토개념과, 막대한 에너지자원 부존 가능성, 식량자원으로서의 풍부한 어족자원 등이 포함된다. 육지의 경계에 비해 해양영역은 아직 그 경계가 불명확한 곳이 많다. 인접국가간 경계획정에 대한 이견이 존재하기 때문에 추가로 확보할 수 있는 가능성이 높다. 해양에서의 섬은 육지에서 의미하는 영토와 전혀 다르다. 해양에서 섬은 단순한 섬 1개만을 지칭하는 것이 아니라 그 섬을 중심으로 1982년 제정된 유엔해양법협약에 의하면 12해리 영해와 200해리(370.4㎞)의 수역을 설정할 수 있는 배타적 경제수역(Exclusive Economic Zone, EEZ)과[3] 대륙붕에[4] 대한 권한이 포함되었다. 이에 각 국가들은 해양영토를 경제적, 전략적, 안보적 측면에서 결코 양보할 수 없는 국가이익의 대상으로 인식하게 된다.[5] 1994년 유엔해양법협약의 발효로 인해, 식량 공급원 및 자원보고로서의 해양의 중요성 인식, 해양의 과학적 탐사·개발 기술의 획기적 발전과 이용가능 영역의 확대, 해양환경오염문제 등에 대한 관심의 증대, 해양의 군사적 이용 증대 등 새로운 국제해양체제(new international ocean regime)가 형성된다.[6]

그밖에 해양 선진국이 EEZ 등을 통해 해양자원의 개발과 자원을 선점하기 위해 경쟁을 가속화하는 주요 요인은 지구표면적의 약 71%에 해당하는 약 3억 6천만㎢가 해양이다. 해양은 보통 대양과 부속해로 나누고 부속해는 다시 대·소·지중해와 연해로 구분되며 그밖에 만과 해협 등도 포함된다.[7] 또 해양에 지구 전체의 30%의 석유와 25%의 천연가스가 매장되어 있는 것으로 추정되기 때문이다. 대부분 해양 에너지 자원이 'EEZ 또는 대륙붕'에 매장되어 있거나 개발되고 있다.[8] 이렇게 해양영토는 해양자원과 중요한 연관을 가진다. 특히 해양안보와 밀접한 영해를 규정하는 경계선은 자국 방어 외에 해양개발 및 해양주권 등 국익 차원에서 중요해지고 있다.

해양안보는 영토 중에서도 해양영토와 관련된 국민의 생명, 재산을 지키는 국가적 활동으로 정의된다. 영해는 밖으로 EEZ과 공해로 연결되어 있어서 육상영토와 다른 특성을 갖고 있다. 육상 영토상의 '국경선'은 그 바깥이 다른 국가의 주권 지배지역으로 닫혀 있지만, 해상 영토는 그 바깥으로 '통항과 자원개발'의 기회가 열려 있는 무한의 공간이 펼쳐진다. 해양영토의 이와 같은 특성은 해양안보의 성격에 중요한 영향을 미친다. 해양안보의 가장 중요한 특성은 영해를 규정하는 경계선의 방어 뿐 아니라 경계선 밖에서의 항해의 안전과 해양개발 이익의 보호가 중요한 가치를 지닐 수밖에 없다.[9] 한 국가는 해상 국경선 밖에서 활동을 통해 국민들의 생명과 재산권 보호를 위해서 군비확충과 동맹 등 군사적 수단 뿐 아니라 유엔해양법협약과 같은 국제 해양레짐을[10] 이용하게 된다.

최근 북극권 국가들은 더 많은 자원을 확보하고 영향력을 행사하기 위해 영유권과 해양관할권 분쟁 중이다. 북극은 이들 국가뿐만 아니라 국제사회에서 자원, 해양과학 기술과 기후, 환경, 해양자원, 해운 등 전략적으로 중요한 지역으로 부상했다.[11] 북극해는 북위 66° 33′ 이북지역으로 유라시아 대륙과 북미대륙, 그린란드 등 육지가 그 주변을 둘러싸고 있다. 북극전체 면적의 70%가 대륙붕으로 대륙 45,389km, 지구표면의 약 8%, 지구 육지면적의 약 15%, 전체 바다면적의 약 5%를 차지하는 긴 해안선으로 형성된 지역이다. 북극권 육지면적의 40% 이상과 북극권 해안선의 거의 절반이 러시아의 관할권 내에 속한다. 따라서 대륙붕개발 관련 북극권 인접 국가들이 유리한 조건을 부여받고 있다. 북극수역은 공해와 북극권 국가의 영해 및 배타적 경제수역으로 구분된다. 북극해 영유권 분쟁이 활발하게 제기되는 주요 요인은 지구온난화로 빙하가 녹으면서 북극해 해저에 묻힌 막대한 자원 개발 가능성 제기된다. 또 그에 따른 석유개발권과 북극 항해 일수가 증대하는 등 북극 통항로 관할권이라는 이권을 둘러싼 관련국간 갈

등에 기인한다.12)

해역에 대한 개별국가의 주권은 인정되지 않고 인접국가들의 200해리 경계수역만 허용된다. 현재 북극지역을 둘러싼 경계선은 해양영토에 대한 지배권의 변화를 초래하며 해양협력보다 이해 당사국들 간의 갈등을 야기한다. 유엔해양법의 발효와 해양영토의 속성이 갖는 특수지위와 에너지자원 매장과 그 가능성 때문에 각국은 인접국가들간 갈등과 대립을 유발한다. 독일의 북극 전문 기자 크리스토프 자이들러(Christoph Seidler)는 『북극해 쟁탈전』에서 오랫동안 강대국들이 큰 관심을 두지 않았기 때문에 주인이 없었지만, 북극해가 최근 들어 지구에 마지막 남은 '식민지 각축장'으로 떠오르고 있다고 말한다.13) 그는 기후온난화에 따른 북극해 빙하가 급격히 녹으면서 북극해양 일수가 증대하고 자원 개발 및 확보는 물론이고 북극영토 확대에 따른 영유권 갈등이 심화되고 있음을 강조했다.

우선 북극해 자원 현황 및 개발을 살펴보면 다음과 같다. 알래스카 북구사면, 그린란드 동쪽 연안, 러시아의 시베리아, 바렌츠연안, 노르웨이 스발바드르 섬 등에 석유 및 가스가 대규모 매장된 것으로 밝혀졌다. 2008년 미국지질조사국(USGS)에 의하면, 북극해는 미발견된 자원의 보고로서 전 세계 천연가스(gas) 매장량의 30%(440억 배럴), 전 세계 미발견 석유(oil)의 13%(990억 배럴)가 북극해에 매장되어 있다고 한다.14) 북극해는 그밖에 광대한 타이가와 툰드라가 있고, 현재는 해저가 된 대륙붕에는 금, 은, 동, 철, 아연, 주석, 니켈, 다이아몬드 같은 광물자원과 석탄, 석유, 천연가스 같은 에너지자원이 매장되어 있다.15) 또 북부 그린란드는 아직 채굴되지 않은 가장 많은 양의 석유와 가스가 매장된 지역이다. 북극지역의 자원개발 현황을 살펴보면, 이들 자원의 약 84%가 먼 바다 지역(offshore area)에 있고, 북극권에 있는 자원 중 이미 석유와 가스 개발이 진행되고 있다. 캐나다, 러시아, 미국의 알라스카 유전은 400여개 이상 해안(onshore)에 인접해 있고 이들 유전의 석유와 가스 매장량은 2,400억 배럴로 전 세계 매장량의 10%에 달한다.16)

현재 얼음이 녹으면서 시추작업도 활발해지고 있다. 러시아는 이미 바렌츠해(Barents Sea)에서 세계에서 가장 거대한 연안가스 시추작업을 진행하고 있다.[17] 얼음이 더 녹는다면 원유와 천연가스의 매장량은 증가될 것이다.[18] 만년빙과 영하 40도의 혹한으로 석유채굴 단가는 멕시코만의 5배나 높지만 지구온난화의 급증으로 접근이 훨씬 수월해지고 있다. 북극해의 얼음 면적은 1979년 이후 2000년까지 약 39%가 감소했다.[19] 지난 50년간 북극해는 다른 지역보다 훨씬 높은 3~4℃의 기온 상승이 관찰되었다. 향후 100년간 6~7℃ 정도의 추가 기온상승이 예상되고 있다. 기온 상승에 따른 북극해 해빙면적의 감소 속도로 인해 이론적 기후모델을 이용한 추정치보다 훨씬 빠르게 나타나고 있다. 1953년부터 2007년까지 여름철 북극해 해빙면적은 10년에 7.8%씩 감소해 기후모델을 이용한 추정치보다 3배나 빠른 속도로 감소하고 있다.[20]

2 북극해 분쟁의 주요 양상

북극해에서 가장 긴 해안선을 가진 러시아가 해양영토를 확보하고 주변 해역에 자원 확보와 실질적인 지배를 강화하는 과정에서 주변 인접국가들과 북극해 해양 영유권 분쟁을 촉발하는 '직접적인' 계기가 된다. 해양분쟁은 이처럼 해양과 관련해 발생하는 분쟁으로 주로 해양영토분쟁이 대부분을 차지한다. 해양은 그 기능과 연안으로부터의 거리를 기준으로 내해(internal water), 영해(territorial sea), 접속수역(contiguous zone), 대륙붕(continental shelf), 경제수역(economic zone), 공해(open 또는 high sea), 심해저(deep seabed) 등 수 개의 구역으로 나눠진다.[21] 이들 해역에 대한 이용과 연안국 관할권의 내용, 경계구분 등은 국제사회의 중요한 외교문제 영역 중의 하나다.

일반적으로 분쟁의 개념은 '양립될 수 없는 이해관계에 대해 어느 한 집단(종족·인종적, 종교적, 정치적, 사회경제적 등)과 다른 집단들간의 상호 대립상태'라고 정의된다. '양립될 수 없는 이해관계(incomparable goals)에 대해 코오저(Lewis A. Coser)는 구체적으로 '상대방의 기득권상실을 초래하는 것들로서 부족한 자원, 현상, 세력, 가치 등을 둘러싼 주장 또는 대립'[22]으로 규정했다. 그 대표적인 유형이 바로 영토분쟁이다.[23] 영토분쟁은 '내륙 영토분쟁'과 '해양 영토분쟁'으로 분류된다. 각각은 다시 영유권분쟁'(territorial dispute)과 '국경경계분쟁'(boundary or border dispute)으로 구분된다. 영유권분쟁은 영토의 귀속과 배분에 관한 정치적 결정을 둘러싼 분쟁을 말한다. '국경경계분쟁'은 정치적 결정이 이루어진 국경지역의 경계선 획정을 둘러싼 분쟁을 의미한다.[24] 해양영토분쟁의 경우는 각각 '도서영유권분쟁'과 '해양경계획정분쟁'으로 분류된다.[25]

북극해의 영유권 분쟁의 시작은 1909년으로 분석된다. 당시 1909년 미해군 페리(Peary) 제독이 북극해에 미국 국기를 게양한 것을 계기로, 미국을 포함해 구소련, 노르웨이, 덴마크, 캐나다 등의 국가들은 자국영토의 북방연장선에서 북극해까지 자국 주권에 속한다는 영유권을 주장했다. 특히 1916년 러시아는 처음으로 시베리아 육지영토의 연장을 근거로 북극해에 대한 자국의 권익을 주장했다. 그 후 2차 세계대전 이후 냉전기간 동안 시베리아를 포함한 북극권은 군사적 이유로 전혀 개방되지 않았다. 1987년 10월 구소련 대통령 고르바초프의 '무르만스크 선언'으로 북극권의 개방과 북극 평화지역의 설립이 제안되었다. 무르만스크 선언의 주요 내용은 북극의 비핵지대화, 군함의 활동 제안, 자원이용의 평화적 협력, 과학조사와 환경보호의 공동 노력, 북극항로의 개발 등이 포함된다.[26] 구소련 붕괴이후 1997년 러시아는 북극해를 포함해 해양경계 및 관할권 문제에 관련된 법적 장치를 보완했다. 1997년 해양 국경을 연안지대로부터 200해리로 제한하는 'UN해양법안'을 비준했다. 이는 러시아가 UN해양법협약을 준수하면서 자국의 해양관련 법률 및 해양정책을 구체화하겠다는 것임을 의미한다.[27] 메드베데프 대통령은 더 적극적인 무력적인 도서 점령, 해양탐사활동실시, 새로운 북극관련 해양법 제정, 북극군 창설 등의 행동을 통해서 지속적인 해양분쟁을 야기하고 있다.

현재 당사국들간 북극 해역에서 해양영유권을 확대하기 위해 주요 갈등 양상은 <표 1>과 같다. 러시아 중심의 영유권 분쟁의 핵심이 되고 있는 북극점의 해저를 통과하는 로모노소프(Lomonosov)해령에는 100억 톤의 천연가스와 석유, 은, 구리, 다이아몬드 등이 매장되어 있는 것으로 추정되고 있다. 러시아의 영유권 주장으로 캐나다, 덴마크 3개국은 북극점에 대한 영유권을 차지하기 위해 치열한 경쟁을 하고 있다. 동 지역에 대한 해양탐사와 실효적 지배를 강화하기 위한 일련의 공세적인 조치로 인해 주변국의 반발을 초래하고 있으며 새로운 긴장감이 조성되고 있다.[28]

〈표 1〉 북극해 영유권 분쟁지역과 현황

갈등 유형	분쟁 당사국	주요 내용
대륙붕 연장	러시아, 캐나다, 덴마크	• 로모노소프 해령(Lomonosov Ridge)을 놓고 관련국들의 갈등 양상을 보이고 있음. • 러시아는 로모노소프 해령이 시베리아 반도와 자연적으로 연결되어 있음을 주장함. • 캐나다는 엘스미어 섬(Ellesmere Island)의 대륙붕이 로모노소프 해령와 연결되어 있음을 주장함. • 덴마크는 로모노소프 해령이 그린란드의 자연적 연장이라고 주장함.
자원 개발	러시아, 노르웨이	• 노르웨이와 북극해 사이 바렌츠(Barents)해에 위치한 스발바르(Svalbard)군도의 수산 및 광물자원 관할 분쟁.
	미국, 캐나다	• 캐나다 군도수역 서쪽, 알래스카주 북쪽연안에 위치한 보퍼트 해(Beaufort)에 상당량의 석유가 매장되어 있음. 양국이 이 해역에 석유개발권을 보유하고 있음.
도서 영유권	캐나다, 덴마크	• 덴마크령 그린란드와 캐나다 북동부 엘스미어 섬 사이의 나레스 해협(Nares Strait)에 위치한 한스섬(Hans Islands)이 양국의 영유권에 속한다고 주장함.

러시아, 노르웨이, 캐나다 등 인접 국가들은 북극항로를 100여 년 전부터 화물수송을 위한 해상항로로 이용해왔다. 그러나 북극항로의 경제성과 안전성, 다른 대체항로와 운송모드가 부족해 제한적으로 운항되었다. 현재는 북극해 자원 개발과 관광을 목적으로 선박운항이 증가하고 있다.[29] 선박운항의 주요 북극항로는 캐나다 북부해역을 따라 대서양-태평양으로 연결되

는 북서항로(Northwest Passage)와 러시아 북측 연안항로인 북동항로(Northeast Passage 또는 Northern Sea Route: NSR)인 시베리아 북부 해안을 따라 대서양-태평양을 연결하는 항로로 구분된다.[30] 기타 쇄빙선을 이용한 항로가 그린란드 섬 연안과 노르웨이 북측 연안에서 북극 방향으로 형성되어 있다.

③ 북극항로의 특성과 과제

최근 기후변화로 인해 캐나다의 군도 수역을 통과하는 북서항로와 시베리아연안을 통과하는 북동항로는 기본 항로보다 40% 정도 항해거리를 단축하게 되었다. 북극점을 통과하는 직선항로가 개설될 경우 항로 일수는 더욱 감축 될 것이다. 북극해 해빙으로 국제항로로서의 기능도 발휘할 수 있어 유럽과 아시아의 해상교통로 단축에도 상당한 기여를 할 수 있다<그림 1 참조>.[31]

〈그림 1〉 북극과 북극항로

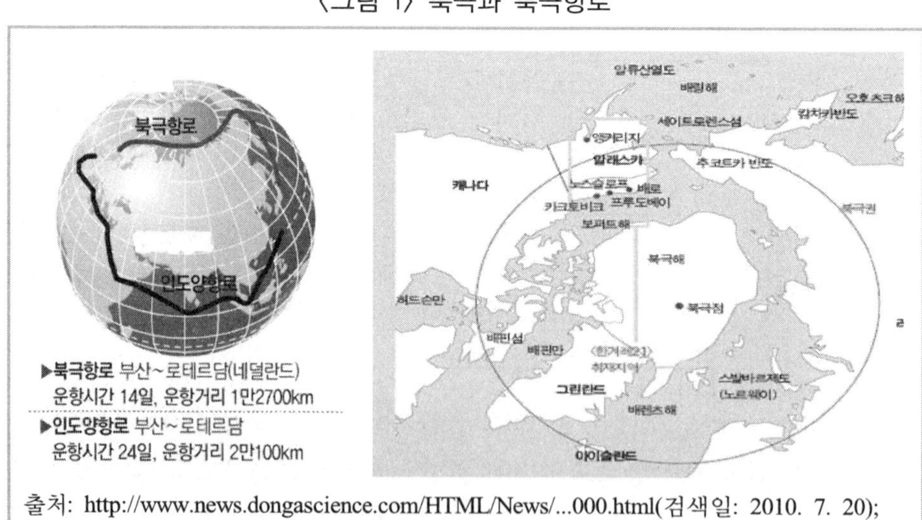

출처: http://www.news.dongascience.com/HTML/News/...000.html(검색일: 2010. 7. 20); http://www.h21.hani.co.kr/section-021003000...013.html(검색일: 2010. 8. 3).

그러나 자유로운 항해가 가능하기 위해 선결 과제가 있다. 캐나다는 외국선박이 내수에서 국제법상 항해권을 갖지 않기 때문에 캐나다법에 따라 북서항해를 규제한다. 그 근거로 캐나다는 외국선박의 항해를 제한했다. 또 다른 근거로 유엔해양법협약 제234조 4를 들고 있다. 이 조항은 연안국이 배타적경제수역내의 결빙해역(ice-covered area)에서 선박기인 오염을 막기 위해 비차별적법규를 제정 집행할 권리를 인정한다. 캐나다는 유엔해양법협약 협상 당시 이 조항을 제안하였고 채택하는데 결정적인 역할을 하였다. 캐나다는 1986년 1월부터 북서항로에 위치한 해협에 내수제도를 도입하고 이 수역을 통과하는 외국 선박이 캐나다 법을 준수하는 조건 하에 항해를 할 수 있도록 허용한다. 캐나다의 입장과 달리 미국은 이수역 에 위치한 데이비스(Davis)해협이 국제해협이라고 간주한다. 따라서 외국선박이 국제법상 통과통행권을 누릴 수 있다고 주장한다.[32] 캐나다는 2007년 대서양과 태평양을 연계하는 북서항로가 무해통항권이 인정되는 국제항로나 해협이 아니라 자국 내해를 통과하는 항로라고 주장해 주변국 미국과 갈등을 야기한다.[33]

북동항로(NSR)는 러시아 시베리아연안의 북쪽 해안을 거쳐 북극해 연안을 따라 서쪽의 무르만스크(Murmansk)에서 동쪽의 베링해를 연결하는 약 2,200-2,900 마일의 해상수송로다. 8월과 9월 중에 얼음이 녹아 화물선이나 크루즈 선박의 운항이 가능하다. 러시아는 2차 세계대전 이전부터 북동항로를 이용했지만 냉전시절 군사안보 차원에서 항로개방 전면금지했다. 러시아는 냉전기간 중 북동항로를 군사용 화물수송이나 군함 이동에 이용했다. 1987년 10월 고르바초프 상업용 항로로 개방하고 있다. 러시아는 어떠한 외국선박도 비차별적기초위에 북동항로를 항해할 수 있다는 입장이지만 1990년 채택된 '북극해항로의 해로 항해에 관한규칙(Regulations for Navigation on the Seaways of the Northern Sea Route)'에 따라 외국선박의 항해를 규제한다.[34] 1991년 9월부터 시행된 북극해 항로 운항규칙은 북극해 항로의 러시아의 기본적인 법제의 근거로 작용, 배타적 경제수역 내 및 그 외측 공해에서의 운항을 규정했다<표 2 참조>.[35]

〈표 2〉 러시아의 북극 항로 정책

연도	주요 내용
1983	• 직선기선에 의한 북극수역의 경계에 관한 법령을 제정했음.
1984	• 기선을 설정(북극수역 포함)하는 내각령 발표했다. 기선에 둘러싸인 북동항로 경유해협이 내수(Internal Water)라고 선언했다. 동 항로에 대해 자국의 연안 관할권이 미치는 것으로 간주하여 타국 통항을 제한했음.
1987	• 미하일 고르바초프 서기장 개혁개방정책 추진으로 무르만스크에서 북동항로에 대한 개방(Murmansk Initiatives) 선언 후 북동항로는 국제수송로로서 개발 가능성 제기되었음.
1990	• 북극해 항로운항 규칙 마련했음.
1991. 7	• 북극해 항로위원회 설치, 외국선박의 동 항로 사용에 따른 허가절치 및 기타 규제조항을 신설했다. 국제항로로서 북극해 항로 이용 촉진 위원회 항로 관련 국가기관 공동연구(INSROP) 착수했음.

출처: 황진회(a), “북극해 변화에 따른 과제와 대응전략”, KMI 국제세미나 발표논문, 2009. 6. 23, p.155; 윤영미, “러시아의 북극지역에 대한 해양안보 전략: 북극해 개발과 한-러 해양협력을 중심으로”, 「동서연구」 제 21권 2호, 2009, p.64 재정리함.

북서항로와 북동항로는 현재 선박들의 항해가 그 다지 많지 않은 편이다. 북서항로의 경우 연중 20~30회 정도이고 북동항로는 그 보다 적은 항해가 이루어지고 있다. 북서항로는 북극권에서 북쪽으로 800km 북극해에서 1,930km 정도 떨어져 있다. 캐나다의 북극해 섬들 사이로 이어지는 깊은 수로들로 이루어진 동서길이는 1,450km에 달한다. 이 항로는 북극해를 가로질러 아시아에서 유럽으로 연결되는 최단항로다. 세계 곳곳의 항구에 석유 및 가스, 중금속들의 물품을 수송하는 해상수송로다. 밴쿠버에서 로테르담까지의 거리는 14,000 마일에서 7,500 마일로 줄여든다.[36] 아직 이들 항로에 위치한 해협들을 국제해협으로 인정하기 어렵다. 우드 맥킨지 보고서는 현재와 같은 속도로 지구 온난화가 진행될 경우 금세기말 북극해의 항해 가능일수가 현재의 20~30일에서 120일로 늘어날 것으로 추정했다. 러시아로서는 ‘부동항’을 확보할 수 있기 때문에 북극해가 해빙되면 석유 외에도 태평양과 대서양을 직결하는 북동항로라는 또 하나의 항로를 얻게 된다. 북극해가 연결되면 한국, 일본 등 극동지역에서 출항하는 상선은 태평양 외에 북동 및 북서 항로를 거쳐 바로 북유럽으로 항해할 수 있게 된다. 기존 항로에 비해 1/3 가량 항해 일수를 줄일 수 있다. 결국 선박의 잦은 이용으로 이들 항로의 국제성이 확보될 때 국제해협으로서의 지위가 인정되고 통과통행권도 보장될 수 있을 것으로 본다.[37)]

이처럼 러시아는 해양안보를 통해 영해에서의 영토주권 뿐만 아니라 EEZ와 공해에서의 자국민의 생명과 재산 보호까지 지키고자 한다. 이런 해양안보를 달성하기 위한 정책수단으로는 대통령령, 군사력 동원, 해양탐사, 주변국들과의 외교적 협상력 등을 동원하며 유엔해양법협약과 북극위원회와 같은 국제레짐 참여 등이 중요한 정책고려 대상이 된다. 러시아의 북극해에 대한 해양안보는 군사력과 같은 전통적 안보 정책과 주변국들과의 신뢰구축 조치와 국제레짐 등 협력안보적 정책수단들이 중요하게 간주된다.

Ⅲ 러시아의 북극지역에 대한 국가전략과 대응

1 국가수준의 대응: 국제적 레짐

배타적 경제수역 경계획정은 영유권 분쟁과 관련해 복잡한 양상을 보인다. 이런 유사한 사례가 북극해의 해양관할권 문제와 대륙붕 연장에도 문제가 제기된다. 앞서 살펴본 대로 '유엔해양법협약'은[38)] 자국 연안으로부터 200해리를 EEZ로 정해 동 수역 내 자원에 대한 주권적 권리를 인정해주고 있다. 또 자국의 대륙붕과 연결돼 있다는 사실을 증명할 수 있을 경우, 최대 '350해리'까지 석유나 가스, 기타 광물을 채취할 수 있도록 한다. 그러나 EEZ 이상의 대륙붕에 대한 관할권을 인정받기 위해 유엔 대륙붕한계위원회(CLCS)에 이를 뒷받침할 수 있는 근거자료를 제출해야 한다. 러시아가 북극해 대륙붕 확장을 위해 가장 적극적이다. 유엔해양법에 따르면 북극해에서는 개별 국가 주권이 인정되지 않고 인접국 5개국인 러시아, 미국, 캐나다, 노르웨이, 덴마크에 200해리의 EEZ만을 인정하고 있다. 다만 대륙붕이 뻗어 있을 경우 예외적으로 수역 확장을 허용한다.

이와 관련 북극해 영유권을 놓고 캐나다, 미국, 러시아, 덴마크, 노르웨이가 분쟁을 벌이고 있다. 영유권 분쟁의 초점은 여러 개의 섬이 모여 있는 북극해의 해저산맥 지역인 로모노소프 해령에 초점이 모아진다. 로모노소프 해령(해저산맥)[39]에 대해 러시아가 먼저 영유권을 주장했다. 현재 덴마크가 자국령인 그린란드의 연장선상에 있다면서 영유권을 주장하고 있다. 캐나다 역시 엘스미어섬을 포함해 동 지역의 일부가 자국령이라고 주장하고 있기 때문에 갈등의 소지가 내재한다<그림 2 참조>.

〈그림 2〉 북극해의 주요 분쟁지역

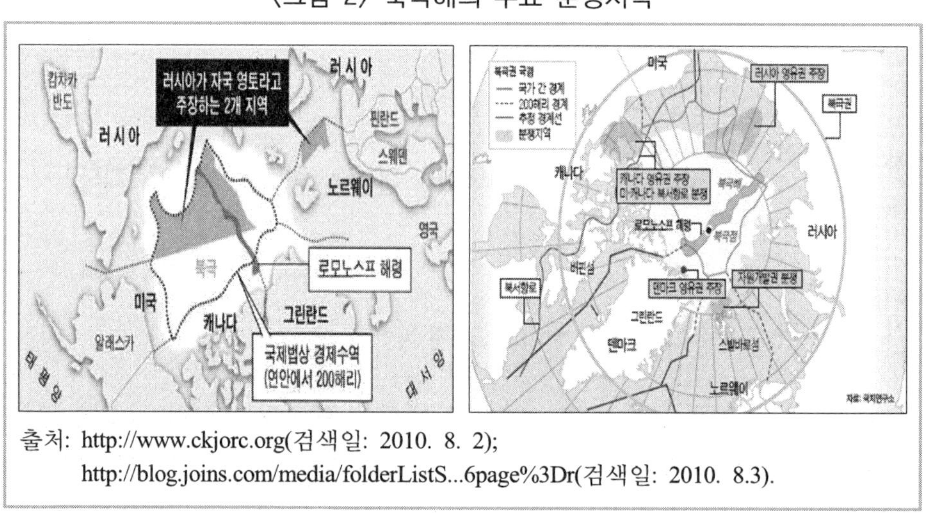

출처: http://www.ckjorc.org(검색일: 2010. 8. 2);
http://blog.joins.com/media/folderListS...6page%3Dr(검색일: 2010. 8.3).

이에 러시아는 UN해양법협약 제76조 8항에 근거해 2001년 12월 태평양과 북극해로 해저영토를 넓히기 위해 관련 자료를 처음으로 유엔대륙붕한계위원회에 제출했다. 러시아는 3개 지역 즉 바렌츠해(The Barents Sea), 베링해(Bering Sea), 오호츠크해(The Sea of Okhotsk) 및 북극점(The Central Arctic Ocean) 지역에 대한 자국 200해리를 주장하는 문서를 제출하였다.[40]

이 문서에는 로모노소프 해령에 대한 자국의 영유권을 허용해 달라는 요청도 포함되었다. 만약 러시아가 원하는 대로 로모노소프 해령(해저 산맥)이 동시베리아 추코카 반도와 대륙붕으로 연결되어 있다면 120만㎢, 유럽 면적만큼 EEZ를 늘리고 막대한 천연가스와 석유 등의 자원을 확보할 수 있게 된다. 유엔해양법조약에 의하면 대륙에서 뻗어나간 해저 대륙붕 역시 영토로 인정된다.[41] 러시아는 100여명의 과학자를 동원해 북극해의 약 1995km에 달하는 로모노소프 해령이 러시아와 연결된 것임을 입증에 주력했다. 러시아는 로모노소프 해령이 시베리아와 해저 대륙붕을 통해 연결돼 있어 러시아 영토라는 주장을 했지만 대륙붕한계설정문서는 과학적 증거 부족으로 반려되었다. 동 위원회는 2002년 6월(CLCS/34) 과학적 근거가 약하다는 이유로 승인을 허용하지 않는 권고를 내렸다<표 3 참조>.[42]

〈표 3〉 유엔대륙붕한계위원회(CLCS)의 권고 내용

대상 지역	권고 내용
바렌츠해 및 베링해 (The Barents and Bering Seas)	• 바렌츠해(Barents Sea)에서의 노르웨이와, 베링해(Bering Sea)에서의 미국과의 해양경계획정 합의에 따라 200해리 이원까지 확장하는 러시아 대륙붕 외측한계 좌표 및 해도를 위원회에 제출할 것을 권고했음.
오호츠크해(The Sea of Okhotsk)	• 동 해역 북쪽의 확장된 대륙붕에 관한 상세 자료를 제출하고 동 제출이 타국과의 경계획정 문제를 침해해서는 아니 되며 대륙붕한계위원회 의사규칙 제1부속서 제4항에 따라 일본과의 합의에 최선의 노력을 다해 줄 것 등을 권고했다. The Central Arctic Ocean 지역의 경우, 이 지역의 확장된 대륙붕에 관하여 수정안을 제출하도록 권고했음.

출처: http://www.un.org/Depts/los/clcs_new/submissions_files/submission_rus.htm(검색일: 2010. 8. 20).

2 국가수준의 대응: 군사적 방안

러시아가 대륙붕한계위원회 신청했던 대륙붕 외측한계 설정 요청 실패 이후 대통령 직속기구인 '국가안보회의'를 주도하고 있는 니콜라이 파트루

셰프는 러시아 국기를 꽂기 위해 북극을 방문했다. 그는 북극에서 러시아의 국익을 위해 2004년 '특별북극이사회'를 창설했다. 2007년 8월 2일 크렘린이 북극 특별대표로 임명한 아르투르 칠링가로프는 러시아 북극 원정대를 이끌고 심해 탐사 '미르(Mir·세계)호' 1, 2호 소형잠수정을 이용 수심 4261m와 4302m에 티타늄으로 만든 러시아 국기를 꽂았다.[43)]

러시아의 북극해 탐사와 국기를 해저에 꽂는 의도는 자원확보와 영유권 분쟁에서 선점하기 위한 것이다. 즉 200해리 이원으로의 관할권 확대를 통한 북극해 지배와 해당 지역의 자원 확보를 목표로 한 것이었다. 동 지역에 매장된 석유와 천연가스의 소유권을 미리 공인받겠다는 것이다. 북위 90도 지점인 북극점을 중심으로 총면적 2500만~3000만㎢에 이르는 북극해 지역은 지구 육지 전체 매장량의 약 1/4에 해당하는 석유와 가스가 매장돼 있는 것으로 추정된다. 그 밖에 100억 톤의 천연가스와 석유, 은과 구리, 다이아몬드, 아연이 매장되어 있다. 북극해 자원확보를 '선점 공세' 이외에 유엔 대륙붕한계 위원회 문건 보충을 위한 과학적 증거자료 수집의 일환으로 해석된다. 북위 88도의 로모노소프 해령 인근에 대한 심해과학조사는 러시아 동시베리아 추코트카 반도와 대륙붕으로 연계되어 있다는 증거를 찾아 120만㎢에 이르는 지역의 영토 편입을 위한 조치로 간주된다.[44)]

이런 일련의 러시아의 정책은 국제법적으로 어떤 법적 효력은 없다. 그러나 러시아의 북극해 탐사의 성공은 기술적 측면과 북극해의 영유권 분쟁을 본격화 할 수 있다는 점에서 많은 상징적 의미를 갖는다. 주변국들의 비난과 경고가 잇따라서 러시아에 정치적 부담으로 작용했다는 분석이다. 만일 특정 국가가 북극해에 장기 주둔 함대와 같은 기지를 설립한다면, 북극해 해상교통과 자원 선점의 가능성 확대에 영향을 주기에 충분한 조건을 만든 셈이다.[45)]

러시아의 공세적인 북극 진출은 계속되고 있다. 메드베데프 러시아 대통령은 북극지역에 대한 전략적 측면에서의 정책 검토를 완료함으로써 기득권을 강화하기 시작했다.[46)] 2008년 5월 덴마크령 그린란드에서 개최된 5개국 회의에서도 "역내 경제적 기회와 환경 보전을 위해 협력한다"는 공동

선언을 이끌어냈다. 러시아는 4개월 뒤 북극 국경방위군 필요성을 언급한 안보전략을 추인했다. 2008년 9월 러시아 정부와 의회의 고위각료가 참여하는 대통령 직속기구인 국가안보회의에서 북극지역을 러시아 국경에 관한 법률을 수립할 것에 서명했다. 메드베데프 대통령은 동 지역을 러시아의 자원기지로 전환시키며, 북극지역의 남부에 러시아 국경을 획정하기 위해 북극에서 러시아의 국익을 보장받을 것이라고 강조했다. 북극항로의 현대화 작업에 대한 중요성도 강조했다.47)

〈표 4〉 러시아의 단계별 북극해 영유권 대응방안

단계	단계별 대응방안
1단계(2008~2010)	• 광범위한 지질·지리적 탐사와 연구를 통해 북극해의 로모노소프 해령 등 여러 해역을 러시아 영토로 인정받기 위한 법적 토대 마련에 주력함.
2단계(2011~2015)	• 북극지역의 영토 경계를 국제법적으로 확정함.
3단계(2016~2020)	• 러시아의 주요한 전략적 자원 기지화를 꾀하며 북극의 국경을 획정하고 자국 군대를 주둔시키겠다는 계획임.

출처: 「중앙일보」 2009. 4. 3; Woo, Pyung Kyun, "Russian Expansionism in the Arctic Ocean", KMI 국제세미나 발표논문, 서울, 2009. 11. pp.17-19; 윤영미(2009a), p.64 재정리함.

국가안보회의는 2009년 3월 말 '2020년까지 북극에서의 러시아 국가정책 원칙'이란 북극전략 보고서를 발표했다. 메드베데프는 북극해를 국가안보와 직결된 주요 사안으로 자국의 '북극 주권 확보'를 강조했다. 그는 보고서에서, "어떠한 정치·군사적 조건에서도 군사안보를 보장해 줄 특수부대를 창설해 북극지역에 배치해야 한다"는 것을 명시했다. 북극 보호 임무를 띤 특수부대를 창설을 처음으로 제안했다. 북극지역에 군사기지를 설치하자는 주장도 있었다. 구소련 국가보안위원회(KGB)의 후신으로 국경 수비를 책임지는 연방보안국(FSB)이 북극해 지역을 통제할 것을 제안했다. 아울러 북극해 주권 확보를 위한 단계별 전략도 제시했다<표 4 참조>. 따라서 2020년까지 북극해 지역을 러시아의 최우선적인 '전략적 자원기지'로 만들기 위해 2011년까지 지질 조사를 통해 북극 자원에 대한 영유권을 확정하겠다는 것을 의미했다.48)

2010년 7월 말 러시아가 수십 년 만에 처음으로 사상 최대 규모 북극해 탐사활동을 벌일 계획을 발표했다. 50명의 전문가로 구성된 러시아 탐사단이 향후 3개월 동안 과학탐사선 '아카데미크 표도로프'호를 타고 북극해에서 자료를 수집했다. 또 약 650만 달러의 비용이 들 것으로 예상되는 탐사활동을 통해 북극해 해저가 러시아 영토의 자연적인 연장임을 입증할 계획이다. 러시아는 로마노소프 해저산맥이 지질학상으로 유라시아 대륙의 연속선상에 있다는 증거를 찾았음을 강조했다. 탐사활동으로 수집된 자료는 러시아의 북극해 영유권을 주장하는 유엔 청원서 작성의 토대가 될 것으로 분석된다.[49] 2001년 러시아의 유엔대륙봉한계위원회(CLCS)에 제출한 영유권 주장은 자료 부족으로 보충 요구를 받고 반려되었기 때문에 충분한 자료를 수집 및 정리해서 2013년에 UN에 재제출할 준비를 하고 있다. 러시아에서는 덴마크, 노르웨이, 캐나다, 아이슬란드, 스웨덴, 핀란드 등과의 논쟁에 적극적으로 대비하고 있다.[50]

Ⅳ 국제체제 수준의 대응: 연안국들의 대응방안

현재 북극해에 인접한 국가들 간에 국경 협약이 체결되지 않아 자원개발을 둘러싼 분쟁이 확대될 가능성도 제기된다.[51] 캐나다, 덴마크, 일본, 노르웨이, 미국 등의 관련 국가들의 반대의견 제시가 결정적 역할을 했다. 이중 노르웨이, 캐나다, 덴마크, 미국이 제기한 반대의견은 북극해에서의 러시아 주장에 대한 것이었다. 노르웨이는 대륙붕한계위원회 절차규칙 제1 부속서 5조(a)에 근거하여 러시아가 주장한 북극해 동쪽 한계에 대해 현재 러시아와 분쟁이 해결되지 않은 상태에 있다. 덴마크는 그린란드로 인한 200해리 이원 대륙붕 주장의 경합 가능성을 이유로 반론을 제기하였다.[52]

미국과 캐나다는 2009년 8월 7일부터 9월 17일까지 약 41일간 미 알래스카북부 및 캐나다 동쪽수역에서 공동으로 탐사를 수행하였다. 본 탐사는 양국간 탐사자료를 공유하여 공동연구와 북극해 대륙붕 경계의 사전조사에서 이루어졌다. 미국이 유엔해양법협약의 가입을 적극적으로 추진하고 있음을 간접적으로 시사한다. 이는 200해리 이원에 존재하는 자국 대륙붕에 대한 권원을 주장하기 위해서는 동 협약의 비준이 선행되어야 하기 때문이다. 향후 미국과 캐나다가 북극해 대륙붕 확보에 보다 적극적으로 나설 것을 예상할 수 있다. 북극해 해양자원을 둘러싼 인접국간의 경쟁이 심화될 것으로 간주된다.[53)]

그동안 북극해 문제를 해결하기 위한 국제적 회의가 여러 차례 열렸다. 그러나 북극해 연안에 있는 참여국들은 새로운 북극관련 제도가 필요하다는 주장 외에 별다른 합의를 도출하지 못했다.[54)] 2007년 10월 오슬로(Oslo) 회담에서 북극해에 적용될 광범위한 국제법적 틀이 논의 되었다. 북극해에서 당사국간 그리고 이해 당사자와 긴밀히 협력하고 있다. 이처럼 북극해 대륙붕에 관한 과학적 자료 수집, 해양환경의 보호 및 기타 과학적 조사 등이 포함된다. 2008년 5월 말 노르웨이, 캐나다, 러시아, 미국 및 덴마크 등 북극해 관련 5개국 외무장관들이 덴마크령 그린란드의 일루리사트(Ilulissat)에서 북극 귀속문제를 논의하였다. 북극해 주변 5개국이 처음 개최한 장관급 회의로써 최근 북극해 귀속문제로 인한 긴장한 분위기를 완화하기 위해 개최되었다. 이들 국가들은 '일루리사트 선언(Ilulissat Declaration)'을 채택했다. '북극해 영유권 분쟁 해결'을 위해 열린 회의에서 참가국들이 영유권 분쟁 발생시 '유엔의 결정'에 따르기로 합의했다. 참가국들은 상호 신뢰를 통해 북극과학 탐사 등 공동협력을 강화하기로 했다. 새로운 국제법적 체제를 만들 필요가 없다는 점을 분명히 했다. 또 북극해 주민들에 대한 기후변화의 영향과 각종 사고나 해상안전, 기름유출 사고 등에 대처하기 위한 협력방안 등도 논의했다.[55)]

이런 국제레짐을 통한 해양협력에도 불구하고 여전히 영유권 분쟁 해결에 대한 뚜렷한 방안이 제시되지 못하고 있다. 주목할 점은 현행 국제법상 어느 국가도 북극이나 북극주변의 북극해 지역을 소유하지는 못한다. 러시아, 미국, 캐나다, 노르웨이 및 덴마크가 자국 해안으로부터 200해리 배타적 경제수역을 주장할 수 있다.[56] 유엔해양법협약은 북극해 해양의 국제적 지배에 관한 첫 번째 근거법을 이루고 있지만 동 협약이 완전한 체계를 갖춘 것도 아니다. 북극해라는 특수한 지역을 다룰 수 있는 법률 내용이 규정되어 있지 않다. 더욱이 유엔해양법협약은 당사국간 발생할 수 있는 분쟁에 대해 강제적 조항이 결여되어 있다. 관련 국가간 자국의 이익을 포기할 만큼 강력한 강제 규정이 없기 때문에 발생하는 갈등조차 해결되지 못하고 있다.[57]

관련 국가들의 영유권 분쟁을 둘러싼 이해관계를 좀 더 살펴보면 다음과 같다. 우선 캐나다는 러시아 못지않게 가장 적극적으로 북극해 해양안보 정책을 추진 중이다. 지구온난화로 인해 북극 해빙이 빨라지면서 북극권내 자원개발이 이전보다 용이해졌기 때문에 영유권 확보 노력에 주력한다. 캐나다는 2003년에 조인한 UN 해양조약을 근거로 영유권을 주장한다. 동 조약은 해안선에서 200해리 이내 지하광물에 대한 소유권을 주장할 수 있다. 또 조약에 따르면 수면 아래 융기한 부분이 대륙의 일부분이면 해안선으로 간주해 영토를 더 넓게 잡을 수 있기 때문이다. 미국과 공동으로 뷰포트해에서 북미대륙과 북극권 융기지형이 연결되었다는 증거를 찾기 위한 해저 탐사작업을 시작했다<표 5 참조>.[58]

〈표 5〉 캐나다의 대응방안

캐나다	• 70억 달러를 투입해 8척의 북극해 순시선을 건조하는 등 영유권 주장에 나섬. • 북극점에서 700여㎞ 떨어진 레졸루트 베이와 배핀 섬에 혹한 전투 훈련소를 설립하고 북극 경비대 인원도 1000명이나 늘렸음. • 캐나다 해군은 북극지역에서 잠수함 샬롯 타운호 등을 동원해 '나누크(Nanook 09)'란 작전명으로 군사훈련도 실시했음. • 향후 5년간 1억 캐나다 달러를 투자하여 북극 지역의 지질도 작성에 투자예정임. • 북극지역 순찰함대 창설 계획을 밝힌 데 이어 북극지역 순찰대를 증강배치하고 있음.

출처: http://blog.hankyung.com/?mid=blog&document_srl=2482981&vid=pine735(검색일: 2010. 8.3); 「한겨레」 2010. 3. 18.

노르웨이는 북극해 지역을 중요한 전략지역이자 최우선 외교정책 사안으로 간주한다. 지구 최북단 스발바르 제도의 주권국인 노르웨이는 2006년 11월 27일 유엔대륙붕한계위원회에 자국 200해리 이원 대륙붕에 대한 문서를 제출했다. 러시아, 아이슬란드, 스페인 및 덴마크 등이 의견을 제시했다.[59] 역시 채택되지 않고 권고로 끝났다<표 6 참조>. 덴마크는 한스섬의 영유권을 놓고 캐나다와 갈등에 직면했다. 한스섬은 캐나다 엘즈미어섬과 덴마크 그린란드 사이 나레스해협에 있는 면적 1.3㎢의 돌섬이다. 한스섬은 해협 중앙에 있어 해협을 지나는 북서항로의 통행권 확보에 결정적 역할을 한다. 또 많은 양의 다이아몬드가 묻힌 것으로 알려져 있다.[60] 덴마크는 2009년 4월 아이슬란드와 노르웨이 등 3국에 걸쳐 존재하는 200해리 이원 대륙붕외측한계를 제출하였다.[61] 아이슬랜드와 노르웨이가 의견을 제시했다. 동 위원회는 본 문건에 대하여 현재 심사 중에 있다. 동시에 덴마크 정부는 로모노소프 해령에 대해 자국의 영유권을 주장하기 위해 <표 6>과 같은 적극적인 북극정책을 수행 중이다.

〈표 6〉 노르웨이와 덴마크의 대응방안

노르웨이	• 바렌츠 해에 위치한 면적이 41,000제곱킬로미터의 일명 '회색지대'를 두고 갈등이 초래됨. • 노르웨이의 다국적기업인 로열더치셸을 비롯한 메이저 석유회사들이 이곳에 모두 합쳐 약 350억 달러의 개발비 투자 예정임. • 러시아 가스프롬 소유의 슈토크만 천연가스전 개발에도 참여할 예정임. BP 같은 회사들도 북극 유전개발 장기 프로젝트에 투자를 계획하고 있음.
덴마크	• 로모노소프 해령이 덴마크 영토인 그린란드와 지질학적으로 연결돼 있는지 조사하기 위해 2007년 탐사 팀을 보냈음. • 이에 대한 수심과 중력 등을 측량하여 2014년까지 자국의 영토 주장 근거를 제시할 계획이다. 5m 정도 되는 두께의 얼음을 깨고 북극해에 대한 덴마크의 영유권 주장을 위한 과학적 증거를 찾기 위한 것임. • 만일 북극이 지난 600년 이상 덴마크의 일부였던 그린란드와 지질학적으로 연결되어 있다는 증거를 발견한다면 덴마크는 북극에 대한 영유권을 주장하게 될 것임.

출처: http://blog.hankyung.com/?mid=blog&document_srl=2482981&vid=pine735(검색일: 2010. 8. 3); http://www.ckjorc.org(검색일: 2010. 8. 22).

최근 유럽연합(EU), 중국, 일본, 한국 등의 국가들도 북극해에 대한 관심이 고조되고 있다. 특히 EU 집행위원회가 기후변화가 북극에 미치는 영향과 대책이 담긴 보고서를 발표했다. 북극해에 미치는 위협 요인으로 수산자원의 감소, 영토 상실과 해양경계를 둘러싼 당사국 간 분쟁, 에너지 공급 수송망에 대한 긴장관계 등을 제시했다. 동 보고서는 기후변화가 EU를 포함한 국제 안보에 직접적인 영향을 미칠 수 있음을 강조했다<표 7 참조>.

〈표 7〉 유럽연합(EU)의 대응 방안

EU의 전략	• 북극을 EU의 안보 문제와 연계하여 추진, 영토와 해양경계를 둘러싼 갈등을 해결하기 위해 유엔해양법협약 개정에 보다 적극적인 자세를 보일 것으로 예상됨.
주요 목표	① 더 나은 북극의 다국적 거버넌스에 기여한다. ② 지역 인구들과의 공조로 북극을 보호한다. ③ 자원의 지속적인 개발을 진흥한다. 집행위원회는 이러한 목표에 이르기 위한 방안들을 제시할 것인데, 우선적으로 상임 옵서버의 자격으로 북극위원회(Artic Council)[62]에 더욱 활발하게 참여할 것이다. ④ 북극 관련 문제들이 국제의제에서 우선적인 비중을 차지하게 할 것이다. ⑤ 기존의 규정의 시행을 진흥할 것이다. ⑥ 국제해사기구(International Maritime Organization)의 환경 및 안전 표준을 개선할 것 등이 제안되었음.

출처: http://blog.hankyung.com/?mid=blog&document_srl=2482981&vid=pine735(검색일: 2010.8.3).

V 맺음말

주지하는바 러시아를 비롯한 이해 당사국들의 북극해 영유권 주장의 해결에 많은 제약이 따른다.[63] 북극해는 기후변화 및 해빙, 취약생태계, 지역주민과 토착공동체, 자원의 잠재적 탐사 등에 심각한 영향과 변화에 직면해 있다. 북극해 지역의 주권, 주권적 권리 및 관할권 문제에 있어서는 러시아를 포함해 북극해 연안 5개국만이 유일하게 주장할 수 있다. 이들 연안국가들의 자원과 관할권, 경제적, 군사적 이해관계 때문에 해양협력 보다 갈등이 더욱 첨예화 될 것이고 장기화 될 추세다.

러시아는 국제적 해양레짐을 통한 이해 당사국들간의 해양협력에 주력하면서 북극해 주변의 과학적 탐사활동와 군사활동을 대폭 강화했다. 러시아는 북극해에서 영유권 분쟁에서 선점하기 위해서 전방위적인 접근을 시도하고 있다. 공식적으로 러시아는 영유권이나 해양관할권분쟁을 확대하지 않고 유엔대륙붕한계위원회와 당사국간 양자협상을 통해 평화적으로 해결한다는 입장을 밝히고 있지만 이미 러시아는 북극해 영유권 분쟁에서 유리한 군사적 방법 등 공세적인 방법을 통해 실효적 지배의 가능성을 가장 적극적으로 추진 중이다.

현재 북극해 문제 해결의 최선의 접근방식으로는 북극해에 대한 주권과 자원분쟁이 관련 유엔해양법협약과 같은 국제법의 주재 하에 외교적 경로를 통해 평화적인 해결이다. 부연하자면 유엔해양법협약은 국가간 분쟁해결 절차를 상세히 규정하고 있지만 북극해와 같은 특수한 환경에 적용가능한 정치적 수단이나 방법을 규정하고 있지 않다. 현재 5개국은 동 협약에 따라 200해리 이원 대륙붕 지역에 대한 권리 주장가능성을 검토했거나 관련 내용을 이미 유엔에 제출했다. 검토를 준비 중인 국가들도 있다. 북극해의 특수한 지리적 형상으로 인하여 북극해 국가들의 주장이 허용될 경우 대륙붕 주장에 대한 통제를 주장하는 국가들과의 충돌이 불가피할 수밖에 없을 것이다.[64)]

또 다른 갈등 해결 방식으로 북극해 연안 국가들은 오랫동안 양자 협력을 통한 해양경계문제 해결에 주력해 왔다.[65)] 협상, 조정 또는 판결에 의해 해결되었지만 미해결 분쟁 지역도 산재한다.[66)] 마지막으로 학자들간에 남극조약에 유사한 조약체결을 통해 각국의 행위를 규제하는 것이 제기된다. 남극조약(Antarctic Treaty)과[67)] 달리 북극해의 경우 가장 큰 장애물은 상대적으로 개발이 용이한 경우 연안국의 자원개발과 영유권 주장을 유보시키는 것이 쉽지 않다. 실질적인 자원할당 문제를 어떻게 결정하는가는 중요한 당면과제로 제기된다.

미 주

1) 세계화에 대한 더 자세한 논의는 다음을 참조. 이인성, 『21세기 세계화 체제의 이해』(서울: 아카넷, 2009).

2) 조동호 외, “동북아 주요국의 해양관할권 확대 전략과 우리나라 대응방안”, 「한국해양수산개발원 정책연구」 2008, pp.131-132.

3) 대륙붕에 관한 연안국의 권리는 배타적(exclusive)이다. 연안국이 대륙붕을 탐사하지 않거나 천연자원을 개발하지 않더라도 타국은 연안국의 명시적 동의 없이는 활동을 할 수 없다. 「유엔해양법협약, 제77조 2항」.

4) 대륙붕(continental shelf)이란 원래 지질학상의 개념이다. 영해를 넘어서 육지영토의 자연적 연장을 통하여 대륙변계(continental margin)의 외측한계까지, 또 대륙 변계의 외측한계가 200해리까지 미치지 않는 경우에는 영해의 폭을 측정하는 선으로부터 200해리까지의 해상(sea-bed) 및 하층토(subsoil)를 말한다. 「유엔해양법협약 제76조 1항」.

5) 김태준, “중국의 해양 영토분쟁에 대한 대응방안 연구”, 「국방정책연구」 2007, pp.191-192.

6) 이서항, “유엔 해양법과 세계해양문제”, 이춘근 편, 『한국의 해양문제』(서울: 한국해양전략연구소, 1997), pp.101-102.

7) 서문당 편, 『컬러판 세계대백과사전』 Vol. 8, 1981, p.345.

8) 최재선 외(a), “배타적 경제수역(EEZ) 해양자원 개발방안 연구”, 「한국해양수간개발원 정책연구」 2001. 12, pp.1-2 참조.

9) 조동오 외(2008), p.134.

10) 강량, “국제사회 힘의 변화와 해양한국의 미래-유엔해양법협약과 해양레짐의 출현을 중심으로” 「21세기 정치학회보」 제17집 2호, 2007, pp.122-145.

11) 리우후이롱, “북극 지역의 법률 현황과 문제점”, KMI 국제세미나 발표논문, 2009. 6. 23, p.70.

12) 배규성, “북극해 거버넌스”, 2010년 배재대학교 사회과학연구소 한국-시베리아센터 공동주최 학술회의 발표논문, 2010. 9. 17, p.153.

13) 현재 러시아와 미국, 캐나다, 그린란드, 노르웨이 등 북극해 연안 국가들뿐 아니라 이누이트족과 유럽연합, 북극이사회 등 관련 국가와 기관들이 북극해 영유권을 둘러싼 신경전을 벌이고 있다. 박미화 역, 『북극해 쟁탈전』(서울: 더숲, 2010) 참조.

14) US Geological Survey, Circum Arctic Resources Appraisal: Estimates of Undiscovered Oil and Gas North of the Arctic Circle (Washington: USGS, 2008) 참조.

15) 최재선 외(b), “기후변화 대응 연구 글로벌 해양전략 수립 연구”, 「한국해양수간개발원 정책연구」 2009. 11, p.25 참조.

16) 황진회(a), “북극해 변화에 따른 과제와 대응전략”, KMI 국제세미나 발표논문, 서울, 2009. 6. 23, p.157.

17) 김현수, “북극해 대륙붕 한계에 관한 법적 문제”, 「해양연구」 제22권 1호, 2010, pp.63-64.

18) 기타 망간, 니켈, 구리, 코발트 같은 21세기 정보기술(IT) 산업의 핵심재료인 금속광물도 북극권의 콜라반도, 북시베리아 등 세계최대 규모로 매장된 것으로 추정된다. 차세대 에너지원 '가스하이드레이트'도 막대한 양이 매장되어 있는 것으로 추정된다. 주성분이 메탄으로 '메탄하이드레이트'로 불린다. 「The Science times」 2008. 8. 4.

19) 엄항섭, "북극해 선박운한 여건과 주선분야 기술 과제", KMI 국제세미나 발표논문, 서울, 2009. 6. 23, pp.117-118; 황진회(2009) 참조.

20) 유엔 산하 국제해사기구(IMO)는 영국 런던에서 회의를 갖고 극지해역 운항선박 안전기준을 만들기로 했다. 2012년 제정될 이 기준은 극지 항로를 운항하는 선박 구조와 설비, 선원들의 인명안전·환경보호 관련 자격 등을 포함한다. 또한 강제성을 띠고 있기 때문에 해당 기준을 충족하지 못하는 선박은 극지 해역 운항이 금지된다. 「국방일보」 2010. 3. 18.

21) 2차 세계대전 이전만 하더라도 해양영역(maritime zone)은 내해, 영해, 접속수역, 공해 등 4개 수역으로 구분했다. 1945년 이후 새로운 수역 개념이 등장했다. 영국의 국제법학자 브라운(E. D. Brown)은 현재의 7개 보편적 해양영역 개념 이외에도 어업전관수역(exclusive fishing zone), 군도수역(archipelagic waters) 등까지도 독립적인 해양영역개념으로 포함시키고 있다. E. D. Brown, The International Law of the Sea (Adershot: Dartmouth Publishing Company, 1994), p.17; 이서항(1997), pp.101-102.

22) Lewis A. Coser, The Function of Social Conflict(New York: The Free Press, 1956), p.3.

23) 배진수, "세계의 도서영유권 분쟁사례와 독도", 「국제정치논총」 제38집 2호, 1998, p.112; 김강녕, 『현대군사문제와 남북한』(서울: 대왕사, 2001), pp.51-80.

24) 김현기, "동북아 해양분쟁과 해군의 대응전략", 제8회 해병대전략연구소 세미나 발표논문, 2010. 10. 22, p.3.

25) 해양경계선 획정은 영해, 대륙붕, 배타적 경제수역 설정 등의 경계선이 포함되지만 엄밀한 의미에서 영해의 경계선을 제외한 나머지 대륙붕과 배타적 경계수역 설정 등은 영토분쟁이라기보다는 관할권과 관련된 것이다. 배진수(1998), pp.16-17.

26) 무르만스크 선언을 통해 동 지역의 자연을 보호하고 1988년 3월 스웨덴 스톡홀름에서 캐나다, 덴마크, 핀란드, 아이슬란드, 러시아, 스웨덴, 미국의 과학자 29명이 국제북극과학위원회(IASC:International Arctic Science Council)의 설립을 결의했다. 수차례 회의를 거쳐 1990년 8월 IASC가 설립되었다. IASC에는 북극권 8개국 외에 일본, 프랑스, 영국, 독일, 네덜란드, 폴란드, 이탈리아, 스위스, 중국 등 비북극권 국가들이 추가로 가입하여 현재 17개국이 참여한다. http://www.kopri.re.kr/www/datacenter/foreign.do(검색일: 2010. 8. 20).

27) 더 자세한 러시아의 북극해 진출의 연혁에 대해서 다음을 참조. 이영형, "러시아의 북극해 확보정책: 정책방향과 내재적 의미", 「중소연구」 제33권 제4호, 2009/2010 겨울, pp.112-115.

28) http://www.ckjorc.org(검색일: 2010. 8. 22).

29) 황진회(b), "북극해 항로의 가능성과 과제", 2010년 배재대학교 사회과학연구소 한국-시베리아센터 공동주최 학술회의 발표논문, 2010. 9. 17, p.108.

30) 강성호, 2009, "북극해 환경변화와 전망", KMI 국제세미나 발표논문, 서울, 2009. 6. 23, p.22.

31) 2009년 7월 울산항에서 화물을 선적한 독일화물선 벨루가(Beluga) 시핑의 2척이 북

동항로를 거쳐 네덜란드의 암스테르담으로 항해에 성공했다. 북동항로를 이용한 최초의 항해로 러시아의 쇄빙선이 에스코트를 했다. 그러나 얼음이 없어 쇄빙선 도움 없이 항해가 이루어졌다. 24일이 소요되던 기존항로 보다 10일 이상 단축 되었다. 그러나 새로운 단거리 미래 물류항로로 대두되면서 북동항로 경유해협의 법적 지위, 러시아의 북동항로 법률과 유엔해양법협약과의 충돌 등 법적 문제가 주요 이슈로 등장했다. 박문진 & 김민수, “북동항로의 법적 문제에 관한 소고”, 해양환경안전학회 2010년 춘계학술발표회, 2010. 4 참조.

32) 김기순, “북극해의 자원개발과 환경문제”, 「Dokdo Research Journal」 Vol. 9, 2010, p.85; 현재 상업적 활용이 가능한 북극 항로의 항해일수는 90일 정도다. 북극을 항해하는 선박 안전에 많은 영향을 미치는 다년생 해빙이 많이 줄어들어 오는 2020~2030년경 100일 이상의 항해가 가능할 것으로 예상된다. 「국방일보」 2010. 3. 18.

33) 「한겨레」 2010. 3. 18.

34) 김기순(2010), p.85.

35) 황진회(a)(2009), p.155.

36) 황진회(b)(2010), pp.108-109.

37) 윤영미(a), “러시아의 북극지역에 대한 해양안보 전략: 북극해 개발과 한-러 해양협력을 중심으로”, 「동서연구」 제21권 2호, 2009, p.65.

38) 유엔해양법협약의 발효로 협약 비준국가는 200해리 이원 대륙붕에 대한 주장을 유엔에 문서로 제출할 수 있다. 노르웨이(1996년 비준), 러시아(1997년 비준), 캐나다(2003년 비준), 덴마크(2004년 비준) 제출했다. 이중 캐나다 이외의 국가들은 북극해 대륙붕에 대한 문서를 제출했다. 캐나다는 자국의 대륙붕에 대한 주장을 시작했다. 미국은 유엔해양법협약을 비준하지 않았기 때문에 자국의 200해리 이원 대륙붕한계에 대한 문서를 제출할 수 없었다. 「유엔해양법협약 제76조 8항」.

39) 최초 발견자인 러시아 지질학자 미하일 로모보소프의 이름을 딴 곳이다.

40) http://www.un.org/Depts/los/clcs_new/submissions_files/submission_rus.htm(검색일: 2010. 7. 20).

41) 윤영미(b), “대양별 해양네트워크 현황과 한국의 활용 전략 - 북극해와 태평양”, 한국해양수산개발원 세미나 발표 논문, 2009. 6. 24, p.57.

42) 「중앙일보」 2009. 7. 20.

43) Независимая Газета, 28 декабря 2007. 로모노소프 해령은 한반도 면적의 약 6배이고 프랑스·독일·이탈리아를 합친 크기와 유사하다. 탐사선 ‘아카데믹 표도로프호’는 2007년 7월 말 쇄빙선 ‘로시야호’와 함께 무르만스크를 출발했다. 선두에서 로시야호가 북극해의 얼음을 깬 덕분에 8월 1일 저녁 8시쯤 북극점에 도착한 표도로프호는 2일 오전 잠수정 미르호를 투하해 북극해 해저 정복을 달성했다. http://www.ckjorc.org(검색일: 2010. 8. 13).

44) http://blog.hankyung.com/?mid=blog&document_srl=2482981&vid=pine735(검색일: 2010. 8. 12).

45) http://www.ckjorc.org(검색일: 2010. 8. 13).

46) 서동주, “러시아 국가안보전략 2020의 정책적 함의와 파급영향”, 「국가안보전략연구소 보고서」 2009. 4. 14 참조.

47) http://www.scrf.gov.ru(검색일, 2010. 8. 14); Алексей Ильин, “Арктике определят гр

аницы. Члены Совбеза обсудили, как себя вести на Севере”, Российская газета, 18 сентября 2008.

48) Российская газета, 30 марта 2009; 「한겨레」 2010. 3. 18.

49) 탐사단을 이끄는 과학자인 블라디미르 소콜로프는 러시아 국방부 관리들도 승선했고 원자력 추진 쇄빙선 야말호도 탐사활동에 투입되었다. 「브레먀 노보스티」 2010. 7. 28.

50) СергейИвановский, “На «северном фронте»не без перемен”, Невское время, 31 и юля 2009.

51) 「Economist」 2009. 5. 15; 「The New York Times」 2009. 5. 14.

52) http://www.ckjorc.org(검색일: 2010. 8. 22).

53) 김현수(2010), p.68; KMI, Issue Briefing, 09-8호, 2009. 10. 12.

54) 김현수(2010), p.72; 북극 연안 5개국은 2010년 3월 말 캐나다 퀘벡에서 외무장관 회의를 열어 북극지역 영유권 문제를 협의했다.

55) http://www.sikunews.com/art.html/catid=2&artid=4950(검색일: 2010. 8. 16).

56) 「유엔해양법협약 제57조」.

57) 김정숙 외, 『쟁점으로 본 동아시아 협력과 갈등』(서울: 오름, 2008), p.315.

58) 미국 역시 러시아의 로모노소프 해령 탐사에 대해 냉담한 태도로 일관했다. 2007년 8월 6일 북극해로 과학조사활동을 위한 조사팀 파견했다. http://blog.hankyung.com/?mid=blog&document_srl=2482981&vid=pine735(검색일: 2010. 8.10).

59) http://www.un.org/Depts/los/clcs_new/submissions_files/submission_nor.htm(검색일: 2010. 8.10).

60) http://www.ckjorc.org(검색일: 2010. 8. 9).

61) http://www.un.org/Depts/los/clcs_new/submissions_files/submission_dnk_28_2009.htm(검색일: 2010. 8.10).

62) 1956년 오타와 선언으로 발족되었다. 북극해 국가들 간에 협력, 조정, 상호교류와 지속 가능한 개발과 환경보호를 목적으로 활동한다. 캐나다, 덴마크(그린란드와 Faroe Island 포함), 핀란드, 아이슬란드, 노르웨이, 러시아, 스웨덴, 미국이다. 의장은 2년마다 호선하며 의사결정은 8개 회원국의 합의에 따른다.

63) http://www.ckjorc.org(검색일: 2010. 8. 22).

64) 김현수(2010), p.75.

65) 캐나다와 그린란드 사이의 대륙붕 경계는 한스 도서 및 링컨해(Lincoln Sea) 주변 수역을 제외하고 1973년 양자합의로 결정되었다.

66) 푸틴 총리는 노르웨이와 바렌츠해의 약 15.5만㎢에 대한 대륙붕 협의를 체결했다. 향후 40년간 '회색지대'로 관할권 쟁의를 유보했다. 또 1990년 구소련이 미국과 베링해에 대한 합의를 체결했지만 비준되지 않았다. Agreement between the United States of America and the United Soviet Socialist Republics on the Maritime Boundary Delimitation, International Legal Materials 29(1990), p.941; 김현수(2010), p.76.

67) 1959년 12월 초 협약을 맺고 1961년 6월 말부터 그 효력이 발휘되었다. 미국과 소련을 비롯한 12개 나라가 모여 체결했다. 남극의 평화적 이용, 과학 조사와 교류의 허용, 영유권 주장 금지, 군사 행동의 금지 등을 담고 있다. 남극 조약은 냉전이 시작된 이후 처음으로 맺어진 군비규제 협정이다. 1970년대 후반부터는 협의당사

국이 서서히 확대되어 원서명국이 아니면서도 협의당사국지위를 갖는 국가가 속출했다. 한국은 남극기지의 설치운용 및 남극과 관련된 일련의 과학적 연구 성과를 바탕으로 1989년 세계에서 제23번째로 '남극조약협의당사국지위(Antarctic Treaty Consultative Party)'를 획득했다. 남극의 운영에 있어서 직접적인 발언권을 행사하고 있다. http://www.antarctica.go.kr/law/(검색일: 2010. 8. 21).

참고문헌

본 장은 "북극해 해양분쟁과 지정학적 역학관계의 변화", 「한국 시베리아연구」 제 14권 2호, 2010에 실린 논문을 수정 및 보완했음.

강량, "국제사회 힘의 변화와 해양한국의 미래-유엔해양법협약과 해양레짐의 출현을 중심로" 「21세기 정치학회보」, 제 17집 2호, 2007.

강성호, 2009, "북극해 환경변화와 전망", KMI 국제세미나 발표논문, 서울, 2009. 6. 23.

김강녕, 『현대군사문제와 남북한』(서울: 대왕사, 2001).

김기순, "북극해의 자원개발과 환경문제", 「Dokdo Research Journal」 Vol.9, 2010.

______, "남극과 북극의 법제도에 대한 비교법적 고찰", 「國際法學會論叢」 Vol. 55 No.1, 2010.

______, "북극해의 분쟁과 해양경계획정에 관한 연구", 「國際法學會論叢」 Vol. 54 No.3, 2009.

김보영·유시호·박연희, "기후변화와 북극 유,가스전 개발에 관한 연구", 「자원·환경경제연구」 Vol.18 No.4, 2009.

김승섭, "세계는 지금: 북극해 시베리아 북동항로, 현실화되나", 「月刊 海洋韓國」 No.2, 2010.

김정숙 외, 『쟁점으로 본 동아시아 협력과 갈등』(서울: 오름, 2008).

김태준, "중국의 해양 영토분쟁에 대한 대응방안 연구", 「국방정책연구」 2007.

김현수, "북극해 대륙붕 한계에 관한 법적 문제", 「해양연구」 22권 1호, 2010.

_____, 『국제해양법』(서울: 연경문화사, 2007).

김현기, "동북아 해양분쟁과 해군의 대응전략", 제8회 해병대전략연구소 세미나 발표논문, 2010. 10. 22.

박문진 & 김민수, "북동항로의 법적 문제에 관한 소고", 해양환경안전학회 2010년 춘계학술발표회, 2010. 4.

박미화 역, 『북극해 쟁탈전』 (서울: 더숲, 2010).

배규성, "북극해 거버넌스", 2010년 배재대학교 사회과학연구소 한국-시베리아센터 공동주최 학술회의 발표논문, 2010. 9. 17.

배재대학교 한국 시베리아센터, 『러시아 북극권의 이해』 시베리아 북극총서 3 (서

울: 신아사, 2010).
배진수, “세계의 도서영유권 분쟁사례와 독도”, 「국제정치논총」 제38집 2호, 1998.
리우후이롱, “북극 지역의 법률 현황과 문제점”, KMI 국제세미나 발표논문, 서울, 2009. 6. 23.
서동주, “러시아 국가안보전략 2020의 정책적 함의와 파급영향”, 「국가안보전략연구소보고서」 2009. 4. 14.
서문당 편, 『컬러판 세계대백과사전』 Vol. 8, 1981.
최재선 외, “배타적 경제수역(EEZ) 해양자원 개발방안 연구”, 「한국해양수간개발원 정책연구」 2001. 12.
최재선 외, “기후변화 대응 연구 글로벌 해양전략 수립 연구”, 「한국해양수간개발원 정책연구」 2009. 11.
엄항섭, “북극해 선박운한 여건과 주선분야 기술 과제”, KMI 국제세미나 발표논문, 서울, 2009. 6. 23.
이인성, 『21세기 세계화 체제의 이해』 (서울: 아카넷, 2009).
이영형, “러시아의 북극해 확보정책: 정책방향과 내재적 의미”, 「중소연구」 제33권 제4호, 2009/2010 겨울.
윤영미, “러시아의 북극지역에 대한 해양안보 전략: 북극해 개발과 한-러 해양협력을 중심으로”, 「동서연구」 제 21권 2호, 2009.
______, “대양별 해양네트워크 현황과 한국의 활용 전략 - 북극해와 태평양”, 한국해양수산개발원 세미나 발표 논문, 2009. 6. 24.
조동호 외, “동북아 주요국의 해양관할권 확대 전략과 우리나라 대응방안”, 「한국해양수산개발원 정책연구」 2008.
한동만, “탈냉전시대 안보환경 변화와 다자안보협력”, 「외교통상부 보고서」 2002.
홍지표, “동북아 해양안보”, 「외교통상부 보고서」 2002.
홍성원, “북극항로의 상업적 이용가능성에 관한 연구”, 「국제지역연구」 제13권 제4호, 2010.
황진회, “북극해 변화에 따른 과제와 대응전략”, KMI 국제세미나 발표논문, 서울, 2009. 6. 23.
______, “북극해 항로의 가능성과 과제”, 2010년 배재대학교 사회과학연구소 한국-시베리아센터공동주최 학술회의 발표논문, 2010. 9. 17.

Arctic Marine Assessment report - The Arctic Council's response to Changing marine Access-Progress Report 2006(PAME: 2006).
Brian Job, “Matters of Multilateralism: Implications for Regional Conflict Management”,

in David A. Lake and Patrick M. Morgan(eds.), Regional Orders: Building Security in New World (University Park, PA: Pennsylvania State University Press, 1997).

Brown, E. D., The International Law of the Sea (Adershot: Dartmouth Publishing Company, 1994).

Coser, Lewis A., The Function of Social Conflict (New York: The Free Press, 1956).

George O. Totten III & Young Jeh Kim, "What Kind of a Peace Regime Could be Constructed in Northeast Asia?", Korea Observer, Vol.36 No. 4, Winter 2005.

KMI, Issue Briefing, 09-8호, 2009. 10. 12.

National Oceanic and Atmospheric Administration(NOAA), Arctic Report Card 2008-Tracking Environment Change(NOAA 2008).

US Geological Survey, Circum Arctic Resources Appraisal: Estimates of Undiscovered Oil and Gas North of the Arctic Circle (Washington: USGS, 2008).

Woo, Pyung Kyun, "Russian Expansionism in the Arctic Ocean", KMI 국제세미나 발표논문, 서울, 2009. 11. 17-19.

「유엔해양법협약 제77조 2항」.

「유엔해양법협약 제76조 1항」.

「유엔해양법협약 제76조 8항」.

「국방일보」 2010. 3. 18.

「중앙일보」 2009. 7. 20.

「중앙일보」 2009. 4. 3.

「한겨레」 2010. 3. 18.

「브레먀 노보스티」 2010. 7. 28.

「Economist」 2009. 5. 15.

「The Science times」 2008. 8. 4.

「The New York Times」 2009. 5. 14.

Алексей Ильин, "Арктике определят границы. Члены Совбеза обсудили, как себя вести на Севере", Российская газета, 18 сентября 2008.

СергейИвановский, "На «северном фронте»не без перемен", Невское время, 31 июля 2009.

Независимая Газета, 28 декабря 2007.

Российская газета, 30 марта 2009.

http://www.kopri.re.kr/www/datacenter/foreign.do(검색일: 2010. 8. 20).

http://www.ckjorc.org(검색일: 2010. 8. 22).

http://www.un.org/Depts/los/clcs_new/submissions_files/submission_rus.htm(검색일: 2010. 7. 20).

http://blog.joins.com/media/folderListS...6page%3Dr(검색일: 2010. 8. 3).

http://blog.hankyung.com/?mid=blog&document_srl=2482981&vid=pine735(검색일: 2010. 8. 10).

http://www.un.org/Depts/los/clcs_new/submissions_files/submission_nor.htm(검색일: 2010. 8. 10).

http://www.un.org/Depts/los/clcs_new/submissions_files/submission_rus.htm(검색일: 2010. 8. 20).

http://www.sikunews.com/art.html/catid=2&artid=4950(검색일: 2010. 8. 16).

http://www.scrf.gov.ru/(검색일, 2010. 8. 14).

러시아와 유라시아 : 협력과 갈등 양상

제5장 러시아의 중앙아시아 정책의 변모와 전망

제6장 러시아와 중국: 협력과 경쟁의 관계

제7장 러시아와 미국: 협력과 갈등의 관계

제8장 러시아와 중앙아시아의 다자협력기구: 분화와 협력

Chapter 5

러시아의 중앙아시아 정책의 변모와 전망

<www.ahaeconomy.com/index.html%3F...cid%3D16>

I 들어가는 말

중앙아시아(Central Asia)를 한마디로 표현하기란 쉽지 않다. 대체로 중앙아시아 지역은 아시아대륙의 중앙에 위치하며 동으로는 중국에 인접해 있고, 서로는 카스피해, 북으로는 러시아와 남으로는 이란, 아프간에 접해 있다. 지정학적으로 동 지역은 유라시아 대륙의 '심장지대'이자 '실크로드'가 통과했던 동서양을 이어주는 지역을 의미한다.1)

이런 지정학적 위치로 인해 중앙아시아는 오랫동안 러시아의 중요한 '세력권(sphere of influence and interests)' 지역으로 1991년 구소련 붕괴 이전까지 러시아의 영토였다. 1904년 지정학적 중요성을 연구했던 맥킨더(H. J. Mackinder)는, "중앙아시아는 매우 중요한 지역이며, 누구든지 중앙아시아를 통제하면 유라시아를 통제하고, 유라시아를 통제하는 자는 전 세계를 통제하게 될 것이다"라고 강조했다. 맥킨더는 지구를 하나의 총체로 인식하여 세계의 지배자가 되기 위해서는 어디를 지배해야 하는지에 대한 전략적 문제를 제기하고, 중앙아시아를 심장지역(Heartland)라는 새로운 개념으로 설명했다.[2] 또한 브레진스키(Z. K. Brzezinski)는 미국의 21세기 세계전략으로 유라시아 대륙의 심장부로 진출할 것을 역설했다. 브레진스키는 그의 저서 『거대한 체스판』에서 유라시아는 향후 세계의 패권을 둘러싼 싸움이 전개되는 체스판이 될 것이라 언급했다.[3]

두 학자의 지적처럼 탈냉전기 동 지역은 지정학적 중요성 외에 에너지자원을 중심으로 강대국의 치열한 경쟁지역으로 변모했다. 지경학적으로 중앙아시아 지역의 이익과 에너지 개발에 있어서 첨예한 모순이 존재하지만 상하이협력기구(SCO)를 중심으로 대부분 국가들은 역내의 개발이 안정적이고 평화로운 환경 하에서 투자, 무역 및 자원개발이 활발히 전개될 수 있는 환경이 조성되고 있다. '21세기 석유의 보고'로 불리는 카스피해의 에너지자원의 개발문제는 가장 주목받는 중요한 요인 중 하나가 되었다. 거대한 매장량의 천연가스와 원유를 포함해 중요한 광물자원의 지역으로 부상했다. 이런 요소들은 새로운 질서 재편과정에서 강대국의 패권경쟁으로 인해 지역적 불안정으로도 표출되었다. 일종의 에너지 자원을 둘러싼 역내외 국가들의 힘의 '분산과 협력'이 가속화되고 있다.

구소련 붕괴이후 중앙아시아 지역에서의 러시아의 영향력 약화는 유라시아의 권력 공백을 초래했고 근외정책에 대한 새로운 도전에 직면하게 되었다. 이런 러시아의 영향력 공백은 정치적 다원주의가 속출했고 미국과 중국이 새로운 지역 패권의 주요 행위자로 부상했다.[4] 이런 맥락 하에 본 장에서는 주로 2000년대 이후 중앙아시아의 전략적 특성과 국제정치의 변화에 기초해 러시아의 대중앙아시아 정책의 변모를 분석해보고자 한다.

Ⅱ 중앙아시아와 국제 정치안보적 이해

탈냉전기 중앙아시아는 1991년 구소련으로부터 독립한 국가들인 우즈베키스탄, 카자흐스탄, 투르크메니스탄, 키르기스스탄, 타지키스탄으로 구성된다<그림 1 참조>. 투르크메니스탄을 제외 한 나머지 국가들은 독립국가연합(Commonwealth of Independent States, CIS)의[5] 가입국이며, 이들 국가들은 민주주의와 자본주의 시장경제를 중심으로 이슬람분리주의 위협에 맞서 안정적인 정권유지와 에너지 개발에 주력한다<표 1 참조>.

〈그림 1〉 중앙아시아의 정치현황

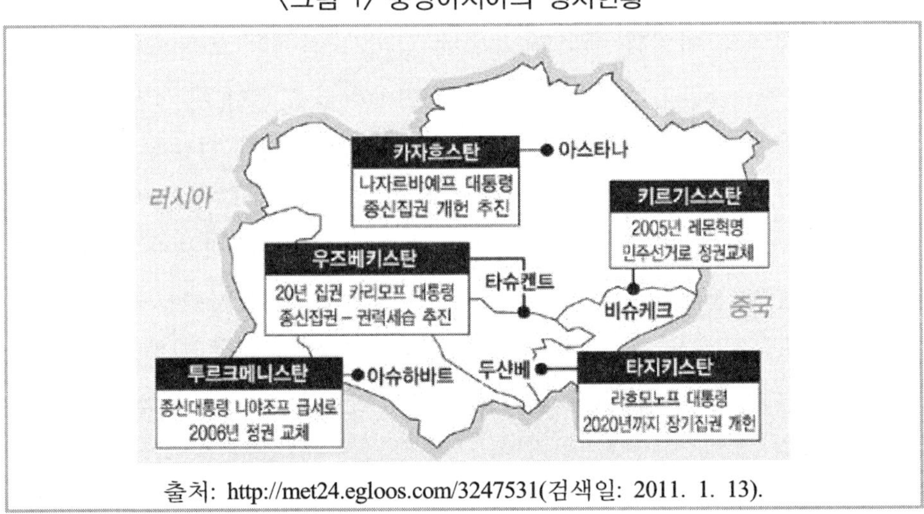

출처: http://met24.egloos.com/3247531(검색일: 2011. 1. 13).

중앙아시아는 지경학적으로 대부분 국가 부의 원천이 되는 에너지자원이 풍부하다. 동 지역을 포함한 카스피해(Caspian Sea) 지역은 제2의 북해 유전으로 불린다. 석유 매장량의 40%가 카스피해 지역에 위치하고 상업적 가치가 높다. 우라늄은 세계 매장량의 16.7%로 세계 2위이고 크롬 매장량도 18.9%로 세계 2위이다. 따라서 유럽, 미국, 아시아 국가들에게 중요한 자원의 공급지로 중동지역의 자원 의존도를 줄일 수 있는 대체공급 지역으로 부상했다.[6]

〈표 1〉 중앙아시아의 경제현황

(단위: %)

	2008년	2009년		
		IMF	GI	EIU
카자흐스탄	3.2	-2.0	-1.2	-1.8
키르기스 공화국	7.6	1.5	-0.5	2.0
타지키스탄	7.9	2.0	2.8	1.0
투르크메니스탄	10.5	4.0	5.9	-6.0
우즈베키스탄	9.0	7.0	9.3	7.8

자료: IMF(2009.10), Regional Economic Outlook: Middle East and Central Asia;
EIU(2009. 9~12), Country Report, Global Insight(GI), World Overview, 2009년 3분기.
출처: www.emerics.org/dportal.do%3Bjse...words%3D(검색일: 2011. 1. 10).

카자흐스탄, 아제르바이잔, 우즈베키스탄은 주로 석유·천연가스가 풍부하고, 타지키스탄, 키르기스스탄 등은 비철금속 매장량이 풍부하다. 카자흐스탄의 확인 석유 매장량은 전 세계의 3.3%를 차지하며, 천연가스는 세계 대비 1.7%이다. 카스피해 동쪽의 카자흐스탄의 텐기즈(Tengiz) 유전의 추정 매장량은 150억-260억 배럴이다. 현재 대략 하루 54만 배럴의 원유를 생산한다. 단일 유전에서 원유가 생산되는 규모로는 세계 최대 규모다<그림 2 참조>.[7)]

아울러 지정학적으로 에너지자원의 중요한 수송 지역이다.[8)] 미국의 중앙아시아의 진출은 군사적 목적 외에 석유 및 가스의 에너지 확보 전략에 근거한다. 미국은 자본과 기술을 동원해 에너지자원 개발에 주력한다. 미국은 유럽연합(EU)과 주로 러시아의 자원 무기화 정책에 맞서기 위해 러시아를 우회하는 파이프라인 건설을 주도한다.[9)]

미국은 2005년 러시아 영토를 통과하지 않고 지중해로 연결되는 카스피해의 BTC 노선[10)] 완공과 BTE(Baku-Tbilisi-터키, Erzurum 연결 가스관) 노선 건설을 주도했다. 그 후 동 지역은 서유럽 및 중동유럽, 중국과 이란, 우크라이나로 연결되는 새로운 국제 에너지 연결망 구축이 활발하게 진행되고 있다. 사면이 육지에 둘러싸인 내해인 카스피해는 육상 수송인 파이프라인의 통과에 따라 새로운 세력 균형지역이 되었다. 탈냉전기 미국과

EU 국가들은 러시아의 간섭과 통제를 받지 않는 새로운 파이프라인 구축에 주력해 왔다. BTC 노선이 그 대표적인 사례이다. 카스피해 연안의 아제르바이잔 원유를 지중해 연안으로 수송하는 BTC를 통해 하루 100만 배럴의 원유를 유럽과 미국으로 공급된다. 최근 나부코(Nabucco)[11] 파이프라인 건설이 추진되고 있다. Nabucco 노선의 주요 특징은 미국과 EU의 지원 하에 중동유럽의 슬로바키아, 불가리아, 체코 등 러시아 천연가스의 수입의존도가 매우 높은 '에너지 소비국'이 주도하는 것이다. 계획대로 진행된다면 동 노선은 2011년 착공해서 2014년 완공을 목표하며 향후 유럽전체 소비량의 5%를 초과하게 된다.

〈그림 2〉 중앙아시아의 자원현황

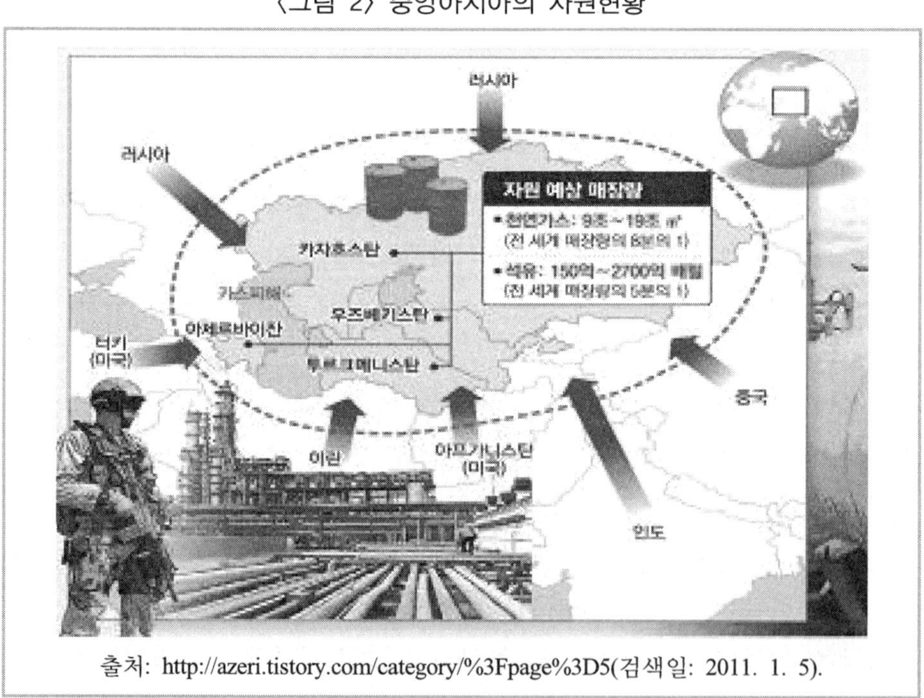

출처: http://azeri.tistory.com/category/%3Fpage%3D5(검색일: 2011. 1. 5).

또한 지전략적으로 브레진스키가 동 지역을 향후 세계의 패권이 둘러싼 거대한 체스판이 될 것이라 언급한 것처럼 군사전략적 요충지로 부상했다.[12] 미국은 EU, NATO와 다자안보기구인 구암(GUAM)을 주축으로 민주화 확산 등을 통해 정부간 비정부간 기구를 활용해 자국의 세력을 점진적으로 확대하고 있다. 같은 맥락에서 2001년 9·11 테러 이후 미군의 주둔과 군사기지 사용으로 '신 거대한 게임(New Great Game)'이 진행 중이다.[13)]

〈그림 3〉 중앙아시아의 주요 미러 군사기지

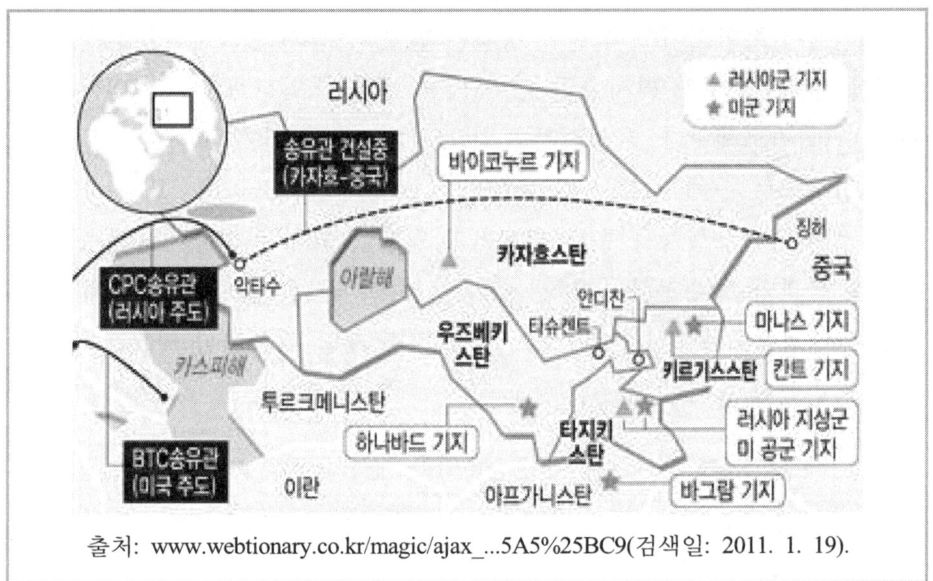

출처: www.webtionary.co.kr/magic/ajax_...5A5%25BC9(검색일: 2011. 1. 19).

미국은 2001년 키르기스스탄에 마나스 공군기지[14)] 구축을 시작으로 우즈베키스탄의 테르메즈 기지와 타지키스탄의 두샨베 공항을 이용할 수 있게 되었다. 2008년 12월 카자흐스탄 상원이 미군기지 이용 조약을 6년 만에 비준하면서 알마티 공군기지도 이용 가능하다. 이로써 미 공군과 NATO 공군이 카자흐스탄에서 대테러전과 아프간 작전을 직접 지원할 수 있게 됨을 의미한다<그림 3 참조>.

Ⅲ 러시아의 중앙아시아 정책의 변모

이상과 같이 러시아의 대중앙아시아 정책은 지정학적, 지경학적, 지전략적 측면에서 복합적이고 다원화 경향을 띤다. 중장기적으로 <표 2>와 같은 목표에 주력한다. 또 러시아의 동 지역에 대한 대외정책은 시기와 이해관계에 따라 변모해왔다. 부연하자면 1990년대 체제전환기 옐친 대통령의 친서방 정책으로 인해 러시아의 대중앙아시아 정책이 소극적이었다. 1990년대 초 CIS의 안보협정을 통한 러시아의 영향력 확대는 성공적이지 못했다. 구소련 붕괴와 체제전환기 자국 내의 정정불안과 유럽 및 미국에 대한 친서방 외교정책으로 인해 상대적으로 동 지역 대한 적극적인 외교정책의 부재로 드러났다.

〈표 2〉 러시아의 중앙아시아 정책의 주요 특성

분류	주요 내용
안보적 측면	• 동 지역은 러시아 남쪽 국경지역의 완충지대로 근접지역에서 핵 분쟁이나 기타 분쟁 발생시 즉각적인 군사력 배치가 가능해야 함.
에너지 자원	• 자원의 보고로 러시아는 카스피해지역에 영향력을 유지해야함.
파이프라인 구축	• 정치경제적으로 기존의 파이프라인의 유지 및 구축을 통해 통제권 유지를 통해 동지역의 영향력 강화를 유지해야함.
상호협력강화	• 경제 협력 강화 및 동지역에 거주하는 러시아인을 보호하고 러시아어와 문화의 상호교류 확대를 통해 정치문화적 측면의 역할 강화를 유지해야 함.

1990년 중반과 후반 옐친의 친서방 정책의 회복기로 근외정책의 중요성을 강조하게 되었다. 유라시아주의 부활과 미국의 일방주의와 NATO의 동진에 대한 반대하는 적극적인 정책의 전환 시기였다. 1995년 9월 옐친은 CIS 국가들에 대한 대외정책과 관련, '러시아의 전략적 방향에 관한 러시아 대통령령'을 통해,[15] 구소련 공간의 재통합을 외교정책의 최우선순위로 선언했다. 옐친은 '근외지역 개념'에 중요성을 강조했다. 구소련 국가들의 '재통합'

을 핵심적인 외교정책으로 설정했다. 러시아는 중앙아시아 국가들과 중국과 국경문제를 조정하고 1996년 '상하이-5국' 체제를 구축했다. 러시아의 유라시아 구축의 지전략적(geo-strategy) 외교정책에 기반을 둔 것이다.[16)]

2000년대 초 옐친의 승계자 푸틴 대통령은 '강한 러시아 국가' 건설과 이슬람 원리주의 척결'과[17)] '테러와의 전쟁'을 선포했고 체첸 분리주의 전쟁을 종결하기 위해 국제공조를 강조했다.[18)] 또 푸틴은 '유라시아 대륙의 세력판도는 중앙아시아의 상황에 의해 결정된다,'라고 언급하면서 적극적인 개입 정책으로 선회했다.[19)] 그는 중앙아시아의 '지정학적 역할'과 에너지자원의 주요 공급지로서 동 지역에 대한 자국의 영향력 회복에 주력했다.

2001년 6월 러시아는 중국과 카자흐스탄, 키르기스스탄 등을 중심으로 '상하이-5국' 체제를 계승해 SCO를 출범을 통해 상호협력 관계 구축을 도모했다. 다소 공세적인 근외정책을 수행했다.[20)] 러시아는 공세적으로 SCO를 중심으로 자국과 동 지역의 안정과 발전에 심각한 위협 요소인 '분리주의자, 회교 근본주의, 국제테러, 마약 및 무기밀매, 나토의 확대' 등을 견제했다.[21)]

구체적으로 러시아의 중앙아시아의 주요 외교정책을 시기별로 살펴보면 다음과 같다. 첫째, 러시아의 CIS 국가들에 대한 대외정책의 대상의 수정이 제기되었다. 비현실적이었던 CIS 국가들의 '통합추구' 전략을 재고했다. 통합보다는 CIS 국가들과 '쌍무관계'를 강화했다. 상호의존 및 다자안보 구축을 통해 새로운 협력체제 구축을 도모했다. 특히 '탈러시아화'가 두드러졌던 우즈베키스탄과 투르크메니스탄에 푸틴 방문이 이어졌다. 푸틴은 2000년 6월 '대외정책 개념'(Foreign Policy Concept)을 발표했다. 중앙아시아 국가들과의 관계 개선이 최우선 정책으로 채택되었다.[22)] 푸틴은 SCO 외에 다자안보협력기구인 CIS, 집단안보조약기구(Collective Security Treaty Organization, 이하 CSTO), 유라시아경제협력체(Eurasian Economic Community, 이하 EurAsEC) 등을 통해 협력관계 증진을 도모했다.

둘째, 미국의 일방주의와 NATO 동진에 대한 견제가 강화되었다. 푸틴의 대중앙아시아 대외정책의 재설정은 불가피했다. 2000년대 중반 계속되는 미군의 주둔과 러시아 영토를 통과하지 않고 카스피해의 원유가 유럽으로 수출되는 BTC 파이프라인 구축 등으로 미러 양국은 갈등으로 치닫게 되었다. NATO의 동진은 우크라이나와 그루지야와 아제르바이잔을 거쳐 카프카즈 지역과 중앙아시아로의 팽창이 계속되었다. 미국의 동유럽 MD 구축과 친미 일변도의 그루지야와 색깔혁명(시민혁명) 등의 민주주의 확산은 러시아의 안보를 위협하는 주요 요소로 간주되었다.

2001년 9·11 테러 이후 미국의 중앙아시아 역내 군사기지 건설과 영향력 확대는 러시아의 대외정책의 변화에 중요했다. 푸틴 대외정책은 실용주의에 의해 추진되었다. 중앙아시아와 CIS의 중요성을 강조하면서 미국과 유럽 및 세계경제 체제로의 편입, UN과 협력 등이 주축이 되었다. 집권 초기 푸틴은 미국과 NATO와 반테러리즘 공조 강화를 통해 자국 내에서 일고 있는 체첸반군의 분리주의와 테러를 근절에 주력했다. 실질적으로 '반테러리즘 연합공조'는 러시아 주도보다는 미국 주도 하에 진행되었다. 테러 척결을 위해 러시아는 주도한 CST(집단안전보장조약)와 CIS와의 협력보다는 미국은 키르기스스탄, 우즈베키스탄, 타지키스탄에 미공군 기지 건설을 통해 개별 국가단위의 협력 강화를 모색했다. 미국의 중앙아시아의 적극적인 개입과 영향력 확대 정책은 러시아의 영향력에 대한 도전이자 미국의 일방주의의 견제 정책으로 전환되는 계기가 되었다.

셋째, 러시아의 쌍무적 및 다자적 관계 증진을 통한 '상호주의' 정책의 전환이었다. 고유가 시대 도래, 러시아의 경제회복, SCO 역할 강화, CSTO[23] 등 역내 다자기구를 통해 미국과 NATO의 영향력을 계속해서 견제했다. 러시아는 전통적인 '수직적' 관계 설정에서 '수평적' 관계 설정으로 전환되었다. 동시에 대외적으로 세계경제기구(WTO) 가입과 국제 경제체제로 편입을 통해 강대국으로서의 지위 회복에 주력했다. 중국을 포함해 주변국들과 '협력적 동반자 관계'를 통해 제한적인 러시아의 '고립적 외교'에서 벗어나는 정책이었다. 세계 질서에 편입과 유라시아 강대국으로서의 러시아의 지위 회복이라는 이중적 대외정책을 유지했다.

넷째, 러시아의 대중앙아시아 대외정책의 '연속성'이 강화되었다. 2008년 5월 집권에 성공한 메드베데프 대통령은 동년 7월 대외정책개념을 발표했다. 중앙아시아 지역에 대한 정책의 연속성을 강조했다.[24] 계속해서 8월 초 친미노선과 NATO 가입을 대내외적으로 구사했던 그루지야에 대한 무력 공격이 감행되었다. 메드베데프는 카스피해 지역에서 자국의 국익과 이해 관계를 국내외에 알리는 계기가 되었다. 유사 사례 발생시 러시아는 실질적인 군사적 조치를 감행할 수 있다는 것을 보여준 사례였다. 그루지야의 NATO 가입과 CIS 분리 움직임 등 국제 안보환경 변화와 위협에 적극적으로 대응하겠다는 의지를 표출한 것이다.[25] 러시아는 중앙아시아 및 카스피해 지역이 자국의 '이해권역'임을 CIS 국가들과 미국과 NATO를 대상으로 선언한 것이었다.[26]

V 맺음말

탈냉전기 중앙아시아 지역은 국내외적으로 정치, 경제, 외교, 안보측면에서 급격한 변화가 진행되고 있다. 이런 변화는 지역의 안정화에 위협적인 요소가 되기도 했다. 1990년대 러시아는 동 지역에서의 자국의 영향력 쇠퇴를 경험했다. 탈냉전기 동 지역에서의 '뉴 그레이트 게임'을 경험했다. 2000년대 이후 푸틴의 대외정책의 수정을 통해 자국의 패권적 지위를 회복하고 쌍무적 및 다자안보협력으로 선회하는 다양한 정책을 추진해 왔다. 2008년 5월 집권한 메드베데프 역시 대외정책의 연속성을 강조했다. 자신이 발표한 「국가안보전략」을 통해 중앙아시아와 같은 특정지역에 대한 러시아의 특권적 이익을 고수하며 미국의 일방주의를 배제하고 다극주의 정책을 유지한다. 서방국가들과 우호 협력관계 유지, 외국에 거주하는 러시아인 보호 등도 포함되었다. 그는 2010년 2월 초 2020년까지의 안보정책 청사진을 담은 '신군사독트린'을[27] 통해 이런 점을 더욱 명확히 표출했다.

향후 러시아의 대중앙아시아 정책의 최우선 목표는 정치적 영향력 확대 및 유지와 경제이익의 도모에 더욱 집중될 것이다. 안보적 측면에서 중앙아시아는 러시아 남부 경계지역의 주요 완충지대로서 미국과 NATO의 동진을 계속 견제할 것이다. 단기적으로 러시아는 미국과 중국과의 협력 도모를 통해 아프가니스탄의 평화와 테러리즘에 대한 책임을 공유하는 전략을 유지할 것이다. 러시아는 경제위기의 극복과 경제발전을 위하여 에너지 및 통상 등 전방적인 상호의존적인 경제협력을 확대할 것이다. 2008년과 2010년 메드베데프 대통령이 신외교정책과 군사독트린에서 밝혔듯이 동 지역의 다자안보협력 기구인 SCO, CIS, CSTO의 역할 확대와 회원국들과 연합군사 훈련을 지속할 것이다. 동시에 그는 중국과의 경제협력 강화와 EurAsEC 기구 등을 통해 관세동맹 및 파이프라인의 구축을 통해 에너지를 비롯한 경제협력을 한층 더 강화해 나갈 것이다.[28]

미 주

1) 더 자세한 중앙아시아의 지정학적 특성은 다음을 참조. 박상남, 『현대 중앙아시아』(서울: 한신대학교출판부, 2010).

2) 김명섭 역, 『거대한 체스판: 21세기 미국의 세계전략과 유라시아』(서울: 삼인, 2000) 참조.

3) Zbignew K. Brzezinski, The Grand Chessboard: American Primacy and the Its Geostrategic Imperatives (New York : Basic Books, 1997), Ch.2; 더 자세한 탈냉전기 미국의 대중앙아시아의 전략적 진출에 대해 다음을 참조. 이홍섭, "중앙아시아의 부상과 미-러 관계: 에너지 자원과 9.11테러를 중심으로", 「중소연구」 Vol. 30 No.2, 2006, p.134.

4) 신범식, "푸틴 러시아의 근외정책: 중층적 접근과 전략적 균형화정책을 중심으로", 「국제지역연구」 제14권 4호, 2005 참조.

5) 1991년 구소련의 붕괴로 독립한 국가들과 러시아가 중심이 되어 결성한 연합체이다. 초기 러시아, 우크라이나, 벨라루스, 몰도바, 그루지야, 아르메니아, 아제르바이잔, 카자흐스탄, 투르크메니스탄, 우즈베키스탄, 타지키스탄, 키르기스스탄 등의 12개 국가로 구성되었다. 2005년 투르크메니스탄이 탈퇴하면서 준회원국이 되었다. 2008년 8월 초 러시아와 그루지야 전쟁이후 그루지야는 탈퇴했다. 현재 10개 국가로 구성되었다(더 자세한 논의는 8장 참조).

6) John Roberts, "Energy Reserve, Pipeline Politics and Security Implication", The South Caucasus: A Challenge for EU, Chaillot Paper, No. 65, December 2003, p.104.

7) BP Statistical Review, 2007; 이장규 · 이석호, 『카스피해 에너지전쟁』(서울: 올림, 2006), p.165.

8) 윤영미, "탈냉전기 카스피해 유전을 둘러싼 국제 갈등체제의 쟁점", 「사회과학연구」 서강대 사회과학연구소, 제13권 제2호, 2005, pp.348-374.

9) 장병옥 외, 『미국의 대중동 중앙아시아 외교정책』(서울: 한국외국어대학교 출판부, 2009), p.184; 잘 알려진 대로 미국은 2001년 '국가 에너지 정책' 보고서에서 중앙아시아 및 카스피해, 베네수엘라 및 이라크와 함께 석유와 천연가스에 대한 권리를 반드시 확보해야 하는 지역으로 분류했다. Francoise Nicolas, "International Energy Order and Northeast Asia: A European Perspective", Paper prepared for the conference on New Partnership for Energy Cooperation in Northeast Asia to be held in Seoul, 2005. 10. 28, pp.21-25.

10) 2005년 5월 카스피해의 아제르바이잔(바쿠), 그루지아(트빌리시)와 터어키(세이한)를 통과해 유럽으로 연결되는 BTC 파이프라인이 구축되었다. 아제르바이잔 가스를 터키 에르주룸까지 수송하는 BTE(바쿠~트빌리시~에르주룸) 가스관도 그루지야를 통과한다. 그루지야는 터키나 유럽이 중앙아시아로 진출하기 위한 지정학적으로 전략적 요충지다. BTC라인의 개통으로 파이프라인 통과료 외에 에너지 수입

의 다변화라는 경제적 실익과 자국의 안보도 보장받게 되었다.

11) 나부코는 나부코도노조르의 줄임말로 예루살렘을 정복하고 유대인 박해에 앞장선 신바빌로니아 왕 네브카드네자르 2세(재위BC 604~562)의 이탈리아식 이름이다. 유대인의 자유와 독립 의지를 담은 오페라를 러시아의 통제에서 벗어나 에너지협력을 구축하고자 하는 유럽국가들의 희망이 돌출된 것이다. Keith C. Smith, "Bringing Energy Security to East Central Europe Regional Cooperation Is the Key", Center for Strategic and International Studies, 2010. 4. 7, 참조.

12) Zbignew K. Brzezinski, The Grand Chessboard: American Primacy and the Its Geostrategic Imperatives(New York : Basic Books, 1997), 2장 참조.

13) 장병옥, 『중앙아시아국제정치의 이해』(서울: 한국외국어대학교 출판부, 2001), pp.58-59; A. Cohen, "The New Great Game: Pipeline Politics in Eurasia", Caspian Crossroads, Vol. 1, No. 2, Summer 2001; Peter Hopkirk, The Great Game: The Struggle for Empire in Central Asia (NY: Kodansha International, 1994).

14) 2001년 9·11 사태 이후 아프간 공격이후 수도 비슈케크 외곽에 위치한 마나스 공군기지는 15만㎡의 넓이로 중앙아시아에서 가장 큰 미군기지다. 미군기지는 철수될 예정이었지만 2009년 재계약되었다. 미군이 주둔하는 가장 중요한 이유 중 하나는 키르기스스탄이 중앙아시아의 중앙에 위치하며 중국과 국경을 접한 전략적 요충지로 석유패권 장악과 이슬람근본주의를 막는 길목이다. 또 중국과 러시아를 동시에 견제할 수도 있기 때문이다. 이장규 · 이석호(2006), pp.218-219.

15) Указ Президента Российской Федерации от 14 сентября 1995г. no.940, Собрание законодательства Российской Федерации, 1995г. no.38, c.36-67 (1995년 9월 14일 러시아 연방대통령 명령, no.940 'CIS국가에 대한 러시아 연방의 전략적 방향에 관하여').

16) Владимир Козин, "Интерес к Центральной Азии", Международная жизнь 10; Д. Файзуллаев, 2008, "Россия－США: геополитическое соперничество в Центральной Азии", АЗИЯ И АФРИКА сегодня 3, 2008; 더 자세한 논의 다음을 참조. 신범식, "푸틴시기 러시아의 근외정책과 중앙아시아", 홍완석, 『현대러시아 국가 체제와 세계 전략』(서울: 한울아카데미, 2005).

17) 이슬람원리주의자들에 대항한 새로운 역내 다자안보기구의 창설의 필요성이 제기되었다. 1998년 8월 이슬람 과격 단체인 IMU(Islamic Movement of Uzbekistan) 행동대원들에 의한 키르기스스탄 내 바켄 지역 무장점령 사건의 발생은 중앙아시아 국가들을 결속시키는 계기가 되었다. 이슬람원리주의에 대한 위협을 현실적으로 감지했다.

18) 더 자세한 체첸전쟁에 대해 1장과 다음을 참조. 이웅현 & 윤영미(역), 『러시아자본주의 혁명』(서울: 전략과 문학, 2010).

19) 「Izvestiya」 2004. 10. 18.

20) 류동원, "중국의 다자안보협력에 대한 인식과 실천: 상하이협력기구(SCO)를 중심으로", 「국제정치학보」 44집 4호, 2004, p.132; SCO에서의 반테러센터 설립은 대내외적으로 대테러 활동을 위한 협력 증진에 필요한 조건을 갖추게 됨을 의미한다. 지역적 및 지구적 차원의 안보 강화를 위해 공동의 역량을 최대한 활용할 수 있게 되었다. Alisher Akhunjonnov, "Evaluation and Prospect of SCO Experience", The

IFANC Workshop program, Seoul, Korea, 2004. 10, p.3.

21) SCO에 대한 좀 더 자세한 논의 6장을 참조.

22) 좀 더 자세한 내용은 다음을 참조. 윤영미, "러시아의 안전보장제도와 정책", 함택영 & 박영준 (공편), 『안전 보장의 국제 정치학』(서울 사회평론, 2010).

23) 더 자세한 CSTO의 출범과 기능은 8장을 참조.

24) 푸틴-메드베데프의 관계 다음을 참조. 박상남 외, 『두개의 권력, 러시아의 미래 : 메드베데프, 푸틴의 이중권력 그 운명은』(서울: 플래닛미디어, 2008).

25) И. А. Сафранчук, "Конкуренция за безопасность Центральной Азии", Россия в глоб ольной политике 6, с.1. 2007, http://www.globalaffairs.ru/printver/8833.html (검색일: 2010. 10. 11).

26) Marcel de Haas, Russia's Foreign Security Policy in the 21st Century (New York: Routledge, 2000), p.88.

27) http://inss.re.kr/app/board/view.act?boardId=315628fdc3bfc2712517833d&metaCode=r_intr (검색일: 2010. 11. 12).

28) 더 자세한 다자안보협력체 논의는 7장을 참조.

참고문헌

2010년 12월 1일 한양대학교 아태지역연구센터 주관으로 개최된 중앙아시아 제2차 국내학술대회에서 발표된 논문을 수정 및 보완했음.

고상두, "푸틴의 전방위외교정책: 제국증후군의 극복", 「한국정치학회보」 39집 1호, 2005.

고재남, "트랜스 카프카즈· 중앙아시아의 '신거대게임'과 러시아의 대응", 「외교안보연구원」 2005. 2.

_______, "유라시아 중부지역의 '신 거대게임'과 관련국 대응", 「중소연구」 107호, 2005.

김덕주, "상하이협력기구의 현황과 발전 전망", 「외교안보연구원 보고서」 2002.

김성진, "러시아 외교정책의 성격: 상하이 협력기구에 대한 정책을 중심으로", 「중소연구」 118호, 2008.

김용호 "양자주의와 다자주의: 동아시아의 현황과 전망", 「환동해권 협력의 국제정치경제 세미나보고서」 외교안보연구원, 1998. 1.

류동원, "중국의 다자안보협력에 대한 인식과 실천: 상하이협력기구(SCO)를 중심으로", 「국제정치학보」 44집 4호, 2004.

박상남, "미군 주둔 이후 중앙아시아의 지정학적 변화", 「국제지역연구」 7권 3호, 2003.

______ 외, 『두개의 권력, 러시아의 미래 : 메드베데프, 푸틴의 이중권력 그 운명은』 (서울: 플래닛미디어, 2008).

_______, 『현대 중앙아시아 』(서울: 한신대학교출판부, 2010).

박병인, "상하이협력기구(SCO) 성립의 기원", 「중국학연구」 33집, 2005.

신범식, "푸틴 러시아의 근외정책: 중층적 접근과 전략적 균형화정책을 중심으로", 「국제지역연구」 제14권 4호, 2005.

이웅현 & 윤영미(역), 『러시아자본주의 혁명』(서울: 전략과 문학, 2010).

이장규, 『카스피해 에너지 전쟁』(서울: 올림, 2006).

이홍섭, "중앙아시아의 부상과 미-러 관계: 에너지 자원과 9.11테러를 중심으로", 「중소연구」 Vol. 30 No. 2, 2006.

윤영미, "탈냉전기 카스피해 유전을 둘러싼 국제 갈등체제의 쟁점", 「사회과학연구」 서강대 사회과학연구소, 13권 제2호, 2005.

______, "러시아의 안전보장제도와 정책", 함택영 & 박영준 (공편), 『안전 보장의

국제 정치학』(서울 사회평론, 2010).
______, “상하이협력기구(SCO)와 러시아의 군사안보적 이해에 대한 고찰: 대미견제를 중심으로”, 「평화학연구」 제11권 1호, 2010.
장병옥, 『중앙아시아국제정치의 이해』(서울: 한국외국어대학교 출판부, 2001).
홍완석, 『현대러시아 국가 체제와 세계 전략』(서울: 한울아카데미, 2005).
한구현, “러시아의 대 SCO 전략과 시사점”, 「아태쟁점과 연구」 2권 1호, 2007 봄.
한동만, “탈냉전시대 안보환경 변화와 다자안보협력”, 「외교통상부 보고서」 2002.
황성우, “상하이협력기구의 기능과 역할: 지역패권 장악을 위한 역할을 중심으로”, 「중국연구」 26권, 2005.

Akhunjonnov, Alisher, “Evaluation and Prospect of SCO Experience”, 2004. 10, The IFANC Workshop program, Seoul, Korea.
Brzezinski, Zbignew K., *The Grand Chessboard: American Primacy and the Its Geostrategic Imperatives* (New York : Basic Books, 1997).
Charap, Samuel, “The Petersburg Experience: Putin's Political Career and Russian Foreign Policy”, *Problems of Post-Communism* 51-1, 2004.
Cohen, A., “The New Great Game: Pipeline Politics in Eurasia”, *Caspian Crossroads*, Vol. 1, No. 2, Summer 2001.
Job, Brian, “Matters of Multilateralism: Implications for Regional Conflict Management”, In David A. Lake and Patrick M. Morgan(eds.), Regional Orders: Building Security in New World (University Park, PA: Pennsylvania State University Press, 1997).
Giragosian, Richard, “The US Military Engagement in Central Asia and the South Caucasus: An Overview”, *Journal of Slavic Military Studies*, No. 17, 2004.
Hopkirk, Peter, The Great Game: The Struggle for Empire in Central Asia (NY: Kodansha International, 1994).
Nicolas, Francoise, “International Energy Order and Northeast Asia: A European Perspective”, Paper prepared for the conference on New Partnership for Energy Cooperation in Northeast Asia to be held in Seoul, 2005. 10. 28.
Roberts, John, “Energy Reserve, Pipeline Politics and Security Implication”, *The South Caucasus: A Challenge for EU, Chaillot Paper*, No. 65, December 2003.
Smith, Keith C., “Bringing Energy Security to East Central Europe Regional Cooperation Is the Key”, *Center for Strategic and International Studies*, April 7, 2010. 4. 17.
Владимир Козин, “Интерес к Центральной Азии”, Международная жизнь 10; Д. Файзуллаев, 2008, “Россия－США: геополитическое соперничество в Центральной Азии”, *АЗИЯ И АФРИКА сегодня* 3, 2008.

И. А. Сафранчук, “Конкуренция за безопасность Центральной Азии”, *Россия в глобальной политике* 6, с.1. 2007, http://www.globalaffairs.ru/printver/8833.html (검색일: 2010. 10. 11).

Указ Президента Российской Федерации от 14 сентября 1995г. no.940, Собрание законодательства Российской Федерации, 1995г. no.38, с. 36-67.

「연합뉴스」 2010. 9. 14.

「연합뉴스」 2010. 11. 26.

「Izvestiya」 2004. 10. 18.

http://www.ibtimes.co.kr/article/news/.../0214390.htm(검색일: 2010. 11. 20).

www.webtionary.co.kr/magic/ajax_...5A5%25BC9(검색일: 2011. 1. 19).

http://azeri.tistory.com/category/%3Fpage%3D5(검색일: 2011. 1. 5).

http://met24.egloos.com/3247531(검색일: 2011. 1. 13).

Chapter 6

러시아와 중국: 협력과 경쟁의 관계

<flager8.egloos.com/2702036>

I 들어가는 말

탈냉전기 세계경제의 글로벌화와 정치적 다원주의가 확대되고 있는 가운데 국가안보 개념에도 많은 변화가 일고 있다. 전통적인 군사안보는 물론이고 대량살상무기 확산, 테러리즘, 이슬람 원리주의, 민족분리주의 등 비전통적인 포괄안보에 대한 중요성이 더욱 중요해지고 있다. 중앙아시아 지역도 냉전시기 생성된 이념적인 전통적 안보에서 탈피해 다양한 포괄안보의 위협에 직면해 있다. 이와 같은 중앙아시아의 변화하는 국제안보 환경 하에서 상하이협력기구(Shanghai Cooperation Organization 이하 SCO)가 2001년 6월 15일에 공식 출범되었다. SCO는 중국, 러시아, 카자흐스탄, 키르기스스탄, 타지키스탄을 중심으로 1996년 4월 말 출범한 '상하이-5'에[1] 우즈베키스탄이 가입하면서 6개 회원국으로 구성되었다.[2] SCO은 중앙아시아의 유일한 정부 및 지역간 국제기구로서 상호신뢰와 우호 증진, 협력관계 구축, 역내 평화, 다자안보 구축을 목적으로 한다. 6개 회원국의 정상들은 SCO의 기본 목적과 원칙을 명시한 「성립선언」을 채택했으며 「테러리즘, 분리주의 및 원리주의」 척결을 위한 협약에도 서명했다. SCO는 정례적으로 정상 및 정상급 회담을 통해 회원국 상호간 다양한 협력을 추구한다. 초기의 회의체에서 협력체제로의 제도화가 구축되었고 협의 의제도 다양해지고 있다. SCO는 러중 양국 주축으로 중앙아시아의 다자안보 협력과 시장경제체제 구축을 주도하고 있다. SCO는 창설 이후 양국은 국익과 다른 회원국과의 이해관계에 의해 협력과 경쟁관계가 서로 교차되고 양상을 드러낸다. 이런 맥락 하에 본 장에서는 SCO을 주도하고 있는 러중 양국을 중심으로 주요 이슈별 협력과 경쟁 관계를 고찰해 보고 시사점에 대해 고찰해보고자 한다.

II 상하이협력기구(SCO)의 주요 기능

앞서 언급한 대로 러시아와 중국이 중심이 된 '상하이-5국' 정상회담은 인접국가와 국경지역의 군축, 역내 협력촉진과 상호신뢰와 우호가 반영된 회담이었다. 2000년 우즈베키스탄은 타지키스탄 정상회담에 주최국이 초청한 옵서버로 참여하면서 상하이-5국에 합류했다. 그 후 2001년 1월 기존 회원국의 동의하에 6월 상하이에서 SCO 출범과 함께 정식회원국으로 가입하게 되었다. 동년 6월 제1차 중국의 상하이에서 열린 정상회담에서 '테러리즘, 분리주의 및 극단주의 척결'을 위해 상하이 협약이 체결되었다<그림 1 참조>.

SCO의 「성립선언」 설립취지와 기본 기능에 대해 몇 가지 살펴보면 다음과 같다. 설립목적은 회원국 상호간의 신뢰와 우호 증진, 정치, 경제, 무역, 과학기술, 문화, 교육, 에너지 등 각 분야의 효율적인 협력관계 구축에 있다. 역내 평화, 안보, 안정을 위한 공조체제 구축, 민주주의, 정의, 합리성을 바탕으로 한 새로운 국제정치 및 경제발전의 촉진 등이다. 이런 배경 하에 SCO의 기본 이념은 국제연합헌장의 목적과 원칙 준수, 상호독립과 주권존

중 및 영토적 통합 존중, 회원국 사이의 내정간섭과 무력 사용 및 위협 배제, 회원국 사이의 평등 원칙 준수, 모든 문제의 협의를 통한 해결, 역외 국가 및 기구와의 적극적인 협력 모색이 포함된다<표 1 참조>.3)

〈그림 1〉 SCO 회원국과 옵서버 현황

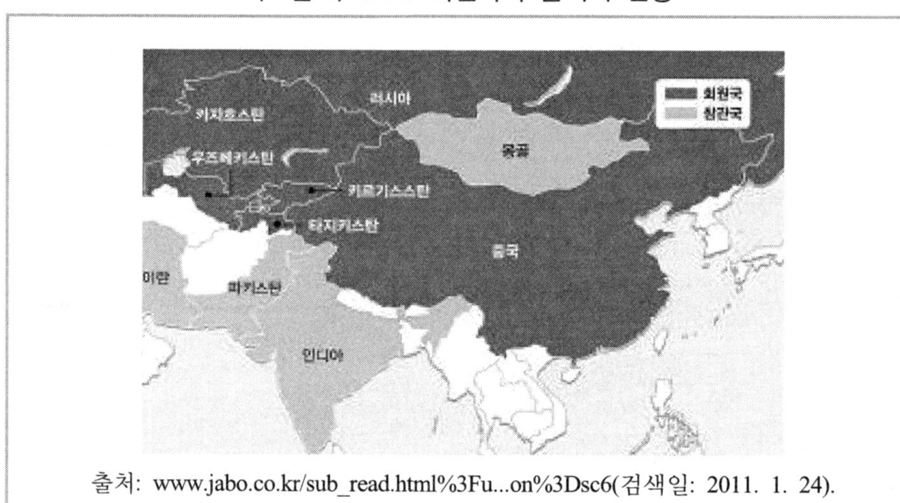

출처: www.jabo.co.kr/sub_read.html%3Fu...on%3Dsc6(검색일: 2011. 1. 24).

SCO가 추구하는 최우선 기능은 안보부문의 협력을 강화이자 지역의 평화와 안정을 꾀함에 있다. 경제무역 부문의 협력을 강화하고, 공동발전을 촉진하며, 궁극적으로 지역과 국제문제에 있어서 협력을 강화하며 중대한 국제 및 지역문제에 있어서 상호지지와 밀접한 협력을 도모함에 있다. SCO의 설립목적과 기능을 잘 발휘하기 위해 다양한 회의와 기구가 형성되었다. 사무국과 반테러센터 집행위원회와 같은 상설기구가 중앙아시아의 지정학적 경쟁과 대립을 지양하는 역할을 수행한다. 역내의 역동적이고 지속적 발전을 지지하는 다른 국제기구들과의 협력을 증진한다.4)

〈표 1〉 SCO의 주요 개관

항 목	주요내용
취지와 목적	• '상하이-5' 과정에서 형성된 '상호신뢰, 상호이익, 평등, 협상, 다양한 문명 존중, 공동발전의 모색'을 내용으로 하는 '상하이 정신'이 채택 지속적으로 발전시켜 SCO 회원국간 상호관계의 준칙이 되어야 함. • 각 회원국간의 상호 신뢰와 선린 우호를 강화하고, 정치, 경제, 과학기술, 문화, 교육, 자원, 교통, 환경보호 및 기타 영역의 효율적인 협력을 장려함. 지역의 평화안전 및 안정에 대한 보호 및 보장을 위해 공동 노력하고, 민주적이고 공정하며 합리적인 국제정치 경제 신질서를 건설하는데 SCO의 목적이 있음.
조직	• UN 헌장의 취지 및 원칙을 기본 조직이념으로 하여 주권존중, 상호 독립, 영토 보존, 국경 불가침, 내정 불간섭, 위협 및 무력 사용 금지, 군사적 패권추구 금지, 상호 협상을 통한 문제 해결 등을 SCO의 조직이념으로 규정하고 있음. • 회원국 주관부처의 협력 및 상호 협력을 위해 '국가조정위원회(Council of National Coordinators)'를 설립하고 외무장관회의에서 합의된 회의 임시조례에 따라 동 위원회 활동을 규범화하기로 함. • SCO 사무국과의 연락 편의를 위해 각 회원국은 베이징에 상주 대표를 파견키로 했으며, 회비 분담, 연회비 각출, 자금 집행 등 예산문제는 별도 협정을 통해 확정하기로 함.
회의 개최	• 정상회의를 년 1회 이상 정례화하고, 총리회의는 수시로 열며, 외무장관 회의는 정상회의 1개월 전에 개최하기로 함. • 각 영역의 협력 확대 및 강화를 위해 이미 형성된 관계부처 지도자회담 체제 이외에도 새로운 회담체제를 구성할 수 있으며, 상설 또는 임시 전문가연구소를 설치하여 협력 방안과 건의를 확대해 나갈 수 있음.
회원국 가입	• 동 기구의 틀 내에서의 협력 취지와 임무 및 SCO 창립 선언에 맞게 협력을 촉진하고 회원국의 동의하에 새 회원국을 받아들일 수 있음. 현재 인도, 파키스탄, 몽골, 이란, 투르크메니스탄 등 10여개 국가가 가입 의사를 표명하고 있음. • 현재 회원국들은 가입 희망국들을 흡수하되 점진적인 방식을 취하겠다는 입장으로 우즈베키스탄의 경우에서와 같이 회원국 추가 영입 전단계로 옵서버 제도를 도입하고 있음.

출처: 김덕주, "상하이협력기구의 현황과 발전 전망", 「외교안보연구원 보고서」 2002, p.4를 재정리함.

〈표 2〉 SCO의 주요 회의와 기구

주요 회의	역할 및 기능
정상회담	• SCO의 최고결정기구로 정책과 주요 활동 방향을 결정하고, 내부 체계 및 역할, 다른 국가와 국제기구들과의 공조 문제, 국제 현안 등을 해결함. • 통상 연 1회 이상 열림. 정상회의에서 정상회담을 개최하는 국가가 의장국이 된다. 회의 개최지는 러시아어 알파벳순으로 정함.
총리회의	• SCO의 예산을 책정, 심의하고 경제 및 회원국 간 협력 증진 분야에 관련된 구체적 사안들을 해결함. 연 1회 열리며, 의장국은 회의 개최국이 맡음.
외무장관회의	• 정상회담 준비 등 SCO의 현안을 논의하고, 결정을 이행하며 국제문제에 관해 협의함. 외무장관회의는 통상 연 2~3회 개최되며 정상회담 직전에는 반드시 열림.
국가조정위원회	• 본 위원회의 의장직은 정상회담 개최국이 맡음. 대부분 회원국에는 이 위원회에 차관급 또는 (본부)대사급으로 대표를 파견함. • 외무장관회의 의장의 위임으로 국가조정위원회 대표는 국제교류에서 SCO를 대표할 권리를 갖고 있으며 국가조정위원회 회의는 합의에 따라 수시로 개최하며 연 3회 이상으로 함.
경제통상부	• 2004년 5월 우즈베키스탄의 발의와 다른 회원국들의 지지로 SCO 회원국 간 포괄적인 경제협력 프로그램의 구체적 규정을 정하기 위해 SCO 경제통상부 임시회의가 개최된 바 있음.
사무국	• 상설 행정기관으로서 SCO의 다양한 행사의 조직적 및 기술적 문제를 담당하고 예산 및 국제 교류에 관한 SCO 문서를 작성하고 이행함. • 과거의 국가조정위원회에서 담당해왔던 조직적 기술적 역할을 담당해오고 있고 6개 회원국의 국민들이 3년 임기로 근무하며 이는 각국의 SCO 분담금에 따라 쿼터제로 정함. 사무국은 유엔 공식 옵서버 자격을 얻었음.
반테러센터	• 역내 반테러 센터는 SCO의 상설 기관이며, 테러리즘, 분리주의, 극단주의 척결을 위한 수사기관과 특수부대간 조정 및 공조 활동 목표로 함. • 협의회와 집행위로 구성됨. 2004년 2월부터 본격적인 활동을 시작했고 집행위원장과 위원은 3년 임기로 임기 만료 후 위원회는 새로 구성됨.

그밖에 연례 정상회담과 총리급 회담 및 외무장관 협의회와 회원국 간 이사회 조직도 가동 중이다<표 2 참조>. SCO는 매년 한 차례 회원국들이 최고결정기구인 정상회담을 개최한다. 정상회담 개최국의 대통령이 의장을 맡는다. SCO의 산하기구로 사무국과 역내 테러척결센터와 국방부장관 협의회, 외무부장관 협의회, 경제부 장관 협의회 등 하부협의체가 구성되었다.[5)]

2001년부터 2004년까지 회원국들은 SCO 조직의 제도화 구축에 주력했다.[6)] 동년 9월 카자흐스탄의 알마티 정상회담에서 총리(head of government) 회담의 정례화가 2002년 SCO의 헌장과 지역 대테러기구(regional anti-terrorist structure: RATS) 성립협정이 체결되었다. 2003년 6월 러시아의 모스크바 정상회담에서 '포괄적 동반자' 관계 구축에 대한 공동성명을 발표했다. 전반적으로 발전된 공식적인 기구로 발전시키는 것을 목적으로 했다. '안보협력과 상업적 유대 관계'를 수립하는 협정에도 서명했다. 회원국들의 무역이 활성화될 수 있는 다양한 경제이슈도 합의했다. 2003년 9월 베이징 총리회담에서 회원국들의 교역 및 경제협력 프로그램이 승인되었다.[7)] 2004년 1월 초 베이징에 사무국이 설치되었다. 동년 6월 우즈베키스탄 정상회담에서 역내 대테러센터의 신설을 결의했고, 지역 내 테러척결센터는 키르기스스탄의 수도 비슈케크에 설치되었다. 주지하는 바 SCO에서의 반테러센터 설립은 대내외적으로 대테러 활동을 위한 협력 증진에 필요한 조건을 갖추게 됨을 의미했다. 지역 및 지구적 차원의 안보 강화를 위해 공동의 역량을 최대한 활용할 수 있게 되었다.[8)] 중앙아시아 역내 테러근절 및 아프가니스탄 지원에 합의했다. 경제협력 강화를 위해 중국이 9억 달러 차관을 제공하기로 했다. 회원국 확대와 관련해 몽골을 옵서버 자격으로 참여시키는 결의안에도 서명했다. 결과적으로 가장 주목되는 점은 SCO의 제도적 정치가 마련된 회담이었다. 회원국들은 효율적인 협력체이자 법적근거가 마련된 총 10개의 문서에 서명했다.[9)]

2005년 7월 카자흐스탄의 아스타나 정상회담에서 개최되었다. 회담 전에 개최된 외무장관 회담에서 기존의 회원국 외에 인도, 이란, 파키스탄 3

개 국가가 옵서버로 참가했다. 외무장관 성명을 통해 SCO의 다극화를 지지했다. 전 회원국은 동 지역에 주둔 중인 '미군의 조기 철수'와 색깔 혁명에 대한 '외세' 개입을 반대하는 미국의 일방주의에 반대하는 정치적 입장과 성명을 발표했다.[10] 2006년 6월 중국의 상하이 회의에서 6개 회원국의 기업과 금융기관들은 중국과 타지키스탄 그리고 우즈베키스탄을 연결하는 도로 건설 등 20억 달러 규모의 경제협력 협정에 서명했다. 당시 회원국들의 '에너지협력' 논의가 중요 이슈로 급부상했다.[11]

2007년 8월 키르기스스탄의 비슈케크 회의에서 '비슈케크 선언'이 채택되었다. 글로벌 이슈에 대한 다국적 접근과 다양한 이슈인 빈곤감축, 자연생태계, 에너지 안정을 실현하기 위한 협력 구도 모색이 핵심이었다. 테러퇴치의 필요성도 강조했다. 아프가니스탄의 마약 밀거래 근절도 제기되었다. 에너지그룹 창설도 주요 의제였다. 2008년 8월 타지키스탄의 두샨베 회의에서 '대테러, 마약근절, 경제협력 방안, SCO 확대 관련 정치적, 법적, 재정적 문제를 다룰 실무그룹 구성에 대해 논의가 있었다. 그러나 취임 후 처음으로 참석한 메드베데프 대통령은 8월 초 단행한 그루지야 전쟁에 대해 회원국의 지지 도출에 실패했다. 2009년 6월 러시아의 예카테린부르크 회의에서 SCO의 UN 국제문제에 대한 조정자 역할이 강조되었다. 계속해서 지역안보 및 테러대응 협력 방안, 경제 및 금융위기 극복 방안이 모색되었다.[12]

Ⅲ SCO와 러중의 협력 이슈

1 다자안보

안보 이슈는 SCO에서 가장 중요한 기본적인 이슈이자 동 기구의 창설 이념이다. 그동안 정상회의에서 가장 많이 논의되었다. 지정학적으로 중아

아시아 지역은 러중 양국에게 있어 정치, 경제, 군사적으로 매우 중요하다. 특히 냉전의 종식은 양국에게 새로운 관계 정립과 오랜 역사를 지닌 국경 문제의 해결에 적절한 기회를 제공한다. 탈냉전기기 반테러와 이슬람근본주의에 대처하기 위해 양국은 안보공조를 가장 중요한 국가전략으로 간주한다. 부연하자면 안보적 측면에서 테러리스트와 이슬람 근본주의자들의 북진을 억제할 수 있는 러시아의 완충지역이다. 러시아는 SCO와의 협력을 통해 남부 국경지역인 아프가니스탄으로부터 마약 및 무기가 밀반입되는 것을 방지하기 위해 국경수비를 강화한다. 아울러 중앙아시아 지역은 중국의 서부내륙지역과 인접해 있어 신장위구르 분리주의의 도전으로부터 국가안전의 중대한 위협요소로 간주되어 왔다. 한편 이것이 중국의 동 지역에 대한 중요한 전략적 요소로 작용한다. 중국 서북부 이슬람화와 영토보전을 위협하는 이슬람극단주의의 확산 방지를 위해 러시아와의 공조체제를 유지하고 SCO의 다른 회원국들과의 연대도 중요한 안보 이슈가 된다.[13)]

앞서 서술했듯이 안보 및 군사부문에 있어서, 타슈켄트에 위치한 SCO 반테러센터는 이러한 목표와 과제를 실현하기 위해 중요한 역할을 수행하는 기관이다. SCO는 반테러센터 설립을 통해 대내외적으로 대테러 활동을 위한 협력 증진에 필요한 조건을 갖추게 되었다. 지역적 및 지구적 차원의 안보 강화를 위해 공동의 역량을 최대한 활용할 수 있게 되었다. 국경 수비와 소수민족 문제, 테러리즘과 대량살상무기의 확산과 다국적 범죄의 도전으로부터 자국의 안보를 수호하기 위해 SCO의 협력이 더욱 모색되고 있다. 이런 관점에서 양국은 2005년 황해와 산둥성 일원에서 상륙작전을 중점으로 하는 ‘평화사명 2005’ 합동훈련을 실시했다. 그 이후 매년 2년에 한 번씩 군사합동 훈련을 실시하고 있다. 2007년 8월 러시아 중부 첼랴빈스크 주에서 사상 처음으로 전 회원국이 참여하는 대규모 합동군사연습인 ‘Peace Mission 2007’을 실시했다. 합동훈련은 대테러전을 명분으로 회원국 병력의 작전 협력 등의 연습에 집중되었다<그림 2 참조>.[14)]

〈그림 2〉 SCO의 '평화사명-2007' 군사훈련 현황

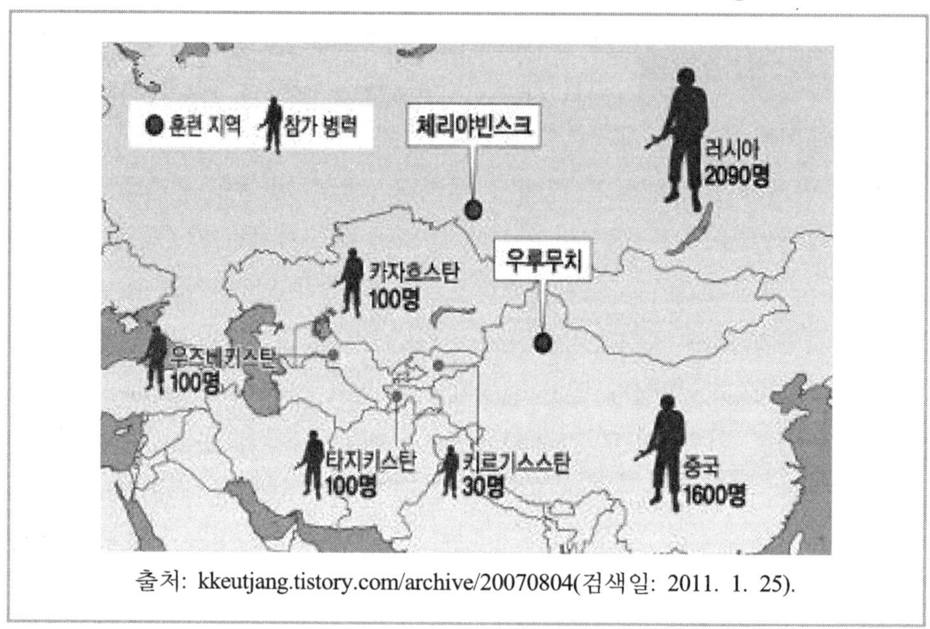

출처: kkeutjang.tistory.com/archive/20070804(검색일: 2011. 1. 25).

2009년 6월 정상회담에서 지역안보 및 테러대응 협력방안이 논의되었다. SCO 정상들은 역내의 평화, 안보, 안정을 위협하는 상황에 대한 정치외교적 대응방안과 2010-2012년 동안 테러리즘, 분리주의 및 극단주의에 대응하는 프로그램을 승인했다. 푸틴 총리는 '아프간 마약 문제를 다룰 기구를 SCO 내에 설치할 것을 제안했다. 이처럼 다자안보 구축에 러중의 공동의 협력적 이해관계가 더욱 강화되고 있다. 양국은 테러리즘을 반대하고 경제무역협력을 강화하는 것이 SCO의 요지라는 점을 다시 한 번 확인했다. 구체적인 실현을 위해 푸틴은 회원국 사법기관들이 상호협력을 강화하고 위기에 공동 대처할 수 있는 기구의 창설을 역설했다. SCO 회원국들은 테러리즘 공조 외에 마약거래 및 국제범죄 근절을 위해 협력을 촉구했다. 동시에 양국은 현행 국제질서는 다극화 체제로의 진행에 대해 인식을 공유하고 있음을 재확인 했다. 다양한 국제문제 해결에 지역적 접근이 중요하며 동시에 SCO가 UN의 조정자로서의 역할을 확대해야 함을 촉구했다.[15)]

2010년 9월 초 '평화 사명 2010(Peace Mission 2010)'으로 명명된 훈련은

최근 3년 내 SCO가 실시한 훈련 중 최대 규모였다. 러시아와 중국, 카자흐스탄의 병력 3000 명이 카자흐스탄에서 2간의 군사 훈련을 감행했다.[16] 훈련 목적은 마약 밀매 조직원에서 이슬람 반군을 포함해 안보위협 세력에 대한 대응을 준비하기 위한 것이었다. 2010년 11월 말 타지키스탄 두샨베에서 제9차 SCO 총리회담을 열고 역내 안보와 정치, 무역 등 다양한 분야에서 협력을 모색하기로 합의했다. 6개 회원국 외에 이란, 인도, 몽골 및 파키스탄이 옵서버로 참여했다. 아프가니스탄은 주최국 초청으로 참석했다. 공동성명에서 경제 무역 협력을 촉진하기 위한 별도의 금융 메커니즘을 창설하는데 협의를 계속 하기로 했다.[17]

② 경제협력

현재 SCO에서 가장 비중 있게 논의되고 있는 주요 이슈는 다자안보와 더불어 경제협력 강화다. 최근 글로벌 경제위기에 직면하면서 G2로 부상한 중국의 SCO에 대해 경제원조와 공조 강화가 더욱 적극적으로 진행되고 있다. 중앙아시아의 국가들은 사회주의 경제체제에서 시장경제를 도입하는 공통의 체제전환기를 경험했다. SCO 회원국들의 지리적 인접성, 광활한 영토, 풍부한 천연 자원 및 인적 자원, 상호보완적인 경제 구조의 공통점 경제협력에 중요한 잠재력으로 작용한다.[18]

SCO 회원국들의 경제이익의 증대를 위한 경제 및 통상협력의 확대는 매우 중요한 정책 목표가 된다. 러중 양국은 SCO를 통해 경제위기의 극복과 경제발전을 위해 양자 및 다자간 협력방안을 추진 중이다. 2009년 6월 정상회담에서 러중은 회원국들과 함께 국제금융위기 충격 최소화, 에너지 및 식량안보, 기후변화 및 국제경제의 경기후퇴 등과 관련해 경제 및 금융협력을 강화하기로 협의했다. SCO 은행협회(Interbamk Association)는 회원은행 및 SCO 비즈니스 단체와의 협력, 상호 전문가 훈련기회 제공 및 경험 공유를 확대하기로 했다.[19] 동년 6월 SCO 예카테리나 정상회담에서 발의된 무역결제 통화의 다양화에 대해 논의했다. 자국 화폐를 무역결제 통화로 사용하자는 것이었다. 카자흐스탄에서 무역확대와 회원국들간의 결제수단에 관한 문제를 협의하기 위해 재무장관과 중앙은행장 회의를 열기로 했다. 교통과 에너지, 텔레콤 영역 등 20여개 대형 경제협력 프로젝트가 가동 중이다.[20]

2009년 10월 중국 베이징에서 열린 제8차 SCO 총리회담에서 SCO의 성격이 안보 중심에서 보다 더 경제 중심으로 전환되는 '경제공동체' 구상이 논의되었다.[21] 국제금융위기 상황에서 회원국들의 경제협력 및 교역 촉진 확대방안이 중점 논의되었다. 몇 가지 합의 내용을 살펴보면 다음과 같다. 우선 SCO 경제발전 관리체계 구축, 금융협력 강화 및 투자환경 개선이 주요 현안 이슈였다. 둘째, 통관업무 효율성 제고와 항만 기본설비 개선, 농업 및 기술협력 심화, 대형 프로젝트를 위한 공동계좌 개설 등 광범위한 경제협력 등이 포함되었다. 셋째, 회원국들 간에 교통통신망 연결 사업을 확대하고 이 사업에 투입될 기금도 조성하기로 했다.[22]

러시아는 세계 금융위기 극복방안으로 국제 금융질서 개혁을 중국과 논의했다. 그러나 양국의 국제결제통화에 대해 다소 이견을 좁히지 못했다. 메드베데프 대통령은 회원국 사이의 무역 결제와 금융자산을 투자할 때 자국 통화 활용도를 제고하기 위해 국제결제통화, 특히 달러에 대한 의존도를 줄여나가자고 제안했다. 달러 이외에 초국가적인 지급수단과 결제수단을 개발하여 새로운 결제통화의 창설 필요성을 피력했다. 그러나 중국은 초국가적인 결제통화 개발은 달러에 대한 의존도를 축소할 것으로 판단해 회의적인 반응을 나타냈다.[23]

3 에너지협력

에너지안보 및 자원개발 측면에서 중앙아시아 지역은 국제 에너지안보의 중요한 전략적 공간으로 간주된다. 러시아를 포함한 국가는 자원 부국으로 가장 중요한 경제협력 영역은 석유 및 천연가스 부분이다. 석유 및 천연가스는 가장 중요한 자원이며 파이프라인 건설과 이용은 중앙아시아

경제발전을 규정하는 핵심 사항이다.[24] 러시아가 동 지역에서의 석유 및 가스에 대한 우선권 주장에 대한 가장 중요한 근거는 오랫동안 유전개발 및 파이프라인 건설에 필요한 협력과 투자를 진행시켜 왔기 때문이다.[25]

현재 중앙아시아 지역은 에너지의 중요성이 부각되면서 신 거대한 게임(New Great Game)'[26]이 재현되는 결정적인 요소가 된다.[27] 이란을 경유해서 페르시아만으로 연결되고, 아프가니스탄과 파키스탄을 경유하여 인도로 연결이 가능하다.[28] 러시아는 파이프라인 건설을 위해 역내 국가들과 긴밀한 협력을 유지되며 미국을 위시한 메이저 석유회사들의 진출이 활발하다.[29] 이들 국가들은 러시아 영토를 우회하는 또 다른 노선인 '나부코(Nabucco)' 프로젝트를 추진 중이다.[30] 반면에 러시아는 자원개발, 사회간접자본 구축, 교통, 건설 분야에서 중국의 투자를 유도하는 적절한 기회로 삼고 있다.[31]

중국은 자국의 전략적 에너지 공급기지로서 동 지역에서 에너지 자원개발과 투자확대 및 안정적인 투자와 시장을 바탕으로 SCO 국가들과 경제협력에 주력한다. 중국의 자원의 공급지로 중동지역의 자원 의존도를 줄일 수 있는 대체 에너지 공급지로 중요한 지역으로 부상했다.[32] 앞서 언급한 대로 2006년 상하이 정상회담에서 '에너지 협력'이 중요한 이슈다. 2007년 정상회의에서 역내 안보 공동보조와 에너지 분야 협력 강화를 위해 '에너지클럽' 창설 추진이 논의되었다.[33]

중국의 중국석유천연가스공사(CNPC)는 SCO 내의 중요한 투자기구로 주요 유전에 대한 개발권 지분을 획득했다. 중국은 2004년 6년간 2,500km 길이의 송유관을 건설하기 위해 카자흐스탄으로부터 2개의 유전 개발권을 확보했다. CNPC는 신장위구르지역에 매년 5천만t을 공급할 수 있는 대규모 송유관 건설에 합의했다. 중국은 에너지 부국들 대상으로 차관 제공을 통해 관계 증진을 모색 중이다. 중국은 경제위기 극복을 위해 회원국에 100억 달러를 차관을 지원 및 양자 협력을 강화를 통해 영향력 확대에 주력한다. 공세적으로 중국 정부는 차관 제공을 통해 자국의 경제성장에 필요한 중앙아시아 지역의 석유, 가스 등의 자원을 추가 확보에 주력하고 있다.[34]

2009년 10월 초 SCO 총리 회담에서 러중 양국 가스 에너지 공급을 약속하는 '가스 빅딜'이 성사되었다. 러시아의 가즈프롬(Gazprom)은 중앙아시아 지역 외에 러시아의 동시베리아 및 극동지역의 가스를 중국에 공급하기로 했다. 러시아가 동시베리아 이르쿠츠크 코빅타 가스전의 원유 및 가스를 중국에 장기 공급하고 이에 중국은 러시아에 개발자금을 차관형식으로 제공하는 협정에 서명했다.[35] 러시아의 Gazprom은 CNPC에 가스를 연간 700억㎥ 제공한다는 계약을 체결했다. 2014~2015년부터 시베리아와 사할린 가스가 공급될 것으로 관측된다. 러시아는 에너지 자원 판매의 다양화와 Gazprom의 유럽의존도의 탈피와 중국과 경제 협력을 더욱 강화하고자 하는 의도로 파악된다.[36] 최근 중국의 자원외교를 볼 때 중앙아시아 지역은 매우 중요함을 알 수 있다. 러시아를 포함해 중앙아시아의 풍부한 에너지 자원은 중국의 경제발전에 중요한 요소이다. 향후 에너지 강국인 이란이 SCO의 회원국으로 가입할 경우 러중의 에너지 협력은 경쟁적으로 더욱 확대될 것으로 간주된다.

양국은 SCO를 중심으로 회원국들과 '에너지클럽' 형성을 주도하고 있다. 중국은 에너지 수급의 최대 수혜국으로 간주된다. 유라시아 대륙을 연결하는 교통의 중심지로 '실크로드(Silk Road)에서 러시아가 주도하고 있는 신오일로드(Oil Road)'의 역할이 확대되고 있음을 의미한다.[37] 에너지를 둘러싼 양국의 협력과 관계를 어떻게 풀 것인가는 향후 동 지역에서의 중국의 에너지 확보에 중요한 요소가 될 것으로 간주된다.[38]

Ⅳ SCO와 러중의 경쟁 이슈

1 미국의 영향력 확대와 NATO의 동진

2001년 9·11 테러 이후 SCO는 중앙아시아에 대한 미국의 영향력 확대 효과적인 정치적 도구로 활용된다. SCO 외무장관회담에서 반테러 활동에 대한 이중기준의 적용 불가 또는 UN의 역할 강조는 대테러 전쟁을 통한 미국의 동 지역에 대한 영향력 확대의 견제 의미도 내포한다.39)

2003년 러시아는 구소련 붕괴이후 처음으로 키르기스스탄 비슈케크 외곽에 칸트 러시아 공군기지를 개설했다. 키르기스스탄은 미러 양국에 군사기지를 제공하고 있다. 러시아는 중국과 긴밀한 군사협력 관계 유지 및 인도와의 협력이 강화되고 있다. 동 지역에서 러시아는 테러와의 전쟁을 위해 한시적으로 미군주둔을 허용했지만 미군주둔 장기화에 대해 경계를 했다. 미군주둔의 장기화가 현실화되고 러시아 단독으로는 중앙아시아 지역에서 미군철수를 더 이상 종용할 수 없다. 이에 러시아는 안보적 불안정을 초래할 요인들과 미군주둔에 대응할 다자주의(multilateralism)40) 안보체제를 제시했다. 지역 내의 구성원들이 참여하는 다자안보체제 구축을 통해 러시아의 영향력을 회복하고 미국의 일방주의에 대응하기 위한 전략적 선택이다. 구체적으로 SCO는 초기의 반슬람주의의 공동 대처에서 공격적인 미군철수라는 정치적 주장을 통해 동 지역에 미국의 진출과 세력 확장을 견제하는 다자간 안보협력체 기능을 담당했다. 이런 점에서 SCO는 미국의 세계 전략에 맞서는 반미 동맹으로 인식되었다. 2007년 비슈케크 선언을 통해 중앙아시아 지역의 안정과 안전보장을 우선적으로 역내의 연대를 통해 확보해야함을 명시했다. 우즈베키스탄과 키르기스스탄에 주둔한 미군의 철수를 간접적으로 촉구한 것이다.41)

러시아는 미국을 중심으로 한 NATO의 동진에 대하여 의구심을 표출해왔다. CIS의 우크라이나와 그루지야의 NATO 가입 움직임은 러시아에 의해 견제되고 있다. 러시아의 강력한 반대에 직면해 2007년 가입이 무산되었다. 두 국가는 가입신청을 준비 중이지만 러시아의 반대로 가입 신청서조차 제출하지 못했다. 2008년 8월 초 러시아와 그루지야의 전쟁 이후 미러 양국 관계는 더욱 악화되었다. 그루지야는 CIS에서 탈퇴를 선언하고 친서방주의 노선을 추구하고 있다<그림 3 참조>.[42]

〈그림 3〉 러시아와 그루지야의 충돌 현황

그루지야·러시아 유혈충돌 상황(3일째)

2 압하지야군, 고도리계곡에 주둔한 그루지야군 박격포로 공격

1 러시아군 탱크 100여대와 공수부대 등 5000명 병력 투입. 북오세티야 지역을 지나 남오세티야 수도 츠힌발리 장악

4 러시아 함정 수척 오참미라 항구 입항

3 러시아 전폭기, 트빌리시 부근의 군기지 세차례 공습

압하지야 자치공화국 (친 러시아) / 흑해 / 포티 / 남오세티야 (친 러시아) / 츠힌발리 / 러시아 / 그루지야 / 트빌리시 / 터키 / 아르메니아 / 아제르바이잔 / 이란 / 사우디

압하지야 자치공화국

- 면적 : 8432km² (그루지야의 12%)
- 인구 : 18만명(80%가 러시아 시민권)
- 병력 : 1만여명
- 1992년 그루지야에서 일방적 독립 선언
- 1992~93년 내전
- 1994년 휴전 후 3000여명의 러시아 평화유지군 주둔
- 2008년 4~8월 그루지야 정찰기 격추 등 내전 재발 조짐

남오세티야

- 면적 : 3900km² (그루지야의 5.6%)
- 인구 : 9만명(70%가 러시아 시민권)
- 병력 : 5000여명
- 1991년 그루지야에서 일방적 독립 선언
- 1991~93년 내전
- 1994년 휴전 후 2000여명의 러시아 평화유지군 주둔
- 2006년 독립여부에 대한 국민투표 실시(99% 찬성)
- 2008년 8월6일부터 그루지야와 총격전

출처: ask.nate.com/knote/view.html%3Fn...D1173688(검색일: 2011. 1. 23).

중국 역시 NATO의 동진과 미국의 영향력 확대를 견제한다. 동 지역에 대한 미국의 급부상은 중국의 국익을 위협하는 세력으로 인식되고 있다. 이에 중국은 SCO를 통해 미국의 중국 포위 전략에 대한 중요한 돌파구로 삼고 있다. 2008년 8월 초 그루지야 사태로 미러의 신냉전 분위기가 고조되었다. 당시 개최된 SCO 회담에 취임 후 처음 참석한 메드베데프 대통령은 그루지야 사태를 회담의 주요 의제로 거론했다. 중국을 비롯한 회원국들의 지지를 이끌어 내지 못했다. 그루지야 사태에 대한 입장 차이가 러중 양국간 분명히 드러났다. 메드베데프는 중국 후진타오 국가주석과 그루지야 독립 공화국에 관한 내용을 논의는 했지만 중국은 그루지야 사태와 관련 러시아에 대한 공개적인 지지를 회피했다. 새로운 전략적 변화에도 불구하고 중국은 관계국들이 대화와 협상을 통해 적절히 해결한다는 입장을 천명했다. 중국은 그루지야 사태는 SCO의 공통된 관심사는 아니라는 점을 명백히 했다. 대만 문제와 티베트, 신장위구르자치구 등 소수민족의 분리독립 문제를 안고 있는 중국으로서는 남오세티아와 압하지야의 독립을 인정한 러시아를 공개적으로 지지하기 어려웠다.[43]

러시아는 SCO 정상회담의 공동성명에 그루지야 사태에 대한 내용을 포함시키지 못했다. 중국 역시 NATO의 동진이나 미국의 동 지역에 대한 세력 확대나 영향력 확대에 대해 반대한다. 그러나 중국은 그루지야에 대한 미국의 정책에 반대 입장을 적극적으로 표출하거나 소수 민족 문제와 직결된 어떤 특정 이슈에 대해 반대의 의견을 분명히 피력하고 있다. 러시아는 SCO와 전략적 동반자 관계를 유지하면서 중국이 배제된 러시아, 카자흐스탄, 우즈베키스탄, 벨로루스, 아르메니아, 투르크메니스탄, 타지키스탄의 7개국이 참여하는 집단안보조약기구(CSTO)을[44] 확고하게 구축하고 있다. 2002년 역내 군사 안보의 필요성 때문에 출범한 CSTO는[45] 역내 군사 위협, 국제테러, 조직범죄, 마약 밀거래, 비상사태 등에 공동 대응하기 위해 2008년 6월 신속대응군을 창설했다.[46] CSTO 재편성을 통해 중앙아시아 국가들을 재결합하고 미국의 군사적 개입과 NATO의 동진을 견제하는 기구로 활용하고자 한다.[47]

② SCO의 회원국 확대

현재 SCO의 회원국 가입은 동 기구의 협력 취지와 창립 선언에 맞게 협력을 촉진하는 국가이어야 한다. 기존 회원국의 만장일치 동의와 옵서버의 점진적인 단계를 거쳐서 가입이 가능하다. 2001년 우즈베키스탄이 회원국으로 가입되기 전 옵서버로 참석을 했었다. 회원국 확대 이슈는 정치적 및 경제적 요소와 회원국의 이해관계도 밀접한 연관성이 있다. 현재 회원국 확대에 대해 러중 양국은 현재 이견을 보이고 있다. 여타 회원국들도 신중한 입장을 취한다. SCO의 회원국 확대에 대해 러시아가 가장 적극적이다. 반면에 중국은 SCO의 협력에 부정적인 측면을 고려해 지나친 규모 확대를 경계했다.

현재 SCO의 회원국 2004년부터 6개의 정회원국과 몽골, 이란, 인도 및 파키스탄 등 4개의 옵서버 국가로 구성되어 총 10개국이 참여해 왔다. 2004년 몽골이 옵서버 국가로 처음 참여했다. 그 후 2005년 인도, 이란, 파키스탄이 옵서버로 참여하게 되었다.[48] 동년 미국 역시 옵서버를 신청 했지만 미국의 군사 활동 대해 SCO는 비판적이기 때문에 거부되었다.[49] 2006년 상하이 정상회담에서 옵서버 참가국 가운데 이란과 파키스탄이 회원국 가입을 신청했다.[50] 2007년 정상회담은 6개국 4개의 기존 옵서버 국가 이외에 투르크메니스탄과 아프가니스탄 대통령은 특별초청을 받아 참석했다. 2008년 회담에서 '대화파트너'의 발전이 강조되었다. 2009년 6월 회담에서는 참여 범위가 더욱 확대되었다. 6개 회원국과 4개 옵서버 국가와 초청국 자격으로 아프가니스탄 대통령과 UN, CIS, CSTO, 유라시아경제공동체(EurAsEC) 대표들도 참석했다. 주변국들이 SCO 정상회담에 많은 관심을 표명함에 따라 옵서버나 초청국 지위가 아닌 '대화 파트너'라는 특별한 지위가 만들어졌다.[51] 벨로루스와 스리랑카에 협력 대상국 지위를 부여했다. 향후 회원국 확대 기준을 검토하기로 결정했다<표 3 참조>.

〈표 3〉 SCO 정상회담 참여국 현황

자 격	회원국	비 고
정회원국	• 러시아, 중국, 카자흐스탄, 우즈베키스탄, 키르기스스탄, 타지키스탄	2001년 우즈베키스탄 가입함.
옵서버	• 몽골, 이란, 인도 및 파키스탄	몽골, 이란과 파키스탄은 정식 가입 신청함. 2005년 미국 옵서버 참여 거절됨.
대화파트너	• 벨로루스, 스리랑카	2009년 회담에 아프가니스탄과 UN, CIS, CSTO, 유라시아경제공동체(EurAsEC) 대표 참여함.

2006년 회담에서 현재 옵서버 참가국 가운데 이란과 파키스탄은 회원국 가입을 신청으로[52] 4개 옵서버 국가 중 인도를 제외한 3개국이 정식 회원국 가입을 신청했다. 회원국 가입에 대해 중국과 러시아의 입장이 다르다. 우선 중국은 파키스탄의 회원국 가입을 지지한다. 러시아는 인도와 파키스탄이 동시에 회원국이 되어야 한다는 입장이다. 인도는 전통적으로 경쟁국인 파키스탄이 먼저 정식 회원국이 되어 전략적 우세를 갖는 것을 용납하기 어렵다는 입장이다. 인도는 중국을 의식해 회원국 가입 신청을 못했다.

몽골의 가입에 대해서도 제동이 걸렸다. 러중 양국의 의견이 기본적으로 몽골의 가입에 대해 반대하지 않지만 몽골이 일본의 옵서버 참가 제안으로 가입이 현재 표류 중이다. 러시아가 강력하게 지원했고 가장 먼저 가입이 유력시되었던 이란의 가입에 대해 중국의 반대에 직면했다. 이란의 가입에 대해 러중 양국의 안보와 경제 이해관계가 상이하게 드러났다. 중국은 이란의 석유와 가스의 수입 및 개발에 더 집중하고 있는 반면에 러시아는 무기와 에너지 기술 수출에 관심을 표명했다. 에너지 자원과 관련해 중국도 이란의 가입에 대해서 신중히 검토하는 입장이지만 최근 미국과의 관계를 고려해 신중한 입장을 보였다. 중국은 SCO의 반테러리즘 공조 측면과 핵개발 문제로 미국과 대립하는 이란을 정회원국가 가입하는 것에 동의하지 않았다. 또 중국은 SCO가 지나치게 '반미나 반서구' 기구로 부각되는 것에 동의하지 않기 때문에 가입이 가장 유력했던 이란의 가입이 난관에 직면했다. 다른 회원국들도 전반적으로 중국과 같은 입장을 고수했다.[53)]

부연하자면 현재 이란, 몽골, 파키스탄이 회원국 가입을 신청했지만 최종적으로 가입이 결정되지 않았다. 러중의 입장과 이해관계가 얽혀 회원국 가입을 통한 기구의 확대 이슈는 당분간 쉽지 않을 전망이다. 회원국 확대를 주도하고 있지만 러시아도 SCO의 회원국의 단순한 수적인 확대에 반대하며 회원국 신청을 신중하게 검토해 왔다. 더욱 중요한 점은 SCO의 의제가 다양해지고 역내 역할이 강화되면서 동 기구에 참여를 희망하는 국가들이 확대되고 있는 점에 주목해야 한다. SCO의 기존 회원국들의 이해가 다르기 때문에 개별 국가의 목표에 더욱 치중하거나 국익에 의해 선택적 협력양상을 띠기도 한다. 대체로 SCO의 기존 회원국들은 기구의 발전과정에 회원국 확대는 중요함을 인식하고 긍정적인 입장을 고수한다.

V 맺음말

정리하자면 SCO는 러중을 중심으로 국경선을 맞대고 있는 중앙아시아 지역의 국경안정과 군사적 신뢰 및 협력을 확대하기 위해 출범된 다자안보협력의 성격을 띤 지역적 국제기구다. SCO의 연례 정상회담 결과에서 잘 보여주듯이 러중 양국을 중심으로 전 회원국들의 단결과 공조를 강조한다. SCO의 존립과 발전은 모든 회원국들이 결속하고 서로 협력할 때 가능하기 때문임은 자명한 사실이다. 회원국들의 단결을 통해 SCO는 발전하게 되며 사안에 따라 국익을 중심으로 서로 다른 의견과 갈등이 표출되기도 한다.

초기 연례 정상회담을 통해 역내 안보 및 정치 문제가 주요 이슈였다. 점진적으로 정상회담과 총리급 회담의 정례화를 통해 회의체에서 협의체로 제도화를 꾀했다. 경제 무역 및 문화, 에너지, 교육 등 전반적인 교류협력으로 범위가 확대되고 있다. 회원국의 확대 이슈는 물론이고 합동 군사훈련까지 실시하면서 세력을 확대하고 있다. 현재 중앙아시아 지역을 넘어서 주변국까지 영향력이 확대에 주력한다.

SCO는 지역협력 차원을 넘어 국제사회의 갈등과 문제 해결을 위해 UN을 통한 연계활동을 선언했다. 일반적으로 동 기구는 미국 영향력과 NATO의 동진을 견제하는 반서방 기구로 간주되지만 아프간의 평화유지와 반테러리즘 활동의 근절을 위해 미국과 NATO와도 협력을 모색한다. 최근 글로벌 경제위기 극복을 위해 회원국 상호간 경제분야 협력범위가 더 확대되고 있다. 2009년 10월 초 베이징에서 열린 SCO 총리 회담에서 아시아 12개국이 단일 통화권을 추진했다. 에너지자원 협력을 포함한 경제협력의 강화는 SCO의 발전에 가장 필요한 추진력이자 원동력이 된다.

마지막으로 SCO은 회원국의 평등한 참여를 전제로 하지만 최대 제약점인 국력 및 경제발전의 상이점로 인해 러중 양국이 주도하는 한계성을 단기 내에 극복하기는 어려울 것이다. 양국의 국내외 상황과 인식 여부에 따라 다른 회원국들의 입장과 인식에도 많은 영향을 미칠 수밖에 없다. 양국은 주요 사안별 국익과 이해관계에 의해 협력과 경쟁이 지속될 것이다. 양국의 전략적 선택에 의해 SCO의 존속 여부도 결정될 것으로 간주된다.

미 주

1) 상하이-5국은 SCO의 전신이다. 1996년 상하이에서 회동해 접경지역내 안보를 위해 결성한 협력체다. 1999년 국제 테러 및 마약·무기 밀수와의 전쟁을 추가되었다. 군사부문에서의 신뢰와 우호적인 안보환경 조성을 위해 형성되었다.

2) SCO의 회원국이 차지하는 총 영토 면적은 3천만㎢ 이상이다. 이는 유럽대륙 전체 면적의 5분의 3을 차지하는 것이고 인구는 약 15억 정도로 세계 인구의 약 4분의 1을 차지한다.

3) 박병인, "중국의 대중앙아시아 경제협력과 상하이협력기구 연구", 「중국학연구」 29집, 2004, pp.762-763.

4) 더 자세한 SCO의 조직과 역할에 대해 다음을 참조. 김성진, "러시아 외교정책의 성격: 상하이 협력기구에 대한 정책을 중심으로", 「중소연구」 118호 2008, pp.168-170.

5) 김덕주, "상하이협력기구의 현황과 발전 전망", 「외교안보연구원 보고서」 (서울: 외교안보연구원, 2002), p.11.

6) 류동원, "중국의 다자안보협력에 대한 인식과 실천: 상하이협력기구(SCO)를 중심으로", 「국제정치학보」 44집 4호, 2004, p.132.

7) 「한국경제」 2003. 9. 24.

8) Alisher Akhunjonnov, "Evaluation and Prospect of SCO Experience", The IFANC Workshop program, Seoul, Korea, October 2004, p.3.

9) www.hanyang.ac.kr/home_news/H2GL/000006/101/2009/2/3.pdf(검색일: 2011. 1. 26).

10) 우즈베키스탄에서 미군의 철수가 단행되었다.

11) http://www.viewsnnews.com/article/view.jsp?seq=3278(검색일: 2011. 1. 23).

12) 「ITAR-TASS」 2006. 6. 14.

13) 김성진(2008), pp.168-170.

14) 훈련기간 6개 회원국 최고 지도자와 국방장관이 현지를 방문해 격려했다. 「Moscow News」 2007. 8. 4.

15) 러중은 탄도미사일 발사계획을 서로 사전 통지할 것을 의무화하는 협정에 서명했다.http://sisainlive.com/news/articleView.html?idxno=4748(검색일: 2010. 9. 30).

16) 카자흐스탄 수도 알마티에서 서쪽으로 약 200km 떨어진 남부 마티블락의 군사기지에서 실시된 훈련에 병력의 약 3분의 1이 중국 인민해방군이었다. 러시아와 중국, 카자흐스탄에서 각 1000명의 병력을 타지키스탄과 키르기스스탄에서 각 150명의 병력이 참가했다. 우즈베키스탄도 참가를 제안 받았지만 병력을 보내지는 않았다. 「연합뉴스」 2010. 9. 14.

17) 「Moscow News」 2010. 11. 26.

18) 더 자세한 논의는 박병인(2004) 논문 참조.

19) SCO 은행협회는 2005년 10월 26일 창립되었다. 중국 개발은행, 러시아 대외경제은

행, 우즈베키스탄 대외경제은행, 카자흐스탄 개발은행, 키르기스스탄 저축결제은행, 타지키스탄 국가저축은행이 참여했다.

20) 기축통화인 달러 사용에 반대하는 푸틴 총리는 에너지 대금은 루블(러시아 화폐) 결제와 중국 상품을 위안화로 구매할 용의가 있음을 언급했다. http://www.cyberhmw.org/print_paper.php?number=566(검색일: 2010. 10. 21).

21) 경제협력 부문에서 2003년 9월 다자경제무역협력 협정이 체결되었다.

22) http://m.sisainlive.com/articleView.html?idxno=5538(검색일: 2010. 11. 23).

23) 「모스크바 연합뉴스」 2009. 10. 14.

24) Vasily Mikheev, 「Applicability of SCO Experiences in Northeast Asia」, 「Northeast Asian Cooperation & Lessons of SCO Experiences」 2004. 10, The IFANS Workshop program, Seoul, Korea, p.3.

25) 이상민 · 신형직, "소연방 붕괴 이후 중앙아시아 국가들의 천연에너지 자원개발을 통해서 본 국가건설의 제문제와 그 전망(1)-카자흐스탄과 우즈베키스탄의 사례", 「국제지역연구」 제4권 제1호, 국제지역학회, 2000, p.61.

26) 신거대게임에 대한 자세한 논의 다음을 참조. A. Cohen, "The New Great Game: Pipeline Politics in Eurasia", Caspian Crossroads, Vol. 1 No. 2, Summer 2001; Peter Hopkirk, The Great Game: The Struggle for Empire in Central Asia (NY: Kodansha International, 1994); 고재남, "트랜스 카프카즈· 중앙아시아의 '신거대게임'과 러시아의 대응", 「외교안보연구원 보고서」 2005. 2 참조.

27) 황성우, "상하이협력기구의 기능과 역할: 지역패권 장악을 위한 역할을 중심으로" 「중국연구」 26권, 2005, p.344.

28) 더 자세한 카스피해 소유권 분쟁 및 중앙아시아 에너지 송유관 연결 현황은 다음을 참조. 윤영미, "탈냉전기 카스피해 유전을 둘러싼 국제 갈등체제의 쟁점", 「사회과학연구」 서강대 사회과학연구소, 13권 제2호, 2005, pp.348-374; 고재남, "유라시아 중부지역의 '신 거대게임'과 관련국 대응", 「중소연구」 107호, 2005, pp.14-51.

29) 고재남(2005), p.21; 미국과 유럽국가들은 러시아의 가스 의존도를 줄이고 우회하는 BTC 송유관을 2005년 5월 개통했다. 이성규, "군사합동작전으로 카스피해점령", 「이코노미스트」 2005.12.13, p.8; 더 자세한 논의는 5장 참고 바람.

30) Nabucco 프로젝트는 총 연장 3300km에 달하는 파이프라인을 건설하는 것이다. 오는 2014년까지 총 79억 유로(약 14조4000억 원)가 들어가게 된다. 카스피해와 중동에서 생산되는 천연가스가 러시아를 우회해 직접 유럽으로 공급된다. 현재 러시아는 유럽이 소비하는 천연가스의 25%를 공급하고 있다. 「아시아경제」 2009. 7. 14; 더 자세한 논의는 2장을 참고 바람.

31) 2009년 8월 중국은 오스트레일리아와 410억 달러어치의 액화천연가스를 20년간 공급받는 내용의 계약을 체결이후 9월 중국해양석유총공사(CNOOC)는 나이지리아와 원유 도입 협상을 개시했다. 「ITAR-TASS」 2009. 10. 15.

32) SCO의 주요 회원국인 러시아는 세계 8위 석유 생산국이자 1위 천연가스 생산국이다. 카자흐스탄과 투르크메니스탄의 전체 석유자원의 30-40%가 카스피해 지역에 매장되어 있다. 투르크메니스탄, 카자흐스탄, 우즈베키스탄을 중심으로 천연가스가 집중되어 있다. John Roberts, "Energy Reserve, Pipeline Politics and Security Implication",

The South Caucasus: A Challenge for EU, Chaillot Paper No. 65, December 2003, p.104.

33) http://www.voanews.com/korean/news/a-35-2007-08-17-voa13-91269639.html(검색일: 2010. 9. 20).

34) 향후 교통, 에너지, 통신, 경공업, 농업 분야 협력 증진과 국제금융위기 극복을 위한 금융분야 협력에 대해 논의했다. www.koreaexim.go.kr/kr/file/nation/EditoCN200602.pdf (검색일: 2010. 9. 30).

35) 철도·통신·에너지·금융 등 34개 분야에 걸쳐 55억 달러(약 6조4000억 원) 규모의 경제협력 방안에도 서명했다. 양국은 중국의 CNPC가 51%, 러시아의 로스네프트가 49%의 지분을 투자한 합작회사를 건설할 계획이다. 가스프롬이 2008년 유럽 최대 고객인 독일에 수출한 양의 2배가 넘는 35억 달러의 대형 계약과 동일하다. 「연합뉴스」 2009. 10. 14.

36) 매장량 2조㎥에 달하는 코빅타 가스전은 세계 금융위기로 유럽의 가스 수요가 줄어들면서 개발이 지연되었다. 「International Business New」 2009. 10. 15.

37) 더 자세한 논의는 신범식, "푸틴시기 러시아의 근외정책과 중앙아시아", 홍완석, 『현대러시아 국가 체제와 세계 전략』(서울: 한울아카데미, 2005), pp.555-557 참조.

38) S. Neil Macfarlane, "The United States and Regionalism in Central Asia", International Affairs, Vol. 80 No. 3, 2004, p.449; 고재남(2005), pp.14-51.

39) 미국은 2001년부터 키르기스스탄에 마나스 공군기지를 건설했다. 우즈베키스탄의 테르메즈 기지도 사용 가능하다. 타지키스탄의 두샨베 공항도 사용 중이고, 2008년 12월 카자흐스탄 상원이 미군기지 이용 조약을 6년 만에 비준해서 알마티 공군기지도 이용할 수 있게 되었다. 더 자세한 내용은 7장 참고 바람.

40) Brian Job, "Matters of Multilateralism: Implications for Regional Conflict Management", in David A. Lake and Patrick M. Morgan(eds.), Regional Orders: Building Security in New World(University Park, PA: Pennsylvania State University Press, 1997), pp.165-191.

41) http://www.voanews.com/korean/news/a-35-2007-08-17-voa13-91269639.html(검색일: 2010. 9. 20).

42) 「ITAR-TASS」 2008. 8. 6.

43) 「ITAR-TASS」 2008. 8. 10.

44) CSTO는 외부적인 위협에 대한 방어에만 국한하지 않고 역내의 테러리즘, 마약, 무기 거래, 조직화된 범죄와 같은 국가적, 지역적 그리고 국제적 안보의 새로운 위협에 대항한다고 선언했다. 단순한 군사안보기구가 아니고 포괄적인 지역 협력기구로 발전시키겠다는 회원국들의 의지를 담았다. 더 자세한 논의는 8장 참조.

45) http://www.russiashop.co.kr/russiacenter/ruussiatech/plaza/plaza_02_2.asp?num=35&pgnum=1 (검색일: 2005. 2. 1).

46) 「연합뉴스」 2009. 10. 16.

47) 김덕주(2002), p.11; 한구현, "러시아의 대 SCO 전략과 시사점", 「아태쟁점과 연구」 2권 1호, 2007 봄, pp.98-99.

48) 황성우(2005), p.346.

49) http://www.voanews.com(검색일: 2009. 1. 29).

50) 「중앙일보」 2006. 6. 14.

51) 박상남, “미군 주둔 이후 중앙아시아의 지정학적 변화”, 「국제지역연구」 7권 3호, 2003, pp. 6-7; 「연합뉴스」 2009. 6. 16.

52) 「ITAR-TASS」 2006. 6. 14.

53) 「연합뉴스」 2009. 6. 16.

참고문헌

본 장은 "러-중의 중앙아시아에서의 협력과 경쟁: 상하이협력기구(SCO)를 중심으로", 「시베리아극동연구」 제5호, 2009에 실린 논문과 "상하이 협력기구에서의 러시아의 역할과 입장", 「국제문제연구」 제9권 제4호, 2009 겨울에 실린 논문을 수정 및 보완했음.

고재남, "트랜스 카프카즈·중앙아시아의 '신 거대게임'과 러시아의 대", 「외교안보연구원 보고서」 2005. 2.

______, "유라시아 중부지역의 '신 거대게임'과 관련국 대응", 「중소연구」 107호, 2005.

김덕주, "상하이협력기구의 현황과 발전 전망", 「외교안보연구원 보고서」 2002.

김성진, "러시아 외교정책의 성격: 상하이 협력기구에 대한 정책을 중심으로", 「중소연구」 118호, 2008.

김용호 "양자주의와 다자주의: 동아시아의 현황과 전망", 「환동해권 협력의 국제정치경제 세미나보고서」 외교안보연구원, 1998. 1.

김태현, "동북아 다자간 안보협력체의 구상", 「지역연구 논총」 제6집, 1994.

나기산, "안보환경의 변화와 상호안보론", 「군사연구보고서 95-2」 (성남: 한국군사문제연구원, 1995).

류동원, "중국의 다자안보협력에 대한 인식과 실천: 상하이협력기구(SCO)를 중심으로", 「국제정치학보」 44집 4호, 2004.

박병인, "중국의 대중앙아시아 경제협력과 상하이협력기구 연구", 「중국학연구」 29집, 2004.

박상남, "미군 주둔 이후 중앙아시아의 지정학적 변화", 「국제지역연구」 7권 3호, 2003.

엄태암, "한반도 안보와 동북아 6자회담 - 가능성과 실효적 추진방안을 중심으로", 「국방정책연구」 1999년 여름호.

이상민 · 신형직, "소연방 붕괴 이후 중앙아시아 국가들의 천연에너지 자원개발을 통해서 본 국가건설의제 문제와 그 전망(1)-카자흐스탄과 우즈베키스탄의 사례", 「국제지역연구」 제4권 제1호, 2000.

이성규, "군사합동작전으로 카스피해점령", 「이코노미스트」 2005. 12. 13.

윤영미, "탈냉전기 카스피해 유전을 둘러싼 국제 갈등체제의 쟁점", 「사회과학연구」 서강대 사회과학연구소, 13권 제2호, 2005.

장병옥, 『중앙아시아국제정치의 이해』(서울: 한국외국어대학교 출판부, 2001).

정진위 외 『새로운 동북아질서와 한반도』(서울: 법문사, 2000).

조준래, "동아시아의 안보관계: 쌍무주의와 다자주의의 상호보완", 「국방논집」 제 40호, 1997년 겨울.

한구현, "러시아의 대 SCO 전략과 시사점", 「아태쟁점과 연구」 2권 1호, 2007 봄.

한동만, "탈냉전시대 안보환경 변화와 다자안보협력", 「외교통상부 보고서」 2002.

황성우, "상하이협력기구의 기능과 역할: 지역패권 장악을 위한 역할을 중심으로", 「중국연구」 26권, 2005.

Caporaso, James A., "International Relations Theory and Multilateralism: The Search for Foundations", John Ruggie(ed.), Multilateralism Matters(New York, Columbia University Press, 1993).

Cohen, A., "The New Great Game: Pipeline Politics in Eurasia", Caspian Crossroads, Vol. 1, No. 2, Summer 2001.

Keohane, Robert O., "Multilateralism: An Agenda for Research", *International Journal*, 45(Autumn, 1990).

Job, Brian, "Matters of Multilateralism: Implications for Regional Conflict Management", In David A. Lake and Patrick M. Morgan(eds.), Regional Orders: Building Security in New World(University Park, PA: Pennsylvania State University Press, 1997).

Mack, Andrew, "Security Cooperation in Northeast Asia: Problems and Prospects", *Journal of Northeast Asian Studies*, Vol. XI, No. 2, Summer 1992.

Mikheev, Vasily, "Applicability of SCO Experiences in Northeast Asia", Northeast Asian Cooperation & Lessons of SCO Experiences 2004. 10, The IFANS Workshop program, Seoul, Korea.

Hopkirk, Peter, The Great Game: The Struggle for Empire in Central Asia(NY: Kodansha International, 1994).

Roberts, John, "Energy Reserve, Pipeline Politics and Security Implication", The South Caucasus: A Challenge for EU, Chaillot Paper, No. 65, December 2003.

Ruggie, John G., "Multilateralism: The Autonomy of an Institution", *International Organizations* 46(Summer 1992).

「중앙일보」 2006. 6. 14.

「연합뉴스」 2009. 10. 16.

「ITAR-TASS」 2009. 10. 15.

http://www.voanews.com(검색일: 2009. 1. 29).

hhttp://www.russiashop.co.kr/russiacenter/ruussiatech/plaza/plaza_02_2.asp?num=35&pgnum=1(검색일: 2005. 2. 1).

www.jabo.co.kr/sub_read.html%3Fu...on%3Dsc6(검색일: 2011. 1. 24).

www.koreaexim.go.kr/kr/file/nation/EditoCN200602.pdf(검색일: 2010. 9. 30).

http://www.viewsnnews.com/article/view.jsp?seq=3278(검색일: 2011. 1. 23).

http://www.voanews.com/korean/news/a-35-2007-08-17-voa13-91269639.html(검색일: 2010. 9. 20).

Chapter 7

러시아와 미국: 협력과 갈등의 관계

<www.newsbeat.co.kr/include/direc...ype%3D01>

I 들어가는 말

2001년 9·11 테러 이후 중앙아시아에서 한시적으로 미군주둔을 허용했던 러시아는 미군주둔 장기화에 대해 경계를 늦추지 않고 있다. 그 대안으로 러시아는 동 지역에서 안보적 불안정을 초래할 요인과 미군 주둔의 장기화에 대응할 다자주의(multilateralism),[1] 즉 '다자안보협력 구축'에 주력한다. 러시아는 자국의 영향력을 회복하고 미국의 일극체제에 대응하기 위한 다자주의 외교원칙을 고수하고 있다. 다자주의(multilateralism)는 '불가분성,' '일반화된 행위원칙,' '포괄적 호혜성(diffuse reciprocity)'이라는 속성이 세계적 또는 지역적으로 공유되고 제도화되는 과정을 의미한다.[2] 다자주의는 국가간 관계를 조정해 나가는 방식으로 다자적 형태를 통해 조직화 내지 제도화하는 것으로 명목적 다자주의와 실질적 다자주의로 분류된다. 코헨인(Robert O. Kohane)은 명목적 다자주의를 '3개 이상의 국가들이 집단적으로 국가 정책을 조정해 나가는 것'이라고 정의했다.[3] 러기(John Ruggie)와 카포라소(James Caporaso)는 실질적 의미의 다자주의에 대해 정의했다. 실질적 의미의 다자주의는 '3개 이상의 국가들이 어떤 원칙, 규범, 또는 국제적인 기준을 만들어 나가면서, 이에 따라 국가정책을 상호 조정하는 것'으로 분석했다.[4)]

코헤인은 다자주의의 협력의 행태적 측면을 더 강조한 반면 러기와 카포러스는 다자주의를 구성하는 국가들이 지켜야 할 원칙과 규칙, 규칙의 제도화 과정의 중요성을 더 중요시 간주했다.[5)] 실질적 다자주의에 의하면 포괄적 호혜성(diffuse reciprocity)에 대한 기대가 관련 국가간 공유될 때 협력의 가능성은 크게 높아지는 경향을 띤다. 이런 관점에서 다자간 협력은 포괄적 호혜성에 대한 기대에 기초를 두고 있기 때문에 여러 가지 의제에 대한 포괄적 해결이 가능해진다.[6)] 이런 맥락에서 본 장에서는 러시아의 상하이협력기구(SCO)를 비롯한 집단안보조약기구(CSTO)와 같은 다자안보협력기구를 중심으로 중앙아시아에서 전개되고 있는 대미의 견제와 협력에 대해 집중적으로 고찰해보고자 한다.

Ⅱ SCO와 다자안보협력의 함의

다자주의에 기초하여 탈냉전기의 국제정세와 안보의 광역화를 적극적으로 수용한 개념이 '다자안보협력'(multilateral security cooperation)이다. 이는 지역 내 국가간 정치, 경제, 외교, 군사 등 제분야의 현안들을 협의하여 분쟁요인을 사전에 제거하고 동시에 분쟁 예방과 분쟁의 평화적 해결을 도모하는 '협력안보(cooperation security)'를 의미한다.[7)] 다자간 안보대화 및 협력안보는 대립구조가 불명확하고 안보적 불안정이 잠재하는 지역에서 분쟁의 발생 소지 및 불안요인을 비군사적 수단에 의해 사전 방지 및 제거하는 등 가장 중요한 목표는 예방외교(preventive diplomacy)에 초점을 두고 있다. 각국 대표들이 모여 안보대화 체제를 통해 정보 교환 및 상대방의 의도를 명확하게 파악할 수 있다면 이는 국가 활동의 투명성 증대와 분쟁 발생을 사전에 방지하는 중요한 의미를 갖는다. 협력안보는 분쟁발발 이후의 대처보다는 구성원들간의 정치적·군사적 신뢰를 구축하여 분쟁을 사전에 예방한다는 예방외교에 중점을 둔다. 협력안보개념에 기초한 다자안보협력은 개별 국가가 동등한 권리를 갖고 상호이익의 차원에서 공동으로 적용되는 규칙 및 제도를 창출하는 과정을 내포한다.[8)]

〈표 1〉 협력안보의 주요 역할과 내용

역 할	주 요 내 용
협의체	• 지역분쟁의 주요 원인인 군사적 위협, 정치, 경제, 사회, 환경, 테러, 마약, 첨단기술 등에 대해 협의가 가능함.
공동안보 창출	• 포괄적 협의를 통해 안보의 불확실성을 감소시키고, 회원국들간 안보협력을 촉진시킬 수 있음.
상호의존이 증진	• 경제, 문화 등 다양한 분야에서 상호의존과 통합이·강화됨.
운용적 신뢰구축	• 구조적 군비통제의 실현이 추구됨.
예방외교	• 분쟁 방지를 위해 사실적인 조사 활동(fact finding)이 시행됨.

출처: 한동만, "탈냉전시대 안보환경 변화와 다자안보협력", 「외교통상부 보고서」 2002, p.112; 윤영미, "러시아의 북극지역에 대한 해양안보 전략: 북극해 개발과 한-러 해양협력을 중심으로", 「동서연구」 제21권 2호, 2009, pp.50-51을 재정리함.

구체적으로 협력안보는 참여국들간의 지속적 대화와 협의과정이 중요하며 신뢰구축이 주요 수단으로 실질적으로 다자협력체제의 창설을 통한 안정적인 정치환경의 창출을 도모한다.[9)] 일반적으로 협력안보는 <표 1>과 같은 주요 역할을 수행 한다. 탈냉전기 다양한 전통적 및 포괄적 안보위협의 요인으로 인해 지역의 안정과 평화체제 형성이라는 목표 하에 다자안보협력에 기반을 둔 지역기구의 필요성이 더욱 강조되는 계기가 되었다. 특히 중앙아시아는 테러, 분리주의, 이슬람극단주의, 마약, 환경오염, 대량파괴무기 확산, 영토분쟁, 군비경쟁, 종교 갈등 등 국제적 안보의 불확실성이 증가되고 있는 지역이다. 이런 안보 위협에 대처하는 효과적 방안모색은 2001년 구성된 SCO와 같은 다자안보협력 기구의 창설과 역할 확대에 직접적인 영향을 미치고 있다.

부연하자면 1990년대 초 시작된 중소 국경개방과 국경안정이라는 쌍방향 안보대화 채널에서 시작된 양자 회담은 지역안보 및 경제문제를 포함한 다자안보협력의 근원이 되었다. 현재 다자안보협력 기구로서 SCO는 회의체에서 제도화 단계까지 점진적으로 발전되었고 회원국 확대 이슈까지 논의하는 등 지역 협의체로 작동하고 있다. 특히 변모하는 안보환경 속에서 러시아는 SCO를 통해서 미국의 동 지역에 대한 일방적인 힘의 우위 관계가 아닌 다자적 대화협의 채널을 통해 대미견제와 자국의 안보이익을 증진하고자 한다. 어느 지역보다 국가이익이 첨예하게 상호 교차하는 동 지역에서 갈등이 심화되지 않도록 예방할 수 있는 SCO의 역할 확대와 기여는 더욱 중요해지고 있다.

<표 2>의 연례정상회담에서 보여주듯이 SCO 회담의 주요 의제와 내용은 초기 국경지역의 안보에서 중앙아시아의 전반적인 정치외교, 경제 등의 협력으로 확대되고 있다. SOC는 중앙아시아 지역의 안정과 발전에 심각한 위협 요소로 간주되는 분리주의, 국제테러, NATO의 확대 등 러시아를 중심으로 대미 견제에 대한 공동해결 모색도 주력하고 있다. 아울러 SCO 내의 주요 안보 이슈로 미국의 중앙아시아 주둔 기지에서 철수를 포함해 전략핵무기 감축까지 이수가 확대되고 있다. 2008년 '듀산베 선언'에서 러시아는 회원국들로부터 미국과 '전략무기감축조약(Strategic Arms Reductions Treaty: START)의 연장과 '핵비확산조약'(Nuclear Nonproliferation Treaty: NTP)에 대한 지지를 성공적으로 이끌어 냈다. 2009년 6월 초 러시아 예카테린부르크에서 개최된 정상회담에서도 러시아는 미국과의 전략무기감축조약의 연장과 핵비확산조약에 대한 회원국들의 지지를 재천명했다.[10)]

〈표 2〉 SCO의 정상회담과 주요안보 이슈(2001~2009)

연도	장 소	주요내용
01.6	상하이 (중국)	• 테러리즘, 분리주의 및 극단주의 척결을 위한 상하이 협약, 다자안보기구로 출범함. 지역안보 뿐만 아니라 국제정치 문제를 회원국간 경제 통상 분야에서의 협력 확대를 합의했음.
02.6	상트 페테르부르크 (러시아)	• 대테러 투쟁, 핵무기 비확산, 중앙아시아 안전보장, 국제분쟁 중재, 정치·경제 교류확대, 반테러 센터 설치 합의 등을 내용으로 하는 공동성명을 발표함.
03.6	모스크바 (러시아)	• 포괄적인 동반자 관계 구축에 대한 공동성명서함. 보다 밀접한 '안보 협력과 상업적 유대 관계'를 수립하는 협정에 서명했음.
04.6	타슈켄트 (우즈베키스탄)	• 역내 대테러센터 신설을 결의하는 등 회원국간 종교적 극단주의 단체와 조직들의 위협에 공동 대응하고 안보 및 경제협력을 한층 강화하기로 함. 중앙아시아지역 내 테러 및 아프가니스탄 지원 합의함.
05.7	카자흐스탄 (아스타나)	• 중앙아시아 주둔 미군의 조기 철수, 색깔 혁명에 대한 '외세' 개입을 반대했음. 우즈베키스탄에서 미군의 철수가 이어짐.
06.6	상하이 (중국)	• 6개 회원국 기업과 금융기관들은 중국과 타지키스탄, 우즈베키스탄을 연결하는 도로 건설 등 20억 달러 규모의 경제협력 협정에 서명, 회원국들간 '에너지협력'이 핫 이슈로 급부상함.
07.8	비슈케크 (키르기스스탄)	• '비슈케크 선언'을 채택함. 세계 문제의 다국간 접근 및 촉구 등을 내용으로 견실한 국제경제와 빈곤감축 경제, 자연생태계, 에너지 안정 실현을 위한 안보협력을 핵심 내용으로 담고 있음. 선언은 또 테러 퇴치의 필요성을 강조했음.
08.8	두샨베 (타지기스탄)	• '두샨베' 선언 서명하고 공동성명 발표, 대테러, 마약근절, 경제협력 방안 및 SCO 확대 관련 정치적 법적 재정적 문제 다룰 실무그룹 구성 논의함. 그루지야 사태 관련 러시아는 회원국의 지지를 이끌지 못함.
09.6	예카테린부르크 (러시아)	• '예카테린부르크 선언' 채택, 유엔의 국제문제에 대한 조정자 역할 강조함. 지역안보 및 테러 대응 협력 방안 논의, 경제 및 금융위기 협력 강화를 협의함. 미러 전략무기감축조약의 연장과 핵비확산 조약에 대한 지지를 재천명함.

Ⅲ 러시아의 협력과 갈등의 대미 견제

1 미러의 협력과 갈등 관계의 양상

1991년 소연방 붕괴 후 미러 관계는 1992년 '동반자 및 친선관계'와 1993년 '역동적 및 실제적 동반자 관계'로 발전했다. 1990년대 후반 미국의 NATO 확대 추진과 체첸사태로 발생한 러시아의 인권유린에 대한 비난 등으로 점차 동반자 관계가 악화되기 시작했다. 그러나 2001년 발생한 9·11 테러 이후 푸틴 정부의 적극적인 대미 반테러 협조를 통해 2002년 5월 모스크바에서 개최된 미러 정상회담은 양국관계가 핵무기 감축을 통한 '신전략적 관계'로 발전되는 계기를 도출했다.[11)]

그럼에도 불구하고 미국의 독립국가연합(CIS) 내의 색깔혁명의 지원(2003년-2005년) 및 계속되는 NATO의 동진, 동유럽 내 MD(미사일 방어) 추진, 푸틴 대통령의 권위주의 강화에 대한 비판으로 양국 관계가 다시 악화되었다. 푸틴 집권 2기 대미 외교는 공세적으로 선회되어 양국관계가 협력과 갈등의 이중적 구도가 지속되었다. 미국은 2001년 반테러 아프가니스탄 전을 계기로 중앙아시아에 대한 군사적 진출을 도모, 우즈베키스탄과 키르기스스탄의 공군 기지에 군병력 주둔에 성공했다. 2005년 우즈베키스탄에 주둔했던 미군은 안디잔 사태[12)] 및 CIS 내 색깔혁명(시민혁명)을[13)] 계기로 탈미친러 정책으로 전환되었다. 러시아는 2005년 7월 개최된 SCO 정상회담에서 중앙아시아로부터 미군철수를 직간접적으로 주도했다. 우즈베키스탄의 공군기지에서 미군의 퇴거명령이 진행되었다.[14)]

미러 양국은 WMD 비확산, 반테러, 핵무기 감축 등 상호 안보 이익이 합치되는 글로벌 이슈에서 협력관계를 유지했지만 주요 현안에 대해 이견이 존재했다. 특히 미국의 CIS 내 NATO 동진 확대나 우크라이나와 그루지야의 NATO 가입을 지지는 러시아의 반대에 직면했다.[15)] 부시 대통령은 러시아의 적극적인 반대에 불구하고 체코와 폴란드에서 미사일 방어기지 추진을 가속화했다. 이른바 미러의 '신냉전'(New Cold War) 세계질서 도래에 대해 변화가 초래되었다.[16)]

2008년 5월 집권한 푸틴의 계승자 메드베데프 대통령은 2008년 8월 초 친미 성향의 그루지야와 전쟁을 수행했다.[17)] 미국은 그루지야에 군사적지원보다 인도적 지원을 감행했다. 또 친미 성향의 우크라이나는 러시아 흑해함대의 자국의 흑해 내 세바스토폴 항구 이용에 관한 대통령령(귀환 10일 전 사전 승인 요청 의무제)을 반드시 준수할 것을 러시아에 요청했다. 동년 8월 말 예정되었던 미러 합동군사훈련이 취소되었다. 미국의 중앙아시아 지역에서의 영향력 확대는 다자안보협력 기구의 이용으로 더욱 구체화되었다. 유엔, NATO, 구암(GUAM)을 포함해 각종 경제지원을 통한 양자적 및 다자적 협력기구가 포함된다. 동 기구는 미국의 지위를 공고히 하기 위해서 러시아 주도의 지역협력체에 대응한 것으로 CIS[18)] 내에서 대표적인 친서구적 경향을 강조하고 있다. 미국의 지원 하에 1997년 10월에 탈러시아 경향이 강한 그루지야, 우크라이나, 아제르바이잔, 몰도바가 주축이 되어 CIS 내에 친서방 국가협의체이자 반러 다자지역 협력체인 GUAM이 결성되었다.[19)] 이들 국가들은 민주주의를 표방하고 자본주의 시장경제 발전을 위해 협력을 선언했다. 1999년 우즈베키스탄이 CIS에서 탈퇴하고 GUAM에 가입으로 GUUAM이 되었지만 2005년 탈퇴했다.[20)]

2006년 회원국들은 GUAM을 상설적인 체계를 갖춘 국제조직으로 만들기로 합의했다. 2006년 5월 빅토르 유셴코 전 우크라이나 대통령을 포함한 4개국 정상들은 키예프에서 정상회담을 갖고 '민주주의와 발전을 위한 조직-GUAM'이라는 명칭의 국제조직을 창설하기 위한 합의문에 서명했다. 정부 차원만이 아니라 회원국 의회 및 기업간 협력 수준으로 확대와 GUAM의 뜻에 동참하는 다른 국가들에게도 개방돼있다고 말했다. 4개국 정상들은 특히 회원국간 자유무역지대 창설 협정에도 서명했다.[21)]

② 러시아와 다자안보기구의 구축

미국의 중앙아시아에서의 영향력 확대는 러시아의 대 CIS정책을 강화시키는 배경이 되었다. 친러 국가들을 중심으로 다자안보협력을 활성화시키는 요인으로 작용하고 있다. 러시아는 NATO의 동진정책에 대비해 동 지역에서의 다자안보구축을 통한 러시아의 영향력 유지와 미국견제 및 다극체제 구축을 추진 중이다. 이에 대한 러시아의 동지역에 대한 영향력 유지를 위한 대표적인 다자안보협력기구는 SCO 외에, CIS, CSTO, 유라시아 경제공동체(EurAsEC)이다. CIS는 구소련 연방에서 독립한 국가들이 주요 가입국으로 중앙아시아 및 카스피해지역 국가들의 연대를 강화한 것이지만 1990년대를 비롯한 뚜렷한 활동이 부재하다. 어떤 결정에 대한 구속력이 없다. 명목상의 다자기구이자 회원국들간의 친러 성향에 큰 차이가 드러나기 때문에 책임범위와 활동에 대한 적극적인 참여를 기대하기 어렵다. 이런 한계점을 보완하기 위해 CSTO와 EurAsEC가 만들어졌다. 동 기구 내 평화유지군, 공동방위시스템, 반테러센터가 있다. EurAsEC를 제외하고 나머지는 다자안보기구이다. 러시아의 다자간 안보전략의 주요 정책수단은 러시아와 중국과 중앙아시아 4개국이 참여하는 SCO 외에 러시아, 카자흐스탄, 우즈베키스탄, 벨로루스, 아르메니아, 투르크메니스탄, 타지키스탄의 7개국이 참여하는 CSTO를 확고하게 구축하는 계기가 되었다<표 3 참조>.

SCO는 CIS 가입국이 아닌 중국이 포함된 다자협력기구로 활발한 활동을 통해 영역을 확대 중이다. SCO는 CSTO와는 달리 중앙아시아 국가들이 러시아와 중국과 비교적 동등하게 참여할 수 있는 지역적 안보기구로서의 역할은 물론 경제통합기구로의 발전 가능성까지 확대되고 있다. 정책결정과정에서 SCO는 만장일치를 채택함으로써 러시아의 영향력이 강한 CSTO보다 훨씬 더 결속력이 강하다. 미국을 견제하기 위해 러시아는 SCO를 통해 중국과의 협력도 강화되고 있다.

〈표 3〉 러시아와 CIS 내 다자안보기구

기 구	회원국	주요 내용
상하이협력기구 (SCO)	• 중국, 러시아, 우즈베키스탄, 카자흐스탄 키르기스스탄, 타지키스탄	• 2001 창설됨. 지역 안보, 테러 대응, 경제협력을 목적으로 창설됨 • 인도, 파키스탄, 이란, 몽골 옵서버로 참석함
집단안보조약기구 (CSTO)	• 러시아, 우즈베키스탄, 카자흐스탄, 투르크메니스탄, 타지키스탄, 아르메니아, 벨로루스	• 2002년 창설됨. 마약, 테러리즘, 조직범죄 등 퇴치 목적으로 출발함 • 회원국이 공격을 받을시 즉각적인 군사지원 가능함
유라시아경제 공동체 (EurAsEc)	• 러시아, 우즈베키스탄, 카자흐스탄, 키르기스스탄, 타지키스탄, 벨로루스	• 2000 창설됨. CIS 역내 관세통일, 공동경제구역 창설 목표로 출발함 • WTO 가입 협력도 논의함

CIS내 다자안보협력 기구인 집단안전보장조약(CST)는 CSTO의 전신으로 1992년 3월 러시아가 주축이 되어 아르메니아, 카자흐스탄, 키르기스스탄, 타지키스탄, 우즈베키스탄이 모여서 창설했다. 아제르바이잔, 그루지야, 벨라루스가 참여했다. CST는 러시아 중심의 군사안보 협력에 큰 성과를 달성하지 못했다. 친서방 성향이 강한 아제르바이잔, 그루지야, 우즈베키스탄, 우크라이나 등의 반발이 심했다. 1994년 4월 조약이 연장되었지만 아제르바이잔, 그루지야, 우즈베키스탄이 탈퇴했다.

2000년 푸틴은 집단안보조약을 강화를 제안했다. 1999년과 2000년 키르기스스탄에서 발생한 무력충돌로 인해 최초로 참여국들의 공동 군사작전의 조치가 요구되었고 CST가 CSTO로 강화되었다. 2002년 5월 CSTO 회원국은 공동성명에서 기구 법령의 정식화와 재편성, UN헌장 Ⅷ장에 명시되어 있는 지역적 기구의 국제적 승인을 추진하기로 합의함으로써 명실상부한 국제기구로서의 위상을 제고하게 되었다. 동 성명은 CSTO의 임무는 외부적인 위협에 대한 방어에만 국한하지 않고 역내의 테러리즘, 마약, 무기 거래,

조직화된 범죄와 같은 국가적, 지역적 그리고 국제적 안보의 새로운 위협에 대항한다고 선언함으로써 단순한 군사안보기구가 아닌 보다 포괄적인 지역 협력기구로 발전시키겠다는 회원국들의 의지를 담고 있었다.22)

2002년 10월 CSTO에 대한 창설 조약이 체결되었다. 2003년 9월 그 효력이 발생되었다. 러시아를 중심으로 카자흐스탄, 우즈베키스탄, 벨라루스, 아르메니아, 투르크메니스탄, 타지키스탄의 7개국이 참여한다. 러시아는 CSTO 내의 국가들의 관계에 있어서도 이전과는 달리 러시아의 우월적 지위를 축소시키고 참여국들의 동등한 권리를 강조하였다. 2003년 4월 두샨베에서 열린 정상회의에서 신속대응군(Collective Rapid Response Forces) 창설을 통해 새로운 단계의 발전이 모색되었다. 2005년 6월 러시아에서 열린 회의에서 CIS와 중앙아시아의 분쟁지역에서 평화유지 활동의 일환으로 신속대응군 창설에 최종 합의했다. 이는 동지역에 대한 군사적 영향력 확대를 의미한다. 신속대응군 창설은 동지역에서 미국과 NATO의 영향력 확대를 견제하기 위한 러시아의 안보 전략에서 비롯된 것이었다.23)

우즈베키스탄이 2006년 재가입하면서 CSTO는 러시아를 포함해 중앙아시아 내 가장 강력한 안보협력체로 발전했다. 역내 군 안보 구축의 필요성 때문에 출범한 CSTO는 역내 군사 위협, 국제테러, 조직범죄, 마약 밀거래, 등에 공동 대응하기 위해 2008년 6월 신속대응군을 창설했다. CSTO는 역내 군사 위협, 국제테러, 조직범죄, 마약 밀거래, 비상사태 등에 공동 대응하기 위해 창설된 신속대응군은 규칙적으로 훈련을 한다. 위기 상황시 타지키스탄에 주둔하고 있는 러시아 제20기계화사단의 지원을 받을 수 있다. 키르기스스탄의 칸트 공군기지에 주둔하고 있는 10대의 전투기와 전투헬기의 지원을 받을 수 있다. 2009년 10월 초 러시아를 비롯해 CSTO 회원국 정상들은 카자흐스탄의 마티불락에서 실시된 CSTO 신속대응군의 첫 훈련을 참관했다. 약 1만 명의 병력 중 절반이 러시아 특수부대와 공수부대원들로 채워진 신속 대응군은 평화유지군을 자처하면서 CIS 내 분쟁 발생 지역에 공동 부대를 파견할 예정이다. CSTO는 신속대응군과 별도로 각국 공군은 물론 포병, 기갑, 해병대까지 합류하는 대규모 '연합군' 구성에 대해

서도 합의했다.[24)]

이러한 CSTO 재편성과 위상 변화를 통해 러시아는 자국의 통제권에서 탈피하려는 국가들을 재결합하는 동시에 CSTO를 미국을 견제하는 다자안보협력 기구로 활용한다.[25)] 동 기구 창설을 통해 중앙아시아 역내 분쟁 가능성이 줄어들었지만 아직 결정 사항에 대한 이행여부, 역할 부분 다른 역내 기구와의 협력 등 다자안보기구로서 기능을 제대로 발휘하기까지는 여전히 한계점이 있다.[26)] 러시아는 군사적 다자안보 기구외에 EurAsEC와 같은 다자경제협력 기구도 유지하고 있다. 1999년 2월 러시아를 주축으로 벨라루스, 카자흐스탄, 키르기스스탄은 '관세동맹 및 공동 경제공간조약'(Customs Union and Common Economic Space)을 체결했다. 이로써 재화, 서비스, 자본과 노동력의 자유이동을 목표로 단일관세, 통화, 무역정책을 포함해 단일관세지역을 형성하기로 했다. 이를 바탕으로 2000년 10월 타지키스탄의 가입과 '유라시아 경제공동체 창설 조약'(Treaty on Establishing the Eurasian Economic Community)을 체결했다. 이를 통해 공동관세 및 경제통합을 실행하기로 선언했다. 2001년 5월 EurAsEC가 공식 출범했다. 2003년 4월 정상회의에서 2006년까지 단일관세구역 창설, WTO 가입을 위한 정책 조율 및 협력, 에너지 자원 개발 및 에너지 인프라 분야의 협력 및 수송동맹, 이민정책 공조를 통한 자유통행의 허용 등의 광범위한 법적토대에 대한 합의 등 경제적 통합의 가속화 이행을 결의했다.[27)] 동 기구는 친러시아 통합기구인 CACO(중앙아시아협력기구: Central Asian Cooepration Organization)에 많은 영향을 끼쳤다. 2005년 10월 정상회의에서 CACO를 EurAsEC과 통합하기로 했다. 2006년 1월 우즈베키스탄이 EurAsEC에 가입했다.[28)] 더 자세한 러시아와 중앙아시아의 다자안보기구의 기능과 전망에 대해서는 8장을 참고하면 된다.

3 미러의 전략무기 협상의 현황과 의미

그동안 양국의 주요 갈등 요인은 동유럽 내 미국의 MD 체제 구축이었다. 미국은 이란 등 중동국가들로부터의 대륙간 탄도미사일의 위협에 대처하기 위해 체코와 폴란드에 MD 체제 구축을 감행했다. 미국의 동유럽 배치 MD는 2011년 제한적 사용 이후 2013년 완전 가동을 목표로 했다. MD 체제를 구성하는 폴란드의 지상기반요격미사일(GBI) 기지와 체코의 레이더 시설 도입이 최종 결정되면 미국은 2011년까지 총 16억 달러를 지원할 예정이었다.[29] 2008년 7월 미국은 체코에 레이더를 설치하기로 협정을 맺었다. 더욱이 동년 8월 초 러시아와 그루지야 전쟁 이후 미국의 동유럽 내의 MD 구축계획은 더 가속화되었다. 미국은 폴란드와 요격용 미사일 10기를 배치하는 MD 기지 협상에 최종적으로 합의했다. 미국은 MD 기지 설치를 허용하는 대신 군사지원 확대를 요청하는 폴란드의 요구를 수용했고 협상이 타결되었다.[30]

러시아는 미국의 이런 MD 체제 구축은 자국의 안보는 물론 유럽의 전략환경에 위협 요인으로 간주했다. 미국의 동유럽 MD 체제 구축을 강력하게 반대해 왔다. 대신 러시아는 미국 주도의 동유럽 MD 반대에 대한 대안으로 '미러 공동 MD 프로그램'을 제안해왔다. 러시아는 체코에 설치될 레이더 기지 대신 이란에 거리적으로 근접한 아제르바이잔에 설치되어 있는 구소련의 레이더 기지의 운용을 제안했다. 그러나 미국은 반대했다. 2008년 11월 메드베데프는 신년 국정연설을 통해 금융 위기, 테러리즘 등 국제현안에 상호 협력하겠지만 미국의 MD 계획, NATO의 동진 확대 등 이해관계가 상충하는 문제에 대해 타협과 양보가 쉽지 않다는 것을 피력했다. SCO 정상회담에서도 이점에 대해 회원국의 협력을 촉구했다. 아울러 메드베데프는 미국의 MD 철회를 촉구와 필요시 동유럽을 겨냥하는 중단거리 탄도미사일을 재배치할 것이라고 경고했다. 미국의 새 동유럽 미사일 체계를 무력화시키기 위해 칼리닌그라드 지역에 SS-26 이스칸데르 단거리 미사일 기지를 건설할 것을 밝혔다.[31]

푸틴과 부시 대통령 집권 8년 동안 양국은 '신냉전' 또는 '제2의 냉전' 체제로 불리면서 관계가 악화되었다. 따라서 양국의 새로운 지도자들은 악화된 양국 관계를 어떻게 이끌 것인지에 세계의 관심이 주목되었다. 러시아는 계속해서 미국과 핵감축 협상을 MD 철회 촉구와 NATO 확대 반대와 연계하는 전략을 구사했다. 러시아는 서유럽을 향해 핵미사일을 배치하거나 잠정적으로 폐쇄된 러시아 군사기지의 재활용에 대한 대응책을 모색했다. 결국 2009년 9월 오바마 대통령은 폴란드와 체코에 MD 시스템을 구축하려던 조지 부시 전임 행정부의 계획을 폐기했다. 새로운 방식으로 미사일 방어 체계를 구축할 방침을 발표했다. 그동안 러시아가 강력히 반대해온 체코와 폴란드의 지상미사일 방어체계 구축을 철회하는 대신 미국은 미사일 요격기능을 갖춘 이지스함을 유럽 인근 해상에 배치하고 지상 방어 체계는 다른 지역을 검토하는 쪽으로 선회할 것임을 발표했다<그림 1 참조>.[32]

〈그림 1〉 미러의 신냉전 구도

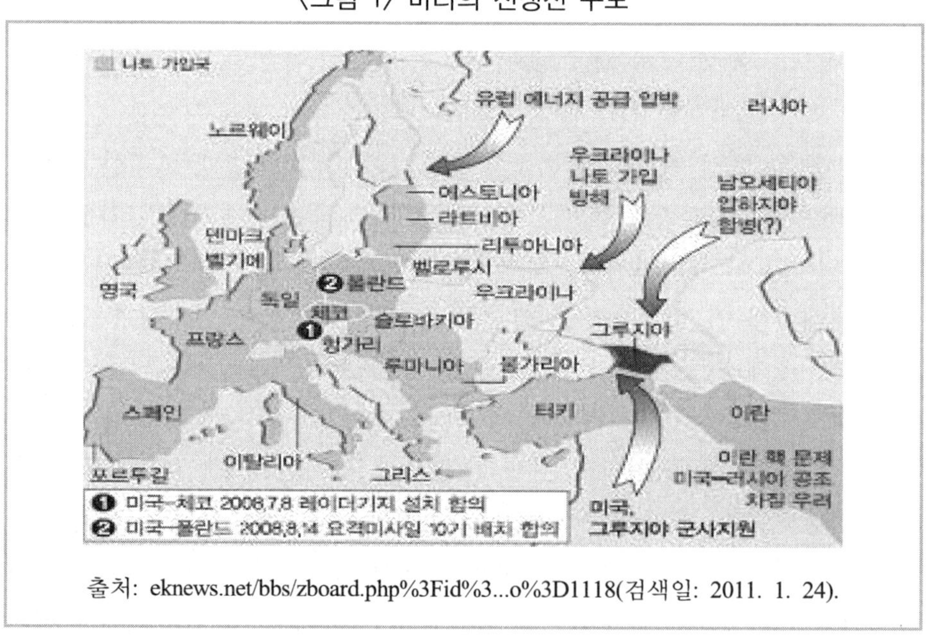

출처: eknews.net/bbs/zboard.php%3Fid%3...o%3D1118(검색일: 2011. 1. 24).

2009년 4월 초 영국 런던에서 열린 G20 정상회담에서 오바마 대통령과 메드베데프 대통령은 미러 관계를 '재설정(reset)' 하기로 합의했다. '핵무기 없는 세계'를 향해 외교적 협력관계 증진을 위해 노력하기로 했다.[33]

그동안 러시아는 미국과 2009년 12월 5일 만료되는 전략무기감축 협정

(START)을 대신할 '핵군축협상'에 주력해 왔다. 양국은 핵무기 비축량을 줄이고, 이란과 북한에서 핵무기가 확산되는 것을 막기 위한 새로운 무기 통제회담을 열기로 합의했다. 동년 7월 초 양국은 모스크바 정상회담은 전 세계의 관심을 받았다. 미러 양국은 냉전이후 최대 규모의 핵감축 협상을 개최했다. 미러는 새로운 유라시아 지정학을 도출해 낼 수 있을 것인가. 양국은 전략핵탄두와 발사체의 상하선을 밝힌 'START 후속 조약에 관한 잠정합의'(The Joint Understanding for the START Follow-on Treaty)에 서명했다. 양국은 전략 핵탄두는 1,500~1,675기, 핵탄두 운반수단인 대륙간탄도미사일(ICBM), 잠수함 발사 탄도미사일(SLBM), 전략폭격기의 수는 500-1,100개 사이로 줄이기로 했다.[34)]

〈표 4〉 미·러 전략무기협상 현황과 주요 내용

연도	정 상	주요 내 용
1972	닉슨-브레즈네프	• 제1차 SALT체결 대륙간탄도미사일(ICBM), 잠수함발탄도미사일(SLBM)의 보유 제한(5년 시한)
1979	카터-브레즈네프	• 제2차 SALT체결 전략폭격기, 공대지탄도미사일(ASBM)도 보유제한
1982	레이건-브레즈네프	• 제1차 START협상 개시 보유 '제한'에서 기존 무기 '감축'으로 전환
1991	부시-고르바초프	• 전략무기감축협정(START-1)체결 전략핵탄두 6,000개 이하로, 운반수단1,600기 이하로 감축 합의
1993	클린턴-옐친	• 제2차 전략무기감축협정(START-2)체결 다탄두개별유도방식(MIRV)미사일 폐기에 합의 러시아의회 강경파의 반발로 2004년에 비준
1994	클린턴-옐친	• 제1차 START 발효(2009년 12월까지 15년 시한)
2002	조지 W. 부시-푸틴	• 전략핵탄두 1,700~2,200개 수준으로 줄이기로 합의
2009	오바마-메드베데프	• START-1 대체할 새 협정 합의 전략핵탄두 1,500~1675개, 장거리미사일 500~1,100기 수준으로 감축 합의

미러의 핵협상은 이미 1969년 11월 시작되었다. 워싱턴-모스크바 '전략무기제한협정'(SALT: Strategic Arms Limitation Talks) 협의 이후 1990년대의 START로 발전했다. 지난 40여 년 동안 상호 규제, 감축, 검증을 위한 일련의 협상 과정을 유지해왔다<표 4 참조>.[35] START는 1980년대 초 미국의 레이건 대통령이 처음 제안해서 1991년 7월 중반 런던에서 부시 대통령과 고르바초프 대통령이 체결한 핵군축 조약이다. 동년 7월 말 모스크바에서 열린 양국 정상회담에서 START-1을 조인했는데, 미소 양국이 향후 7년간에 걸쳐 전략핵무기운반수단 총량 1,600, 탄두 총량 6,000개 이하로 제한하며 탄도탄미사일(ICBM) 및 잠수함 발사 탄도미사일(SLBM)에 적재할 탄두 상한선을 4,900개 이하로 제한했다.[36]

구소련 붕괴이후 1992년 5월 벨로루시, 카자흐스탄, 우크라이나가 자국 영토 내 전략핵탄두와 발사체를 러시아로 이전했고 NPT에 가입함으로써 START는 미국과 러시아의 조약으로 귀결되었다. 1994년 발효되었던 START는 2001년 12월 목표였던 1,6000기와 6,000개를 완료했다. 2002년 5월 조지 W. 부시 대통령과 푸틴 대통령이 모스크바에서 정상회담을 갖고 새로운「전략공격용 전력감축협정, SORT」가 체결되어 서명되었다. 동 조약의 핵심은 양국의 전략핵탄두 비축량을 2012년 12월 31일까지 각각 1,700~2,200기가 넘지 않도록 감축하기로 했고 전략핵전력의 구조와 구성은 규정된 탄두 총량 범위 내에서 각국 재량에 맡긴다는 것이었다. 그러나 동 조약은 START와 달리 전략발사체와 비탑재 핵탄두, 검증방식 등에 대한 합의가 부재했다. 양국은 실전 배치된 핵탄두 수가 감축되는 것은 당장 발사할 수 있는 핵무기의 양이 줄어든다는 의미에서 중요한 성과이지만 감축되는 핵탄두가 완전히 폐기 처분되는 것은 아니기 때문에 미봉책에 불과했다.[37]

2009년 12월 말에 만료되는 START-1 후속 조약에 양국이 어떤 합의를 달성할 것인가와 상호핵군축에 어떤 합의를 도달할 것인가는 아주 중요했다. 양국 정상은 START 후속 조약의 초안인 양해각서에 서명했다. 양국은 전략핵탄두를 현재수준의 1/4 정도를 감축하기로 합의했다. 새 협정이 발효되고 7년 안에 양국은 핵탄두 수를 1,500~1,675개, 핵탄두 운반수단인 ICBM과 SLBM의 전략폭격기의 수는 500~1,000개 사이로 감소하기로 한 잠정협정안에 서명했다. 2012년까지 이행 완료하기로 한 START의 핵탄두 상한선 6,000개과 운반수단 상한선 1,600개에 비교하면 상당한 성과를 달성하게 된 셈이다. 냉전 이후 미러 전략무기감축 합의 중 최대감축 수준으로 간주되었다.38)

〈그림 2〉 미러 전략무기 감축 계획

무기	보유한도	감축비율
전략적 핵탄두	2,200기 → 1,550기	약 30%
핵잠수함 장거리 미사일 중폭격기	총합 700기로 제한 (비축용으로 100기 추가허용)	50%

미·러 양국이 상대방의 무기감축 현황을 감시할 수 있는 시스템 구축

출처: 「한국일보」 2010. 12. 23.

2010년 2월 1일 제네바에서 새로운 전략공격무기 협정을 위한 9차 협의가 개최되었다. 제기된 몇 가지 문제점 중에서 아직까지 핵탄두 및 운반체 감축 수준에 대해 최종적으로 합의된 조건이 없다.39) 구체적인 상한선을 정하지 못하고 감축 범위에 합의한 것은 그 만큼 감축 범위를 둘러싼 양측의 이견이 여전히 크다는 점을 시사해 준다. 양국은 탄도미사일 발사에 대한 정보를 공유할 수 있는 조기경보센터를 만들기로 했다. 이로써 양국은 우발적 핵전쟁을 예방할 수 있는 중요한 조치를 갖추게 되었음을 의미한다.40)

2010년 4월 초 세계 핵탄두의 95% 가량을 보유하고 있는 미러 양국은 2009년 12월 5일로 만료된 START-1(전략무기감축조약, Strategic Arms Reduction Talks)의 후속협정으로 새 전략무기감축협정(New START)을 체

결했다.[41] 양국의 새 감축협정이 비준됨에 따라, 향후 10년간 미러 양국의 전략적 핵탄두를 지난 협정에 비해 약 30% 줄이기로 했다<그림 2 참조>. 현재 양국에 배치된 핵탄두는 8392기로 미국은 2702기, 러시아는 4834기의 핵탄두를 보유한다. 새 협정에는 포함되지 않는 전술(비전략) 핵무기도 2,547개나 존재하는 것으로 추측된다. 따라서 새 협정은 전략적 핵탄두를 기존 협정이 양국에 각각 허용했던 2,200기에서 1,550(23%)기로 줄이고, 잠수함, 장거리미사일 등 핵탄두를 탑재할 수 있는 각종 운반수단도 각각 총 700기(비축분 포함 800기)로 줄이게 되었다. 기존 협정에서 서로 협약을 준수하는지 확인하기 어려워 실효성 문제가 있었던 것을 감안해 양국은 상호 감시체제도 확립하기로 결정했다.[42]

Ⅳ 맺음말

종합하자면 러시아는 미국과 핵군축협상과 동유럽의 MD 체제 구축 철회를 통해 중앙아시아 지역에 대한 외부적 안보위협 요소를 축소하고 새로운 관계를 모색 중이다. '신냉전'으로 불릴 정도로 악화했던 미러 양국관계는 화해·협력의 '재설정(reset)'을 선택했다. 동시에 '핵무기 없는 세계'를 향해 함께 노력한다는 것이다. 이는 양국은 새로운 관계 진전을 시도 중이며 글로벌 이슈에 대한 공동 책임을 강조하고 국제문제 해결에 지역적 접근의 중요성을 강조한 것이다. 그러나 이런 일련의 군축협상이 미국의 동 지역에 대한 자국의 영향력 축소를 의미하지 않으며 군축협상에 대한 여전히 한계점과 문제점을 내포하고 있다. 앞서 서술했듯이 카자흐스탄에서의 군사기지 사용 확대를 통해 중앙아시아 대테러전과 아프간 사태 종결을 위해 미 공군과 NATO 공군이 카자흐스탄에서 직접 군사적 지원이 가능해졌다. 이로써 동 지역에서 미군과 나토군이 사용할 수 있는 공군기지는 현존하며 네 곳으로 확대되었다.

따라서 러시아의 대응전략은 SCO를 통해 군사안보 협력 강화를 계속해서 촉구할 것이고 동 기구를 통해 지역적 다자안보협력기구로서 기존의 역할 확대에 주력할 것이다. 유라시아대륙을 중심으로 미국의 영향력을 최소화하면서 새로운 세계질서를 건설하려는 러시아의 노력은 계속될 것이다. 2009년 메드베데프 대통령이 '신국가전'에서 SCO, CSTO, EurAsEC 등의 다자협력 기구를 통해 중앙아시아에서의 정치군사적 및 경제적 지분 확대가 가장 중요한 외교정책으로 간주하고 있음을 명백히 명시했다. 러시아는 다자안보협력 기구인 SCO를 통해 회원국에 대한 위협과 간섭에 공동 대응을 더욱 강화할 것이다. 더욱이 국제테러 활동, 분리주의, 이슬람극단주의의 위협에 공동 대처함으로써 회원국의 권익과 안전을 지속적으로 도모할 것이다. 러시아는 SCO를 통해 미국의 영향력 견제와 중국을 비롯한 회원국을 중심으로 군사적 신뢰 구축과 안보문제에 역량을 더욱 집중할 것이다.

미 주

1) Brian Job, "Matters of Multilateralism: Implications for Regional Conflict Management", in David A. Lake and Patrick M. Morgan, eds., Regional Orders: Building Security in New World(University Park, PA: Pennsylvania State University Press, 1997), pp.165-191.

2) John G. Ruggie, "Multilateralism: The Autonomy of an Institution", International Organizations 46 (Summer 1992), p.574.

3) Robert O. Keohane, "Multilateralism: An Agenda for Research", International Journal, 45 (Autumn, 1990), p.731.

4) John Ruggie(1993), p.11; 김용호, "양자주의와 다자주의: 동아시아의 현황과 전망", 「환동해권 협력의 국제정치경제 세미나보고서」(서울: 외교안보연구원, 1998. 1), pp.11-14.

5) 정진위 외, 『새로운 동북아질서와 한반도』(서울: 법문사, 2000), p.54; James A. Caporaso, "International Relations Theory and Multilateralism: The Search for Foundations", John Ruggie(ed.), Multilateralism Matters(New York, Columbia University Press, 1993), p.53.

6) 나기산, "안보환경의 변화와 상호안보론", 「군사연구보고서 95-2」(성남: 한국군사문제연구원, 1995), p.15; 한동만, "탈냉전시대 안보환경 변화와 다자안보협력", 「외교통상부 보고서」 2002, p.109.

7) 김승채, "중국의 에너지안보와 한국의 대응: 상하이협력기구(SCO)를 중심으로", 「안보학술논문집」 국방대학교, 제20집 제2호, 2002, pp.263-264.

8) 김태현, "동북아 다자간 안보협력체의 구상", 「지역연구논총」 제6집, 1994, pp.37-38.

9) 류동원, "중국의 다자안보협력에 대한 인식과 실천: 상하이협력기구(SCO)를 중심으로", 「국제정치학보」 제44집 4호, 2004, pp.125-126; 박병인, "상하이협력기구(SCO) 성립의 기원", 「중국학연구」 33집, 2005, p.521.

10) http://korean.cri.cn/740/2009/05/19/1s142692.htm(검색일: 2009. 1. 11).

11) 당시 푸틴과 조지 W 부시 대통령은 양국이 보유한 6천기 수준의 핵탄두 수를 향후 10년 동안 1천700-2천 200기 정도로 대폭 줄이는 역사적 군축 협정에 서명했다. 「인테르팍스통신」 2002. 5. 24.

12) 2005년 5월 초 우즈베키스탄 동부 안디잔에서 대규모 반(反)정부 유혈시위가 발생했다. 1991년 구소련에서 독립한 이후 15년 동안 집권 중인 이슬람 카리모프 대통령은 이슬람 극단주의 반군이 주도한 것으로 간주하고 강경진압에 나섰다. 시위대는 종교탄압 중지와 자유보장 등을 요구했다. 평화적 정권 교체를 이끌어낸 우크라이나와 그루지야, 키르기스스탄 등의 색깔혁명과는 다른 민중혁명으로 간주되었다.

13) 구소련 내에서의 색깔혁명의 민주화의 시작은 2003년 그루지야의 '장미혁명'이었다. 집권당의 부정선거에 대항해 시민들은 붉은 장미 한 송이씩을 들고 거리로 나섰다. 정권교체는 평화적으로 진행되었다. 또 2004년 우크라이나에선 '오렌지 혁명'이 발생했다. 역시 여당의 대선 개표에 반대하는 시위대는 변화의 상징의 오렌지

색 옷을 입고 시위에 참가했다.

14) 「The Washington Post」 2005. 7. 30.

15) 2008년 4월 초 개최된 NATO 정상회담에서 미국은 우크라이나와 그루지야의 NATO 가입을 위한 '멤버십 액션플랜'(MAP)의 부여를 추진했다. 러시아의 요청에 의해 독일과 프랑스의 반대로 두 나라의 가입은 무산되었다.

16) 1991년 구소련 붕괴이후 러시아는 우크라이나의 세바스토폴 항을 임차해 자국의 흑해함대를 운영해왔다. 임차계약은 2017년 만료된다. 러시아와 그루지야의 전쟁으로 그루지야를 지지해온 우크라이나와 러시아와의 긴장도 고조되었다. ask.nate.com/knote/view.html%3Fn...D1173688(검색일: 2011. 1. 23).

17) 2005년 그루지야에 주둔했던 러시아군이 철수했다. 미국은 군사고문단과 특수부대를 주둔시키고 있다.

18) 그루지야는 2008년 8월 초 CIS 탈퇴를 선언했다.

19) 미국의 중앙아시아 지역의 군사적 팽창에 대해 다음을 참조. 김선래, "미국의 군사적 영향력 확대와 러시아의 대응", 「아태연구」 제16권 제 2호, 2009, pp.23-44.

20) http://caf.kiep.go.kr/caf/contents/m122104/view.do(검색일: 2011. 1. 30).

21) http://www.ibtimes.co.kr/article/news/.../0214390.htm(검색일: 2010. 11. 20).

22) kookbang.bemil.chosun.com/bbs/view.html?b...-(검색일: 2011. 1. 12).

23) 이번 훈련에 우즈베키스탄은 참여 여부 결정을 보류했다. 이는 러시아가 우즈베키스탄과 접한 타지키스탄에 연간 12억 kw의 전력 생산이 가능한 수력 발전 건설은 지원한 대한 불만으로 알려졌다. 「연합뉴스」 2009. 10. 16.

24) 「연합뉴스」 2009. 10. 16.

25) 박상남, "미군 주둔 이후 중앙아시아의 지정학적 변화", 「국제지역연구」 7권 3호, 2003, pp. 6-7; 한구현, "러시아의 대 SCO 전략과 시사점", 「아태쟁점과 연구」 2권 1호, 2007 봄, pp.98-99.

26) 러시아는 CSTO 내의 국가들과 이전과 달리 자국의 우월적 지위를 축소시키고 회원국들과의 동등한 권리를 강조했다. 2002년 5월 CSTO 6개 회원국은 공동성명에서 기구 법령의 정식화와 재편성, UN 헌장 Ⅷ장에 명시되어 있는 지역적 기구의 국제적 승인을 추진하기로 합의했다. 국제기구로서의 위상을 갖고자 했다. 동 성명은 CSTO의 임무는 외부적인 위협에 대한 방어 외에 역내의 테러리즘, 마약, 무기거래, 조직화된 범죄와 같은 국가적, 지역적, 국제적 안보의 새로운 위협에 대항한다고 선언했다. 군사안보기구에서 포괄적인 지역 협력기구로 발전을 표명했다. 「연합뉴스」 2009. 6. 15.

27) 친러시아 통합기구인 CACO(중앙아시아협력기구: Central Asian Cooperaton Organization)에 많은 영향을 끼쳤다.

28) http://www.kma18.com/tour/information/Uzbekistan.html(검색일: 2010. 1. 24).

29) 「RIA Novosti」 2009. 9. 18.

30) 「국방일보」 2008. 12. 24.

31) 이스칸데르 단거리 미사일은 500km 사거리와 핵탄두 장착이 가능하다. 특히 칼리닌그라드에 배치되면 폴란드 전역과 독일과 체코 일부 지역도 사정권에 들어가게

됨을 의미한다. 「Moscow News」 2008. 8. 7.

32) 미국은 체코와 폴란드 MD 구축 백지화 방침을 밝혔다. 유럽을 향한 이란 등의 위협에 보다 유연하게 대처하기 위한 새로운 방어 체계를 구축할 방침과 이란의 탄도 미사일 프로그램은 여전히 위협적인 요소로 강조했다. 향후 새 미사일 방어 시스템은 NATO와의 조화를 강조했다. 「연합뉴스」 2009. 9. 18.

33) 「Moscow News」 2009. 4. 1.

34) 「Moscow News」 2009. 7. 6.

35) 정은숙, "미-러 핵군축 합의: 의미와 전망", 「정세와 정책」 2009년 8월호, p.15.

36) http://www.tongilnews.com(검색일: 2009. 1. 3).

37) 더 자세한 논의 이상현, "미-러 핵무기 감축협상과 미국의 핵전략: 세계질서 전망과 우리의 대응", 「정책 브리핑 2002-03」 세종연구소, 2002 참조.

38) http//russianforces.org/print.php?url-http>//russianforces.org/blog/2009/07/g(검색일: 2010. 2. 8); 유영철, "미국과 러시아 핵무기 감축협상 재개", 「통일한국」 2009. 6, pp.16-17.

39) http://www.izvestia.ru/politics/article318042/(검색일: 2010. 2. 5).

40) http://blog.ohmynews.com/wooksik/312184(검색일: 2009. 1. 13).

41) 「Izvestiya」 2010. 4. 8.

42) 8,300개의 전략 및 전술 핵탄두 중 1,550개(23%)를 감축하더라도 약 6,750의 핵탄두가 남게 된다. 「한국일보」 2010. 12. 23.

참고문헌

본 장은 "상하이협력기구(SCO)와 러시아의 군사안보적 이해에 대한 고찰: 대(對)미 견제를 중심으로", 「평화학연구」 제11권 1호, 2010에 실린 논문과 2010년 12월 1일 한양대학교 아태지역연구센터 주관으로 개최된 중앙아시아 제2차 국내학술대회에서 발표된 논문을 수정 및 보완했음.

고재남, "유라시아 중부지역의 '신 거대게임'과 관련국 대응", 「중소연구」 107호 2005.

______, "트랜스 카프카즈· 중앙아시아의 '신거대게임'과 러시아의 대응", 「외교안보연구원보서」 외교안보연구원, 2005.

김덕주, "상하이협력기구의 현황과 발전 전", 「외교안보연구원 보고서」 외교안보연구원, 2002.

김선래, "미국의 군사적 영향력 확대와 러시아의 대응", 「아태연구」 제16권 제2호, 2009.

김성진, "러시아 외교정책의 성격: 상하이 협력기구에 대한 정책을 중심으로", 「중소연구」 118호, 2008.

김승채, "중국의 에너지안보와 한국의 대응: 상하이협력기구(SCO)를 중심으로", 「안보학술논문집」 국방대학교, 제20집 제2호, 2009.

김용호, "양자주의와 다자주의: 동아시아의 현황과 전망", 「환동해권 협력의 국제정치경제세미나보고서」 (서울: 외교안보연구원, 1998. 1).

김태현, "동북아 다자간 안보협력체의 구상", 「지역연구 논총」 제6집, 1994.

류동원, "중국의 다자안보협력에 대한 인식과 실천: 상하이협력기구(SCO)를 중심으로", 「국제정치학보」 44집 4호, 2004.

박병인, "중국의 대중앙아시아 경제협력과 상하이협력기구 연구", 「중국학연구」 29집, 2004.

______, "상하이협력기구(SCO) 성립의 기원", 「중국학연구」 33집, 2005.

박상남, "미군 주둔 이후 중앙아시아의 지정학적 변화", 「국제지역연구」 7권 3호, 2003.

신범식, "푸틴시기 러시아의 근외정책과 중앙아시아", 홍완석, 『현대러시아 국가체제와 세계 전략』(서울: 한울아카데미, 2005).

이장규 & 이석호, 『카스피해 에너지전쟁』(서울: 올림, 2006).

엄태암, "한반도 안보와 동북아 6자회담 - 가능성과 실효적 추진방안을 중심으로", 「국방정책연구」 1999년 여름호.

유영철, “미국과 러시아 핵무기 감축협상 재개”, 「통일한국」 2009. 6.

윤영미, “탈냉전기 카스피해 유전을 둘러싼 국제 갈등체제의 쟁점”, 「사회과학연구」 서강대 사회과학연구소, 제13권 제2호, 2005.

_____, “러시아의 북극지역에 대한 해양안보 전략: 북극해 개발과 한-러 해양협력을 중심으로”, 「동서연구」 제21권 2호, 2009.

_____, “러-중의 중앙아시아에서의 협력과 경쟁: 상하이협력기구(SCO)를 중심으로”, 「시베리아극동연구」 제5호, 2009.

장병옥, 『중앙아시아국제정치의 이해』(서울: 한국외국어대학교 출판부, 2001).

_____ 외, 『미국의 대중동 중앙아시아 외교정책』(서울: 한국외국어대학교 출판부, 2009).

정은숙, “미-러 핵군축 합의: 의미와 전망”, 「정세와 정책」 2009년 8월호.

정진위 외, 『새로운 동북아질서와 한반도』 (서울: 법문사, 2000).

조준래, “동아시아의 안보관계: 쌍무주의와 다자주의의 상호보완”, 「국방논집」 제40호, 1997년 겨울.

한구현, “러시아의 대 SCO 전략과 시사점”, 「아태쟁점과 연구」 제2권 1호, 2007 봄.

한동만, “탈냉전시대 안보환경 변화와 다자안보협”, 「외교통상부 보고서」 2002.

황성우, “상하이협력기구의 기능과 역할: 지역패권 장악을 위한 역할을 중심으로”, 「중국연구」 26권, 2005.

Akhunjonnov, Alisher, “Evaluation and Prospect of SCO Experience”, The IFANC Workshop program, Seoul, Korea, October, 2004.

Caporaso, James A., “International Relations Theory and Multilateralism: The Search for Foundations”, John Ruggie(ed.), *Multilateralism Matters* (New York, Columbia University Press, 1993).

Cohen, A., “The New Great Game: Pipeline Politics in Eurasia”, *Caspian Crossroads*, Vol. 1, No.2, Summer 2001.

Hopkirk, Peter, The Great Game: The Struggle for Empire in Central Asia (NY: Kodansha International, 1994).

Job, Brian, “Matters of Multilateralism: Implications for Regional Conflict Management”, In David A. Lake and Patrick M. Morgan, eds., *Regional Orders: Building Security in New World* (PA: Pennsylvania State University Pres)s, 1997.

Keohane, Robert O., “Multilateralism: An Agenda for Research”, *International Journal*, 45, Autumn, 1990.

Macfarlane, S. Neil, “The United States and Regionalism in Central Asia”, *International Affairs*, Vol.80, No.3, 2004.

Ruggie, John G., "Multilateralism: The Autonomy of an Institution", *International Organizations* 46, Summer 1992).

Zbigniew, Brezinski, *The Grand Chessboard: American Primacy and Its Geostrategic Imperative* (NY: Basic Book, 1997).

「국방일보」 2008. 12. 24.

「연합뉴스』 2004. 6. 17, 2009. 6. 16, 2009. 9. 18.

「인테르팍스통신」 2008. 12. 2.

「International Business New」 2009. 10. 15.

「Moscow News」 2008. 8. 7.

「RIA Novosti」 2009. 9. 18.

http://korean.cri.cn/740/2009/05/19/1s142692.htm(검색일: 2009. 1. 11).

http://blog.ohmynews.com/wooksik/312184(검색일: 2009. 1. 13).

http://www.voanews.com(검색일: 2009. 1. 29).

http//russianforces.org/print.php?url-http>//russianforces.org/blog/2009/07/g(검색일: 2010. 2. 8).

http://caf.kiep.go.kr/caf/contents/m122104/view.do(검색일: 2011. 1. 30).

http://www.kma18.com/tour/information/Uzbekistan.html(검색일: 2010. 1. 24).

ask.nate.com/qna/view.html%3Fn%3D8848271(검색일: 2011. 1. 23).

photo.media.daum.net/foreign/vie...25509157(검색일: 2011. 1. 23).

eknews.net/bbs/zboard.php%3Fid%3...o%3D1118(검색일: 2011. 1. 24).

Chapter 8

러시아와 중앙아시아의 다자협력기구: 분화와 협력

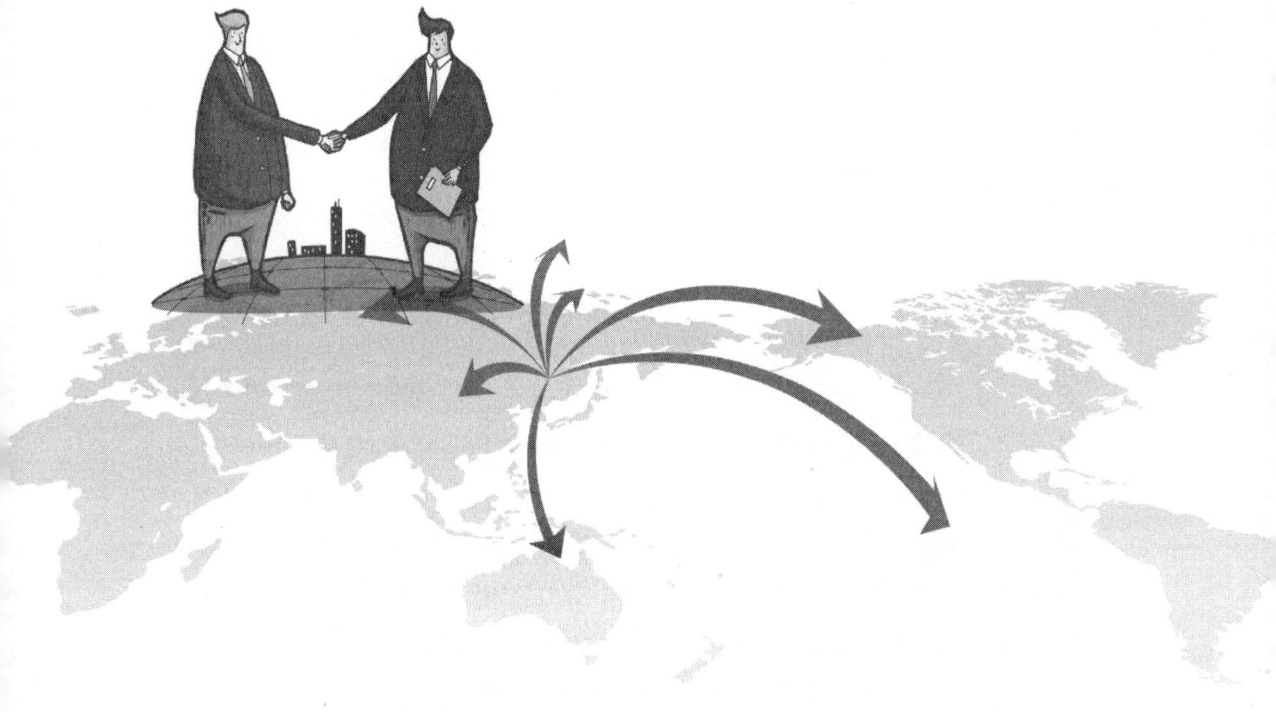

<sophism-travel.tistory.com/2>

I 들어가는 말

중앙아시아 및 카스피해 지역은 흑해를 경유해서 유럽으로 연결이 가능하고, 이란을 경유해서 페르시아만으로 연결되고, 아프가니스탄과 파키스탄을 경유하여 인도로 연결된다.[1] 탈냉전기 이 지역은 '실크로드(Silk Road)'의 역할에서 21세기 '오일로드(Oil Road)'로 역할로 부각되고 있다. 에너지 자원은 브레진스키의 언급대로 강대국들의 '신 거대한 게임(New Great Game)'[2]이 재현되는 결정적인 요소가 된 것이다.[3] 현재 러시아는 파이프라인 유지 및 건설을 통해 역내 국가들과 긴밀한 협력을 유지해 오고 있고 자본과 기술을 동반한 미국을 위시한 유럽의 메이저 석유회사들의 진출 역시 활발하다.[4] 최근 중국의 진출도 활발해지고 있다.

소위 권력의 공백지대로 불리던 지역이 러시아, 미국, 중국 및 유럽연합(EU)을 중심으로 강대국의 새로운 각축장으로 부상했으며,[5] 한편 이런 강대국들의 경쟁은 역내 국가들을 중심으로 지역 내 불안정을 가중시키고 있는 요소가 되고 있다. 이런 영향으로 역내외 국가들의 '힘의 분화와 조합'이 다자협력기구를 통해 경쟁적이고 중층적인 관계로 표출되고 있다.[6)]

1992년 구소련으로부터 독립 이후 중앙아시아 국가들은 국가발전 및 안보를 위해 양자 및 다자지역 협의체에 관심이 높다. 역내 국가들은 모두 국제연합(UN)에 가입했으며 역외 협력체인 유럽안보협력기구(OSCE), 북대서양조약기구(NATO), EU 등과 협력관계를 유지해 오고 있다.[7)] 특히 러시아는 전략적으로 2000년대 푸틴의 집권 이후 이 지역에서 안보 및 경제 협력기구를 통해 영향력을 확대해 오고 있다. 키르기스스탄의 WTO 가입에 이어 러시아도 1993년 WTO 가입 신청 이후 최종적으로 2011년 12월 17일 가입되었다.[8)] 카자흐스탄, 우즈베키스탄도 WTO 가입을 추진하고 있다.

중앙아시아 지역의 대표적인 다자협력기구는 독립국가연합체(Commonwealth of Independent States: CIS), 집단안보조약기구(Collective Security Treaty Organization: CSTO), 유라시아경제협력체(Eurasian Economic Community: EurAsEC), 상하이협력기구(Shanghai Cooperation Organization: SCO) 등을 들 수 있다.[9)]

러시아가 이런 지역적 다자기구들을 대부분 주도하고 있다. 경제협력기구인 EurAsEC를 제외하고 나머지는 다자안보기구이고 중국은 유일하게 SCO의 정식 회원국이다. 러시아는 이런 다자기구를 통해 미국의 영향력 확대를 견제하고 자국의 정책을 실현시킬 도구이자 중요한 지렛대로 활용하고 있다. 이런 맥락 하에 본 장에서는 구소련 붕괴 이후와 2001년 9/11 테러 이후 형성된 러시아 주도의 친러 성향의 군사안보 및 경제협력 기구(CIS, CSTO, EurAsEC, SCO)와 구소련 국가들의 중심의 친미 성향의 기구(GUAM)를 중심으로 다자기구들의 형성 배경, 역할과 한계점에 대해 분석해 보고자 한다.

Ⅱ 중앙아시아의 다자협력기구: 역할과 기능

1 독립국가연합(CIS)

1991년 구소련의 붕괴 이후 러시아는 중앙아시아 및 카스피해 지역의 국가를 포함한 전체 구소련연방 국가들을 통합하기 위해 CIS를 창설하였다.[10] 1991년 12월 21일 구소련을 구성했던 15개 공화국 중 11개 공화국은 카자흐스탄의 알마티에서 CIS 헌장에 서명하였다.

〈그림 1〉 독립국가연합(CIS) 회원국

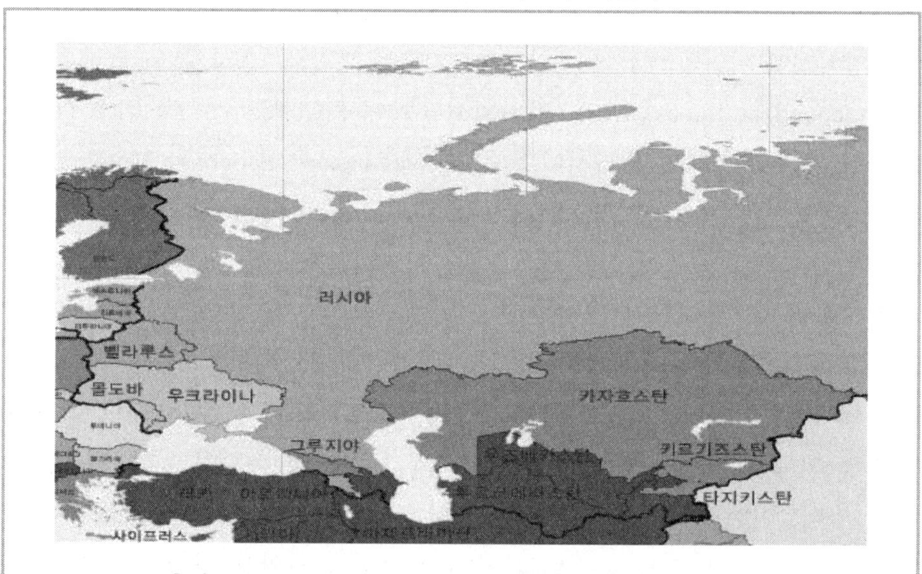

출처: kcm.kr/dic_view.php?nid=39123(검색일: 2011. 11. 4)

CIS 창설 당시 11개 회원국은 러시아, 몰도바, 벨라루스, 아르메니아, 아제르바이잔, 우즈베키스탄, 우크라이나, 카자흐스탄, 키르기스스탄, 타지키스탄, 투르크메니스탄이었다. 현재는 10개 회원국으로 구성되었다. 아제르바이잔은 1992년에 탈퇴했다가 재가입했다. 1993년 12월 그루지야도 러시아의 압력으로 가입했지만 2002년 그루지야는 장미혁명으로 친서방 정부가 들어서면서 러시아와 갈등을 초래했다. 그루지야는 2008년 8월 초 러시아와의 전쟁이후 탈퇴를 선언했고 회원국에서 제명되었다. 투르크메니스탄은 2005년 8월 26일 탈퇴 이후 준회원국으로 참여하고 있다.11) 몽골은 옵서버로 참여하고 있다<표 1 참조>.

〈표 1〉 러시아와 중앙아시아의 주요 다자안보경제협력기구

기구명	회원국	주요 내용
독립국가연합 (CIS)	러시아 · 몰도바 · 아르메니아 · 아제르바이잔 · 우즈베키스탄 · 우크라이나 · 카자흐스탄 · 키르기스스탄·타지키스탄 · 투르크메니스탄, 벨로루스(2008년 탈퇴)	• 1991년 창설됨. 평화유지군, 공동방공시스템, 반테러센터가 있음(구속력이 없음) • 몽골이 옵서버로 참여함 • 최근 러시아를 중심으로 단일경제협력체 구성이 논의됨
집단안보조약기구 (CSTO)	러시아, 우즈베키스탄, 카자흐스탄, 투르그메니스탄, 타지기스탄, 아르메니아, 벨로루스, 우크라이나(2010 가입)	• 2002년 창설됨. 마약, 테러리즘, 조직범죄 등 퇴치 목적으로 출발함 • 신속대응군 창설함. 회원국이 공격을 받을시 즉각적인 군사지원 가능함
상하이협력기구 (SCO)	중국, 러시아, 우즈베키스탄, 카자흐스탄, 키르기스스탄, 타지키스탄	• 2001 창설됨. 지역 안보, 테러 대응, 경제협력을 목적으로 창설됨 • 인도, 파키스탄, 이란, 몽골이 옵서버로 참석함
유라시아경제공동체 (EurAsEc)	러시아, 우즈베키스탄, 카자흐스탄, 키르기스스탄, 타지키스탄, 벨로루스	• 2000 창설됨. CIS 역내 관세통일, 공동경제구역 창설 목표로 출발함 • WTO 가입 협력도 논의함

CIS는 창설된 이후 거의 활동이 없는 명목상의 기구로 전락되었다. CIS는 구소련에서 독립한 국가들이 주요 회원국으로 상호 연대를 강화를 목적으로 설립되었다. 그러나 CIS 결정 사항은 구속력이 없고 대부분 이행되지 않았다. 이런 한계점을 보완하기 위해 다자안보기구인 CSTO와 경제협력기구인 EurAsEC가 만들진 중요한 계기가 되었다. 뿐만 아니라 CIS 내 설

치된 평화유지군, 공동방공시스템, 반테러센터는 다른 다자기구와 역할이 겹친다. CSTO 내에도 공동방공시스템과 평화유지군을 구성할 수 있고 SCO 내에도 반테러센터 기구가 설치되었다. 또 러시아는 CIS 회원국들 중 친러 성향의 국가들과 다양한 지역협력기구를 통해 자국의 영향력을 확대하고 통합을 추구해왔다. 이런 이유로 안보문제와 관련하여 회원국들 내 책임범위의 확대와 적극적인 활동을 유도하기 어려운 실정이다.

따라서 최근 CIS 회원국을 중심으로 안보 문제보다는 푸틴 총리가 주도하는 새로운 형태의 경제협력체가 구성되었다. 구소련 붕괴 이후 독립한 구소련 국가들을 중심으로 단일경제공동체를 형성하겠다는 푸틴 총리의 계획이 차츰 현실화되고 있다. 2011년 10월 초 푸틴 총리는 구소련 국가들이 참여하는 경제통합체인 '유라시아 연합(EAU)' 창설을 제안했다. 또 2012년 1월 1일부터 러시아, 벨라루스, 카자흐스탄 3국으로 출발하는 '단일경제공동체(CES, 관세동맹)'에 키르기스스탄, 타지키스탄 등의 국가들을 가입시켜 EAU로 발전시켜 나가는 방안을 제시했다. 이런 지역 경제협력 구상은 경제·통화 정책을 보다 긴밀히 유지하고 조율할 수 있는 경제동맹 내지 거대한 경제통합 시장으로 등장할 가능성이 높게 제기된다.

러시아와 벨라루스, 카자흐스탄 3국은 CES를 통해 관세 장벽을 없애고 자본과 노동의 자유로운 이동을 보장하는 경제동맹을 체결했다. 이들 3국은 2007년 관세동맹 결성에 합의했다. 이어 2009년 11월 27일 발라루스 민스크에서 3개국은 관세동맹 협정에 서명하면서 단일 경제공동체 출범 기틀을 마련했다. 2010년 1월 1일 러시아, 벨라루스, 카자흐스탄 등 3개국 간의 관세동맹이 정식 발효되었다. 그 후 관세동맹위원회가 정한 수입 물품에 대해 공동 관세를 적용하게 되었다. 약 9,500개 품목은 러시아가 적용하는 현행 관세율을 유지하며, 주방용품, 의류, 식료품 및 자동차 등 약 1850개 상품의 관세율이 조정되었다.[12] 또한 2011년 10월 중순 러시아는 중앙아시아 국가들과 CIS 소속 8개국 자유무역지대(FTZ)를 창설하기로 합의했다. 이번 협정에는 CIS 회원 11개 국가 중 러시아를 주축으로 우크라이나, 아르메니아, 몰도바, 카자흐스탄, 키르기스스탄, 타지키스탄, 벨라루스 등 8

개국이 서명했다. FTZ 협정은 CIS 국가 간 교역에서 대다수 상품에 대한 수출입 관세를 폐지하는 내용을 담고 있다.[13)]

FTZ에는 CIS 회원국인 러시아, 아르메니아, 몰도바, 우크라이나, 카자흐스탄, 키르기스스탄, 타지키스탄, 벨로루시 등 8개국이 관련 협정에 서명했다. CIS 회원국들은 FTZ 창설은 구소련 붕괴 3년 뒤인 1994년 처음으로 체결되었다. 그러나 러시아를 비롯한 일부 국가들이 조약을 비준하지 않았다. 이처럼 사실상 유명무실해졌던 것을 이번에 부활시킨 것이나 다름없다. 푸틴은 "아제르바이잔, 투르크메니스탄, 우즈베키스탄 등 3국이 협정에 서명하지 않았지만 이들 국가들도 협정에 참여하는 방안을 검토하기로 했다"고 덧붙였다. 곧 11개 CIS 회원국 모두가 FTZ 협정에 참여할 수 있음을 예고한 것이다. FTZ 협정은 CIS 국가 간 교역에서 대다수 상품에 대한 수출입 관세를 폐지하는 내용을 담고 있다.[14)]

② 집단안보조약기구(Collective Security Treaty Organization, CSTO)

CSTO의 주요 목적은 평화 보장, 회원국의 영토 보전, 테러, 마약 밀매, 국제적 조직범죄에 대한 공조, 회원국 군사 위협 직면 시 즉각적인 군사 지원 등이 포함된다. CSTO는 이런 목적을 효과적으로 달성하기 위해 최상위 기관으로 집단안전보장회의(Council on Collective Security)와 그 하부에 상임회의(Permanent Council), 외무장관회의, 국방장관회의, 안보회의비서위원회, 사무총장 등으로 구성되었다. CSTO 헌장은 "CSTO 회원국들은 대외정책, 군사기술면에서 상호협력하며, 회원국과 국민의 안전에 대한 외부의 도전 및 위협을 방지하기 위해 긴밀하고 포괄적인 동맹을 유지 및 발전시킨다"라고 규정되었다. CSTO 재편성과 위상 변화 추구를 통해 러시아는 자국의 영향력에서 벗어나려는 중앙아시아 국가들을 재결합하고 CSTO를 미국의 영향력을 견제하는 기구로 활용하고자 한다.[15)]

CSTO의 전신은 CST(집단안전보장조약: Collective Security Treaty)이다. 당시 러시아는 군사 및 안보분야에서의 협력기구를 통한 지역통합을 모색하였다. 1992년 5월 중순 CST는 러시아가 주축이 되어 아르메니아, 카자흐스탄, 키르기스스탄, 타지키스탄, 우즈베키스탄이 회원국으로 창설되었다. 그 후 아제르바이잔, 그루지야, 벨라루스가 참여했다. 아제르바이잔(1993년 9월 24일)과 그루지야(1993년 12월 9일), 벨라루스(1993년 12월 31일)의 가입으로 회원국이 모두 9개 국가로 확대 되었다. CST는 회원국의 비준을 거쳐서 1994년 4월 20일 효력이 발생했다. 이 조약의 유효 기간을 효력이 발생한 날로부터 5년으로 정했다. 당시 의정서 체결을 거부한 아제르바이잔, 그루지야, 우즈베키스탄은 탈퇴하였다. 1995년 11월 1일 UN에 국제기구로 등록되었다. CST는 러시아 주축의 군사안보 협력에 큰 성과를 달성하지 못했고 친서방 성향이 강한 아제르바이잔, 그루지야, 우즈베키스탄, 우크라이나 등의 반발이 심했다.

회원국들은 핵무기 및 전략군을 CST의 단일 통제 하에 둔다는 원칙에 합의하면서 통합군 창설을 모색했다. 그러나 우크라이나와 몰도바가 독자군 창설을 모색함에 따라 무산되었다. 러시아는 독자군 창설을 추진하면서 CST를 CIS차원의 집단안보협력기구로 발전시키려는 정책을 추진하였다. 사실상 CST는 회원국이 침략의 위협에 직면할 때 이를 전 회원국에 대한 침략 위협으로 간주하여 공동 대응해야 함에도 불구하고 CST 회원국인 아제르바이잔과 아르메니아는 나가로노-카라바흐 자치주에 대한 영유권을 둘러싸고 전쟁 발생했다. 당시 러시아는 아르메니아를 간접적으로 지원하였다. 러시아는 그루지야 내 압하지야 분리주의 운동을 직접적으로 지원하기도 했다. 타지키스탄에서는 우즈베키스탄이 반대하는 친러시아적인 대통령이 러시아의 지원 하에 대통령에 당선되었다. 러시아의 이런 정책에 반발이 심했고 1999년 CST가 1차 연장될 당시 우즈베키스탄, 아제르바이잔과 그루지야가 참여를 하지 않았다. 그러나 1990년대 말부터 CST에 관심이 커졌다. 이는 아프가니스탄에서의 탈레반 활동의 강화와 우즈베키스탄, 키르기스스탄에서 이슬람 원리주의자들에 의한 테러가 발생했기 때문이었다. 그 결과 2000년 벨로루시 수도 민스크에서 개최된 집단안보회의에서 3개의 CST 특별안보지역(유럽, 카프카스, 중앙아시아)을 확립하기로 합의하였다. 동년 10월 개최된 키르기스스탄 비슈케크 회의에서 집단안보군을 창설하기로 합의하였다.

2000년 민스크와 비슈케크에서 개최된 CIS 정상회담에서 푸틴 대통령은 CST의 강화를 제안하였다. 1999년 여름과 2000년 키르기스스탄의 산악지대에서 무력충돌 사건이 발생한 직접적인 결과였다. 처음으로 회원국들에게는 공동 군사작전을 위한 조치가 요구되었다. 2001년 아르메니아 수도 예레반에서 개최된 CST 회의에서 신속대응군을 창설하기로 합의하였다. 아울러 2001년 9/11 테러 사태는 중앙아시아의 중대한 전략적 변화를 초래하기도 했다. 당시 미국은 아프가니스탄에서의 반테러 군사작전을 위해 NATO와 우즈베키스탄, 타지키스탄과 키르기스스탄에 미군을 주둔시켰다. 러시아는 미국의 반테러 군사작전에 CST 국가들의 협조를 용인하면서도 CST의 기능 강화를 추진하였다.[16]

그런데 CST 회원국들은 많은 선언과 합의에 동의했지만 실질적인 역할을 잘 수행하지 못했다. 러시아 중심의 군사 및 안보 협력이 성과를 내지 못했다는 것을 의미하는 것이다. 오히려 러시아 헤게모니를 이 지역의 위협으로 인식되었으며 군사 및 안보 문제를 해결할 수 있는 중심 세력은 러시아가 아니라는 인식 커졌다. 미국과 NATO가 그 중심이라는 인식이 확산으로 그루지야, 아제르바이잔, 우크라이나, 몰도바, 우즈베키스탄 등 일부 국가들의 반발로 이어졌다.[17]

따라서 CST 창설 10주년을 기념하여 2002년 5월 12일 개최된 집단안보회의에서 회원국들은 집단안보기능을 강화하기 위해 CST를 CSTO로 발전시키기로 합의하였다. 이는 러시아를 중심으로 훨씬 더 구속력을 갖는 친러 다자안보기구로 발전되었음을 의미했다. 2002년 10월 7일 구소련 공화국 7개국인 러시아, 벨라루스, 아르메니아, 카자흐스탄, 타지키스탄, 키르기스스탄, 우즈베키스탄이 몰도바 키시너우에서 집단안보조약 기구의 창설에 관한 조약에 서명했다. 2003년 9월 18일 이 조약의 효력이 발생했으며 탈퇴한 우즈베키스탄이 2006년 6월 CSTO에 재가입 했다. 본부는 모스크바에 두고 있다.

CST에서 CSTO로의 개편 목적은 CSTO 회원국들이 개별적, 집단적 안보 위협에 효과적으로 대응하기 위해 회원국의 군 체제를 합동군 형태로 개편하는 것이었다. 회원국들 간 이슬람 원리주의의 확산 저지와 반테러 공조와 같은 목적 달성 외에도 1997년부터 본격화되기 시작한 NATO의 동진 확대에 대한 집단적 대응 정책과도 밀접한 관련이 있다. 2002년 5월 CSTO 회원국들은 공동성명을 통해 이 기구 법령의 공식화와 재편성, UN 헌장 Ⅷ장에 명시되어 있는 지역적 기구의 국제적 승인을 추진하기로 합의함으로써 명실상부한 국제기구로서의 위상을 갖추고자 했다. 이 공동성명은 CSTO의 임무는 외부적인 위협에 대한 방어에만 국한하지 않고 역내의 테러리즘, 마약, 무기 거래, 조직화된 범죄와 같은 국가적, 지역적 그리고 국제적 안보의 새로운 위협에 대항한다고 선언함으로써 단순한 군사안보기구가 아닌 보다 포괄적인 지역 협력기구로 발전시키겠다는 회원국들의 의지를 담았다.[18]

2003년 4월 두샨베에서 열린 정상회의에서 CSTO의 지역 및 국제안보에 대한 역할을 강화하기로 하였다. 집단신속대응군(Collective Rapid Response Forces) 창설을 통해 새로운 단계의 발전이 모색되었다. 정상들은 신속대응군 합동참모부를 설치하고 키르기스스탄에 설치되는 러시아의 공군기지를 신속대응군 공군력의 거점으로 활용할 것에 합의하였다. 러시아는 CSTO 내의 국가들의 관계는 이전과 달리 러시아의 우월적 지위를 축소시키고 참여국들의 동등한 권리를 강조하였다. 중장기적으로 CSTO는 회원국들의 역내 안보와 지역 안보에 결정적인 영향을 미치는 다자안보기구로 발전할 가능성이 제기되었다. 또 CSTO의 역할 강화에 주력하는 모스크바의 노력을 엿볼 수 있는 것으로 러시아의 영향력 확대에 대한 회원국들의 의구심을 완화시키고 회원국들의 보다 자발적 참여를 유도하기 위한 조치의 일환이었다. 회원국 정상들은 모스크바 크렘린에서 회의를 열고 군사 위협, 테러, 국제 범죄, 마약 거래, 비상사태 등에 공동 대처하기로 합의했다. 신속대응군은 러시아 CIS 내에 파견하여 활동하며 CSTO는 2004년 8월 '국경 2004'라는 대규모 반테러 합동군사작전을 실시하는 등 집단안보를 위한 군사 협력을 시도했다. 2005년 6월 러시아에서 열린 CSTO 정상회의에서 회원국들은 CIS와 분쟁지역에서의 평화유지 활동을 위해 집단신속대응군 창설에 최종 합의하였다.[19]

이로써 CSTO의 재편성과 위상 변화를 통해 러시아는 CSTO 틀 안에서 CIS지역에 대한 군사적 영향력을 확대할 수 있는 기회를 마련하였다. 이는 군사적 영향력 확대를 의미하는 것으로 집단신속대응군 창설은 궁극적으로 미국과 NATO의 영향력 확대를 견제하기 위한 러시아의 안보전략에서 출발한 것이다.[20] 앞서 설명한 대로 CSTO는 NATO의 이 지역에 대한 세력 확대를 막기 위한 집단안전보장기구의 성격을 갖고 있다. 회원국들의 군사 협력을 더욱 강화하고 있다. 예를 들어 2003년 10월 키르기스스탄 칸트기지에 러시아 공군기지가 개설되었고, 우즈베키스탄과 2005년 11월 동맹조약(Alliance Treaty)을 체결했으며, 이에 앞서 타지키스탄과도 군사 협력을 확대하는 조약을 체결되었다. 집단신속대응군은 2003년 1,500명으로 창설되었는데 2008년 약 4,000명으로 증원되었다. 정기적인 군사훈련을 전제로 구성되었다. 집단신속대응군은 위기 시 타지키스탄에 주둔하고 있는 러시아 제201기계화사단의 지원을 받을 수 있을 뿐 아니라 키르기스스탄의 칸트 공군기지에 주둔하고 있는 10대의 전투기와 전투헬기의 지원을 받을 수 있다. 평화유지 시스템과 통일된 방공시스템이 CSTO의 틀 안에서 창설되고 있는 중이다.[21]

2009년 10월 초 메드베데프 러시아 대통령을 비롯해 CSTO 회원국 정상들은 카자흐스탄의 마티불락에서 실시된 CSTO 신속대응군의 첫 훈련을 참관했다. 약 1만 명의 병력 중 절반이 러시아 특수부대와 공수부대원들로 채워진 신속대응군은 평화유지군을 자처하면서 CIS 내 분쟁 지역에 공동부대 파견과 대응군과 별도로 각국 공군은 물론 포병, 기갑, 해병대까지 합류하는 대규모 '연합군' 구성에 대해서도 합의하였다.[22]

2010년 12월 초 모스크바에서 개최된 CSTO 정상회의에서 2010년 CSTO

의 활동 결과를 논의하였다. 특히 위기대응 메커니즘의 효율 증대 방안, 회원국 및 지역의 안보 강화에 관심이 집중되었다. CSTO의 법적 기반 강화 문제, 회원국간의 군사기술 협력 발전 방안 등을 논의하였다. 이번 CSTO 정상회의의 결과 2009년 2월 정상회의에서 창설하기로 한 신속대응군의 이용 절차 및 조건을 정한 문서 '위기상황에 대응하는 절차에 관한 규정' 및 '집단 안보에 관한 조약'이 새롭게 체결하였다. 이 문서에는 한 국가 이상으로부터 군사적 공격 또는 위협이 있을 때, 집단 방위권을 행사하기 위해 당사국의 공식 요청에 따라 당사국 영토로 신속대응군을 파견하는 절차, 집단 안보 시스템의 조직 및 수단 등이 포함되어 있다. 또 신속대응군은 집단안보에 위협이 되는 다른 어떤 것에도 대응할 수 있으며 비상사태를 청산 하는데도 이용될 수 있으며 합동 훈련도 실시 할 수 있다고 명시되어 있다. 더욱 중요한 것은 신속대응군 파견에 있어 모든 회원국가의 합의가 아니라 원하는 국가에 한해서 자율적으로 파견할 수 있다는 점이다. 이러한 신속대응군의 활동에 대한 조약 체결은 CSTO 회원국에 위기 상황 발생보다 효과적으로 대응할 수 있는 토대를 마련한 것으로 그 의미가 크다. 러시아가 이 지역에서 군사적 영향력을 유지할 수 있는 법적 근거가 되는 것이다.[23]

이와 같은 CSTO 재편성과 위상변화 추구를 통해 러시아는 자국의 통제권에서 벗어나려는 국가들과 재결합이 가능해졌다.[24] 다자안보 구축을 통한 러시아의 영향력 유지와 미국 견제 및 다극체제 구축에 대한 러시아의 노력은 계속될 것으로 간주된다. 이 기구를 통해 역내 분쟁 가능성은 줄어들었지만 결정 사항에 대한 이행여부와 역할 과 다른 역내 기구와의 협력 등 다자안보기구로서 기능을 제대로 발휘하기까지는 여전히 한계점이 있다.

여타 다자기구와 마찬가지로 CSTO가 내린 결정의 이행문제, 재정문제, 역할의 구분, 다른 기구와의 협력의 문제 등이 산적해 있다. 이 기구의 핵심과제 중의 하나로 간주되는 민족갈등의 불씨가 완전히 제거된 것이 아니기 때문에 그 역할이 유동적이다. 예를 들면 카스피해 연안국으로서 친미국가인 아제르바이잔과 그루지야를 포함, 카자흐스탄, 키르기스스탄, 타지키스탄은 CSTO의 회원국이면서도 NATO의 평화를 위한 파트너십(Partnership for Peace: PfP) 프로그램에 참여함으로써(투르크메니스탄과 우즈베키스탄 역시 참여) 러시아의 통합 노력에 한계를 드러내고 있다.

3 상하이협력기구(SCO)

6장에서 SCO의 탄생 배경, 기능 등을 서술하고 있듯이 이 기구는 역내 경제협력의 가속화, 정치적 안정과 군사안보를 위한 협력 등 상호협력 등 그 역할이 확대되고 있다.[25] SCO의 핵심은 국제테러, 종교적 극단주의, 마약문제와 경제 및 협력으로 2001년 9월 중순 카자흐스탄의 수도 알마티에서 회원국들은 '지역경제협력의 주요 목표와 방향(Main Objectives and Directions of Regional Economic Cooperation)'에 관한 의정서를 채택하였다.[26] 2003년 9월 말 베이징에서 회원국 정상들은 20년 장기계획인 'SCO 회원국간 상호교역 및 경제협력 프로그램'도 승인했다. 2004년 비슈케크에서 이 프로그램의 진행을 위한 구체적인 계획이 채택되었다. 현재 SCO 역내에 '에너지클럽'도 설립되었다. 에너지는 경제협력 분야의 핵심이 되었다. SCO는 지역 및 정부간 다자협력기구로서 매년 1차례 회원국들이 최고 결정기구인 정상회담을 개최한다.[27]

2010년 9월 초 '평화 사명 2010(Peace Mission 2010)'으로 명명된 훈련은 최근 3년 내 SCO가 실시한 훈련 중 최대 규모였다. 러시아와 중국, 카자흐스탄의 병력 3000 명이 카자흐스탄에서 2주간의 군사 훈련을 감행했다.[28] 훈련 목적은 마약 밀매 조직원에서 이슬람 반군에 이르는 이 지역 안보위협 세력에 대한 대응을 준비하기 위한 것이다. 지난 10년 간 회원국은 역내 테러리즘, 극단주의, 분리주의 차단을 명분으로 일곱 차례 합동 군사훈련을 실시하는 등 역내 안보기구로서 기능을 강화해 가고 있다. 동년 11월 말 타지키스탄 두샨베에서 제9차 SCO 총리회담을 열고 역내 안보와 정치, 무역 등 다양한 분야에서 협력을 강화하기로 합의했다. 6개 회원국 외에 이란, 인도, 몽골 및 파키스탄이 옵서버로 참여했고 아프가니스탄은 주최국 초청으로 참석했다. 공동성명에서 경제 무역 협력을 촉진하기 위한 별도의 금융 메커니즘을 창설하는데 협의를 계속하기로 했다.[29]

2011년 6월 중순 카자흐스탄의 아스타나 SCO 정상회담에서 "국내 갈등과 위기는 오직 평화적으로 정치적 대화를 통해 해결해야 하며 국제사회는 민족 화합에 기여하는 행동을 취해야한다"면서 국제사회의 엄격한 국제법 준수와 국내 문제에 대한 외부의 간섭을 배제했다. 또 SCO는 국제 금융시스템 개혁을 지지하고 교통, 통신, 농업, 혁신, 에너지 보존과 무역, 관광 부문에서 대규모 공동 프로젝트가 논의되었다. 또한 서아시아와 북아프리카의 상황에 깊은 우려를 나타내고 조속한 지역 안정을 촉구했다. 정상들은 국제사회의 엄격한 국제법 준수와 함께 국내 문제에 대한 외부 간섭을 배제해야 한다고 주장했다. 정상들은 리비아의 위기 종식을 요구하고 아프가니스탄과 연락그룹 설립에 대한 의정서에도 서명했다.[30]

정책결정 과정에서 SCO는 만장일치를 채택함으로써 러시아의 영향력이 강한 CSTO보다 더 결속력이 강하다. 미국을 견제하기 위해 이 기구를 통해 중국의 이 지역에 대한 영향력도 커지고 있음을 주지할 필요가 있다. 러시아는 중국과 회원국 확대 문제와 카자흐스탄과 투르크메니스탄과의 파이프라인 구축을 통한 에너지 협력 강화 등에서 다소 갈등적 요소를 드러내기도 했다. SCO는 협력 취지와 임무 및 창립 선언에 맞게 협력을 촉진하고 실현하는 국가는 새로운 회원국으로 가입이 가능하다. 현재 기존 회원국의 만장일치 동의에 의해 가입 희망국은 점진적인 방식으로 가입국이 될 수 있다.[31] '회원국 확대' 이슈는 정치적 및 경제적 요소를 고려함과 동시에 각 회원국의 이해관계와도 밀접한 연관성을 가지고 있기 때문에 중요하다. 그동안 회원국 확대에 대해 러시아와 중국은 다소 의견 차이를 보였다. 러시아의 입장은 가장 적극적이고 중요한 문제로 간주하고 있지만 중국은 SCO의 협력에 장애가 된다면서 지나친 규모 확대를 경계하며 신중한 입장을 고수했다.

현재 SCO는 이 지역을 포괄하는 최대의 다자안보기구로 성장했다. SCO

는 2004년부터 6개의 정 회원국과 몽골, 이란, 인도 및 파키스탄 등 4개의 옵서버 국가로 총 10개국이 참여해 왔다. SCO 출범 이후 논의되었던 회원국 가입을 처음으로 개방하기로 했다. SCO가 EU에 대응할만한 지역경제 공동체로 발전할지 주목된다. 그동안 중국은 회원국 확대에 반대해왔지만 2010년 회의 때 동의함으로써 새로운 회원국들이 가입할 수 있는 규정을 만들기로 했다. 이번 회의에서 다른 국가도 회원국으로 받아들이기로 함에 따라 현재 옵서버로 참여하고 있는 인도, 파키스탄, 몽골과 그동안 가입 의사를 공개적으로 밝혀온 아프가니스탄 등이 앞으로 정식 회원국으로 승격될 전망이다.[32] SCO가 회원국 확대를 승인하면서 남부아시아와 중동 지역으로 영향력 확대될 수 있다. 2011년 6월 아스타나 정상회담에서 SCO 창설 10주년 기념식에 6개 창립 회원국과 이란, 인도, 파키스탄, 몽골, 4개 옵서버 국가의 정상들이 참가했다. 또한 아프가니스탄과 투르크메니스탄 대통령, UN, CIS, EurAsEC, CSTO, 동남아시아국가연합(ASEAN)의 정상들도 초청되었다.

SCO는 향후 EU와 경쟁할 초국가적 공동체로 전환 가능성도 제기된다. SCO의 확대는 회원국들 간 경제적 잠재력을 극대화하고 국제사회에 정치적 영향력을 확대하는 계기가 될 것이다. 러시아는 이 지역에서 SCO를 통해 중국과 정치군사적, 경제적인 협력을 유지하고 있다. 러시아는 중국과의 협력 모색을 이 지역에서의 통 미국의 영향력을 견제하고 있다.

4 유라시아경제공동체(EurAsEC)

러시아는 중앙아시아 국가들과 군사 및 안보적 다자협력 외에 점차로 EurAsEC와 같은 경제협력기구의 병행 및 확대도 시도하였다. 1999년 2월 러시아를 주축으로 벨라루스, 카자흐스탄, 키르기스스탄은 '관세동맹 및 공동 경제공간 조약'(Customs Union and Common Economic Space)이 체결되었다. 이를 통해 재화, 서비스, 자본과 노동력의 자유이동을 목표로 단일관세, 통화, 무역정책을 포함해 단일 관세지역을 형성하기로 했다. 2000

년 10월 타지키스탄의 가입과 동시에 '유라시아 경제공동체 창설 조약'(Treaty on Establishing the Eurasian Economic Community)을 체결했다. 공동관세 및 경제통합을 실행하기로 선언함으로써 2001년 5월 EurAsEC가 공식적으로 출범되었다.

EurAsEC는 2003년 4월 정상회의에서 회원국들은 2003-2006년 공동체 통합프로그램을 승인하였다. 정상들은 2006년 까지 단일관세구역을 창설하고, WTO가입을 위한 정책 조율 및 협력, 에너지 자원 개발 및 에너지 인프라 분야의 협력, 수송동맹, 이민정책의 공조를 통한 자유통행의 허용, 공동체 행동의 광범위한 법적 토대에 대한 합의 등과 같은 통합의 실질적 문제들에 대한 원칙을 합의하는 등 경제적 통합을 가속화하기로 하였다.[33] 동시에 2003년에서 2005년 발생한 일련의 색깔혁명(Color Revolution)은 친러시아 통합기구인 중앙아시아협력기구(Central Asian Cooperation Organization: CACO)[34] 창설에도 많은 영향을 주었다. 2004년 10월 타지키스탄의 수도 두샨베에서 개최된 정상회의에서 러시아가 CACO에 참가하였다. 이 지역의 안정 보장에 대한 러시아의 역할이 강조되었다. 2005년 10월 정상회의에서 EurAsEC와 통합하기로 했다.

이로써 중앙아시아의 통합기구로 역할을 해온 CACO는 폐지되었다. 2006년 1월 우즈베키스탄이 EurAsEC에 참가했으며 2006년 8월 CSTO의 회원국이 되었다. 최근 러시아는 중앙아시아 국가들을 친러 통합구조 속에 포함시키고 반러 성향의 기구를 배제하는데 어느 정도 성공한 것처럼 간주되었다. 그러나 EurAsEC 회원국들을 중심으로 관세동맹은 달성되지 않았다.[35]

III 친미적 다자안보기구: GUAM의 역할과 전망

탈냉전기 이 지역에서 미국의 영향력 확대는 다자안보기구를 통해 더욱 구체화되었다. 미국의 영향력은 민주화, 인권, 자본주의 시장건설, 테러척결을 목표로 한 군사기지 구축 등으로 요약된다. UN, NATO, 평화를 위한 파트너십(Partnership for Peace) 프로그램, GUAM(Organization for Democracy and Economic Development, 구암) 등을 포함해 각종 경제지원을 통한 양자 및 다자적 협력기구가 포함된다. 미국은 이 지역에서 자국의 지위를 공고히 하기 위해 러시아 주도의 지역협력체에 대응한 것으로 CIS 내에서 대표적인 친서구적 경향을 강조하고 있는 것이 GUAM이다.

GUAM은 러시아의 영향력을 배제한 협력기구로 미국의 지원을 받았다. 1997년 10월 초 탈러시아 경향이 강한 그루지야, 우크라이나, 아제르바이잔, 몰도바가 주축이 되어 구성되었다. 본부는 우크라이나의 키예프에 설치되었다. 이들 국가들은 민주주의를 표방하고 자본주의 시장경제 발전을 위해 협력을 선언했다.[36] 당시 이들 국가들은 반러 친서방 노선을 추구와 미국의 경제안보적 지원 하에 러시아의 영향권에서 벗어나 서방권으로 편입을 추구했다. GUAM은 러시아를 중심으로 구성된 CIS의 대안으로 출발했다. GUAM 회원국들은 러시아와 일정한 거리를 두면서 서구화를 추구하기 시작했다. 1999년 우즈베키스탄이 CIS에서 탈퇴하고 가입함으로써 명칭이 'GUUAM'으로 변경되었지만 2005년 5월 다시 GUUAM을 탈퇴함(친러기구인 EurAsEC과 CSTO에 가입)으로써 명칭이 GUAM으로 변경 되었다.[37] GUAM은 '민주화 및 경제발전 기구' 변경되었지만 여전히 활동은 미미했다.

2006년 상설적인 체계를 갖춘 국제조직으로 만든다는데 합의했다. 2006년 5월 빅토르 유셴코 전 우크라이나 대통령을 포함한 4개국 정상들은 키예프에서 정상회담을 갖고 '민주주의와 발전을 위한 조직-GUAM'이라는 명칭의 상설기구를 창설했다. 유셴코 대통령은 "조직의 주요 목적은 민주주의 지역 공간을 형성하고 유럽・대서양과의 통합, 단일한 에너지 공간을 만들자는 것"이라고 밝혔다. 정부 차원만이 아니라 회원국 의회 및 기업 간 협력 수준으로 확대될 것이며 GUAM에 동참하는 다른 국가들에게도 개방돼있다고 말했다. 4개국 정상들은 특히 회원국간 자유무역지대 창설 협정에도 서명했다.[38]

2007년 6월 중순 아제르바이잔 수도인 바쿠에서 정상회담을 갖고 오데사(우크라이나)-브로디(우크라이나)-폴로츠크(벨로루시)-그란스크(폴란드) 파이프라인 건설사업 등 다양한 경제, 정치적 협력 방안에 대해 협의했다. 회담을 주재한 아제르바이잔의 일함 알리예프 대통령과 3개국 지도자들은 "카스피해 석유를 끌어오기 위한 오데사-브로디 파이프라인 확장 사업을 지지한다"고 밝혔다.[39] 회담에 참석한 폴란드 레흐 카친스키 대통령도 "오데사-브로디 파이프라인은 러시아로부터의 '에너지 위협'에 벗어나는 것에 일조할 것"이라고 했다. 이 파이프라인 건설이 완료되면 카스피해에서 생산되는 석유를 러시아를 거치지 않고 유럽으로 연결되는 새로운 노선이 된다. 우크라이나는 2001년에 667km에 달하는 파이프라인 공사를 완공했지만 러시아산 석유 도입 또는 카스피해 연안국들이 생산하는 석유를 운반할 것인지에 대한 논란으로 이용이 중단된 상태였다. 이에 대해 미국과 EU은 "러시아 에너지 수입에 대한 의존도를 줄일 필요가 있다"며 공개적으로 GUAM을 지지했다.[40]

GUAM 회원국들은 반러시아 기구가 아니라고 부인했지만 4개국 중 3개국은 러시아와 심각한 무역 또는 다른 분쟁에 직면했다. 러시아는 그루지야와 몰도바에서 현지 분리주의자들과의 분쟁에 직면했는데, 그루지야와 몰도바 당국은 분리주의 지역에 배치된 러시아의 평화유지군이 분리주의자들을 지지하고 있다고 비난을 가했다. 아제르바이잔의 알리에프 대통령은 GUAM이 "분리주의 지역내 분쟁종식 등 안정에 도움이 될 수 있으며 경제적 유대와 강한 정치적 대화, 공동 프로젝트 수행은 회원국들을 좀 더 가깝게 만들고 있다"고 강조하기도 했다.[41] 2008년 8월 초 러시아의 그루지야 공격으로 분리주의와 관련 양국의 갈등은 더욱 깊어졌다. 그루지야가 분리독립을 요구하는 친러시아 성향의 남오세티아 자치공화국에 지상군과 전투기를 동원한 대대적인 공격에 나서자 러시아가의 보복으로 그루지야를 공습하는 등 그루지야 내 친러시아 자치국에 대한 통제권을 놓고 전쟁이 발생했다.[42]

현실적으로 그루지야를 중심으로 반러 동맹 GUAM 부활이 추진되었지만 미국의 소극적인 태도, 명목상 기존의 회원국들의 참여와 관심 부족과 러시아의 영향 확대 등으로 거의 유명무실해지고 있다. 2010년 8월 중순 미하일 사카슈빌리 그루지야 대통령은 GUAM을 반러 노선으로 이끌었다. 사카슈빌리 대통령은 동년 8월 중순 그루지야를 방문한 반러 성향의 미하이 김푸 몰도바 대통령 권한대행과 이 문제를 논의했다. 이에 앞서 5월 모스크바에서 열린 2차 세계대전 승전 65주년 기념식 참석 요청에 대한 러시아의 초청을 거부했다. 이어 6월 소련이 몰도바에 사회주의공화국을 세운 1940년 6월 28일을 '점령의 날'로 제정해 러시아의 불만을 사기도 했다. 두 정상은 GUAM 부활 방안에 대해 심도 있는 논의를 했다. GUAM 회원국들은 상호연대를 통해 카스피해 지역에서 생산되는 원유를 러시아를 우회해 유럽으로 수출하는 파이프라인의 공동 추진 등의 경제협력 강화를 밝혔다. 사카슈빌리와 김푸는 반러 동맹에 러시아와 갈등을 초래했던 벨라루스를 끌어들이는 방안도 논의했다. 몰도바는 러시아의 영향력을 최소화하기 위한 흑해연안 동맹 창설을 시도하기도 했다. 당시 러시아와의 국가 통합까지 고려했던 벨라루스는 지난 몇 년 동안 가스 공급가격 등을 둘러싸고 러시아와 심각한 분쟁을 겪기도 했다. 그러나 러시아와 카자흐스탄과 벨라루스는 3국 관세동맹을 통해 새로운 관계를 모색하고 있다.[43]

러시아는 이 같은 GUAM 부활 움직임에 별다른 반응 없이 소극적이다. 2008년 러시아가 그루지야와의 전쟁이후 이 지역에서의 영향력 회복에 다소 성공한 것도 GUAM 부활에 무관심한 주요 요인이 된다. 2010년 2월 GUAM 참여에 적극적이었던 우크라이나에서 친러 정부의 정권교체로 이어졌다. 즉 반러 친서방 노선을 유지하던 빅토르 유셴코 대통령이 퇴각하고 친러 성향의 빅토르 야누코비치가 대통령으로 당선되었기 때문에 우크라이나도 GUAM 부활에 소극적이다. 아제르바이잔도 반러 노선에서 벗어나 러시아와의 관계를 강화하고 있다.[44]

Ⅳ 맺음말

구소련 붕괴와 2001년 9/11테러 이후 이 지역에서 소위 미국의 패권전략은 일종의 민주화 시민혁명으로 불리는 '색깔혁명'의 여파로 딜레마에 빠지게 되었다. 우즈베키스탄을 필두로 친러 성향으로 회귀했으며 최근 색깔혁명으로 등장한 정권이 물러나는 사태까지 발생했다. 우즈베키스탄에서는 미군의 철수가 단행되었다. 우크라이나에서는 친러 정권 복귀로 이어졌다. 계속해서 세계경제 위기와 미국의 세계전략의 변화로 이 지역에 대한 영향력은 다소 소강상태로 접어들었다.

반면 러시아의 오일 머니를 통한 경제회복과 2008년 8월 초 그루지야와의 전쟁을 통한 군사행동으로 보여준 러시아의 헤게모니 부활은 상당한 정도로 회복되었다. 러시아는 반러 지역기구인 GUAM의 약화에 성공했다. 러시아의 세력권으로의 질서 재편으로 간주되는 2012년 벨라루스와 카자흐스탄과의 단일경제공동체(CES, 관세동맹) 형성과 2011년 10월 초 푸틴 총리는 구소련 국가들이 참여하는 경제통합체인 '유라시아 연합(EAU)'을 창설했다. 또 중앙아시아 국가들과 CIS 소속 8개국 자유무역지대(FTZ)를 창설이 진행되고 있다. 이로써 2012년 3월초 러시아 대선을 통해 대통령으로서의 푸틴의 정권 복귀를 앞두고 CSTO와 SCO의 역할 확대와 EAU와 FTZ 창설을 중심으로 "소련의 부활 내지 상당수 전문가들은 EAU를 경제판 소련 부활"로 언급하기도 했다.

그러나 여전히 이 지역에서 국가 간의 전쟁, 민족갈등, 테러위협 등은 상존하며 SCO와 CSTO의 다자안보 메커니즘 틀에서 해결할 가능성 여부는 여전히 의문이 제기된다. 러시아가 주도하고 있는 다자기구인 CIS, EurAsEC, SCO, CSTO 간에 근본적인 역할이 잘 조정되고 있지 않다. 이런 기구들은 각기 다양한 목표를 선언하고 있지만, 조직구성, 책임영역 등에서 많은 부분 이중적이고 중복되어 있다. 기구들 간에 상호협력에 관한 법적 합의는 있지만 실행에 대한 법적 구속력이 없다.

더욱이 러시아의 관점에서 SCO를 통한 중국의 부상 및 영향력 확대는 새로운 잠재된 갈등적 요소로 간주된다. 러시아의 SCO를 통한 중국과의 관계는 이중적 성향을 띤다. 러시아는 중국의 경제적인 영향력 확대를 견제하면서 미국의 움직임에 대한 대응이라든가 역내 국경 안정화 극단주의 척결 등 전통적인 안보 문제 해결에 중국과의 협력은 계속해서 모색되고 있다. 중국 역시 미국의 영향력을 견제와 티베트 자치구와 신장위구르 자치구 등의 분리주의자들의 테러 가능성을 철저히 차단하기 위해 러시아와 SCO 회원국과의 경제군사협력에 집중하고 있다. 중국은 이미 다른 SCO 회원국에 약 120억 달러의 차관을 제공했다. 중국과 회원국 간 교역액도 10년 전 121억 달러에서 2010년 840달러까지 7배까지 급등했다. 중국은 현재 러시아 카자흐스탄의 최대 무역파트너이자 우즈베키스탄 키르기스스탄 타지키스탄의 2대 무역파트너 국가다.[45]

중국과 SCO 회원국들과의 에너지 협력도 더욱 강화되고 있다. 중국은 SCO의 비회원국가인 투르크메니스탄과의 적정가격으로 73억 달러 규모의 가스관 건설 체결과 우즈베키스탄과 가스관 연결 공사 및 추가 공급 논의도 진행 중이다.[46] 또 중국 국영석유업체인 페트로차이나는 카자흐스탄 최대 석유회사와 공동으로 카스피해에서 신장을 연결하는 3000km 길이의 가스관을 건설하고 하루 평균 석유 20만 배럴을 확보한다는 계획도 있다.[47]

탈냉전기 이 지역에서 러시아의 군사 및 경제안보 측면에서 패권전략의 회복은 제한적이다. 반면 중국의 지속적인 다각적인 부상과 미국의 계속되는 영향력, 역내 국가들이 직면한 민주주의와 경제개발 등을 고려해 볼 때, 전략적 측면에서 러시아는 중국을 포함해 역내 국가들과 양자 및 다자주의적 협력을 계속해서 유지해 나갈 것이다.

미 주

1) 더 자세한 논의는 다음을 참조. 윤영미, "탈냉전기 카스피해 유전을 둘러싼 국제 갈등체제의 쟁점," 「사회과학연구」 서강대 사회과학연구소, 13권, 제2호, 2005; 고재남, "유라시아 중부지역의 '신 거대게임'과 관련국 대응," 「중소연구」 107호, 2005, pp. 14-51.

2) A. Cohen, "The New Great Game: Pipeline Politics in Eurasia," Caspian Crossroads, Vol. 1, No. 2, Summer 2001 참고.

3) John Roberts, "Energy Reserve, Pipeline Politics and Security Implication," The South Caucasus: A Challenge for EU, Chaillot Paper No. 65, December 2003, p. 104.

4) O. Reznikova, "Transnational Corporation in Central Asia," in B. S. Rumer ed., Central Asia in Transition, New York: M. E. Sharpe Inc. 1996), p. 70.

5) Richard Giragosian, "The US Military Engagement in Central Asia and the South Caucasus: An Overview," Journal of Slavic Military Studies 17, 2004, p. 47.

6) 고재남, 『트랜스 카프카즈-중앙아시아의 신거대게임과 러시아의 대응』 (서울: 외교안보연구원, 2005); 신범식, "푸틴 러시아의 근외정책: 중층적 접근과 전략적 균형화 정책을 중심으로," 「국제지역연구」 제14권 4호 2005 참조.

7) 내부적으로 1992년 창설된 CICA는 중앙아시아 국가들과 중동지역의 국가들을 포괄하는 지역협력체로 발전했다. 한국은 카자흐스탄의 나자르바예프 대통령의 주도로 아시아 교류 및 신뢰구축회의에 1993년부터 옵서버로 참여해오다가 2006년 6월 정회원으로 가입했다. 동년 11월 한국은 기여금 5만 불을 납부했다.

8) 러시아는 WTO 가입까지 점진적으로 관세를 낮춰왔다. 2011년 기준 러시아는 한국의 제12위 수출시장으로 대러 수출액은 78억 달러 정도였다. 2012년 양국 간 교역액이 사상 처음으로 200억 달러를 넘을 것으로 예상된다. 러시아의 WTO 가입에 따른 관세 인하는 한국의 대러 수출 증가와 연간 최소 3천만~4천만 달러 늘어날 것으로 추산된다. 수입 측면에서 원유, 가스, 유연탄, 고철 등 700여 개 자원관련 품목에 대해 수출세를 단계적으로 인하되는 효과도 기대된다. 더 중요한 것은 러시아 경제 전반이 투명해지고 예측 가능해짐에 따라 우리 기업의 대러 투자와 사업 환경이 크게 향상된다. 법의 지배가 강화되고 정책 투명성이 높아짐으로써 한국을 포함한 외국 기업이나 투자자들에게 훨씬 유리한 환경이 조성된다. 반덤핑 관세 부과나 이의제기 절차가 WTO 규정에 따라 공정하게 처리됨으로써 러시아 정부의 자의적 보호조치 도입이 어려워지는 등 사업 안정성이 커지는 효과도 기대된다. 통신, 보험, 금융, 운송, 유통 등 서비스 분야 양허 대상이 늘어나는 것도 러시아 진출 기업의 사업 환경에 유리하게 작용한다. 각종 서비스 분야에서 외국 업체의 러시아 진출이 확대되면서 서비스의 전반적 수준이 향상됨으로써 교역이나 현지 투자를 위한 기본 인프라 환경의 개선이 이루어진다. 러시아가 지적재산권 보호와 정부조달 협정 가입 협상 개시 등을 약속한 것도 향후 한국 기업의 러시아 진출에 긍정적 영향

을 미칠 것으로 분석된다.「중앙일보 경제」2011. 12. 17.

9) 더 자세한 논의 다음을 참조. 윤영미,『현대 러시아정치와 국제관계』(서울: 두남, 2011).

10) 1991년 가을 구소련 연방의 쿠데타 실패 이후 12월 8일 러시아와 벨라루스, 우크라이나의 지도자가 벨라루스의 브레스트 북쪽 50 km에 있는 휴양림에서 만나 독립 국가 연합을 만들기로 합의하였다. 구소련 연방의 모든 공화국에게 문호가 개방되어 있음을 공표하였다.

11) 1991년 9월 6일 독립을 승인받은 발트 3국인 에스토니아, 라트비아, 리투아니아는 가입을 거부했다. 당시 그루지야도 역시 참여를 거부했다.

12) 3국의 관세동맹으로 상호 교역량 증가했다. 러시아 4,000억 달러, 벨라루스와 카자흐스탄 각 160억 달러 가량의 이익이 예상된다(3개국 간의 교역 규모는 약 9,000억 달러이고, 전체 GDP 규모도 2조 달러에 달함). 특히 국제 에너지 및 곡물 시장에 있어 3개국의 입지가 상승할 것으로 전망된다. 벨라루스의 경우 EU와 러시아 사이에 위치한 지리적 이점으로 유럽과 중앙아시아의 거점지역으로 성장할 가능성이 높다. 카자흐스탄은 금속류, 석유화학, 석탄 등 러시아 및 벨라루스 내의 수요가 증가하여 관련 인프라 시설 투자 증대가 예상된다. http://export.ecotrade.or.kr/bbs.asp?cmd=replylist&tid=1594&fid=4&srccid=1&keywords=&scope=(검색일: 2011. 11. 3).

13) 2011년 10월 18일 푸틴 총리는 상트 페테르부르크에서 개최된 CIS 회원국 총리 위원회 회의에서 자유무역지대 창설 협정을 발표했다. 그는 “이번 FTZ 창설로 CIS 회원국의 경제는 더 강력한 경쟁력을 갖게 될 것”임을 강조했다. FTZ 협정은 참여국 의회의 비준이 끝나는 대로 발효된다. 이번 협정 체결로 구소련 국가들을 하나의 경제 공동체로 연계하겠다는 푸틴 총리의 계획이 현실화되고 있다.「워싱턴포스트」2011. 10. 19.

14) 니콜라이 아자로프 우크라이나 총리는 “이번 협정에 예외 품목 삭제를 위한 최종 시한이 규정돼 있어 예외 조항도 잠정적인 것”이라고 설명했다. FTZ 협정은 참여국 의회의 비준이 끝나는 대로 발효될 예정이다. 협정 서명국들은 발효 시점을 2012년 초반이다. CIS 국가들 간에 관세 장벽 없이 자유로운 교역이 이루어지는 거대한 단일 경제공동체가 등장하게 된다.「연합뉴스」2011. 10. 19.

15) 한구현, “러시아의 대 SCO 전략과 시사점,”「아태쟁점과 연구」제2권 1호, 2007 봄 참조.

16) 엄구호 · 김연규, “CIS 지역질서 재편과 러시아,”「중소연구」통권 110호, 2006, pp. 123-124.

17) 엄구호 · 김연규(2006), p.124.

18) kookbang.bemil.chosun.com/bbs/view.html?b... -(검색일: 2011. 11. 5).

19) http://www.eurasianet.org/departments/insight/articles/pp011106.shtml (검색일: 2011.11.7).

20)「연합뉴스」2009. 10. 16.

21) 2008년 카자흐스탄은 자신의 방공시스템 현대화를 2009-2010년까지 완료한다는 계획을 발표했다. 이에 미국, 프랑스, 이스라엘이 참여의사를 표명했다. 2008년 5월 말 러시아 의원단이 아스타나를 방문하여 카자흐스탄 지도부와 했다. 주요 의제는

카자흐스탄의 방공시스템과 미사일 방어시스템이었다. 카자흐스탄 방공시스템의 현대화와 카스피해 카자흐스탄해역에서의 미사일 방어시스템의 배치문제를 논의하였다. Виктория Панфилова, жанна Ержанова, “Вашинтон готовит атаку на Каспий : ПВО Казахстана модернизируют США,” Независимая газета, 2008.

22) 「연합뉴스」 2009. 10. 16.

23) 「연합뉴스」 2010. 12. 10.

24) 김덕주, “상하이협력기구의 현황과 발전 전망,” 「외교안보연구원 보고서」 2002, p. 11.

25) SCO는 다음과 같이 설립목적을 선언했다. “회원국간에 상호 신뢰, 우호 및 선린관계를 강화한다; 정치, 무역 및 경제, 과학 및 기술, 문화, 교육, 에너지, 수송, 환경 및 기타 문제에서 효율적인 협력을 증진시킨다; 지역에서 평화, 안보와 안정의 유지 및 보장, 새로운 민주적이며 합리적인 정치적, 경제적 국제질서를 수립하는데 협력한다”. 회원국은 합동군사훈련 실시, 미군철수 주장 등 안보문제를 포함한 다양한 역내문제에서 적극적으로 활동하고 있다. http://www.globalaffairs.ru/printver/8833.html (검색일: 2011.11.3).

26) А. Лукин, Россия и ШОС, Аналитические записки (Москва: НКСМИ МГИМО, 2007).

27) 정상회담은 개최국 대통령이 의장을 맡는다. 그밖에 SCO의 산하기구로 사무국과 역내 테러척결센터와 국방부장관 협의회, 외무부장관 협의회, 경제부 장관 협의회 등 하부협의체가 있다. 김덕주, “상하이협력기구의 현황과 발전 전망,” 「외교안보연구원 보고서」 2002, p.11.

28) 「연합뉴스」 2010. 9. 14.

29) 「연합뉴스」 2010. 11. 26.

30) 「연합뉴스」 2011. 6. 14.

31) 이미 SCO는 상하이-5국에서 우즈베키스탄을 회원국 추가 가입 전단계로 옵서버 제도를 도입해서 실행했다.

32) 옵서버 국가인 이란은 당분간 SCO의 정식 회원국 가입이 어려울 전망이다. SCO 규정에 유엔의 제재를 받는 국가는 가입시키지 않는다는 조항이 있기 때문이다. 최근 유엔 안전보장이사회의 이란 제재 결의안에 대해 중국이 찬성표를 던졌다.

33) http://www.gazeta.ru/2003/04/27/box_2973.shtml (검색일: 2011. 11. 3); 김영진, “포스트 소비에트 공간에서의 지역통합-EurAsEC을 중심으로,” 『중소연구』 통권 115호 2007 참조.

34) 1994년 카자흐스탄, 키르기스스탄, 타지키스탄, 우즈베키스탄은 중앙아시아연합(Central Asian Union)을 창설하였다. 1998년 중앙아시아 경제공동체(Central Asian Economic Community)로 2002년 중앙아시아협력기구(Central Asian Cooperation Organization: CACO)로 변경되었다. 2004년 8월 러시아가 가입하였다. CACO는 중앙아시아지역에서 러시아의 역할에 대한 대안으로 경제공동체로부터 출발했다. 군사안보상의 협력문제를 포괄하는 실질적인 지역기구였다.

35) 2006년 8월 러시아, 벨라루스, 카자흐스탄 3개국은 관세동맹 창설을 결정하였다.

36) GUAM은 이들 국가의 머리글자에서 붙여진 이름으로, Georgia, Ukraina, Armenia, and Moldova의 약자다.

37) GUAM은 경제발전을 위한 협력프로그램의 일환으로 1997년 TRACECA 프로젝트를 선언했다. 이는 유럽과 중앙아시아를 잇는 신 유라시안실크로드(New Eurasian Silkroad)를 건설하려는 교통망 프로젝트였다.

38) www.ibtimes.co.kr/article/news/.../0214390.htm(검색일: 2010. 11. 20).

39) 아제르바이잔의 유전은 그루지야 송유관을 거쳐 지중해 터키 세이한 항구까지 이어진다(BTC 라인).

40) 러시아는 일시적으로 유럽에 대한 석유 공급을 중지하면서 수년간 지속된 가격 분쟁을 이유로 우크라이나와 벨로루스에 에너지 공급을 중단했다. 「연합뉴스」 2007. 6. 20.

41) http://blog.naver.com/lamant7/70018819581(검색일: 2011. 11. 3).

42) 남오세티아 주민 80% 이상이 러시아 시민권을 갖고 있었다. 자국민 보호라는 명분으로 러시아의 군사개입으로 시작된 전쟁이었다. 2003년 집권한 사카슈빌리 그루지야 대통령은 92년 이후 러시아의 지원 속에 국제적 승인 없이 사실상 자치권을 행사해 온 남오세티아와 압하지야에 대해 주권을 회복하겠다는 강한 결의를 보였다. 러시아의 전쟁 개입으로 그루지야와 남오세티아에서 7일 정도 산발적인 전투가 있었다.

43) 「코메르산트」 2010. 8. 17.

44) 「주우크라이나대사관 자료」 2010. 8. 18.

45) 2010년 회원국 간 대외 교역규모는 3조 7175억 달러로 10년 전보다 세 배 급증했다. 금융협력도 확대되었다. 아시아 지역 내 위안화 영향력을 강화하기 위해 몽골, 우즈베키스탄, 카자흐스탄, 벨라루스 등과 통화스와프 체결을 했다.

46) 중앙아시아의 대중국 가스 수출 가격은 입방미터당 250달러로 러시아의 대유럽 천연가스 수출가격인 300달러보다 낮게 책정되었다. 조정원 · 강택구, “중국-중앙아시아 에너지 안보 동맹 가능성: 가스관을 중심으로,” 인하대학교 국제관계연구소 세미나 발표글, 2011. 11. 15, pp. 6-7.

47) 중국은 러시아산 천연가스를 30년간 장기적으로 도입하는 계약을 체결하기 위해 러시아와 협상을 벌이기도 했다. 그러나 러시아는 입방미터당 300달러를 제시해 가격 협상이 난항을 겪었다.

참고문헌

본 장은 그동안 필자의 중앙아시아 지역 및 SCO 관련 발표 및 연구 논문과 2011년 12월 2일 한국유럽학회와 부산대 EU센터 공동 주최로 열린 부산학술대회에서 발표된 글을 수정 및 보완했음.

강봉구, "상하이협력기구와 뉴 그레이트 게임(the New Great Game)," Asia-Pacific Review, 2005. 8.

김영진, "포스트소비에트 공간에서의 지역통합-EurAsEC을 중심으로," 「중소연구」 통권 115호 2007.

고재남, 『트랜스 카프카즈-중앙아시아의 신거대게임과 러시아의 대응』(서울: 외교안보연구원, 2005).

______, "유라시아 중부지역의 '신 거대게임'과 관련국 대응," 「중소연구」 107호, 2005.

______, 『트랜스 카프카즈 · 중앙아시아의 '신거대게임'과 러시아의 대응』(서울: 외교안보연구원, 2005. 2).

김덕주, "상하이협력기구의 현황과 발전 전망," 외교안보연구원 보고서, 2002.

______, "중국의 다자안보협력에 대한 인식과 실천: 상하이협력기구(SCO)를 중심으로," 「국제정치학보」 44집, 4호, 2004.

박상남, 『현대 중앙아시아』(서울: 한신대학교출판부, 2010).

______, "미군 주둔 이후 중앙아시아의 지정학적 변화," 「국제지역연구」 7권 3호, 2003.

신범식, "푸틴 러시아의 근외정책: 중층적 접근과 전략적 균형화정책을 중심으로," 『국제지역연구』 제14권 4호 2005.

엄구호·김연규, "CIS 지역질서 재편과 러시아," 「중소연구」 통권 110호, 2006.

이홍섭, "중앙아시아의 부상과 미-러 관계: 에너지 자원과 9.11테러를 중심으로," 『중소연구』 제302호 2006.

이웅현 & 윤영미(역), 『러시아자본주의 혁명』 (서울: 전략과 문학, 2010).

윤영미, "탈냉전기 카스피해 유전을 둘러싼 국제 갈등체제의 쟁점," 「사회과학연구」 서강대사회과학연구소, 13권 제2호, 2005.

______, “상하이협력기구(SCO)와 러시아의 군사안보적 이해에 대한 고찰: 대미견제를 중심으로,” 「평화학연구」 제11권 1호, 2010.

______, 『현대 러시아정치와 국제관계』 (서울: 두남, 2011).

조정원·강택구, “중국-중앙아시아 에너지 안보 동맹 가능성: 가스관을 중심으로,” 인하대학교 국제관계연구소 세미나 발표 글, 2011. 11. 15.

한구현, “러시아의 대 SCO 전략과 시사점,” 「아태쟁점과 연구 」제2권 1호, 2007 봄.

황성우, “상하이협력기구의 기능과 역할: 지역패권 장악을 위한 역할을 중심으로,” 「중국연구 」26권, 2005.

Brzezinski, Zbignew K, The Grand Chessboard: American Primacy and the Its Geostrategic Imperatives (New York : Basic Books, 1997).

Cohen, A, “The New Great Game: Pipeline Politics in Eurasia,” Caspian Crossroads, Vol. 1, No. 2, Summer 2001.

Hopkirk, Peter, The Great Game: The Struggle for Empire in Central Asia (NY: Kodansha International, 1994).

Job, Brian, “Matters of Multilateralism : Implications for Regional Conflict Management,” in David A. Lake and Patrick M. Morgan, eds., Regional Orders: Building Security in New World (University Park, PA: Pennsylvania State University Press, 1997).

Giragosian, Richard, “The US Military Engagement in Central Asia and the South Caucasus: An Overview,” Journal of Slavic Military Studies 17, 2004.

Roberts, John, “Energy Reserve, Pipeline Politics and Security Implication,” The South Caucasus: A Challenge for EU, Chaillot Paper No. 65, December 2003.

Reznikova O, “Transnational Corporation in Central Asia,” in B. S. Rumer ed., Central Asia in Transition (New York: M. E. Sharpe Inc. 1996).

А. Лукин, Россия и ШОС, Аналитические записки (Москва: НКСМИ МГИМО, 2007).

Панфилова, Виктория, жанна Ержанова, “Вашинтон готовит атаку на Каспий: ПВО Казахстана модернизируют США,” Независимая газета, 2008.

「중앙일보」 2006. 6. 14.

「주우크라이나대사관 자료」 2010. 8. 18.

「워싱턴포스트」 2011. 10. 19.
「연합뉴스」 2011. 10. 19.
「연합뉴스」 2009. 10. 16.
「코메르산트」 2010. 8. 17.

http://export.ecotrade.or.kr/bbs.asp?cmd=replylist&tid=1594&fid=4&srccid=1&keywords=&scope=(검색일: 2011. 11. 3).
http://www.eurasianet.org/departments/insight/articles/pp011106.shtml(검색일: 2011. 11. 7).
http://www.globalaffairs.ru/printver/8833.html(검색일: 2011. 11. 3).
http://www.chinaeurasia.org/Newsletter~ns4.html(검색일: 2011. 10.2 9).
http://www.gazeta.ru/2003/04/27/box_2973.shtml(검색일: 2011. 11. 3).
http://www.ibtimes.co.kr/article/news/.../0214390.htm(검색일: 2010. 11. 20).
http://blog.naver.com/lamant7/70018819581(검색일: 2011. 11. 3).

러시아와 동북아시아
: 실용주의적 접근

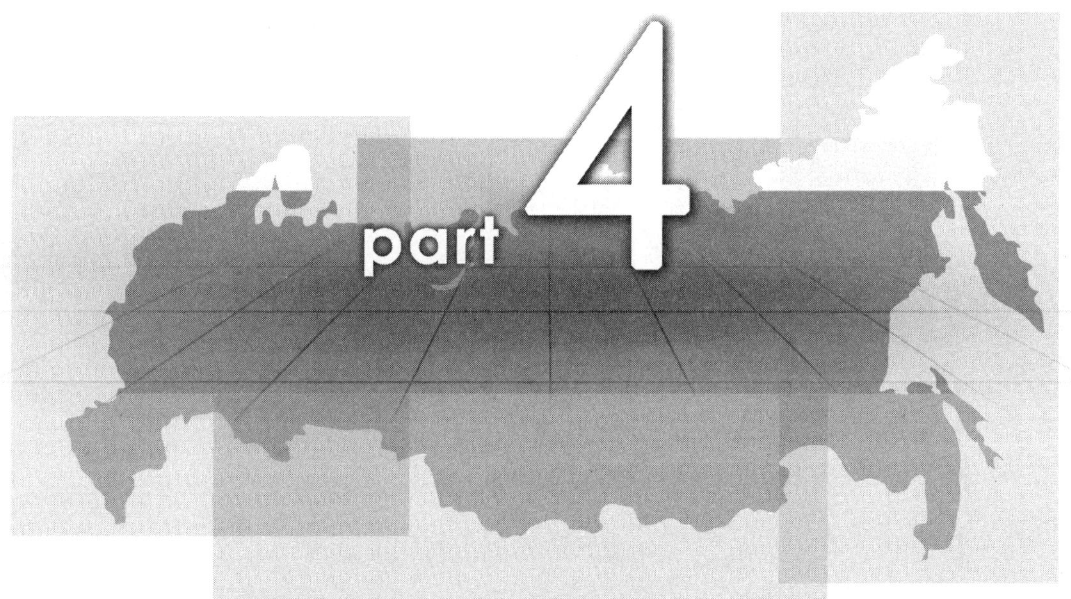

제 9 장 러시아와 한국: 회고와 전망

제10장 러시아와 일본: 영토분쟁의 양상과 시사점

제11장 러시아와 북한: 협력과 과제

러시아와 한국: 회고와 전망

<news.donga.com/3/all/20100930/31496474/1>

I 들어가는 말

냉전시기 구소련 지도자들은 동북아시아를 사회주의 진영의 결속 도모에 중요한 지역으로 인식했다. 1980년 중반 고르바초프의 '신사고'(New Thinking) 외교정책은 동북아시아 국가들과 새로운 관계 형성에 획기적으로 기여했다. 1990년 9월 30일 구소련은 한국과의 수교로 인해 대한반도 정책에 새로운 전기를 마련했다. 1991년 구소련 붕괴 이후 탈냉전기 옐친 집권기(1991~1999)의 러시아는 친서구주의 일변도 외교정책 노선으로 인해 상대적으로 동북아에 대한 소극적인 정책으로 일관했다.[1]

탈냉전기 블라디미르 푸틴 대통령은 실용주의와 다자주의에 입각해 동북아 국가들과의 관계 증진을 통해 유라시아국가로서의 국가위상 회복에 초점을 두었다. 드미트리 메드베데프 대통령 역시 푸틴의 동북아정책의 연속성을 유지한다. 이들은 상하이협력기구(SCO)를 중심으로 중국과의 전략적 동반자 관계 유지, 미일동맹에 대한 견제 및 한반도 평화 및 비핵화 지지, 동시베리아 및 극동지역의 에너지개발 등 중장기적 발전을 위한 대외적 환경 조성 등 주요 사안에 대해 '적극적 개입정책'을 유지했다.[2)]

〈그림 1〉 한러 주요 협력 사업

출처: news.dongascience.com/News/news_...06000000(검색일: 2011. 1. 12).

러시아의 대한반도 정책과 관련 2008년 9월 말 이명박 대통령의 방러를 계기로 격상된 '한러 전략적 협력 동반자 관계'를 더욱 발전시켜 나가기 위해 외교 당국간 전략대화, 경협 확대, 수교 20주년 행사 등 제반 후속조치도 적극적으로 추진되었다. 중장기적 차원에서 한국의 대러시아 정책인 '철, 에너지, 녹색 3대 신실크로드'의 실현은 계속해서 진행되었다. 구체적으로 한러 양국은 한반도 비핵화를 촉구하며 북핵 6자회담 재개, 남북러 경제협력 지속, 시베리아횡단철도(TSR)와 한반도종단철도(TKR) 연결 사업[3]), 동시베리아 가스 파이프라인 연결 사업, 2012년 블라디보스토크 APEC 성공적인 개최 등의 주요 정책이 추진되었다<그림 1 참조>. 이밖에 양국간 무역 증진과 우주항공·첨단 정보기술·군사·문화교류 등 제반분야에서 다양한 협력도 더욱 강화되었다. 현재 양국은 동북아 및 한반도 문제 외에 다양한 글로벌 이슈인 기후변화협약, APEC의 참여, 러시아의 WTO 가입 지지 등을 중요한 현안과제로 간주되었다.[4]) 이런 맥락에서 본 장에서는 러시아의 대한반도 정책의 주요 특성과 한러 전략적 동반자 관계의 의미와 주요 정책 그리고 발전 방안에 대해 고찰해 보고자 한다.

Ⅱ 포괄적 동반자 관계에서 전략적 동반자 관계

1 포괄적 동반자 관계(2004. 9)

러시아는 한반도를 대륙과 해양을 연결하는 동북아의 전략적 요충지이자 역내 안보질서 구축에 있어 중요한 지정학적 가치를 지닌 지역으로 간주한다. 2010년 한러 수교 20주년을 맞아 다양한 협력 및 교류가 진행되었다. 동북아 및 글로벌 이슈까지도 협력하는 도약의 관계 형성에 주력해 왔다<표 1 참조>. 동북아 국제질서 내에서의 양국관계는 '양자주의' 협력 증진을 목표로 한다. 여전히 한러 관계는 동북아 지역의 국제구도에 의해 영향을 받는 '종속변수'의 성격이 강하다. 점차로 이것을 극복하고 상호 이익을 증진하는 새로운 관계 증진 모색에도 주력해야 한다.

정상회담 측면에서 양국은 '민주주의와 시장 경제'라는 공통 이념 하에 1991년 4월 고르바초프의 방한을 시작으로 역대 정상들의 상호 방문을 통해 점진적으로 교류와 협력을 유지했다<표 2 참조>. 2004년 정상회담의 정례화 이후 년 1회 이상 정상회담이 개최되었다. 그밖에 인사교류의 측면에서 2008년 5월 '한러포럼'의 정례화를 비롯해 양국의 국회의장 상호방문, 장관급 이상 고위급 인사들의 방문이 꾸준히 활성화되었다.[5)]

〈표 1〉 러시아의 한반도 정책과 전략적 입장

구 분	주요 내용
정책	• 한반도의 안정과 평화 유지 • 남북한에 대한 균형정책 • 역내 영향력 확보 및 위상 정립 • 한반도비핵화의 유지 • 군사·정치적 대결 해소를 통한 평화와 안정 유지 • 남북한간 건설적인 대화 지지 • 호혜적인 경제관계 확립 • 한반도 주변 3국과의 세력 균형 유지 등
전략적 입장	• 지정학적 의미와 정경관계의 중요성 인식 • 한반도문제 해결 당사자로서의 참여 및 적극적인 개입정책 추진 • 극동시베리아 에너지 개발에 대한 한국의 참여 유도 • 다자주의 또는 다자간 안보협의체 강조, 실용주의적 접근 양태 등

출처: 홍완석, "러시아의 대한반도정책 전망과 한러협력", 고재남 & 엄구호 엮음, 『러시아의 미래와 한반도』(서울: 한국학술정보, 2008) 참조.

〈표 2〉 한러 정상회담 개최 현황(1990~2011)

연 도	정상회담 개최
1990.12	• 노태우대통령 방러
1992.11	• 옐친대통령 방한
1991.04	• 고르바초프대통령 방한
1994.06	• 김영삼대통령 방러
1999.05	• 김대중대통령 방러
2001.02	• 푸틴대통령 방한
2004.05	• 노무현대통령 방러
2008.09	• 이명박대통령 방러
2010.09	• 이명박대통령 방러
2010.11	• 메드베데프대통령 방한
2010.11	• 이명박대통령 방러

〈표 3〉 한러 외교관계 발전

시기	주요 내용
1990~1994	• 수교 및 새로운 관계 모색
1994~1998	• 건설적이고 상호 보완적 동반자 관계 형성(답보 내지 소강)
1998~1999	• 양국 외교관 맞추방 사건을 비롯해 냉각
1999~2004	• 양국 관계의 재조정
2004~2007	• 상호 신뢰할 수 있는 포괄적 동반자 관계 증진
2008~현재	• 전략적 동반자 관계 격상 및 도약

1990년 9월 말 수교 이후 현재까지 한러 양국 관계 발전을 간략하게 정리해보면 <표 3과 4>와 같다. 특히 2004년 9월 말 노무현 대통령의 러시아 방문은 양국 관계의 새로운 전환의 계기가 되었다. 김영삼 대통령과 1994년 옐친 대통령이 선언했던 '상호보완적 동반자 관계'를 '상호 신뢰하는 포괄적 동반자 관계'로 새롭게 규정하는 공동선언을 채택했다. 양국 관계가 한 단계 격상됨을 의미한다.[6)]

그동안 양국관계는 정치경제와 여타분야에서의 협력관계를 보다 더 '다양한 분야에서 포괄적 협력'을 지향할 수 있게 됨을 의미한다. 양국은 지난 14년 동안의 단순 선린 관계에서 본격적으로 '공동의 이해추구'를 위해 노력하겠다는 것이다. 양국 정상은 이런 격상된 관계를 유지하고 위해 정상회담의 정례화 등 10개항의 공동선언을 채택했다. 상호신뢰에 기초해 에너지, 우주기술, IT(정보기술), 해양과학기술 등 다양한 분야에서 포괄적 협력을 지향하는 새로운 관계 모색이 진행되었다. 푸틴은 러시아와 남북한 3자간 에너지와 교통 프로젝트 협력뿐만 아니라 다른 분야로 확대에 관심을 표명했다.

정부 및 민간기관간의 교류와 협력강화, 에너지 분야 및 비정치부문에서의 실질협력 추구, 북핵문제 등 정치부분의 협력 확인, 상호주의 차원에서 총영사관 신설의 필요성 등에 합의했다. 테러리즘 공동대처, 세계평화와 안보 및 협력증진을 위한 유엔의 역할 지지, 푸틴 대통령 방한 초청 등을 포함했다. 양국은 대량살상무기(WMD)와 운반수단의 비확산과 궁극적인 폐기원칙 준수를 확인하고, 핵과 생화학무기의 확산 방지를 목표로 하는 다자조약 강화를 확인했다. 국제원자력기구(IAEA) 안전 조치와 핵 안전체제 강화가 중요하다는 점을 강조했다. 경제통상분야에서 우선협력분야 선정을 통해 한러 '경제 동반자' 관계의 장기적 비전을 제시하기 위한 행동계획을 마련키로 합의했다. 한국은 러시아의 세계무역기구(WTO)와 아시아 및 유럽정상회의(ASEM) 가입에 대한 지지를 표명했다. 양국 관계 장관들은 우주기술협력협정과 외교관 비자면제 협정도 체결했다. 우주기술협력협정 체결에 따라 2007년 최초의 한국인 우주인 양성사업 등이 본격화되었다.7)

〈표 4〉 한러 관계의 시기별 변화와 주요 동향

시 기	주요 내용
1998~99 (냉각 및 악화)	• 한러 외교관 맞추방(98.7) • 러, 모라토리엄선언(98.8)
1999~2004 (재조정 및 복원)	• 김대중 대통령 방러(99.5) • 푸틴 방북(2000.7) • 푸틴 방한(2001.2) • 부채상환 문제타결(2003) • 러의 6자회담 참석
2004~2007 (새로운 관계 설정 및 진전)	• 노무현대통령 방러(04.9) • 노대통령 전승 60주년 기념식 참가(05.5) • 부산 APEC정상회의, 정상회담(05.11) • 6자회담 참여, 북핵 해결 촉구
2008~현재 (도약 및 관계 내실화)	• 이명박정부 출범(08.2) • 메드베데프정부 출범(08.5) • 이명박대통령 방러(08.9) • 야로슬라블 정상회담(10. 9) • 메드베데프 G20 회의 참석, 정상회담(10.11) • 남북회담 및 북한의 비핵화

에너지 협력 분야도 한층 강화되었다. 동시베리아 및 극동지역 유전 공동개발에 관한 협력약정(MOU)을 체결했다. 사할린 및 캄차카 지역 유망광구를 공동개발(한국지분 감안시 17억 배럴 추정)키로 했다. 동시베리아 송유관 건설사업 참여도 긍정적으로 검토키로 했다. 양국 정상은 한러 가스

협력협정을 조속한 시일 내 체결키로 합의했다. TKR와 TSR 연결사업 등 양자 및 다자 차원의 대규모 경제사업 개발을 위한 협력을 강화하기로 합의했다.8)

② 전략적 동반자 관계로의 격상(2008. 9)

2008년 9월 말 이명박 대통령과 메드베데프 대통령은 양국 관계를 기존의 '상호 신뢰하는 포괄적 동맹자 관계'에서 '전략적 동반자 관계'로 발전 및 격상시키는 공동성명에 합의했다.9) 양국은 경제뿐 아니라 정치·외교·안보·에너지·자원·과학기술 분야 등 모든 분야에서 실질협력 체계를 구축하게 되었다. 그동안 발전시켜온 경제 교류를 기반으로 외교, 군사안보 등 다양한 분야에서 폭넓은 실질적인 협력 관계로 전환됨을 의미한다. 외교안보 분야에서 새로운 협의 채널로서 외교 당국간 제1 차관급 전략대화 개최뿐만 아니라 한러 포럼 등 기존의 양자협의 채널을 활성화 하게 됨을 의미한다. 양국 관계의 격상은 새로운 도약을 이루는 토대를 마련한 것이다. 한국이 군사동맹인 미국과의 '포괄적 전략적 동맹관계'를 제외하고 정치, 외교, 안보, 경제, 문화 교류 등 다양한 분야에서 러시아와 협력과 파트너십을 유지하게 됨을 의미한다<표 5 참조>.10)

이처럼 '전략적 관계'는 협력 의제가 양자 차원에서 지역 및 세계로 다양화되고, 협력 범위도 경제 이외의 정치·외교·군사 등 모든 영역으로 확대된다는 뜻을 담고 있다. 러시아는 미국과 '전략 대화그룹,' 유럽연합(EU)과 '동반자 관계,' 중국과 '전략적 협력동반자 관계'를 맺고 있다. 러시아로서는 이런 한러 관계의 격상은 향후 한반도 평화체제 구축과 통일과정에 있어 한반도 문제의 당사자로 참여 내지 개입할 수 있는 여지를 마련하게 됨을 내포한다. 남북관계 및 전략적 사안 논의를 통해 급변사태 대비 및 대한반도 영향력 제고에도 활용된다. 글로벌 이슈인 지구온난화, 국제테러, 마약, 해적행위 방지 등과 국제기구에서의 정책 공조를 강화를 강화하게 되었다<표 6 참조>.

〈표 5〉 한러 공동성명 주요 내용(2008. 9)

구 분	주요 내용
양국관계 규정	• 전략적 협력 동반자 관계로 격상
외교안보 분야	• 외교당국간 제1차관급 전략대화 개최 • 한러포럼 등 기존의 양자협의 채널 활성화 • 사증발급 간소화 • 메드베데프 방한 초청 수락
사회문화 분야	• 문화, 학술, 청소년, 체육 등 다양한 분야에서 교류를 확대 • 2010년 한러수교 20주년 기념행사 추진
경제분야	• 2005년 행동계획 성과 평가 • 무역자유화 추진 조치 검토 • 러시아의 WTO 가입 지지 • 경제관계 강화를 위한 정보교환 촉진 • 가공, 첨단기술, 에너지, 천연자원 개발 분야 협력 촉진 • 러시아 극동시베리아 지역 공동 개발 협력 • 2012년 블라디보스토크 APEC정상회의, 2014년 소치 동계올림픽 성공적 개최 지원, 협력 • 한러 비즈니스 대화 확대 및 중소기업 참여 활성화
에너지, 자원분야	• 러시아와 한국 및 제3국에서의 에너지 프로젝트 공동 추진 • 서캄차카 해상광구 협력 추진 • 러시아 지하자원에 대한 공개 경쟁 및 입찰 참여 • 석유, 가스화학단지 건설 및 러시아 극동지역 액화가스 기지 건설 참여 • 한국으로의 천연가스 공급 사업 양해각서 체결 • 광물자원 조사, 합리적 이용 및 개발 분야의 구체적 사업 실현 노력
첨단과학 기술 분야	• 나노기술, 정보화, 원자력에너지, 우주개발 등 첨단기술 분야 협력 강화 • 극지 연구 등 기타 과학기술분야에서의 협력 강화 • 소형위성발사체 개발을 포함 우주분야 협력 지속 확대
기타 경협 분야	• TSR, TKR 연결사업의 지속 협력 • 수산물 채취, 해양생물자원 보호 등 수산업 분야에의 협력 강화
군사안보 분야	• 군 인사교류, 군사기술 등 국방분야 협력 강화 • 6자회담 틀 내에서의 협의와 협력 강화 • 남북대화 및 협력 지지
지역 및 범지구적 문제	• 아태지역 평화 및 AFR, APEC 등 지역기구에서의 협력 확대 • 국제문제에서 유엔의 역할 강화 • 범세계적 이슈 해결을 위한 협력 제고 • 국제테러리즘, 초국경 조직범죄, 인구불균형 등 새로운 도전과 위협에 공동 노력 • NPT, CWC, BWC에 따라 핵무기 및 생화학무기 비확산체제 강화

출처: http://www.asiae.co.kr/news/view.htm?idxno=2008092915153608410&sp=EC(검색일: 2011. 1. 19).

북핵 문제와 관련해 양국은 6자 회담 틀 안에서의 협의와 협력을 강화하고, 2005년 9·19 공동성명의 조속한 실현에 합의했다. 양국 정부와 민간기업은 13건의 협력 양해각서(MOU)를 체결했다. 핵심은 에너지·자원 분야의 협력에 맞춰져 있다. 양국은 남북러를 파이프라인으로 연결하는 동시베리아산 천연가스공급협정(PNG) 체결을 추진키로 했다.

〈표 6〉 한러 정상회담 핵심내용(2008. 9)

주요 분야	내용
외교국방	• 차관급 전략대화 개최 합의, 사증발급 간소화, 국방분야 협력 확대
북핵 이슈	• 9·19 공동성명 목표 조속 실현, 6자회담에서 러시아의 역할 지지
경제협력	• 2012년 블라디보스토크 APEC 정상회담 및 2014년 소치동계올림픽 인프라 건설협력, 한반도종단철도(TKR)와 시베리아횡단철도(TSR) 연결사업 협력
자원협력	• 북한 경유의 가스파이프라인 연계사업 구축
과학협력	• 우주분야 협력 확대 및 원자력 에너지 협력 가능성 검토
글로벌협력	• 국제 및 지역기구내 협력 확대, 그루지야 사태 평화적 해결지지, 러시아의 WTO 가입 지지

러시아의 천연가스 도입 사업 추진은 천연가스를 안정적으로 확보하려는 한국과 동시베리아 가스전 개발로 극동지역 경제를 활성화하려는 러시아의 이해관계라는 공동의 인식에서 출발한다. 이번 사업으로 한국은 중동과 동남아시아 위주였던 천연가스 도입원을 러시아로 다변화하게 됨을 의미한다.[11)] 동 사업의 성패는 북한 내 가스배관 설치 및 통과 문제에 달려있다. 정부는 천연가스 공급국인 러시아가 북한과의 협의에 적극적으로 임해 줄 것과 북한은 한 해 1억 달러 이상의 배관통과료 수입이라는 경제적 효과를 강조했다<그림 2 참조>.

최근 경색된 남북 관계를 고려할 때, 북한이 가스배관 통과를 허용할 가능성이 낮다. 과거 유사 방식의 사업이 구상되었지만, 북한의 수용 가능성이 낮고 공급 안정성과 에너지 안보 문제가 걸려 있어 성사되지 못했다. 그 대안으로 양국은 북한 경유 가스배관 도입이 어려질 경우 블라디보스토

크에서 액화천연가스를 해상으로 도입하기로 했다.12)

〈그림 2〉 러시아 천연가스의 한반도 도입 노선

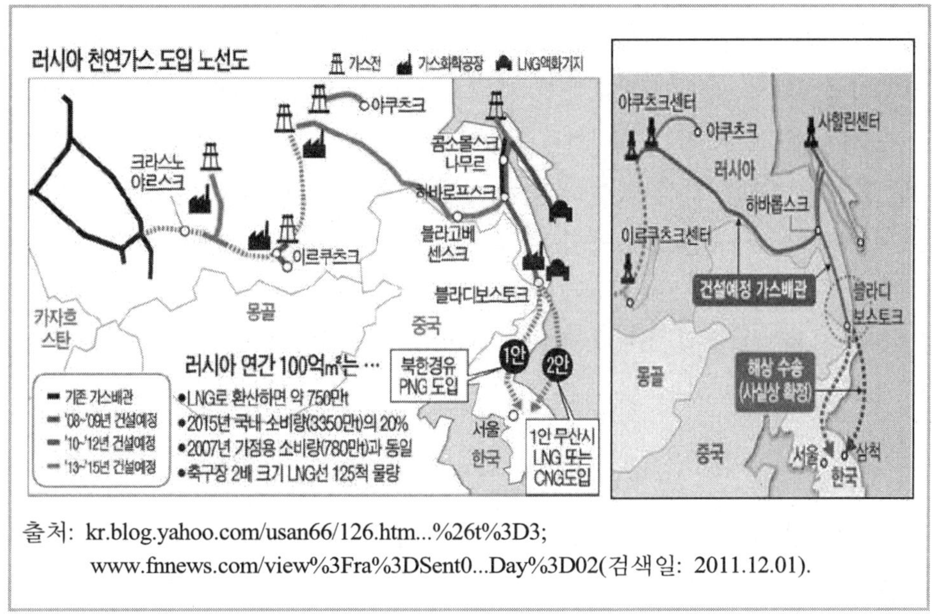

출처: kr.blog.yahoo.com/usan66/126.htm...%26t%3D3;
www.fnnews.com/view%3Fra%3DSent0...Day%3D02(검색일: 2011.12.01).

Ⅲ 전략적 동반자 관계로의 도약

양국은 전략적 동반자 관계의 내실화의 과제에 직면해 있다. 2010년 9월 9일부터 10일 이명박 대통령은 메드베데프 러시아 대통령의 초청으로 모스크바를 방문했다. 양국은 정상회담을 통해 수교 20주년을 맞은 양국 관계가 비약적으로 발전에 왔다고 평가했다.13) 푸틴 총리와의 회담을 통해 양국은 경제협력 측면에서 에너지, 자원, 조선을 포함해 다양한 협력을 지속하기로 했다. 러시아의 경제 현대화 추진과 에너지 자원 및 극동시베리아 개발 등 실질적인 양국의 경제 협력 증진 방안을 협의했다. 안보 측면에서 이 대통령은 북한의 미사일 개발 문제 해결을 위해 러시아 정부가 협력할 것을 표명했다. 6자회담이 재개된다면 북한의 비핵화까지 달성해야 함을 강조했다. '남북문제의 당사자 협의'의 중요성에 대해서도 동의했다. 청와대와 크렘린의 외교안보 관계자 사이의 수시 전략 대화 채널 구축에 동의했다. 계속해서 이 대통령은 제2차 '야로슬라블 세계정책포럼'에서[14] 기조연설을 했다. 글로벌 정보통신 시대의 한국의 민주주의와 경제발전 경험을 소개했다. 한국의 성공적인 원동력은 개방과 자유의 원칙, 교육이었으며 '공정한 사회' 건설은 한국의 선진화의 윤리적, 실천적 인프라 구축 등을 설명했다. 기조연설은 양국 관계 증진 및 발전뿐만 아니라 한국의 국가위상을 국제사회에 드높이는 기회가 되었다. 러시아는 극동개발 계획과 2012년 블라디보스토크에서 열리는 APEC 정상회담을 앞두고 국제협력 차원에서 한국의 투자와 참여를 촉구했다.

〈표 8〉 한러 정상회담 결과(2010. 11.)

협력분야	주요 내용
인적교류 확대	• 주재원 가족 포함 1년 연속체류와 3년 단위 체류연장 및 각종 비자신청 간소화
에너지협력확대	• 유·가스전 광물자원 개발 및 천연가스 한국공급 및 러시아 전력망 현대화 분야 협력강화
어업협력	• 러시아의 배타적 경제수역에서 대한민국 어선 조업협력과 러시아 극동지역의 수산물 가공분야에 대한 투자협력 지속 확대
북핵공조	• 북한의 비핵화와 6자 회담 재개를 위한 긴밀한 협력
국제협력	• 러시아의 세계무역기구(WTO) 가입 적극지지, 기후변화 관련, 폐기물 재처리 및 환경기술 개발경험 공유 및 생물 다양성 복원 분야 협력강화
과학협력	• 나로호(KSLV-I) 제3차 발사 성공 위해 적극 협력 국제 핵에너지인프라 구축 계획과 앙가르스크 국제우라늄농축센터에 동참 모색

야로슬라블 정상회담이후 이명박 대통령과 메드베데프 대통령은 2010년 11월 10일 청와대에서 정상회담을 갖고 27개 공동성명을 발표했다. 양국정

상은 한러 관계가 정치, 경제, 과학기술, 문화 등 제 분야에서 역동적으로 발전하고 있음에 만족을 표명했다. 양국간 협력이 보편적 민주주의와 시장 경제 원칙, 주요 국제문제에 대한 양국 입장의 일치 또는 유사성에 근거하고 있다는데 인식을 같이 했다. 양국은 2010년 한러 수교 20주년을 기념하여 양국에서 개최된 다양한 행사들이 상호이해 제고와 사회적 네트워크 기반 강화, 새로운 상호 교류채널 구축에 기여했음을 강조했다<표 8 참조>. 양국은 지속적인 인적교류 확대와 이를 위한 법적·제도적 기반 개선 및 비자간소화에 관한 합의 도출에 큰 의미를 부여했다. '대한민국 정부와 러시아연방 정부간 한시적 근로활동에 관한 협정'의 체결에 대해 만족을 표명했다. 이번 협정 체결에 의해 러시아 주재 한국 기업인과 그 동반 가족은 처음에 1년 비자를 발급받은 후 3년마다 비자를 갱신할 수 있게 되었다. 연간 노동허가 쿼터도 폐지된다.[15)]

〈그림 3〉 시베리아횡단철도(TKR)와 한반도종단철도(TSR) 연결 노선

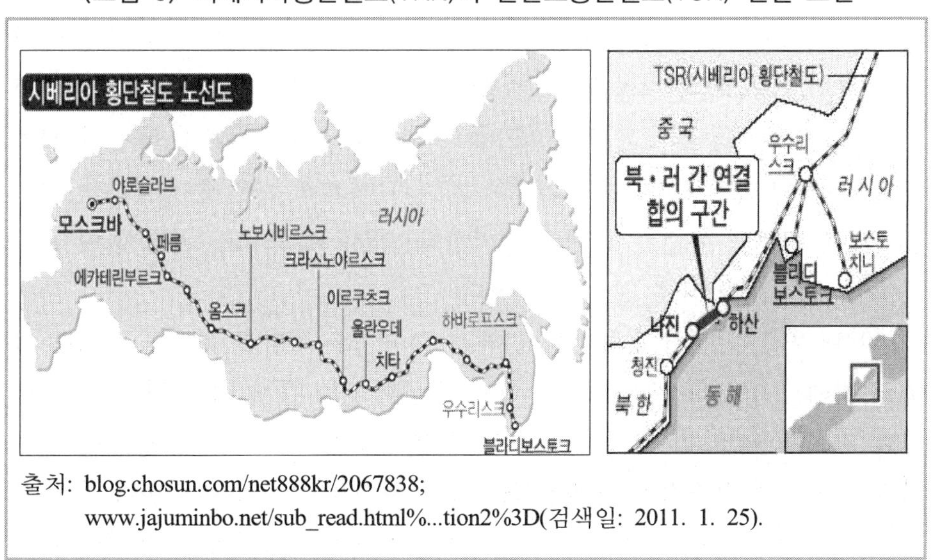

출처: blog.chosun.com/net888kr/2067838;
www.jajuminbo.net/sub_read.html%...tion2%3D(검색일: 2011. 1. 25).

양국은 2008년 9월 정상회담에서 북한을 경유하는 가스관을 통해 2015년부터 30년간 러시아산 PNG(파이프라인 천연가스)를 도입하는 사업을 계속 추진키로 합의했다. 공급 방식과 관련 남북 관계가 냉각되면서 블라디

보스토크에서 수송선을 통해 액화천연가스(LNG)나 압축천연가스(CNG)를 들여오는 방안을 검토했다. 양국은 TKR와 TSR 연결 추진 사업도 계속하기로 했다<그림 3 참조>. 2009년 8월 초 체결한 '한러 에너지 협력 액션플랜'에 따라 양국 에너지 협력사업이 원활히 추진되고 있음을 강조했다.

Ⅳ 전략적 동반자 관계의 내실화 방안

현재 한러 관계는 도약관계에 직면해 있다. 양국은 현안 논의에서 보다 더 중요한 관계 복원을 통해 진정한 전략적 동반자 관계를 성숙하게 진일보 해가는 과정에 있다. 전략적 동반자 관계의 유지와 발전을 위해 주요 사안에 대한 협력 범위와 논의 수위는 어느 정도가 되어야 할지, 그동안 연계해온 역사적인 경험을 바탕으로 향후 어떤 관계를 유지 및 발전 해나가야 할지, 양국의 진지한 관계 모색이 요구된다. 전략적 협력관계에 대한 공통의 개념 합의에 양국의 합의가 지속되어야 한다. 전략적 동반자 관계는 단순한 양자적 관계 증진을 넘어 지역과 세계적 차원에서 서로 국익이 공유되는 전략적 동반자 관계를 의미한다. 양자 및 지역간 글로벌 이슈 부분에서 공통의 이익을 창출해야 한다.

2008년 9월 말 전략적 동반자 관계의 격상이후 천안함 피격사건 이후 다소 소원해진 양국 관계는 야로슬라블 정상회담은 관계 회복 및 복원의 적절한 기회가 되었다. 앞서 살펴본 대로 한반도에서 러시아는 단순한 경제협력을 벗어나 전략적인 관계형성을 통한 영향력 유지에 주력한다. 한반도 문제에 대한 러시아의 정치적 지렛대의 중요성의 재확인과 그 역할을 확대해야 한다. 러시아는 거듭해서 한반도 평화체제에 지지와 북한의 비핵화 촉구와 6자회담 재개를 촉구했다. 이 대통령이 제안한 '크렘린과 청와대 간의 수시전략대화채널' 신설을 위해 양국의 외교안보 당국자들의 준비와 실질적인 협력 증진을 위한 노력이 수반되어야 한다.

한반도 문제에서의 '러시아의 존재감'을 다시 고려해 봐야 한다. 2010년 9월과 11월 정상회담에서 러시아는 한반도와 동북아의 주요 행위자임을 다시 한 번 입증했다. 천안함 피격사건 이후 북한의 도발 위협으로 간장감이 고조되고 있는 상황에서 러시아는 한미공조와 북중 관계의 이분법적 프레임에서 한반도에서의 러시아의 배제는 수용하기 어려웠다.[16] 양국정상이 야로슬라블 회담에서 2010년 3월 천안함 피격사건을 구체적으로 언급하지 않았지만 그 이후 러시아는 자체 조사단을 파견과 결과물에 대한 신중한 영향력 제고, 안보리의 의사결정 등을 통해 한반도 현안 안보 문제에 대한 자국의 존재감을 강조했다.

2010년 11월 말 북한의 연평도 포격도발 이후 러시아는 이전과 달리 북한에 대한 비난 수위를 높였다. 11월 초 정상회담에서 북한의 비핵화 촉구를 통해 메드베데프는 한반도의 급변한 상황에 대해 '외교적 레짐' 구축을 통해 자국의 입장과 한국과의 관계 유지를 통해 명확한 메시지를 전달하고자 했다. 12월 초 CNN방송의 인기 토크쇼인 '래리 킹 라이브'와의 화상 인터뷰에서 푸틴 총리가 북한의 도발로 위기가 고조된 한반도 상황을 정상화하기 위해 중국이 북한에 영향력을 행사할 것을 촉구했다. 중국은 북한에 경제적으로 영향력을 행사할 수 있는 수단을 가지고 있다"고 지적했다. 푸틴은 대화를 통해 한반도 문제 협상과 관련된 6개국 모두의 조율된 입장을 도출해야 할 것을 강조했다.[17]

러시아는 2012년 9월 블라디보스토크 APEC 정상회담 성공적인 개최, 2014년 소치의 동계올림픽, 2018년 월드컵 유치까지 국제적 회담과 국제 스포츠 대회를 개최하기 위해 주변 인프라의 대대적인 구축 사업을 추진 중이다. 한국 기업의 투자와 참여를 촉구했다. 경제적 측면에서의 전략적 동반자 관계는 정말 중요하다. 한러 수교 이후 최근 양국의 경제적 교류는 지속적으로 확대되었다. 2000년대에 양국의 무역규모는 빠르게 성장했다. 2008년 러시아와의 교역은 한국의 전체 교역량에서 2.1%를 차지했다. 러시아는 한국의 수출에서 8위, 수입에서 14위를 차지하는 중요한 국가로 부상했다. 2000과 2008년 동안 한러 무역액은 30억 달러에서 180억 달러로

6배 증가했다. 2008년 하반기 세계적 금융위기와 잇따른 경기침체로 전반적으로 양국 교역과 투자교류가 감소 추세에 있지만 서서히 회복될 것으로 간주된다. 교역품목도 다양화되고 있다. 양국 경제협력에서의 한계점은 한국은 러시아에 주로 제조업 부문의 완성재를 수출하고, 러시아는 한국에 천연자원과 원자재를 수출하는 상품구조가 유지되고 있는 점이다. 1990년말부터 극동지역에서 원유생산 증대로 원유가 절대적으로 1위 품목으로 부생했다. 양국 투자교류에서 한국의 러시아에 대한 투자가 대부분을 차지한다. 2000년대 러시아의 경제성장으로 러시아 기업들의 해외투자가 늘어났다. 그러나 한국은 아직 러시아 기업들의 투자대상국으로 크게 관심을 끌고 있지 못한 실정이다. 한러 경제교류는 확대될 잠재력을 가지고 있음을 고려해 볼 때 이를 어떻게 극대화할 것인가는 중요한 과제로 제기된다.[18]

V 맺음말

한러 양국은 전략적 동반자 관계를 발전 및 심화시키기 위해 전방위적 측면에서 질적 및 양적으로 상호의존의 수준을 한 단계 격상시켜야 한다. 양국의 교통 및 물류 인프라 구축 및 결합을 통한 TSR-TKR 철도 연결 사업 추진, 동시베리아 및 극동지역의 에너지협력은 성과적인 측면을 더욱 고려해야 한다. 어업분야 원자력 협력 분야 등 경제협력은 중장기적인 국가경제 발전전략 차원에서 추진되어야 한다.[19] 더욱이 한국의 천연자원 수입국과 러시아의 공급국으로 관계는 구도는 변화해야 한다. 러시아는 극동지역을 동북아와 아태지역의 물류 및 교통 중심지로 개발을 추진하고 있다. 이런 측면을 고려해 한국은 수출입 물동량 및 항구 및 철도와 같은 인프라 구축과 활용에 한국은 더욱 참여의 폭을 확대해야 한다. 다양한 양국 경제협력의 다양화 구축이 절실하다. 이른바 ‘패키지형’ 내지 ‘맞춤형’ 경제협력 프로젝트 확대 및 정부가 추진하고 있는 FTA 확대 전략을 러시아

를 대상으로 추진해야 하다.[20]

2010년 한러 수교 20주년과 전략적 동반자 관계의 도약의 기회에 직면했다. 양국은 정치, 경제, 외교, 안보, 문화 등 관계 심화라는 중요한 과제에 직면해 있다. 정부가 투자 및 개발지역으로 가장 선호하는 러시아의 극동지역은 양국의 경제협력 뿐만 아니라 한반도의 인접한 주변 4강과의 관계의 정치외교안보와 분리되어 간주될 수 없다. 동시베리아 및 극동지역에서의 경협 확대는 한반도 안보와 통일 문제와도 연관된다. 러시아가 발표한 「에너지전략 2020 및 2030」에서 에너지자원을 개발에 제한을 두지 않고 극동지역의 자원개발을 통해 경제 개발과 정치적 외교적 국가발전 목표로 삼고 있다. 단순한 경제교류와 무역 확대를 넘어 경제를 매개로 한 편익과 비용을 정치외교안보 편익으로 연결하는 상호 호혜적 협력으로의 발전을 도모하고 있다. 국가차원에서 기업차원에서 이런 점을 고려해 전략적 동반자 관계를 최대한 활용해야 한다.[21]

양국의 대북한 전략적 연계성 활용을 계속 고려해야 한다. 북한 경유의 가스파이프라인 사업의 가시화, 러시아의 대북한 전력공급, TSR-TKR 철도 연결에 대한 북한 변수는 남북러 경협 확대와 3국의 관계 개선에 중요한 요소다. 러시아를 매개로 한 북한의 참여 및 개방 유도를 지속적으로 유도하는 전략은 필수적이다. 양국의 문화, 교육, 한류의 확대와 정책의 일관성과 효율성을 유지하기 위해 주력해야 한다.

미 주

1) 더 자세한 고르바초프의 대한반도 정책은 다음을 참조. 최태강, 『러시아와 동북아』(서울: 오름, 2004).

2) 홍완석, "푸틴 정부의 동북아 전략과 한반도 정책", 홍완석 엮음, 『현대러시아 국가체제와 세계전략』(서울: 한울 아카데미, 2005), pp.614-617.

3) 더 자세한 내용은 다음을 참조. 권원순, "시베리아횡단철도(TSR) 이용 활성화와 한·러 경제협력", 「한국철도학회지」 제4권 2001, pp. 40-56.

4) 러시아의 대한반도 정책의 기조 및 목표 전략에 대한 자세한 분석은 다음을 참조. 홍완석, "러시아의 대한반도정책 전망과 한러협력", 고재남 & 엄구호 엮음, 『러시아의 미래와 한반도』(서울: 한국학술정보, 2008), pp.389-402.

5) 2008년 1월 이명박 대통령은 특사를 파견했다. 남북러 3국이 동시베리아를 공동건설하자는 내용의 '동북아 경제협력체 구상' 등도 제시했다. 2008년 4월 최초의 한국인 우주인 양성 사업을 실행, 위성발사체 공동개발, 우주기술협력협정 및 우주기술보호협정 체결 등 우주기술 분야에서의 협력 증진을 도모했다.

6) 또 2004년은 조러통상조약 체결 120주년과 한인(고려인)의 러시아 이주 140년을 맞는 해였다.

7) 「The Moscow News」 2004. 9. 22.

8) 양국 정상은 연합뉴스와 이타르-타스통신간 양해각서를 비롯해 LG의 타타르스탄 정유, 석유, 화학 프로젝트 및 삼성의 하바롭스크 정유공장 개보수사업 계약, 수출입은행의 타타르스탄공화국 금융지원에 대한 양해각서도 체결했다.

9) 한국 대통령이 취임 첫해에 러시아를 방문한 적은 없었기 때문에 이명박 대통령이 취임 이후 첫해 방문은 러시아 정부 내에서 높이 평가되었다.

10) 「The Moscow News」 2008. 9. 30.

11) 파이프라인을 통한 천연가스 도입으로 가격인하 효과도 있다. 3천㎞ 이하의 근거리일 경우 가스배관을 통한 천연가스 도입이 해상으로 액화천연가스(LNG)를 운반하는 것보다 비용면에서 유리하다. 블라디보스토크에서 부산까지의 거리는 700㎞이다.

12) 향후 30년 간 안정적인 천연가스 도입선을 확보했다. 2015년부터 연간 750만t의 천연가스가 도입될 경우 예상 소비량 3350만t의 20%를 충당할 수 있게 된다. 가스파이프라인(PNG: Pipeline Natural Gas)을 통한 천연가스 도입은 가격도 저렴하다. 2009년 기준 국제 시세로 PNG가 톤 당 약 410달러인데 비해 액화천연가스(LNG)는 499달러로 비용이 절감될 것이다.

13) 이명박 대통령과 메드베데프 대통령의 정상회담은 2008년 7월 일본 도야코 주요 8개국(G8) 확대정상회의, 9월 러시아 방문, 2009년 7월 이탈리아 라퀼라 G8 확대정상회의에서도 정상회담을 개최했다.

14) 모스크바에서 북동쪽으로 260㎞ 떨어진 유서 깊은 항구도시 야로슬라블에서 열리는 포럼에는 20여 개국의 정부, 학계 고위인사 및 러시아 각계 유력인사 등 500여

명이 참석했다. 세계 주요국 지도자와 석학들이 참석해 현대국가의 역할을 논의하는 국제행사인 만큼 러시아는 이 포럼을 정치분야의 '다보스 포럼' 으로 발전시키고자 주력하고 있다.「연합뉴스」 2010. 9. 10.

15) 지금까지는 한국 기업인들은 매년 노동허가와 비자를 갱신했었다.「The Moscow News」 2010. 11. 10.

16) 과거 북핵 1차 위기에서 러시아가 배제된 이후 형성된 4자회담이 러시아의 반발에 위해 무산되었고 6자회담이 형성되었다.

17) 「중앙일보」 2010. 12. 3.

18) 더 자세한 논의는 다음을 참조. 정여천, "전략적 동반자 시대의 한러 경제협력의 과제, 21st IFES-APRC International Conference, Moscow, No. 2-3, 2009, pp.47-50.

19) "한러관계의 쟁점과 전망: 한러 정상회담의 의제와 과제",「Eurasia」 Vol. 7, 2008/2009, p.27.

20) 정여천(2009), pp.54-55.

21) 더 자세한 논의는 다음을 참조. 윤영미,『동북아시아의 외교와 안보』(서울: 두남, 2010), pp.129-132.

참고문헌

김석환, “야로슬라블 포람과 한러 정상회담의 의미”, KMSI 코리아연구원 현안진단 제173호, 2010.

권원순, “시베리아횡단철도(TSR) 이용 활성화와 한·러 경제협력”, 「한국철도학회지」 제4권, 2001.

“러시아 메드베데프 대통령의 당선과 향후 전망”, 「해외경제투자정보」 해외경제연구소 동북아팀, 2008. 3. 12.

이웅현 & 윤영미(역), 『러시아자본주의 혁명』(서울: 전략과 문학, 2010).

윤영미, “탈냉전기 카스피해 유전을 둘러싼 국제 갈등체제의 쟁점”, 「사회과학연구」 서강대 사회과학연구소, 13권 제2호, 2005.

______, 『동북아시아의 외교와 안보』(서울: 두남, 2010).

______, 러시아의 대중앙아시아 정책의 성격과 전망, 중앙아시아 국내학술대회 발표논문, 2010. 12, 1-2.

정여천, “전략적 동반자 시대의 한러 경제협력의 과제”, 21st IFES-APRC International Conference, Moscow, No. 2-3, 2009.

정은숙, 『러시아 외교안보정책의 이해: 고르바초프에서 푸틴까지』(서울: 세종연구소, 2004).

정한구, “푸틴-메드베데프 체제의 출범과 러시아정치의 미래”, 「세종정책연구」 제5권 1호, 2009.

장덕환, 『소련의 외교정책』(서울: 대왕사, 1981).

“한러관계의 쟁점과 전망: 한러 정상회담의 의제와 과제”, -Eurasia, vol. 7, 2008/2009.

홍완석, “푸틴 정부의 동북아 전략과 한반도 정책”, 홍완석 엮음, 『현대러시아 국가체제와 세계전략』(서울: 한울 아카데미, 2005).

______, “러시아의 대한반도정책 전망과 한-러협력”, 고재남 & 엄구호 엮음, 『러시아의 미래와 한반도』(서울: 한국학술정보, 2008).

최태강, 『러시아와 동북아』(서울: 오름, 2004).

「중앙일보」 2010. 12. 3.

「서울경제」 2008. 9. 26.

news.dongascience.com/News/news_...06000000(검색일: 2011. 1. 12).
kr.blog.yahoo.com/usan66/126.htm...%26t%3D3(검색일: 2011. 12. 1).
www.fnnews.com/view%3Fra%3DSent0...Day%3D02(검색일: 2011. 12. 1).
blog.chosun.com/net888kr/2067838(검색일: 2011. 1. 25).
www.jajuminbo.net/sub_read.html%...tion2%3D(검색일: 2011. 1. 25).

러시아와 일본: 영토분쟁의 양상과 시사점

<www.necrosant.net/zbxe/%3Fmid%3D...l%3D5419>

I 들어가는 말

탈냉전기 동북아시아의 영토분쟁은 역내 국가간 갈등의 주요 요인이 된다. 중일 양국의 댜위오다오(일본명 센카쿠 열도)[1] 섬을 둘러싼 영유권 분쟁은 정치, 경제, 안보분야까지 포함한 전방위적인 갈등의 양상을 띤다. 중일 영토분쟁 지역은 일본의 오키나와 서남쪽에서 약 400km, 중국 본토의 동쪽에서 약 350km, 대만의 북동쪽에서 190km 떨어진 동중국해상에 위치한다. 총면적은 6.3㎢로 조어도 등 8개 무인도로 구성된다. 동 지역은 현재 일본이 점유하고 있고, 중국과 대만이 중심이 되어 자국의 영토와 영해권을 주장하고 있다. 중국은 1992년 2월 남사군도, 서사군도 및 댜위오다오을 포함하는 영해법을 발표했다. 일본은 거센 항의와 외교적 반발을 초래하기도 했다.

해결의 실마리를 도출하기 어려운 러일 양국의 영토분쟁은 일본이 러시아에 영유권을 주장하고 있다. 러일 양국은 2차 세계대전 종결 이후 60년여 년이 지났지만 영토분쟁의 미해결로 현재 '평화조약'이 체결되지 못했다. 러일 영유권 분쟁 지역은 쿠릴열도의 '남쿠릴 4도(홋카이도 북서쪽에 위치한 에토로후, 구나시리, 시코탄, 하보마이)'이다.[2] 러시아는 동 지역을 남쿠릴 섬, 일본은 북방영토로 칭하고 있다. 남쿠릴 4도는 러시아의 캄차카반도와 일본의 홋카이도 사이에 있는 섬으로 총 면적은 5036km²로 오키나와의 약 4배이며 인구는 약 1만9000명 정도다. 행정구역상으로는 러시아 극동지역의 사할린주에 속한다. 역사적으로 1855년 러일 강화조약 이후 일본 영토였으며 2차 세계대전 말 구소련이 무력으로 점령했다. 그 후 승전국 구소련이 1951년 샌프란시스코 강화조약에 의해 현재까지 러시아의 '실효적 지배'가 지속되고 있는 곳이다. 일본은 이들 분쟁 섬에 대해 영유권을 주장하고 있으며 양국의 '평화조약' 체결의 최대 걸림돌이다.[3]

'2도 반환'으로 영토문제를 종결하려는 러시아와 '4도 반환'을 하지 않으면 평화조약을 체결하지 않겠다는 일본과 심각한 입장차이가 존재한다. 일본은 줄곧 1855년 조약에 근거해 '고유영토론'을 주장하면서 반환을 요구하고 있다. 러시아의 일본에 2도(시코탄과 하보마이) 반환 제안은 니키다 후르시초프(Nikita Khrushichev)가 1956년 10월 중순 '일소공동선언'에서 평화조약을 체결하는 조건에 근거한다. 일소공동선언에서 소련은 일본국가의 이익을 고려하고 일본의 희망에 부응하여 일본에 시코탄과 하보마이 2도 양도에 합의할 것을 명시했다. 러시아의 일본에 2도의 실질적인 반환 시점은 양국간 평화협정의 체결이후로 명백히 명시되었다. 그러나 1960년 일본이 미국과 미일 안전보장조약을 개정한 뒤 소련이 반환 의사를 철회했고 평화조약은 현재까지 체결되지 못했다. 1997년 양국 정상은 회담을 통해 '2000년까지 해결한다'고 합의한 바 있었지만 일본의 고이즈미 수상 집권이후 4도의 일괄반환을 요구하고 있다.[4] 이런 맥락 본 장에서는 탈냉전기 러일 양국의 정치외교적 쟁점인 영토분쟁의 해결 접근방법에 대해 고찰해 보고자 한다. 또 해결 방안에 대한 양국정부의 입장과 시각 차이를 분석해 보고 시사점과 전망을 살펴보고자 한다.

Ⅱ 정상회담과 정경분리 접근

1985년 미하일 고르바초프(Mikhail Gorbachev)의 집권 이후 신사고(New Thinking) 외교정책은 동북아시아에서의 전략적 위상 제고, 일본과의 경제협력 필요 등을 통한 관계 개선이 현실화되었다. 또 양국의 영토문제 해결을 위한 움직임도 가시화되기 시작되었다. 일본의 대소외교도 정치분야에서 진전이 없으면 경제협력을 추진할 수 없다는 '정경불가분'의 원칙에서 탈피해 정치와 경제를 분리해 해결하겠다는 '정경분리' 노선으로 수정되었다. 1986년 셰바르드나제 소련 외상과 아베 일본 외상은 영토 문제를 포함하는 평화조약 체결을 위해 몇 차례 회담을 진행했다.

1991년 4월 고르바초프의 일본 방문은 양국의 변화된 대외정책에 의해 이루어졌다. 고르바초프는 '일소 공동성명'에 기초해 영토문제를 해결하고 평화조약을 체결을 제안했다. 양국의 영토문제가 존재한다는 것을 공식적으로 인정했다. 고르바초프의 방일은 제정러시아 시대를 포함해 최고 지도자로서 최초의 일본 방문으로 중요한 의미를 내포했다. 고르바초프와 가이다 총리는 영토문제의 해결을 포함한 평화조약 체결의 필요성과 무역, 경제, 과학, 기술 등의 분야에서 건설적인 협력 증진을 담은 '일·소 공동성명'에 서명하였다. 그러나 뚜렷한 성과를 달성하진 못했다.[5]

1991년 말 구소련 연방이 붕괴와 양국 정부의 현저한 입장 차이로 인하여 구체적인 진전을 이루지 못했다. 보리스 옐친(Boris Yeltsin) 대통령의 1992년 9월 초 일본 방문 계획은 연기되었다. 당시 러시아는 영토문제를 둘러싼 여론과 세르게이 키리옌코 총리서리의 의회인준의 연기되는 등 국내의 정국 혼란이 계속되었다. 1993년 10월 영토문제와 경제협력 관계 증징을 위해 옐친의 일본 방문이 성사되었다.[6] 그는 양국관계가 2차 세계대전의 승전국과 패전국이라는 관계를 극복하고 국제법상 평등, 정의, 평화의 원칙에 입각하여 곤란한 문제를 해결하는 자세가 필요함을 역설했다.[7]

옐친은 2차 세계대전 전후 시베리아 등에 억류되었던 일본인에 대한 솔직한 사과를 통해 일본인의 러시아에 대한 불신감을 해소하고자 했다. 남쿠릴 4도 분쟁에 대해 직접적인 언급을 피했지만 1956년 일소 공동선언에 근거해 영토문제 해결을 제안했다. 양국은 역사적 및 법적 사실에 입각해 영토문제를 해결함으로써 평화조약을 조기 체결하고 관계를 정상화한다는 '동경선언'에 합의하였다. 평등과 상호 이익을 기반으로 무역과 경제 분야에서의 미래 관계를 발전시킨다는 내용도 담고 있었다. 그러나 옐친의 방일 이후 러시아 국내에서 체제전환기 민족주의 발흥, 체첸분리 분쟁 발생 등으로 러시아 대외정책의 기조는 '국익중시' 노선으로 변화되었다. 이러한 배경 하에서 영토문제 해결을 포함해 러일 양국관계는 가시적 진전을 이루지 못하였다. 동경선언에도 불구하고 영토문제에 대한 현저한 시각차가 드러났다. 결국 동경선언에서 언급했던 진정한 동반자 관계 구축은 외교적 수사가 되었다.[8]

그 후 일본의 하시모토 수상은 새로운 대러 외교를 모색했다. 체제전환기 러시아의 경제 개혁에 대해 하시모토는 경제협력을 제안하면서 대러 영토외교를 적극적으로 전개했다. 그러나 러시아의 반응은 다소 소극적이었다. 하시모토의 대러 영토외교 정책은 '중층적 접근'과 '신뢰, 상호이익, 장기적 관점'이라는 '하시모토 3원칙'에 의해 새롭게 접근했다. 하시모토의 대러 외교정책은 4도의 '일괄반환' 만이 러일 관계 개선의 전제에서 '선관계 증진,' 즉 양국 관계를 개선하고 상호이해와 우호관계를 통한 '후영토문제,' 해결로 수정되었다.[9]

1997년 11월 러일 정상은 '크라스노야르스크'에서 우의와 신뢰를 과시하는 비공식 정상회담을 개최했다. 양국의 포괄적 경제협력을 구체화하기 위해 '옐친-하시모토 플랜'을 추진하기로 합의했다. 2000년까지 러일 양국은 '평화조약'을 체결하고 관계 정상화를 하기로 했다. 양국 간 영토문제 해결의 기대감이 고조되었다. 좀 더 구체적으로 '옐친-하시모토 플랜'을 살펴보면 <표 1>과 같다.

〈표 1〉 옐친-하시모토 플랜(1997. 11)

항목	주요 내용
1	• 러시아 극동 시베리아의 에너지 개발에 협력
2	• 러일 투자보호협정 체결을 위한 교섭 개시
3	• 러시아의 APEC 및 WTO 가입에 대한 일본의 지지
4	• 러시아 극동의 수송 시스템 정비 및 시베리아 철도근대화 지원
5	• 원자력의 평화적 이용을 위한 협력
6	• 러시아의 기업경영자 양성 지원

출처: www.papersearch.net/google_link/fulltext.asp?file_name=1a800090.pdf(검색일: 2010. 1. 5).

오랫동안 답보 상태에 있던 양국관계 발전에 전환점을 제공한 것이다. 1998년 4월 옐친 대통령이 일본의 '가와나'를 방문하여 같은 형식의 비공식 회담을 가졌다. 양국 정상의 인간적 신뢰감을 기초로 관계 발전에 대한 기대가 고조되었다. 가와나 회담에서 일본은 '국경획정과 영토반환'을 분리하여 접근하는 새로운 안을 제안함으로써 영토문제는 새로운 국면을 맞이하게 되었다.[10)]

가나와 회담에서 양국 정상은 기존의 '옐친-하시모토 플랜'의 적극적 실행을 확인함과 우주개발 협력을 추가하였다. 옐친 대통령은 영토문제 해결을 통해 평화조약 체결에 한정하지 않고 다양한 분야를 포괄하는 '미래 지향적 평화우호협력 조약'의 체결을 제안했다. 그러나 하시모토는 영토문제 해결에 대해 규정하고 있는 동경선언 제2항을 기초로 한다는 조건 하에서만 옐친의 제안을 수용할 수 있음을 명백히 했다.

1998년 10월 오부치 총리는 1973년 다나카 총리 방러 이후 일본 총리로서는 25년 만에 처음으로 러시아를 공식 방문했다. 양국은 전략적 및 지정학적 이익에 합치하는 창조적 파트너십을 구축한다는 내용의 '모스크바 공동선언'을 발표했다. 전임 하시모토 총리의 3원칙 및 긴밀한 경제적 협력의 원칙을 기초로 미래 지향적인 파트너십 구축을 통해 영토문제를 해결하고, 아태지역 및 국제사회의 평화와 안정에 기여하겠다는 것과 신뢰 강화를 통해 양국관계의 발전을 도모하기로 했다. '옐친-하시모토 플랜'에서 제안된 투자보호 협정도 체결 및 서명되었다. 기타 경제 실무 분야의 협력에 관한 10여개의 문서가 서명 및 발표되었다. 러일 합동위원회의 틀 내에서 '국경획정위원회 및 북방도서'에 대한 공동경제활동위원회를 설치키로 합의했다. 분쟁 4도 섬 주민들의 보다 자유로운 방문에 대해 합의했다.[11)]

Ⅲ 탈냉전기 '2도 반환 vs. 4도 반환 갈등'

탈냉전기 이와 같은 양국의 외교적 노력에도 불구하고 러시아의 국내적 정치환경과 1998년 러시아 금융위기와 옐친 대통령의 사임과 같은 요인에 의해 많은 진전을 이루지 못했다. 옐친의 전격사임과 2000년 5월 집권에 성공한 블라디미르 푸틴(Vladimir Putin) 대통령의 방일이 성사되었다. 푸틴은 기존의 양국 합의를 기반으로 지속적인 노력이 필요하다는 '원칙론'을 전개했다. 특히 러시아는 1956년 일소 공동선언에 의해 영토문제를 해결하고 평화조약을 체결을 중시했다. 푸틴과 모리 총리는 기존 '옐친-하시모토 플랜'의 지속적인 발전과 이에 대해 양국이 협력할 것을 재확인했다. 양국은 경제분야의 협력과 국제문제 협력을 담은 15개의 합의문서에 조인했다.[12)]

2001년 3월 모리 수상은 이르쿠츠크를 방문했다. 푸틴과 모리 수상은 정상회담에서 애초 2000년까지 평화조약을 체결하기로 했던 합의는 달성하지 못했다. 그러나 양국이 평화조약 체결을 위하여 그동안 합의된 결과를 총괄하면서 향후 평화조약 체결의 새로운 기초를 형성하기로 했다. 양국은 회담 후 발표한 '이르쿠츠크 성명'에서 1956년 일소 공동선언이 영토문제 해결의 출발점을 설정하는 기본적 법적 문서임을 재확인했다. 1993년 동경 선언을 기초로 4도 귀속 문제를 해결하고 평화조약을 체결한다는 것에도 인식을 같이했다. 양국의 평화조약 체결을 위한 구체적인 사항에 대해 가능한 가장 빠른 시일에 결정하기로 합의하였다.[13)]

2003년 1월 러시아를 방문한 고이즈미 총리는 '일러 행동계획'을 제안하면서 새로운 대러 외교노선을 추구했다. 구체적인 내용은 <표 2>와 같다.

〈표 2〉 일러 행동계획(2003. 1)

항목	주요 협의 내용
1	• 중층적이며 전면적인 대화의 추진을 통한 정치적 대화의 심화
2	• 곤란한 과거 유산의 극복과 광범위한 일·러 파트너십의 새로운 지평선의 개척을 통한 평화조약 교섭지속
3	• 전략적 파트너로서의 대화와 행동의 추진을 통한 국제 무대에서의 협력 추구
4	• 신뢰·행동·상호이익에 기초한 무역 경제분야에서의 협력 발전
5	• 양국의 평화와 안전을 위한 방위 치안분야에서의 관계 발전
6	• 상호 이해와 우호의 심화를 위한 문화 국민 간 교류의 진전

푸틴은 양국관계의 비약적이고 전면적인 발전을 확보하기 위해서는 구체적인 실행 계획을 채택하는 것이 중요하다는 점에 동의했다. 양국은 향후 일러 행동계획을 실현시키기 위한 지속적으로 공동의 노력을 추진하기로 결정했다.

2005년 11월 러일 수교를 수립 150주년을 맞이해 푸틴은 100명 이상의 러시아 재계 인사를 대동하고 5년 만에 일본을 공식 방문했다. 양국 정상은 일소 공동성명, 동경선언, 일러 행동계획 등 양국 정상들이 조인한 협정 및 문서를 기반으로 해결책을 도출하기로 했다. 궁극적으로 평화조약을 체결을 통해 지속적인 협의를 하기로 합의했다. 양국의 합의하에 공동성명이 발표되지는 않았지만, '반테러 협력 분야에 있어서의 행동 프로그램,' '에너지 분야에 있어서의 장기적 협력의 기본적 방향성,' 등을 포함한 경제 및 실무 분야 12개의 문서가 체결되었다. 아베 신임 총리는 2006년 11월 하노이에서 개최된 APEC 정상회담에서 푸틴과 평화조약 문제 해결을 포함한 러일 관계의 발전을 위하여 노력하겠다는 의지를 표명했다.

〈그림 1〉 러일 국경선 획정

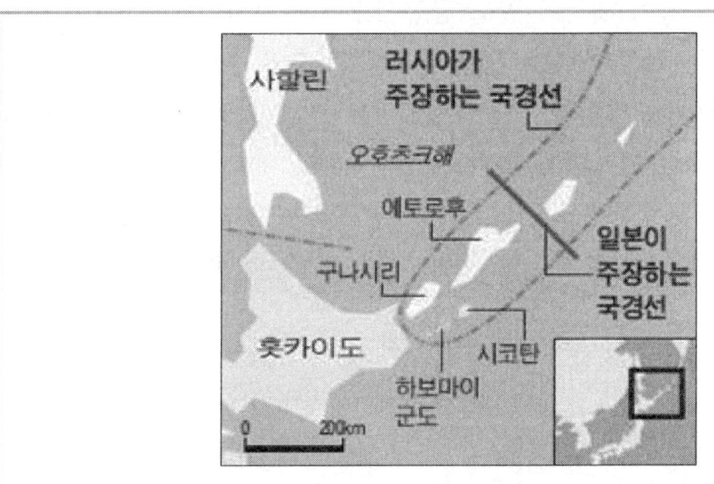

출처: http://www.dokdocenter.org/dokdo_news/p...5C6%25AE(검색일: 2011. 1. 12)

러시아는 영토 분쟁지역에서의 '공동경제활동'을 제안했다. 이러한 제안과 옐친 대통령의 평화우호협력조약 체결 제안은 러시아가 '영유권'을 유지한 상태에서 평화조약을 대체 하겠다는 의도로 분석되었다. 일본으로서는 수용하기 어려운 것이었다. 러시아가 제안 한 2도 반환과 그에 따른 평화조약 체결에 일본은 4도 일괄반환을 요청했고, 4도 북측으로(4도 가장 북쪽에 위치한 에토로후 섬과 문제의 지역을 벗어난 러시아령 우루프섬 사이) '국경선'을[14] 획정하여 분쟁 지역에 대한 일본의 주권을 인정하고 러시아에 대한 4도에 대한 '잠정지배'를 인정하겠다는 안을 제시했다<그림 1 참조>.

이에 러시아는 자국의 주권을 제한하는 어떠한 조치도 취할 수 없다는 원론적인 입장으로 복귀함으로써 영토문제에 대한 진전이 사실상 어려운 상황이었다. 그동안 양국 정상의 빈번한 정상회담과 선언 등을 통해 양국 관계 정상화라는 원칙에는 동의했지만 근본적인 영토문제 해결에 대해서는 여전히 평행선 관계가 유지되었다.

2004년 중국과 국경획정을 해결한 러시아는 일소공동성명에 기초해 일본과의 영토문제를 해결을 위해 적극적인 외교적 노력을 시도했다. 그러나 양국의 근본적인 '입장과 인식'의 차이로 영토 해결은 별다른 진전을 이루고 못했다. 모리 수상이 제안한 일소 공동성명에 명시되어 있는 '시코단과 하보마이' 2도 반환 협의와 나머지 2도인 '에토로후와 쿠나시리'에 대한 귀속 협의를 병행하여 추진하자는 '동시병행협의' 제안을 러시아가 수용하기도 했다. 푸틴은 이런 동시병행 협의 제안이 4도에 대한 법적 지위가 동일하지 않다는 점을 인지했다. 러시아가 강조하고 있는 일소 공동성명과도 같은 맥락에서 기존의 4도 일괄반환 주장보다는 긍정적이라는 평가를 했다.

〈그림 2〉 일본이 제안한 3.5 도론

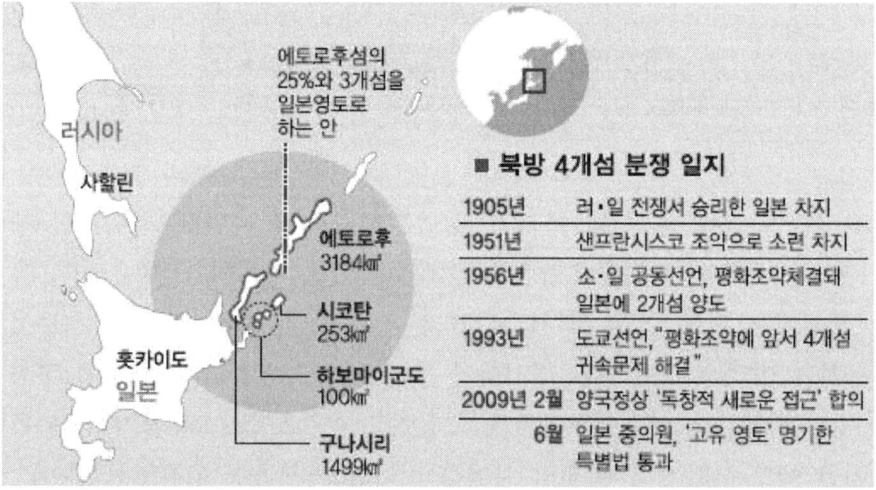
에토로후섬의
25%와 3개섬을
일본영토로
하는 안
러시아
사할린
에토로후
3184㎢
시코탄
253㎢
하보마이군도
100㎢
구나시리
1499㎢
홋카이도
일본
■ 북방 4개섬 분쟁 일지
1905년 러·일 전쟁서 승리한 일본 차지
1951년 샌프란시스코 조약으로 소련 차지
1956년 소·일 공동선언, 평화조약체결돼 일본에 2개섬 양도
1993년 도쿄선언, "평화조약에 앞서 4개섬 귀속문제 해결"
2009년 2월 양국정상 '독창적 새로운 접근' 합의
6월 일본 중의원, '고유 영토' 명기한 특별법 통과

출처: www.dokdocenter.org/dokdo_news/i...26r04r01(검색일: 2011. 1. 28).

모리 총리에 이어 집권한 고이즈미 총리는, "분쟁 4도의 일관반환 후 평화협정 체결"이라는 전제를 명확히 함으로써 양국의 영토문제는 더 이상 진전이 없었다. 반면 2009년 4월 일본 전 외무성 사무차관 쇼타로 야치는 '4도 전부의 반환이 아니고, 3.5도 반환론'를 제안했다. 일본이 주장하고 있는 4도 일괄 반환이 아닌 '면적 균등분할론'에 근거한다<그림 2 참조>. 야치는 "하보마이와 시코탄 2도는 전체 면적의 7%에 불과하다. 에토로후섬은 면적이 크다. 절반으로 나누면 3도와 에토로후섬의 20~25% 정도가 된다"며 '분할론'을 설명했다. 야치는 "북방 4도가 일러 양국간의 걸림돌이 되지 않았으면 한다"며 '4도 일괄반환 고수론'의 수정 가능성에 대해 분명히 했다. 아소 수상도 외상이었던 2006년 국회에서 에토로후의 약 25%와 나머지 3도를 합하면 면적으로 50대 50 비율이 된다고 언급하기도 했다. 일본이 4도 일괄반환 주장에 러시아가 2도 주장은 양국 국민에게 납득할 수 있는 결과를 얻기가 쉽지 않다고 생각하여, 결국 3.5도 반환으로 해결을 하자고 제안했다.[15)]

푸틴의 계승자 드미트리 메드베데프(Dmitri Medvedev) 대통령은 기존의 입장을 고수한다. 사실상 메드베데프는 국내에서 4도 섬의 일본 반환에 대해 역대 대통령 보다 더 강력한 반대 여론에 직면해 있다. 러시아 내 언론뿐 아니라 국민 대다수가 일본에게 남쿠릴 4도 반환에 대해 강하게 반대하고 있다. 역대 정부의 2도 반환조차도 반대하는 여론이 거세지고 있다. 러시아 국민들의 영토문제에 대한 부정적인 태도는 민족주주의 양상과 맞물려 더욱 반대여론이 강해지고 있다. 2009년 7월 '전러시아국민여론조사센터(VTsIOM)'에서 실시한 한 여론조사에서 응답자의 89% 정도가 분쟁 4도를 일본에게 양도하는 것에 반대한다고 답변했다. 이전의 옐친 집권기 1994년 실시한 유사한 여론조사에서는 76%가 반대였던 것과 비교해 영토반환에 대해 더욱 부정적임을 알 수 있다. 1998년 실사한 조사에서는 79%로 영토반환에 더욱 반대의 여론을 보였다. 점차로 영토반환에 대한 전반적인 여론은 부정적인 성향이 강해지고 있음을 알 수 있다.[16)]

메드베데프의 남쿠릴 4도의 영토문제 해결을 살펴보면 다음과 같다. 2009년 11월 중순 싱가포르에서 개최된 아시아태평양경제협력회의(APEC) 정상회담에서 하토야마 수상은 2도 반환은 일본국민들이 수용하지 못할 것임을 확실히 했다. 러시아가 제안한 2도 반환으로 양국의 영토문제를 해결하고자 하는 러시아의 접근에 하토야마는 다시 반대 입장을 표명했다.

이 같은 양국의 입장 차이는 2009년 12월 말 양국 외상의 정기협의 첫 모임에서도 변함없이 유지되었다. 일본은 영토문제를 조속히 해결하는 것이 중요하다고 간주했다. 그러나 러시아는 영토문제 해결에는 건설적이고 우호적인 분위기가 우선 조성되어야 한다는 원칙적인 입장을 고수했다.

2010년 4월 초 워싱턴 핵안전보장 정상회담에서 하토야마 수상과 메드베데프 대통령은 동년 6월 캐나다 G8 정상회의, 9월 러시아 야로슬라블 회의, 11월 APEC 정상회의에서 세 차례 정상회담을 갖기로 합의했다. 4월 초 정상회담에서 하토야마는 영토문제 논의를 제안했고 메드베데프 역시 비록 어려운 문제이지만 회담 의제로 회피하지 않을 것임을 명백히 했다.

〈그림 3〉 중일 영토분쟁 지역

출처: www.kookhaknews.com/news/article...o%3D1635(검색일: 2011. 1. 16).

이런 가운데 2010년 9월 초 일본 오키나와현 센카쿠(중국명 댜오위다오) 열도에서 일본 해상보안청 순시선이 중국 어선을 나포한 사건이 발생했다 <그림 3 참조>. 앞서 살펴본 대로 중일 영유권 분쟁 지역은 1895년 청일전쟁이후 시모노세키조약(하관)에 의해 현재까지 사실상 일본의 실효적 지배가 지속되고 있는 곳이다. 러일 영토분쟁과 달리 중국이 일본정부에 대해 자국의 영유권을 주장하고 있다. 이번 사건은 단순한 중일 영토분쟁이 아닌 양국의 심각한 외교 갈등으로 확대되었다.[17] 특히 중국은 일본에 대한 희토류 수출을 제한하는 등 일종의 신자원민족주의 갈등양상을 띠고 있다.[18]

2010년 러시아는 일본이 1945년에 항복문서에 서명했던 9월 2일을 '2차 세계대전 종전기념일'로 선포한 후 대대적인 기념행사를 열었다. 동년 9월 말 메드베데프 대통령과 후진타오 국가주석과의 정상회담의 공동성명에, "2차 세계대전 역사에 대한 왜곡은 허용할 수 없다"는 내용을 포함시켰다. 그는 남쿠릴 4도를 러시아 영토로 인정한 1951년 샌프란시스코 강화조약에 어떤 수정이나 훼손을 수용하지 않겠다는 입장을 일본에 명확히 전달했다. 그는 중국 방문이후 가까운 시일에 분쟁 지역을 방문하겠다는 것을 밝혔다. 그러나 당시 악천후로 그는 방문을 연기했다.[19]

2010년 11월 1일 메드베데프가 동남아국가연합(ASEAN) 정상회의 참석 이후 러일 영토분쟁 4도 중 구나시리섬을 전격 방문했다<그림 4 참조>. 이전에 분쟁지역의 방문은 2007년 6월 3일 세르게이 라브로프 러시아 외교부 장관과 장관급 방문은 있었지만 일본의 반대에도 불구하고 구소련 시기를 포함해 국가 원수로서는 처음 있는 일이었다. 그는 구나시리섬 방문에서 정치적 발언은 일절하지 않았다. 발전소를 포함해 기반시설 및 생선가공 공장을 방문했다. 유치원과 현지 주민의 집을 방문해 가족과 차를 마셨다. 더 많은 사람들이 더 좋은 여건에서 생활할 수 있도록 개발에 대한 의지를 피력했다. 현지 생선가공 공장도 방문했다. 복잡한 행정절차 때문에 연어알이 대륙으로 제때 운송되지 못한다는 실정에 대해 인식했다. 극동관구 대통령 전권대표에게 곧바로 시정 지시를 내렸다. 이어 그는 3년 전 건설된 에너지 수요의 40%를 공급하는 지열발전소 시설을 방문했고 에너지 효율성에 대해 강조했다.[20] 그의 방문은 남쿠릴 4도 지역이 2차 세계대전의 결과물이자 러시아가 획득한 정당한 영토라는 점을 국제사회에 알리기 위한 첫 단계로 간주되었다. 동시에 일본에 한 치의 땅도 반환할 의사가 없음을 시사해 주는 것으로도 분석된다.[21]

〈그림 4〉 러일 영토분쟁지역

출처: http://news.khan.co.kr/kh_news/khan_art...%3Dinter(검색일: 2011. 1. 6).

메드베데프의 구나시리섬의 전격 방문에 일본은 예상대로 민감한 반응을 보였다. 간 나오토 총리는 메드베데프 대통령의 구나시리섬 방문에 직접 유감을 표명하는 등 강력하게 반발했다. 간 총리는 분쟁지역은 일본의 영토라는 입장을 일관했고 양국의 분쟁지역에 러시아 대통령의 방문은 매우 유감으로 화답했다. 마에하라 세이지 외상은 주일 러시아대사를 불러 항의했다. 일본의 비난을 러시아가 다시 정면 반박하면서 양국의 영토 분쟁은 가열되었다. 러시아의 세르게이 라브로프 외무장관은 “대통령은 러시아 땅을 방문한 것이고, 그의 쿠릴열도 방문에 대한 일본 반응은 용납될 수 없다”고 밝혔다. 또한 일본의 이런 반응을 ‘받아들이기 어렵다’며 주러시아 일본대사를 불러 항의하는 등 양국관계는 더욱 악화되었다.[22)]

이처럼 러일 양국관계의 악화이후 일본에서 2010년 11월 13일과 14일 요코하마에서 열린 제18차 APEC 정상회의를 앞두고 양국의 영토분쟁 관련 협상은 어렵게 되었다. 메드베데프와 간 총리는 러일 정상회담을 개최했지만 일본은 정상회담에 앞서 러시아에 대한 경제적인 압력을 가했다.

일본은 러시아 국영가스회사와의 '블라디보스토크 액화천연가스(LNG) 플랜트 건설사업' 합의문서 조인식을 유보했다. 같은 날 도쿄에서 열린 '일러 투자 포럼'에서 체결키로 했던 정부 간 경제협력각서 체결도 연기되었다. 정상회담에서 메드베데프는 "영토문제는 러시아에도 매우 민감한 문제"라고 간 총리에 맞대응을 했다. 영토문제를 둘러싼 양국 정상의 평행선 맞대응은 지속될 것임을 재확인하는 자리가 되었다.[23)]

Ⅳ 영토분쟁의 해결방안과 시사점

앞서 살펴본 대로 1985년부터 1991년까지 고르바초프 집권기 동안 일본과의 영토분쟁 해결에 대해 새로운 관계 모색을 시도했다. 그러나 오늘날까지 뚜렷한 성과를 달성하지 못하고 있다. 1993년 옐친 대통령의 '동경선언'에서 1956년 일소공동선언의 유효성을 재언급했다. 그러나 여전히 답보상태 하에서 푸틴시기 역시 평행선 외교를 유지한 채 일소공동선언의 유효성을 공식적으로 재확인했을 뿐 실질적인 성과를 달성하지 못했다. 2001년 3월 이르쿠츠크 정상회담에서 푸틴은 1956년 선언의 유효함을 또 다시 공식적으로 인정함으로써 2도 반환문제가 양국 영토협상의 핵심임을 강조했다. 2004년 11월 푸틴은 일본이 2도 반환과 평화조약 체결에 동의하면 1956년 일소공동선언에서 합의한 2도 반환을 할 수 있다고 재차 밝혔다. 메드베데프도 2008년 7월 초 첫 러일 정상회담에서 평화조약 체결 후 2도 반환을 명시한 일소공동선언이 해결의 실마리를 가진 법적 문서로서 유효함을 강조했다. 그러나 2010년 그의 구나시리 섬 전격 방문으로 양국의 영토분쟁 해결은 더욱 요원해졌다<표 3 참조>.

〈표 3〉 러일 양국의 주요 협상과 움직임

연도	주요 내용
1945	• 일본의 항복선언으로 구소련이 남쿠릴영토 4도 점령함.
1956	• 일소공동선언에서 국교 정상화이후 평화조약 체결이 2도(시코탄과 하보마이) 일본에 반환 제의함.
1991. 4	• 고르바초프 방일 일소공동 성명에 기초해 영토문제의 존재를 문서로 확인함.
1992	• 4도 섬 주민 비자 없이 일본 여행 가능해짐.
1993. 10	• 옐친과 호소카 '동경선언'을 통해 4도 귀속문제 해결을 통해 평화조약 체결에 합의함.
1997. 11	• 러일 정상은 '크라스노야르스크' 선언에서 2000년까지 평화조약 체결에 합의함.
1998. 4	• 4도의 북쪽에 경계선을 획정해 당분간 러시아 통치를 인정하는 가나와조약 제안함.
1998. 10	• 오부치 총리는 방러 '모스크바 공동선언', 경제협력 강화를 촉구함.
2000. 5	• 가나안 제안 거부, 푸틴 대통령 방일, 2도 반환 평화조약 체결의 '원칙론'을 고수함.
2001. 3	• 이르쿠츠크 성명을 통해 일소공동 선언 고수 및 동경선언에 기초함.
2003. 1	• 고이즈미 총리 '일러행동계획' 제안과 4도 반환을 촉구함.
2004	• 푸틴 대통령 기자회견을 통해 2도 반환 원칙을 고수함.
2005. 11	• 푸틴 대통령 방일 평화조약 체결을 통한 영토문제 해결을 촉구함.
2008. 7	• 메드베데프 대통령 평화조약 체결 후 2도 반환을 제안함.
2009. 2	• 양국 독창적인 접근을 시사함.
2009. 6	• 일본의 중의원 '고유영토' 명기한 특별법을 통과함.
2009. 8	• 러시아가 4도에 대한 일본의 지원을 정지하겠다고 통보함.
2009. 9	• 민주당 정원 발족, 하토야마 총리 영토문제 해결을 촉구함.
2009. 10	• 마에하라 세이지 오키나와·북방영토 담당상이 북방영토는 러시아에 의해 불법 점령되었다고 발언함.
2010. 7	• 메드베데프 대통령 9월 2일을 2차 세계대전 종전 기념일로 제정함.
2010. 9	• 메드베데프 대통령 중국방문 당시 가까운 시일에 분쟁 4도 섬 방문을 밝힘.
2010. 11	• 메드베데프 대통령 구나시리 섬 전격 방문과 간 나오토 총리의 반발함.
2011. 1	• 간 나오토 총리 일러경제협력 각서 체결을 연기함.

이에 대해 일본은 4도 귀속문제를 해결하여 일괄반환의 기본 입장을 강력하게 유지하면서 2도 반환 제안을 수용하지 않고 있다. 일본이 러시아와의 4도 주권 확인 노선을 유지하는 한 러시아가 일관성 있게 주장한 2도 반환으로 영토문제 해결과 평화조약 체결은 어렵다. 자민당 정부처럼 현 민주당 정부도 4도 반환을 조건으로 평화조약을 체결을 고수하고 있다. 비공식적으로 일본이 제시한 '3.5도 반환' 즉 2도와 나머지 2도 가운데 홋카이도와 가까운 구나시리섬까지 포함한 3도 반환 제안에 러시아가 수용한다면, 양국 영토문제가 해결될 수 있을지도 미지수다. 메드베데프는 2도 반환 조차도 수용하기 어려운 정치환경임을 잘 인식하고 있다. 최근 동북아 안보 상황의 변화와 러시아 국내 여론이 영토문제에 부정적이다.

러일 양국이 영토문제 협상을 통해 제안되었던 방안을 정리해 보면 다음과 같다. 우선, 하보마이와 시코단 2도 반환과 나머지 2도 러시아 주권 하에 공동개발하고, 2도와 나머지 2도 가운데 홋카이도와 가까운 구나시리까지 포함한 3도 반환, 2도 반환과 구나시리를 공동 관리하는 것이다. 일본에게 가장 유리한 선택은 평화조약 체결과 2도 반환, 나머지 섬들 가운데 구나시리를 공동관리하는 방안이 양국의 국익 차원에서 바람직할 것으로 간주된다.

탈냉전기 한 국가의 영토와 국경선은 변경은 민족주의의 상징성으로 그 중요성이 더 강조되고 있다. 영토분쟁은 오랜 시간이 소요되는 단기일에 해결될 수 없는 사안임을 고려해 볼 때, 오랜 갈등과 반목을 종식하기 위해 1990년대 초부터 러중 양국은 '베이징선언'을 통해 평화적 협상을 통해 새로운 모색을 지속해 왔다. 지난 2005년 6월 초 40년간 지속된 러중 국경분쟁 종식 사례의 의미와 시사점을 일본 정치인들과 국민들은 잘 고려해 봐야 한다. 영토분쟁 해결에서 가장 중요한 것은 우선적으로 당사국의 신뢰구축과 선린우호 협력관계가 선행되어야 한다. 러일 영토분쟁은 단순히 양국의 문제로 국한하지 않는다. 일본의 지속적으로 제기하는 독도 영유권과 역사왜곡 사례처럼 지리적으로 근접한 나라일수록 활발한 외교적 및 인적 교류를 통한 상호 신뢰 구축과 이를 기반으로 상호이익 증진이 먼저 모색되어야 한다.

V 맺음말

이처럼 러일 영토분쟁 사례에서 시사해 주듯이 고유영토론이나 실효적 지배 또는 국제법을 통해 어느 일방에게 유리하게 작용할 수 없다. 양국의 정치적 외교적 협상을 통한 합의가 이루어져야 하고 국민적 합의 등이 선결되어야 문제 해결이 가능하다.

특히 러시아가 일본에게 영토를 반환한다는 것은 역사적 및 법적 논리도 중요하지만 러시아 국민의 민족주의에 반하는 점이다. 남쿠릴 4도의 일본 반환은 2차 세계대전 이후 자국 내 여타 지역의 국경획정과 분리주의 운동에도 지대한 영향을 미칠 수 있는 중대한 정치적 사안이다. 옐친 집권기 분쟁지역에서 러시아군의 철수가 부분적으로 있었지만 여전히 해상 공중 방아 견제와 오호츠크해와 태평양의 러시아잠수함의 부동항 접근에 있어서 가장 중요한 전략적 요충지다. 특히 전략적으로 에토로후와 구나시리섬은 러시아의 핵미사일 잠수함의 정박이 가능한 지역이다. 이처럼 러시아는 탈냉전기 영토적 변화에 따른 부동항의 중요성이 더욱 증대되고 있다. 경제적 측면에서 남쿠릴 4도 지역은 세계 3대 어장 중 하나이며 풍부한 수산자원으로 섬 주민들의 대부분 어업에 종사한다.

이와 같은 제약점에도 불구하고 역대 정부는 영토문제의 법적 기반을 이루고 있는 1956년의 일소공동성명에 따라 평화조약 체결과 2도 반환을 신중하게 논의해왔다. 실제 반환 대상인 '시코탄과 하보마이'의 2도는 지정학적 및 전략적, 경제적 가치와 일본과 평화조약을 체결함으로써 얻을 수 있는 실리적인 접근으로 간주된다. 러시아는 일본의 '동시병행협의'와 유사한 맥락에서 '2+2'접근 내지 '3+1'을 통한 문제해결을 모색 중이었지만 고이즈미 집권이후 '4도 일괄반환'으로의 기존의 원칙으로 고수함에 따라 해결은 더욱 쉽지 않다.

일본은 2도를 반환 받고 '평화조약'을 체결함으로써 국제적으로 승인되는 국경을 획정할 경우 나머지 2도의 반환은 궁극적으로 불가능해질 것이라는 판단이 일반적이다. 일본은 현 상태를 유지함으로써 4도 일괄반환 가능성의 여지를 남겨두자는 것으로 분석된다. 현재 러시아는 실질적으로 '실효적인' 지배를 하고 있는 입장에서 진전이 없는 협상에 별다른 기대하지 않고 있다. 어느 나라든 영토문제는 정치적으로 중요한 사안으로 분쟁 당사국의 획기적인 영토 협상의 진전 없이는 거의 해결을 기대하기 어려운 실정이다. 일본 스스로가 새로운 변화나 계기를 제공하지 않는 한 양국의 영토협상은 답보상태에 놓일 수밖에 없다.

미 주

1) 중일 영토분쟁 지역은 역사적으로 1895년 청일전쟁(1894-1895) 이후 일본의 영토로 귀속되었다. 1951년 9월 미일 강화조약 체결시 일본으로부터 미국으로 이양되었다. 당시 동 도서에 대한 영유권 주장은 크게 일어나지 않았다. 그러나 1969년 유엔이 동 해역의 석유부존 가능성을 발표한 이후 중국과 대만에서 영유권 주장이 제기되었다. 동 지역 주변 해역에 약 1,095억 배럴의 석유를 포함한 일본이 100년간 쓸 수 있는 가스, 망간, 니켈 등의 막대한 천연 자원이 대량으로 매장되어 있다. 양국의 영토분쟁 갈등은 막대한 석유 자원을 확보하기 위한 자원 쟁탈전이라고도 분석된다. 1971년 6월 미일 양국은 오키나와 반환협정 서명 이후 1972년 5월 오키나와의 일본 반환시 일본령으로 편입된 이후 현재까지 일본이 관할한다.

2) 쿠릴열도나 사할린의 원주민은 아이누족이었다. 이곳에 16세기부터 러시아인들이 들어오기 시작했다. 18세기 이후 본격적인 남하가 시작되면서 일본과 영토분쟁이 시작되었다. 러일 양국은 1855년 시모다 조약(러일통상우호조약)을 체결했다. 1875년 러시아가 사할린을 통지하는 대신 일본이 쿠릴 열도를 소유한다는 조약을 체결했다. 1905년 러일전쟁(1904～1905)에서 승리한 일본은 사할린지역까지 점령했다. 2차 세계대전 말 일본의 패망으로 '포츠담' 선언을 통해 사할린과 쿠릴열도 전체를 구소련이 점령했다. 1951년의 샌프란시스코 강화조약에서도 소련 영유권이 인정되었다. 더 자세한 논의는 다음을 참조. 윤영미, 『동북아시아의 외교와 안보』(서울: 두남, 2010).

3) 일본은 샌프란시스코 평화조약 협상과정에서 쿠릴섬을 포기할 때 구나시리와 에토로후 2도가 포함되었다.

4) 러일 영토분쟁에 대한 역사적 고찰 논의는 다음을 참조. 진창수, 『동북아 영토분쟁과 일본의 외교정책』(서울: 세종연구소, 2008).

5) 고르바초프의 더 자세한 외교정책은 다음을 참조. 최태강, 『러시아와 동북아』(서울 오름, 2004).

6) 「Mainichi Shimbun」 1998. 4. 3.

7) http://www.kbs.co.kr/end_program/1tv/sisa/focus/vod/1267457_5011.html(검색일: 2010. 10. 11).

8) 더 자세한 논의 윤영미(2003/2004), "탈소비에트 시기의 러시아와 일본의 영토분쟁", 「평화연구」 제12권 1호 2003/2004 겨울 참조; 「Mainichi Shimbun」 1993. 10. 13.

9) http://ko.wikipedia.org/wiki/(검색일: 2011. 1. 12).

10) 옐친 시기 게오르기 쿠나제(Georgiy Kunaze) 전 러시아 외무차관은 양국간 영토문제 해결방안으로 1956년 공동선언 유효성 인정과 나머지 2도에 대한 협상을 계속하는 '2도+알파'안을 제시했다. Hiroshi Kimura, Distant Neighbors: Japanese-Russian Relations under Gorbachev and Yeltsin, Vol. 2 (Armonk, NY: M.E. Sharpe, 2000), pp.169-171.

11) http://nkorea.or.kr/article/view.php?&ss%5Bfc%5D=3&bbs_id=nkorea_studyAct&page=&doc_num=13 (검색일: 2010. 1. 13).

12) http://www.sisapress.com/news/quickViewArticleView.html?idxno=10112(검색일: 2011. 2. 6).

13) http://www.historyfoundation.or.kr/main.asp?sub_num=128&pageNo=4&state=view&idx=63 (검색일: 2010. 1. 28).

14) 러일 양국은 1855년 시모다조약으로 에토로후와 우루프섬 사이에 첫 국경선을 획정했다.

15) 아소 총리는 "러시아는 2도(하보마이·시코탄)와 일본은 4도 반환을 주장했지만 진전이 없다. 정치적 결단 이외에 방법이 없다"고 강조했다. 야치 대표의 발언은 아소 총리의 뜻을 반영한 것으로 간주된다.「Mainichi Shimbun」2009. 4. 25.

16) 더 자세한 영토분쟁에 대한 러시아 국민 대상의 여론 조사는 다음을 참조. 윤영미(2003/2004), p.85.

17) 그 후 2011년 1월 초 일본 지방정부 관계자들이 중국과 영유권 분쟁지역을 생태계 조사 등의 목적으로 방문하려 했으나 일본의 정부가 허용하지 않았다. 정부가 섬에 대한 '평화적이고 안정적인 관리 및 통제'를 위해 사유지를 임차했으므로 정부가 외부인의 상륙도 제한하고 있음을 명백히 했다.「The Japan Times」2011.1.7.

18) 중국은 희귀금속 희토류의 전 세계 생산량의 97%를 점유한다.

19)「Moscow News」2010. 10. 1.

20)「세계일보」2010. 11. 2.

21) 윤영미, "냉전기 러·일 영토갈등: 2도 반환 대 4도 반환 분쟁"「Dokdo Research Journal」vol.12, 2010년 Winter, pp.30-31.

22)「Moscow News」2010. 11. 1.

23)「Hokkaido Shimbun」2010. 11. 14.

참고문헌

본 장은 그동안 필자의 러-일 영토분쟁 관련 발표한 글과 연구논문을 중심으로 재구성되었음.

진창수, 『동북아 영토분쟁과 일본의 외교정책』(서울: 세종연구소, 2008).

윤영미, "탈소비에트 시기의 러시아와 일본의 영토분쟁", 「평화연구」 제12권 1호 2003/2004 겨울.

______, "러일 영토분쟁 쟁점과 전망: 러시아 정치엘리트의 인식을 중심으로", 「시베리아 극동연구」 제2호, 2006.

______, 『동북아시아외교와 안보』(서울: 두남, 2010).

______, "냉전기 러·일 영토갈등: 2도 반환 대 4도 반환 분쟁", 「Dokdo Research Journal」 vol.12, 2010년 Winter.

홍완석, 쿠릴4도 분쟁 영속화 요인 고찰, 「한국정치학회보」 제36집 2호, 2002 여름.

최덕규, "지배당위성 역사성 논란 팽팽 '해결 불투명'", 「한국교육신문」 2005. 8. 29.

최태강, 『러시아와 동북아』(서울: 오름, 2004).

Panov, Alexander. *Rossiya I Yaponiya: Stanovrenie I Lazbitie Otnochenii v Konche XX Nachare XXI Veka*, Moskva: Izvestiya Izdateristvo, 2007.

Buntin, Vyacheslav, "The Hullabaloo over the Kuriles", *Moscow News*, May 16, 2001.

Ferguson, Joseph P, *Japanese-Russian Relations, 1907-2007* (London: Routledge, 2008).

Grigoryeva, Yekaterina, "Putin digs in his heels over the Kurils", *Moscow News*, September 6, 2000.

Kimura, Hiroshi. *Distant Neighbors: Japanese-Russian Relations under Gorbachev and Yeltsin*, Vol. 2 (Armonk, NY: M.E. Sharpe, 2000).

________, *The Kurillian Knot: A History of Japanese-Russian Border Negotiations*, Stanford: Stanford University Press, 2008.

Lukin, Alexcander, "Russia's new Authoritarianism and the Post-Soviet Political Ideal", *Post-Soviet Affairs*, Vol. 25 No. 1, 2009.

Shibasaki, Kiyotaka, "Mori, Putin vow more talks on pact", *Daily Yomiuri*, September 6, 2000.

William, Brad. *Resolving the Russo-Japanese Territorial Dispute: Hokkaido-Sakhalin Relations* (New York: Routledge, 2007).

「세계일보」 2010. 11. 2.
「The Japan Tmies」 2011.1.7.
「Hokkaido Shimbun」 2010. 11. 14.
「Moscow News」 2010. 10. 1.
「Mainichi Shimbun」 1998. 4. 3.

http://ko.wikipedia.org/wiki/(검색일: 2011. 1. 12).
http://www.dokdocenter.org/dokdo_news/p...5C6%25AE(검색일: 2011. 1. 12).
http://www.kbs.co.kr/end_program/1tv/sisa/focus/vod/1267457_5011.html(검색일: 2010. 10. 11).
http://www.educe.co.kr/05_interview/dis...sion.php(검색일: 2011. 1. 10).
http://news.khan.co.kr/kh_news/khan_art...%3Dinter(검색일: 2011. 1. 6).

러시아와 북한: 협력과 과제

<namoon.tistory.com/215>

I 들어가는 말

1945년부터 냉전시기 북러 관계는 사회주의 동맹국으로서 아주 밀접한 관계를 유지해 왔다. 비교적 우호적이었던 양국 관계는 1980년 중반 고르바초프가 주도했던 글라스노스트(개방)와 페레스트로이카(개혁) 정책과 1990년 9월 30일 한소 국교정상화 이후부터 소원해지기 시작했다. 당시 한소 수교에 대해 북한은 "달러로 사회주의 연대를 팔아먹었다"고 구소련을 맹비난하면서 긴장관계로 접어들었다. 1991년 12월 구소련의 붕괴와 러시아연방(Russian Federation)의 출범과 한러 정상의 상호방문 등으로 정치·경제·군사 등 전반적인 측면에서 북러 관계가 더욱 악화되었다. 특히 러시아는 1995년 9월 자동군사개입 조항이 포함된 '북소 우호협조 및 호상원조 조약'을 연장하지 않고 북한에 조약 폐기 의사 통보와 1996년 9월 연장 요청 거부로 인해 양국 관계는 혈맹관계에서 일반국가 관계로 격하되었다.

그러나 이처럼 소원해진 양국관계는 1990년대 중반 단계적으로 관계정상화가 추진되기 시작하였다. 러시아에서는 1995년 12월 총선을 계기로 정국이 보수화되고 외교정책이 친서방 일변도에서 강대국 지위회복을 위한 방향으로 선회하면서, 일부 정치인들이 국익 차원에서 북한을 새롭게 평가하기 시작했다. 1997년 1월 말부터 북한의 리인규 외교부 부부장과 러시아의 그레고리 카라신(G.Karassine) 외무차관을 각각 수석대표로 북러 신조약 회담이 1998년 12월까지 평양과 모스크바에서 4차례 진행되었다. 양국은 핵심 쟁점사항이었던 자동군사개입 조항 폐지와 고려연방제 지지조항 삽입 배제 원칙을 합의했다. 1999년 3월 17일 평양에서 '북러 우호선린협조조약'이 가서명되었다.

1998년 11월 말 북러는 양국 외교관의 교섭, 외교활동 정보교환, 국제무대의 공동사업 진행 등을 담고 있는 1999~2000년 대외 정치분야 상호 협력공동계획'에 서명했다. 이는 양국이 변화하는 국제정세에 부합하는 정상적인 외교관계로의 복원을 의미했다. 북한은 1998년 9월 김정일 국방위원장 체제의 공식출범 이후 강성대국 건설을 위한 전방위 외교의 추진과 러시아 역시 옐친 대통령의 조기 사임 이후 푸틴 총리가 대통령 직무대행을 수행하면서 관계가 호전되는 계기가 되었다.

북한 역시 경제난 극복을 위해 러시아와의 관계 회복이 필요했고 양국관계는 러시아의 대한반도 등거리 외교와 북한의 실리추구 외교에 따라 재정립되기 시작했다. 러시아 외무장관의 북한 방문을 통해 2000년 2월 9일 '북러 친선 선린 및 협조에 관한 조약'이 체결되었다. 이로써 북러는 군사적 혈맹관계를 청산하고 일반적인 국가관계로 전환되었다.

푸틴정부의 출범을 계기로 북한과의 관계 복원 및 개선으로 이어졌다. 2000년 7월 말 푸틴의 평양 방문을 통해 '북러공동선언'을 통해 10년 만에 소원했던 관계가 재정립되었다. 2001년 8월 초 김정일 국방위원장의 모스크바 방문으로 이어졌고 양국은 8개항의 '모스크바 공동선언'을 공포했다. 양국은 시베리아횡단철도(TSR)와 한반도종단철도(TKR) 연결 사업과 구소련에서 건설한 산업시설의 개보수 지원, 나진항 사용 등 다양한 경제협력에 대한 합의를 달성했다. 2002년 8월 20일부터 24일까지 김정일은 러시아의 블라디보스토크를 방문해 경제협력에 대해 논의했다. 이처럼 푸틴과 김정일은 2000년 이후 세 번째 정상회담을 개최했고 한반도의 평화와 안정과 TSR와 TKR 연결 프로그램을 포함해 양국의 경제협력 확대에 합의했다. 2011년 8월말 9년 만에 러시아의 울란우데에서 김정일과 드미트리 메드베데프 대통령은 정상회담을 개최했다. 양국은 전방위적인 경제 협력과 남북러 가스관 연결에 대해 새로운 가능성에 대해 모색하였다.

이와 같은 일련의 정상회담을 통해 북러 양국은 과거 혈맹관계로의 복원은 아니었지만 정치, 군사, 경제, 사회, 문화 등 다방면에서 교류와 협력을 강화하기로 합의함으로써 새로운 전환점에 직면하였다. 2000년대 이후 북러는 과거 '사회주의 동맹국'이 아닌 국가 간의 정치, 경제, 문화적 이익과 발전을 위해 '상호보완적인 동반자'의 관계로 발전되었다. 이런 맥락 하에 본 장에서는 탈냉전기 주로 2000년대 이후 개최된 정상회담을 중심으로 러시아의 대북 외교정책의 변화 양상과 극동지역을 중심으로 논의되고 있는 남북러 경제협력의 현황과 과제에 대해 살펴보고자 한다.

Ⅱ 탈냉전기 러시아의 실용주의 대북한 정책

정치적 측면에서 냉전시기의 소련과 북한의 관계는 '사회주의 형제국' 또는 '친선 협조관계'로 밀접한 관계를 유지해왔다. 경제적으로 사회주의 체제 하에 적정가격에 의한 구상무역 관계에 기초한 협력 관계를 유지했다. 군사적으로 양국은 1961년 7월 체결된 '북소 우호협조 및 호상원조 조약'에 근거해 군사동맹국으로 존재해 왔다.

1990년대 냉전체제의 종식과 탈냉전기 직면하면서 구소련은 사회주의 체제에서 자유민주주의 체제로 전환과 시장경제로의 이행을 선언했다. 당시 고르바초프의 개혁과 개방 및 정책과 신사고(New Thinking) 외교정책을 고수했지만 북한은 '북한식 사회주의'를 계속해서 유지하면서 개혁과 개방의 길을 선택하지 않았다. 정치와 경제체세의 이질화로 양국관계는 1994년까지 악화되었다.

특히 1990년 9월 30일 한소 국교정상화는 양국 관계의 변화를 급격하게 변화시켰으며 소련은 정치경제적으로 자국의 개혁에 도움을 줄 수 있는 한국과의 관계개선이 무엇보다도 중요한 과제였다. 1991년 12월 구소련의 붕괴와 러시아연방의 탄생이후 집권한 옐친 대통령은 자본주의 국가들로부터 시장경제로의 체제 전환에 필요한 경제적 지원을 확보하기 위해 북한보다는 한국과 미국 및 친서방 국가들과의 관계개선에 더욱 주력했다. 이데올로기보다 경제적 이익을 중시하는 실리주의 외교정책은 한반도에서도 많은 영향을 주었다.

〈표 1〉 북러 관계의 변화 양상

변 화	시 기
동맹기(사회주의 형제국)	1945-1987
소원기(자본주의체제 전환기)	1987-1994
회복기(새로운 외교관계 모색)	1995-1998
복원기(상호보완적인 동반자)	1999-현재

1992년 11월 옐친 대통령은 평양이 아닌 서울을 먼저 방문했다. 러시아의 대한반도 외교정책이 급진전되는 시기였다. 당시 옐친은 서울 방문을 통해 구소련으로부터 유지되어온 북한과의 군사동맹 조약을 폐기하거나 수정할 것임을 밝혔다. 러시아는 북한에 대한 군사적 원조 중단과 군사기술적 분야에서 한국과의 다양한 협력에 주력했다. 북한은 사회주의체제 유지를 위해 핵개발에 주력했고 1993년 3월 12일 NPT 탈퇴를 선언함으로써 고립을 자처했다. 당시 러시아는 한반도의 비핵화를 지지했기 때문에 북한의 핵개발을 저지하기 위해 북한에 압력을 가했다.

경제적 측면에서 1990년대 초 전 세계는 냉전의 종식, 구소련의 붕괴, 러시아의 시장경제 체제로의 전환, 남한과의 외교관계 수립 등으로 이어지면서 북한에 대한 구소련의 기술 및 경제원조는 중단되었다. 러시아 역시 정치경제적으로 혼란시기에 직면하면서 더 이상 사회주의 체제를 고수하는 북한을 경제적으로 원조하기가 어려워졌다. 북러 경제관계는 무역 거래 감소 등으로 급격하게 악화되었다. 전통적으로 구소련은 북한의 가장 중요한 수출입 국가였다. 북한은 구소련으로부터 '석탄과 석유' 등 대부분 주요 에너지원을 수입해 왔다. 그러나 러시아가 1990년대 자본주의체제 전환으로 정치경제적 혼란에 직면하면서 북한에 에너지를 충분히 공급할 수 없게 되었다. 반면 북중 무역 및 경제관계가 확대되기 시작했다. 중국은 북한의 가장 주요 무역 상대국으로 전환되었다. 북러 경제적 관계의 주요 악화 요인 중 하나는 러시아에 대한 북한의 채무증가와 북한의 지불능력부족도 문제였다. 경제적으로 러시아는 한국관의 관계개선을 적극적으로 추진하면서 옐친 정부는 35억 달러에 달하는 부채상환을 북한에 독촉하기도 했다.

군사안보적 측면에서 구소련은 북한의 사회주의 정권 수립 당시 가장 큰 커다란 영향을 주었고 냉전시기 양국은 '사회주의 형제국가'로서의 혈맹관계를 유지해왔다. 1961년 7월 체결된 '북소 우호협력 및 상호원조 조약'은 구소련 붕괴 직전까지 유지되었다. 그러나 앞서 언급했듯이 러시아는 북한과 군사동맹 조약의 폐기여부를 검토하기 시작했다. 특히 1992년 11월 옐친은 한국 방문에서 이 조약의 제1조, '평양이 침략을 당했을 경우 모스크바가 평양을 원조하기 위해 자동적으로 개입하고 규정하고 있는' 조항은 폐기되거나 수정한다고 밝혔다. 1995년 9월 35년간 유지되어온 자동군사개입 조항이 포함된 '북소 우호협조 및 호상원조 조약' 폐기 의사 통보와 1996년 9월 연장 요청을 거부하고 다른 조약으로 대체하겠다는 의사를 북한에 통보함으로써 양국 관계는 소원해지기 시작했다.

1997년 1월 말부터 1998년 12월까지 양국은 평양과 모스크바에서 4차례 회의를 통해 핵심 쟁점 사항이었던 '자동군사 개입 조항 폐지'와 고려연방제 지지조항 삽입 폐지에 합의했다. 이로써 1999년 3월 17일 평양에서 카라신 외무차관의 방문으로 신조약인 '우호선린 및 협력에 관한 조약'(Treaty of Friendship Good Neighborliness and Cooperation)이 가서명되었다. 이 조약은 2000년 2월 9일 새로운 '조러 친선선린 및 협조조약' 체결로 이어졌다. 그동안 불분명했던 북러 관계를 해소하고 양국은 군사적 혈맹관계에서 선린우호 협력관계로 발전시킬 수 있는 국제법적인 토대가 마련된 것이다. 지난 10여 년간 단절된 양국관계가 정상화되는 토대가 마련되었다.

러시아의 북한과의 군사동맹 폐기는 한반도 정세가 변화되었고 북한과 군사안보적 동맹관계의 유지가 자국의 서방과의 관계 개선에 상당한 장애요인으로 작용하기 때문이었다. 러시아는 '북한에 의하여 도발되지 않는 침략의 경우 조항에 의거하여 북한의 안전보장에 대한 약속이행의 의무가 있다'는 것은 유지했다. 이는 러시아의 실용주의적 대외정책 노선에 따라 북한과 과거 군사동맹 관계를 일반국가들과 같은 정상적 외교관계로 전환시키면서 남북한에 대한 '균형외교'의 전환을 의미하는 것이었다. 따라서 러시아는 자본주의 체제 전환을 위해 자국의 국익에 유리한 안보환경을 조성하고 무기판매 등을 통해 경제적 이익을 확대하는 범위 내에서 북한과의 관계 유지를 새롭게 천명한 것이다.

Ⅲ 선린우호 협력 관계로의 발전

2000년대 북러 관계는 과거 50년대 이후 유지되어온 우호적인 관계를 새롭게 정립하게 되었다. 과거 '사회주의 동맹국'에서 현재 일반적인 국가간의 정치, 경제, 문화적 이익과 발전을 위한 '상호보완적인 동반자'의 관계로 전환되었다. 푸틴의 북한 방문 전후에 국가두마(Duma)와 연방의회가 2000년 2월 북한과 체결했던 '친선, 선린 및 원조 조약'을 비준했다.[1] 북한이 동년 4월에 러시아가 7월 각각 조약을 비준함으로써 양국관계가 우호협력 관계로 전환되었다.

이처럼 '신북러 우호선린 협조조약'에 이어 김정일 국방위원장과 푸틴 대통령은 2000년 7월 중순 평양에서 단독 및 확대 정상회담을 개최했다.

당시 북러는 양국의 협조와 상호 협력, 북한 미사일 문제 등을 내용으로 하는 11개 조항으로 구성된 '북러공동선언'(이하 '평양선언')을 발표했다.[2] 양국은 모든 침략과 전쟁을 반대하고 군축과 세계안정 및 안전을 위해 적극적인 노력을 표명했다. 양국은 쌍무적인 무역경제 및 과학기술 관계를 발전시키며, 이에 유익한 법적 및 제도적 조건을 조성할 것과 부수적인 경제관련 협정들을 체결하기로 했다. 임업, 석유 및 가스 산업, 경공업 등 다양한 분야에서의 경제협력 계획을 구체화하기로 했다.[3] 평양선언문을 주요 내용을 좀 더 살펴보면 <표 2>와 같다.

〈표 2〉 2000년 7월 평양선언문의 주요 내용

항 목	주요 내용
제1항	• 2000년 2월 9일 체결된 양국간 '친선, 선린 및 원조 조약'에 기초해서 양국간 전통적인 우호관계 및 선린 및 상호신뢰, 다방면적인 협조와 동북아 및 국제무대에서의 협력을 강조했음.
제2항	• 북한 또는 러시아에 침략위협 상황이 발생하거나 평화와 안전에 위협이 발생할 경우에 지체 없이 접촉하여 문제를 해결하기로 했음.
제10항	• 원조 및 수혜 형식이지만 양국간의 경제협력에 주력하기로 함.

양국은 평양 정상회담 이후 2000년 11월 말에서 12월 초 리인규 북한 외무성 부상의 극동지역으로 이어졌다. 러시아 극동 지역의 경제교류 활성화 문제를 논의하는 등 북한의 경제활동에 대한 토대 마련에 주력했다.[4] 2001년 4월 말 김일철 북한 인민무력부장이 소련 붕괴 이후 무력부장으로 처음으로 모스크바를 공식 방문했는데, 북러 군사협력의 재개를 의미했다. 양국은 '방위산업 및 군사 기술 분야 협력 협정'과 북한군 인력양성에 대한 러시아의 지원 방안을 담고 있는 '군사협력 조치안'에 서명했다.

계속해서 김정일은 푸틴의 방북에 대한 답방 형식으로 2001년 7월 26일부터 8월 18일까지 모스크바에서 정상회담을 가졌다. 8월 4일 양국 정상은 단독 및 확대 정상회담이후 8개항으로 구성된 '모스크바 선언'[5]을 발표했다. 모스크바 정상회담에서 김정일은 경제협력을 통한 전력난 해소와 낡은

산업시설의 재건에 협의에 주력했다. 정상회담 이후 극동을 중심으로 양국의 경제협력 움직임이 더욱 구체화되었다. 주요 내용은 양국 협력관계 복원, TSR와 TKR의 연결사업, 한반도 정세 등에 대해 협의했다. 이로써 양국은 1990년 9월 말 한소 수교 이후 소원했던 관계를 완전 정상화하고 외교경제 등 전방위적 협력 체제를 구축하는 계기가 되었다<표 3 참조>.

〈표 3〉 2001년 8월 모스크바 선언문의 주요 내용

항 목	주요 내용
제3~6항	• 양국의 친선관계를 위한 법적 및 제도적 장치에 기초해서, 정치, 경제, 군사 등 다양한 영역에서 현실적인 협력관계를 강화하기 위한 구체적인 방향과 조치들에 대해 합의했다. 제6항에서 철도 수송로 창설을 실현하기 위해 필요한 협력에 대해 공약했음.
제7항	• 러시아는 2000년 6·15 남북 정상회담의 합의 사항과 한반도 통일 문제에 대한 외부의 불간섭을 지지하면서, 자국의 건설적이며 책임 있는 역할을 수행할 용의가 있음을 천명했음.

아울러 모스크바 정상회담에서 김정일은 양국간 군사협력과 군사력 현대화를 촉진했다. 당시 북한은 체제 안정과 관련 러시아의 지원이 필요했다. 북한은 2002년 더욱 강경해진 미국의 대북 압박 및 2001년 9/11 테러 이후 미국의 반테러 전쟁이 자국의 국가안보에 위협이 되기 때문에 러시아의 정치적 신뢰 증진이 필요했다. 2002년 3월 말 북한의 최태복 최고인민회의 의장이 러시아를 방문하여 북한에 원자력 발전소를 건설하는 문제와 모스크바 소재 공장에서 북한 노동자들의 전문교육을 실시하는 문제 등을 포함한 경제협력 방안에 대해 논의했다. 그 밖에 사회문화적 부분과 의학, 과학, 문화 등 다방면에 걸친 교류의 활성화 방안도 모색되었다. 실행 방안으로 양국은 2002년 1월 말 북러간 '의학 및 과학 교류에 관한 합의서'에 서명했다. 2002년 3월 초 러시아와의 친선관계 발전을 상징하는 '조러 친선각(라선시 두만강 지역 소재)'을 개관하였다. 2002년 4월 초 북한의 대외문화연락위 대표단이 러시아를 방문 '문화 및 과학교류에 관한 계획서'를

조인하였다.[6)]

2002년 8월 20일부터 24일까지 블라디보스토크에서 푸틴과 세 번째 북러 정상회담이 개최되었다. 이번 블라디보스토크 정상회담은 비공식 실무회담으로 공동선언이 발표되지 않았다.[7)] 당시 푸틴은 남북관계 발전과 한반도에서의 러시아의 적극적인 개입 의사를 표명했다. 북한은 모스크바 정상회담 이후 수차례의 실무회담을 통해 논의된 전력분야를 중심으로 산업시설들의 개보수를 위한 러시아의 지원과 임업, 어업 등 다양한 분야에서의 협력을 모색했다. 푸틴은 TSR~TKR 철도 연결을 통한 경제이익과 물류가 극동지역으로 확대되어 지역개발을 촉진할 수 있는 경제협력 문제에 관심을 표명하였다.[8)]

북한은 외화벌이를 목적으로 극동 지역으로 북한 노동자들을 송출했는데 러시아와 경협의 중요한 부분이었다. 양국은 동년 7월에 '북러 연해주지역의 경공업 협력의정서,' 9월에 '과학기술협조 의정서,' 10월에 '세관분야에서의 협조에 관한 협정' 등 경제협력을 확대했다. 또 10월 22일 '유학생 교류협정'을 체결하여 연간 30여명의 학생파견이 가능해졌다. 양국의 유학생 교환 확대 및 학문교류의 토대를 마련했다. 계속해서 2004년과 2005년 동안 경제협력을 위한 다양한 협의가 있었다.

Ⅳ 러북 경제협력의 양상과 전망

1 2011 울란우데 정상회담의 성과

김정일 국방위원장은 메드베제프 대통령의 초청으로 2002년 블라디보스톡 정상회담 이후 9년 만에 2011년 8월 24일 동시베리아의 바이칼 호수 인근 부랴티아 공화국의 수도 울란우데(Ulan-Ude) 외곽에서 정상회담을 가졌다<표 4 참조>. 울란우데에서 약 50km 떨어진 시외곽의 소스노비 보르(Sosnovi Bor)에 있는 러시아군 제11공수타격여단 영내 영빈관에서 북러 정상회담이 열렸다. 양국 정상들은 2002년 블라디보스토크 정상회담에서 해결되지 않은 문제들에 대해 집중적으로 논의했다<그림 1 참조>.[9)]

〈표 4〉 역대 북러 정상회담의 시기와 양상 (2000~2011)

시 기	장 소	공동선언문	주요 특징
00. 7	북한(평양)	평양선언	• 11개 조항의 협력 모색
01. 8	러시아(모스크바)	모스크바선언	• 8개 조항의 협력 모색
02. 8	러시아(블라디보스토크)	비공식 회담	• 극동지역 경협 모색
11. 8	러시아(울란우데)	기자간담회	• 남북러 가스관 경제협력 모색

정상회담 직후 양국 정상들은 선언문을 발표하지 않았지만 기자간담회를 가졌다.[10)] 양국은 최대 현안 과제인 6자회담 재개, 경제협력 확대, 남북러 3국 가스관 연결에 대해 긍정적인 입장을 보였다.[11)] 러시아는 한반도 평화와 안정과 6자회담 재개를 촉구해 왔다. 그러나 북핵문제 해결을 위한 6자회담은 북한의 거부로 인해 2008년 12월 이후 중단된 상태가 계속되고 있는데, 북한이 2009년 5월 2차 핵실험과 농축우라늄을 이용한 핵개발로 더욱 악화되었다.[12)] 북한은 전제조건 없는 6자회담 재개의 입장을 고수해 왔다. 양국 정상은 전제조건 없이 6자회담을 조속히 재개해 9·19공동성명을 동시행동의 원칙에 기초해 이행함으로써 한반도의 비핵화에 대해 의견을 같이했다.[13)]

이번 정상회담에서 북러 경제협력 확대 및 남북러 3국의 가스관 연결 사업이 집중적으로 집중되었다. 우선 김정일은 8월 21일 극동지역 최대 수력발전소인 아무르주에 위치한 '부레야 수력 발전소'를 방문하면서 전력 확보 등에 관심을 보였다.[14)] 아무르주 부레야강의 상류지역에 위치한 부레야 수력발전소는 연간 전력생산량이 71억kWh 정도 이른다. 러시아의 부레야 발전소 건설은 중국과 북한 등 동북아 주변국 국가들 대상으로 전력을 수출하기 위한 것이다. 북한은 2005년부터 러시아의 잉여 전력을 공급받아 전력난을 해소를 시도해왔다. 2012년 2월 현재 부레야 발전소에서 블라디보스토크까지 총 1530㎞의 송전선은 연결돼 있지만 블라디보스토크와 북한 청진 사이 380㎞는 미연결 상태이기 때문에 2억~3억 달러로 추산되는 북한 구간 130㎞ 송전선 건설비용이 해결 과제다. 향후 러시아는 부레야 발전소 전력을 한국에도 수출하는 구상을 갖고 있다. 그러나 남북러 3국 경협 차원에서 건설비 분담 문제가 협의될 수 있을지는 의문의 여지가 있다.[15)]

〈그림 1〉 김정일과 메드베데프와의 울란우데 정상회담

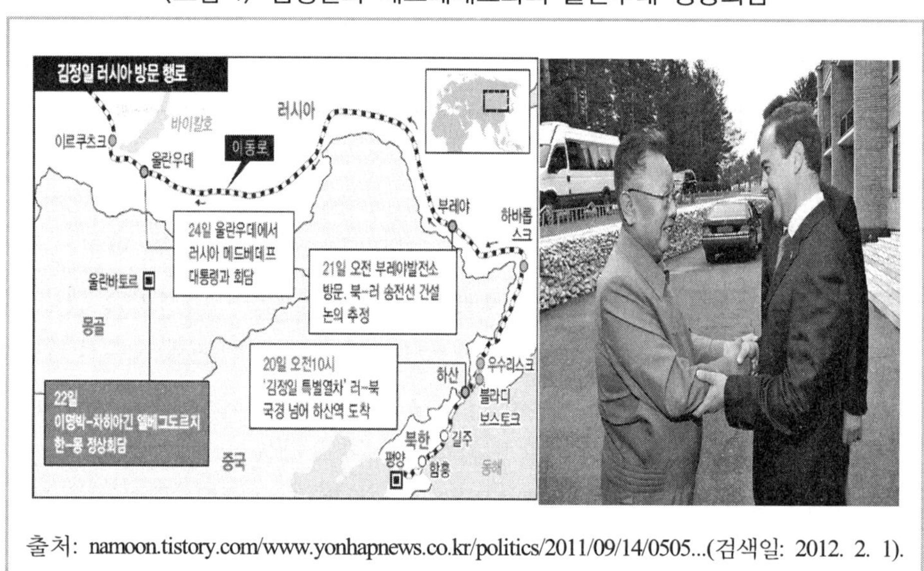

출처: namoon.tistory.com/www.yonhapnews.co.kr/politics/2011/09/14/0505...(검색일: 2012. 2. 1).

아울러 러시아의 대북 원유지원과 나선 경제무역지대에[16)] 대한 투자 확대와 극동지역으로의 북한 노동자 파견 확대 등에 대해 합의가 진행되었다. 이와 같은 경협 확대는 양국의 국익에 입각한 것이었다. 러시아는 2012년 9월 블라디보스토크에서 개최되는 아시아태평양 정상회의(APEC)를 앞두고 있다. APEC의 성공적인 유치는 궁극적으로 극동지역의 아시아태평양 지역 경제권 편입을 고려한 것으로 북한의 체제 안정은 중요하다. 러시아는 북한에 대한 지원 및 경제협력 논의 및 확대를 통해 극동지역의 안정화를 기대했다. 북한은 김정일에서 김정은으로의 안정적인 3대 세습과 2012년 선언한 '강성대국 원년'에 러시아의 지원을 촉구했다. 북한은 중국에 지나치게 편향되었던 대외 경제의존과 정책을 재조정하여 러시아로부터 정치, 경제, 외교적 실익을 확보하려는 의도로 간주되었다.[17)]

② 남북러 철도연결의 현황과 과제

그동안 러시아 극동 지역을 중심으로 북러 양자 차원과 남북러 3자간 경제협력이 진행되었다. 특히 TSR과 TKR 연결 사업은 2000년 평양을 방문한 김대중 전 대통령이 김정일 국방위원장과 6·25 전쟁 이후 단절된 남북철도 연결에 합의하면서 본격적으로 논의되기 시작했다. 2001년 8월 김정일과 푸틴과의 모스크바 정상회담에서 TSR과 TKR 연결 사업을 추진키로 합의하면서 더욱 활기를 띠기 시작했다.[18)]

2001년 8월 모스크바 선언에서 북러 협력 분야에 TSR～TKR 연결사업을 통한 국익 문제가 거론되었다. 모스크바 정상회담에서 푸틴은 6·15 남북 정상회담을 계기로 남북한 교류 활성화에 기반을 둔 남북러 3자간 협력 사업을 본격화되었다. 동년 3월 악쇼넨코 러시아 철도부 장관이 북한을 방문하여 TSR～TKR 연결 사업에 합의했다. 2002년 8월 블라디보스토크 정상회담에서 한국도 참여하는 3각 경제협력 사업 중 하나인 TSR～TKR 사업 등의 활성화를 최우선 과제로 논의되었다. 당시 남북한 경의선과 동해선의 미연결 사업이 진행되었다. 러시아는 2001년 모스크바 정상회담 직후 철도연결 사업을 위한 실사작업을 시작했으며 북한철도의 현대화와 동해선 연결 사업에 많은 관심을 표명했다.[19)]

2004년 7월 TSR을 나진항까지 연결하는 북러 실무회담이 블라디보스토크에서 본격적으로 추진하기 시작하였다. 남북러 철도협력 사업의 활성화를 위해 북러 양국의 미연결 구간 철도 연결이 선행되어야 했다. 이 구간은 북한의 나진과 러시아의 하산(Hassan)의 52km 구간으로 나진항 개건을 위해 수차례 협상과 현지 조사가 진행되었다. 2006년 3월 남북한 철도 당국 대표들이 블라디보스토크에서 하산~나진 구간 철도를 개보수하고 나진항에 화물 터미널을 건설하기로 합의했다. 2007년 5월 단절됐던 미연결 남북한 철도를 연결하는 경의선과 동해선 철도 시범운행 행사가 열렸다. 동년 11월 중순 북러는 나진항과 하산역을 연결하고 나진항을 개건하는 사업에 합의했다<그림 2 참조>.[20]

〈그림 2〉 북러 하산~나진 철도 연결 구간

출처: http://www.app.yonhapnews.co.kr/.../YIBW_showM...(검색일: 2012. 1. 16).

러시아는 TSR과 동북아시아와 유럽을 연결하는 물류망 확보를 위해 철도연결 사업에 적극적이었다. 당시 철도연결 사업이 북핵 문제로 교착상태로 어려움에 직면하자 나진항과 하산~나진 구간 철도를 통해 유럽행 화물을 확보한다는 계획을 세웠다. 2008년부터 해당 구간 개보수 공사를 추진해왔다. 진행 과정을 살펴보면 다음과 같다. 알렉세이 메르시아노프 부총사장을 단장으로 주식회사 '러시아 철도' 대표단이 2008년 3월 11일부터 15일까지 평양을 방문했다. 양국의 철도기관은 하산~나진의 철도와 나진항 개건에 착공하기로 합의했다. 양국은 나진항에 부두를 건설하고, 하산~

나진의 철도를 개건하여 TSR를 통한 국제화물 중계수송망 건설을 담당하게 될 합영 기업을 창설하기 위한 법적·기술적 문제들에 합의했다.[21]

2008년 4월 북러 철도 당국은 하산~나진 구간 철도 개보수와 나진항 내 화물터미널 건설을 담당할 합작회사를 설립하는 협정서에 서명했다. 합작회사는 북한 철도성과 하산~나진 구간 철도에 대한 49년 임대 계약도 체결했다. 나진항에 현대적인 항만시설을 건설하고 러시아가 임차하도록 규정한 협정을 체결했다. 2008년 러시아는 나진항에서 유럽까지 시범화물 수송에 대한 기대감이 컸다.[22] 동년 10월 초 하산~나진 철도 및 나진항 개건 착공식이 함경북도 나선시 두만강역에 있는 '조로(북러) 친선각' 앞에서 진행되었다.[23] 착공식에 참석한 러시아철도 공사 총사장 블라디미르 야쿠닌(Vladimir I. Yakunin)은 2013년 이 구간을 통해 수년 간 10만개의 컨테이너가 수송될 것을 기대했다. 2011년 10월 초 공사가 완료되어 하산~나진 철도 구간의 시범 열차 운행이 두만강역에서 성대히 개최되었다. 이번 개보수 공사는 TSR와 TKR 연결의 전초 사업으로 추진되어온 것으로 북러 양국 차원뿐만 아니라 남북러 3국의 경제협력 차원에서 중요한 의미를 갖는다.[24]

콘크리트 건물로 지어진 2층 규모의 하산역에서 북러 국경인 두만강 대교까지는 불과 1.7km, 두만강 대교에서 두만강 역까지는 1.9km다. 북러 양국은 지난 10년 동안의 개보수 논의 시작이후 약 3년의 공사를 마치고 하산~나진 구간은 복합궤로 연결했다. 복합궤는 양국의 선로 방식 차이에도 불구하고 차량 바퀴를 바꿔 달 필요 없이 열차가 신속하게 운행할 수 있도록 하기 위한 조치였다. 기존 구간은 선로 노후로 열차가 시속 30~40km 정도로 속도가 느렸기 때문에 정상적인 화물 운송이 불가능한 상태였다. 이번 공사로 인해 시속 60~70km의 속도를 낼 수 있게 되었다.[25]

시범 행사에서 북한의 주재덕 철도성 부상과 황철남 나선시인민위원회 부위원장, 철도 근로자, 나선시 주민, 군인 등 수백 명이 참석했다. 러시아에서는 발레리 리세트니코프 철도공사 부사장, 이고리 사기토프 주북 러시아대사관 공사참사 등이 함께 했다.[26] 리세트니코프 부사장은 시범열차 운행 행사 연설에서 "두 나라 최고 영도자들의 관심 속에 진행되는 철도 운

수 분야에서 협조는 새 화물노선을 여는데 뜻 깊은 일"이라며 "시범열차 운행이 양국 외교관계 수립 63주년을 계기로 더 큰 의의를 가진다"고 말했다. 그는 또 "철도 개보수 공사에 이어 2012년 중반까지 나진항 화물 터미널 건설을 마무리하고 나면 나진항을 통해 TSR로 화물을 운송하는 상업 운영이 가능해 질 것"이라고 전망했다. 장기적 차원에서 나진항과 하산~나진 구간 철도를 이용하는 제한적 TSR~TKR 물류 사업을 부산항으로 연결되어 화물을 통해 유럽으로 운송하는 본격적 물류 사업으로 발전시킨다는 구상이다. 이에 대해 주재덕 부상은 "하산~나진 철도 구간에서 화물수송이 북한과 러시아뿐 아니라 동북아시아와 유럽 사이의 경제교류에 이바지하리라는 것을 확신한다"고 말했다.[27)]

러시아철도 당국은 물류 사업의 일환으로 장기 임대한 나진항 3호 부두에 현대화된 화물 터미널을 건설하는 작업에 착수할 예정이다. 하산~나진 철도 개보수는 TSR과 TKR 연결 사업에 한국을 비롯한 외국 투자자들의 관심을 유도하려는 의도도 내포되어 있다. 2012년 중반까지 나진항 화물 터미널 건설 공사가 끝나면 초기 단계에선 새로 보수된 하산~나진 구간의 철도와 나진항을 통해 러시아는 동북아 국가들로 수출하는 석탄을 운송할 계획이다. 러시아철도 공사 지사와 북한철도 당국이 함께 설립한 '라손콘트란스' 합작회사가 주도하는 사업이었지만 실질적으로는 약 2억 5천만 달러(약 3천억)에 달하는 사업비를 러시아가 대부분 부담했다. 장기적으로 화물 수송 활성화를 고려한 것으로 간주된다. 예를 들면, 러시아철도 당국에 의하면 하산~나진 구간 철도가 본격적으로 가동되면 하루 30대의 열차 운행이 가능해지고 이를 화물 물동량으로 환산하면 연간 20ft 컨테이너 20만 개를 실어 나를 수 있게 된다. 러시아는 이 구간의 철도를 이용해 연간 1천 700만t의 석탄을 수송할 수 있을 것이다. 또 러시아는 포화상태의 나홋카 보스토치니항의 동북아 화물 일부를 나진항으로 연결하는 작업도 진행할 방침이다.[28)] 이처럼 하산~나진 구간 철도 개보수에 이어 나진항 화물 터미널 건설이 완료되면 유럽지역의 화물 상당 부분이 나진항을 이용하게 될 것이다.

향후 나진항과 하산~나진구간 철도가 TSR을 통해 동북아 국가의 화물을 유럽으로 수출할 때 TSR을 이용한 육로 운송은 유럽까지 수송기간이 14일 정도로 30~40일 소요되는 해상 운송에 비해 절대적 우위에 있게 될 것이다.[29] 인도양을 거쳐 동북아와 유럽을 연결해온 해상운송에 비해 운송시간이 3분의 1로 줄어든다. 그만큼 물류비용이 감소되고 안전하게 육로 수송이 가능해진다. 러시아는 통과수익이 연간 10억 달러의 이득과 시베리아와 극동에서 TSR이 통과하는 주요 도시들을 중심으로 지역경제 활성화가 될 것으로 기대한다.

3 남북러 가스관 연결 사업 현황과 전망

이번 북러 정상회담에서 가장 주목되었던 경협은 천연가스의 대국인 러시아와 남북 가스관 건설 사업이었다. 메드베제프와 김정일은 북한 영토를 거쳐 남한으로 연결되는 천연가스 수송관(PNG, Pipeline Natural Gas) 건설을 낙관적으로 수용함에 따라 가스관 건설을 위한 3자 특별위원회의 (special commission) 발족에 합의했다.[30] 북한을 통과하는 가스관 부설에 그동안 무관심했던 북한이 적극적 입장으로 선회한 것은 2011년 5월 중순 미하일 프라드코브 러시아 대외정보국 국장이 대통령 특사로 평양을 방문해 김정일을 만난 이후부터다. 당시 김정일이 메드베데브 대통령 특사의 가스관부설 제안에 대해 긍정적인 의사를 표명했다. 2011년 6월 말 김영재 러시아주재 북측 대사가 모스크바에 있는 세계 최대의 천연가스회사인 국영가스기업 가즈프롬(Gazprom) 본사를 방문했다. 2011년 7월 초 알렉산드르 아나넨코브(Aleksandr Ananenkov) 부사장과 가즈프롬 대표단이 평양을 방문하여 북측 원유공업성 대표단과 회담하였다.[31]

러시아 입장에서 남북러 가스관 건설은 사할린의 천연가스를 수송하기 위한 가스수송체계를 설치하는 방대한 통합가스공급시스템(UGSS: Unified Gas Supply System)사업의 일환이다.[32] 러시아는 사할린에서 하바롭스크를 거쳐 블라디보스토크까지 이어지는 1,100km의 가스관을 부설하는 중이다. 천연가스를 연간 100억㎥를 수송할 동부가스관 수송체계 공사에 약 196억 달러를 투입하고 있다. 북한 영토를 지나는 가스관 부설은 착수 후 3년 안에 완공이 가능하며 약 30억 달러가 들어갈 것으로 예상된다<그림 3 참조>.

남북러 가스관 연결 사업은 이명박 대통령이 2008년 9월 28~30일 러시아를 방문했을 때 정상회담을 통해 한국가스공사와 러시아의 가스프롬이 양해각서(MOU)를 체결하면서 가시화되었다. 핵심 내용은 북한 영토를 경유하여 러시아 천연가스를 2015년부터 30년 동안 100억㎥의 가스가 안정적으로 공급된다.[33] 러시아 사할린에서 연해주를 거쳐 북한 경유 가스관 건설로 수송비는 유조선을 통해 LNG(액화천연가스)를 통한 선박 운송보다 3분의 1로 줄어든다. 북한은 통과료로 매년 약 1억5000만 달러 이상의 외화 수입을 기대할 수 있다.[34]

남북러 가스관 연결 사업의 진행에 대해 좀 더 살펴보면 다음과 같다. 2011년 9월 말 데니소프 러시아 외무부 제1차관이 김계관 외무성 제1부상의 초청으로 북한을 방문했다. 동년 8월 중순 울란우데 정상회담에서 합의된 사항들을 논의하기 위한 실무차원의 방북이었다. 데니소프 러시아 외무부 제1차관이 김계관 외무성 제1부상 등 북측 인사들과 회동을 갖고 러시아에서 출발해 북한 영토를 거쳐 한국으로 이어지는 가스관 건설과 송전선 건설, 남북러 철도연결 문제 등을 논의했다.[35]

가스프롬의 이사회 부의장인 알렉산드르 메드베제프가 한국의 가스공사와의 잠정합의 내용을 살펴보면 다음과 같다. 2017년부터 매년 기존의 100억㎥에서 120억㎥가 북한영토를 통과해서 한국으로 도입되는 계획이다. 2012년 1월~4월 가스공급 협정을 체결하고, 2012년 3월부터 2013년 9월까지 가스관 노선 설계안을 마련하며, 2013년 9월부터 가스관 공사에 착수해 2016년 12월까지 공사를 마친 후 2017년 1월부터 가스 공급을 시작하는 일정이다<표 5 참조>.[36]

〈그림 3〉 남북한 PNG 가스관 연결과 연결 회담

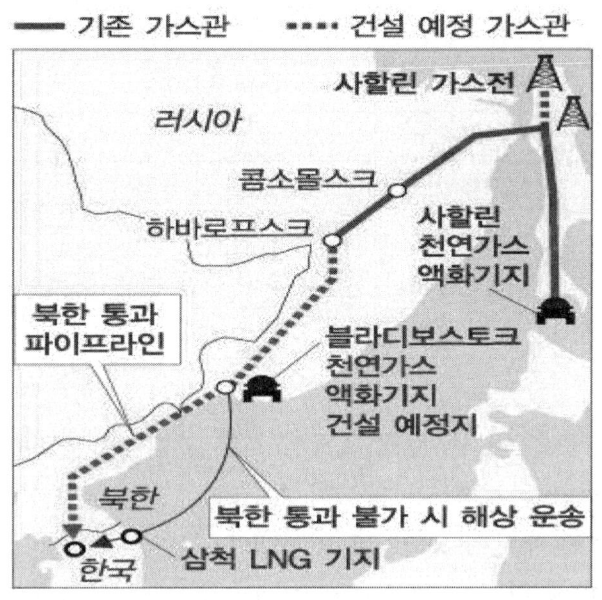

연 도	내 용
08.9	• 한러 정상회담(PNG 형태 도입 합의)
09.9	• 가스공사 - 가즈프롬 공동연구협약 체결
10.8	• 제8차 가스공사 - 가즈프롬 부사장급 회의
11.8	• 김정일 - 메드베데프 정상회담북한 통과 가스관 합의
11.9	• 사할린 - 하바롭스크 - 블라디보스토크 파이프라인 완공
11.10	• 가즈프롬 밀러회장과 북한 김희영 원유공업상, 한국 주강수 가스공사 사장 연쇄회담
11.11	• 한러 정상회담에서 사업추진 의지 확인
12 - 16	• 사하 - 사할린 - 블라디보스토크 가스관 착공 및 완공 예정
13 - 16	• 블라디보스토크 - 북한 - 남한 가스관 착공 및 완공
17	• 가스 공급 개시

출처: http://www.eknews.net/xe/files/attach/images/1291/104/149/c6edab52b207a87d8052fed6307a139c.jpg(검색일: 2012. 1. 3)

〈표 5〉 남북러 PNG 연결 사업의 주요 개요

개 요	주요 내용
총 예상 투자비	• 약 34억 달러(약3조 7000억 원)
	• 운영비: 25년간 약 14억 달러
파이프라인	• 총122km
건설기간	• 2013년 9월－2016년 말
공급개시	• 2017년 공급 개시
공급물량	• 연간 750만 톤(100억㎥ 연간 한국 소비량의 25－30%)
공급물량지역	• 1차 사할린가스, 2차 야쿠티야와 차얀다 가스전 등

2011년 9월 중순 러시아 가스프롬의 회장 알렉세이 밀러(Alexei Miller)와 북한 원유공급상 김희영은 남북러 가스관 사업을 추진하기 위한 합동실무위원회 설치에 대한 양해각서를 서명했다. 밀러는 북한이 통과료[37)]와 배관건설 참여 외에 다른 경제적 지원을 요구하고 있어 추가 협상이 필요할 것이라는 입장을 표명했다. 2017년부터 한국으로 유입될 가스관은 약 1,200㎞ 길이인데, 이중 60%가 넘는 700㎞가 북한의 영토를 통과한다.[38)] 북한통과 구간인 700㎞의 가스배관공사 비용이 25억에서 30억 달러로 추산된다.[39)] 또 제기되고 있는 다른 노선은 1,122㎞ 길이로 주요 구간은 블라디보스토크~하산~원산~평택/인천 또는 삼척으로 연결되는 노선이다.[40)]

남북러 가스관 연결 사업은 3국 모두에게 Win-Win 사업이자 북한은 경제회생에 필요한 경제적 이익을 얻게 될 것이다. 북한통과 수수료 외에 가스관 북한통과 건설 참여에 대한 인건비 및 지역개발에 따른 수익이 가능해 질 것이다. 2008년 9월 말 한러 정상회담이후 양국 정상간 협의는 꾸준히 진척되어왔다. 그러나 경색된 남북관계가 가장 큰 걸림돌이 되고 있다. 아울러 북핵 문제와 천안함 피격사건과 연평도 포격도발과 같은 북한의 무력도발 위협과 한국 내 남남갈등 등으로 전반적으로 속도를 내지 못하고 있다. 가스관 건설의 환경적 및 기술적, 비용과 인식적 제약점에도 불구하고 김정일 국방위원장의 2011년 12월 중순 갑작스런 사망과 그의 아들 김정은의 권력세습으로 한계점에 봉착해 있다.

가스관 연결을 위해 다음과 같은 몇 가지 과제가 제기된다. 우선 부과되는 건설비용에 대한 논의도 필요하고 북한이 유사시 가스관의 점령 내지 인질 등의 안정성 문제가 제기된다. 현실적으로 북한통과 가스관의 안정성 확보에 대한 한러 및 남북러 협의가 필요하고 자금조달 방안, 북한의 법률 및 세제 검토, 가스수송계약 체결 등 법적 및 제도적 장치가 급선무이다. 동시에 투자보장 및 건설보장에 대한 장치가 마련된 이후 북한 내 기술적 및 경제적 타당성 조사가 진행되어야 할 것이다. 남북러 가스관 사업은 북러와 한러 양자 차원의 논의는 진행되었지만 남북 및 남북러 간에 협의는 아직 이뤄지지 않았다. 연결 사업의 가장 큰 걸림돌은 북한 체제불안에 따른 통과노선의 안정성 등이 제기된다.

V 맺음말

2000년대 이후 러시아의 대북 외교정책은 실용주의적 입장에서 관계정상화로의 전환을 통해 다양한 경협논의가 진행되었다. 푸틴 대통령의 집권 이후 2000년, 2001년, 2002년의 3차례 정상회담을 개최했다. 양국은 우호적 협력관계를 유지하면서 극동지역에서 경협을 확대했다. 2011년 8월 울란우데에서 9년 만에 재개된 정상회담을 통해 동시베리아 및 극동 지역 개발에 유익한 지정학적인 특수성을 인정하고 부레야 전력협력을 포함해 남북로 가스관 및 북러 미연결 구간인 하산~나진구간 철도 연결을 달성했다. 2000년부터 제기되어 2001년 구체적으로 모스크바 정상회담에서는 논의된 TSR~TKR 연결 사업에 관련된 구체적인 사업도 논의되었다. 극동과 한반도의 평화 및 지역의 안정에 기여하는 6자회담의 북한 복귀 및 남북러 3자 가스관 건설 사업 논의가 활성화되는 계기가 되었다.

울란우데 정상회담을 마지막으로 갑작스런 김정일 국방위원장의 사망에 대해 러시아는 발빠르게 김정은 세습체제를 인정했다. 러시아는 포스트 김정일 시대를 맞아 조문외교를 통해 기존의 대북정책 유지를 천명했다. 메드베데프 대통령과 세르게이 라브로프 외무장관을 중심으로 신속하게 조의를 표명했다. 러시아는 김정은 체제의 불안정과 당과 군 엘리트의 갈등에 의한 급진적 상황 변화나 북한 사회의 혼란은 자국의 대한반도 정책과 부합하지 않는 것으로 간주한다. 러시아는 지난해 11월 총선 이후 푸틴 총리가 이끌고 있는 집권 여당이 다수당이 되었지만 2012년 3월 대선을 앞두고 선거부정 논란과 민주화 시위에 직면하기도 했다. 러시아 정계의 변화와 개혁을 요구하는 국내정치 상황 때문에 3기 집권을[41] 꿈꾸는 푸틴은 김정은 체제하의 북한 정세가 불안정한 것을 원하지 않는다. 러시아는 북한이 이웃국가로서 정치와 경제 관계를 발전시키데 관심이 있다.

북한은 김정일 사후 2012년 1월 1일 신년공동사설을 통해 김정은의 내부결속과 지배엘리트들의 권력을 강화했다. 김정은은 김정일의 유훈통치를 내세우며 후계자 입지 강화에 주력했다. 권력공백을 최소화하기위해 김정은을 군과 당, 국가의 최고 직책에 추대하는 절차를 발빠르게 진행했다.[42] 남북 대화와 6자회담 개최의 가장 큰 걸림돌인 핵무기를 고수해야한다는 입장을 강경하게 천명하고 있기 때문에 김정은 시대에도 북핵문제는 해결이 쉽지 않을 것으로 간주된다. 대외관계에 대해 북한체제를 인정하는 나라와 선린우호관계를 확대발전시켜 나갈 것과 러시아와의 협력강화를 강조했다.

2012년 1월 말 세르게이 라브로브 러시아 외무장관은 모스크바에서 교도통신과 인터뷰에서 “북한의 상황이 평온하며, 불안으로 이어질 수 있는 어떤 상황 전개도 발견되지 않았다”고 언급했다. 또 라브로프 장관은 김정은은 북한의 당과 정치, 군부의 최고지도자로서 내부결속과 북한의 새 지도부가 상황을 통제하는 것으로 보인다고 분석했다.[43] 이처럼 러시아는 여타 동북아 국가들과 마찬가지로 북한의 체제안정을 지지하고 있다. 앞서 언급했듯이 2012년 9월 블라디보스토크에서 APEC 정상회담을 앞두고 있기 때문에 북한과 국경을 맞대고 있는 극동 지역의 안정화가 급선무이다.

연해주 지역을 중심의 정치안정과 경제발전을 도모하고 한국을 포함한 아태 지역에서의 자국 위상 강화와 김정은과의 우호관계 유지를 선호하고 있다. 한편 러시아는 지나친 북한의 친중국화를 지양하고 중국의 영향력 견제 및 북한 급변사태 발생 시 국경지역의 안정화를 추구할 것이다. 동시에 러시아는 북한의 비핵화 및 6자회담 촉구와 한반도 평화체제를 위해 한국과의 외교적 공조체제를 유지할 것이다. 러시아 극동과 남북을 연결하는 가스관 연결 논의를 포함한 북러 경협 확대에 주력할 것이다.[44)]

러시아는 기존의 한반도에서의 영향력 확대 및 유연한 대북정책을 고수할 것이다. 그러나 남북러 가스관 연결의 가장 큰 걸림돌인 남북대화 재개 및 북한 체제 불안정 및 북핵 문제 등의 해결을 위한 논의 및 협력 없이 연결 사업은 시간이 걸릴 것으로 전망된다.

미 주

1) 신조약은 쌍방 중 일방이 침략 당할 위기상황에 봉착할 경우에, 평화와 안정을 위협하는 상황이 발생할 경우에, 협의와 협력이 불가피할 경우에 쌍방은 즉시 접촉하도록 되어 있다. 쌍방은 보다 활발한 경제협력을 위해 노력하기로 했다. 양국 간 체결된 "친선, 선린 및 원조 조약"은 다음을 참조. Дипломатический вестник, № 9, 2000, cc. 5-6.

2) 공동선언문의 원문 및 번역문은 다음을 참조. Дипломатический вестник, № 8, 2000, cc. 38-40.

3) 이영형, "남북러 가스관 연결 프로젝트의 가능성과 한계: 북러 관계를 중심으로," 한국-시베리아센터 2011년 추계 공동학술세미나, 2011. 11. 24 발표논문, p. 30.

4) 이영형, "러시아의 對한반도 지정전략과 한국의 대응," 「북한조사연구」 제10권 2호, 2006, p. 149.

5) 공동선언문은 다음을 참조. Дипломатический вестник, № 9, 2001, cc. 8-9.

6) 지정학적으로 러시아의 극동지역 개발 및 발전은 동북아시아와 한반도에서 러시아의 영향력 확대와 아시아태평양 지역 국가들과의 경제협력을 위해 중요했다.

7) http://www.ln.mid.ru/(검색일: 2012년 1월 4일).

8) Правда, Aug. 22, 2002.

9) 동시베리아의 부라티야 자치공화국 수도 소스노비 보르는 솔밭이라는 뜻이다. 정상회담은 2시간 10분 동안 진행되었다. Российская газета, August 25, 2011.

10) http://www.mid.ru/(검색일: 2012. 1. 12).

11) 「로동신문」 2011. 10. 23.

12) 미국은 2011년 7월 재개된 북미 고위급회담에서 6자회담 재개를 위해 북한이 국제원자력기구(IAEA) 사찰단 복귀를 포함해 불가역적인 비핵화 사전 조치를 취해야 한다는 입장을 취해 왔다. 김갑식, "북・러 정상회담의 합의 내용과 의미," 「이슈와 쟁점」 (국회입법조사처) 제288호, 2011. 8. 30, p. 1.

13) 여인곤, "울란우데 북・러 정상회담의 러시아 측 의도와 평가," 통일연구원 KINU 현안분석 온라인 시리즈, 2011. 8. 25, p. 2.

14) 「로동신문」 2011. 8. 22.

15) 러시아는 2006년 북핵 폐기에 따른 대북 에너지 지원과 관련 중유 대신 부레야 발전소의 전력을 공급할 계획이었다. 북한이 러시아의 전력과 가스를 공급받는다는 건 향후 6자회담과 북한의 생존전략에 중요한 의미를 가진다. 미국의 '선 비핵화 후 경제지원' 요구에 '경제적 생존 대책이 전제된 비핵화'를 지원해 주는 것이다. 「한겨레」 2011. 8. 22; www.jyaps.co.kr(검색일: 2012. 1. 14).

16) 북한은 황금평을 통해 서해지역을 개발하고 나선을 통해 동해지역을 개발하겠다는 것이다. 중국 기업이 북한 경제 특구에 20억 달러를 투자하겠다는 의향서를 체결

했다. 이는 김정일 정권에 대한 최대 규모의 잠재적 투자였다. 「연합뉴스」 2011. 1. 20; 나선 경제특구는 2005년 이후 계획경제 통제를 강화해온 북한 정책 기조의 한계를 드러냈다. 북한은 나선 지역에 물류, 첨단기술, 목재가공, 선박수리 등을 주업종으로 하는 10개의 공업단지를 세운다는 구상이었다. 「연합뉴스」 2010. 3. 14.

17) 여인곤(2011), p. 2.

18) 북러는 이 사업에 한국 기업의 참여를 제안했다. 한국으로부터 글로비스, 범한판토스, 우진글로벌, 장금상선 등 물류회사와 코레일(한국철도공사) 등이 구성한 합작법인이 나진항을 이용하는 물류 사업에 참여하는 방안을 놓고 북러와 협상을 하기도 했다. 「연합뉴스」 2011. 10. 14.

19) 푸틴은 김정일과의 정상회담을 앞두고 철도 연결 사업을 제대로 추진하지 않으면 중국에 빼앗기게 될 것이라며 "러시아는 중국보다 좋은 조건을 제시해 TSR~TKR 연결 사업을 성사시켜야하고, 이것이 바로 내가 김정일 위원장을 만나는 이유"라고 역설했다. 「연합뉴스」 2002. 8. 25.

20) 나진항 운영에 필요한 전력제공과 하산과 나진 철도연결 문제를 협의하기 위해 러시아의 인테르 라오 에에에스(INTER RAO UES) 회사 대표단이 2008년 1월 26일 평양에 도착했다. 「조선중앙통신」 2008. 1. 26.

21) 「로동신문」 2008. 3. 21.

22) 「로동신문」 2008. 3. 21.

23) 「로동신문」 2008. 10. 5.

24) 러시아 철도공사는 시범 열차 운행 행사에 내외신 기자 30여 명을 특별 열차에 초대했다. 블라디보스토크 역에서 두만강 역까지 운행하는 등 홍보에 적극적이었다. 「로동신문」 2011. 10. 14.

25) 20ft 컨테이너 2개를 실을 수 있는 차량 25개로 구성된 시범 화물열차가 착공식 전날 러시아 하산역을 출발해 보수된 철길을 따라 북한의 나진항까지 운행했다. 하산역에서는 북한으로 러시아식 광궤(1520ᴍᴍ)와 한반도식 표준궤(1435ᴍᴍ)의 새로운 철길이 나란히 깔린 복합궤다. http://www.app.yonhapnews.co.kr/.../YIBW_showM... (검색일: 2012. 1. 16).

26) 「로동신문」 2011. 10. 21.

27) 「조선중앙통신」 2011. 10. 13.

28) 보스토치니항은 지난 몇 년 동안 비싼 하역료와 물동량이 포화 상태화물 수송이 지연되는 일이 종종 발생했다.

29) 「연합뉴스」 2011. 10. 14.

30) Российская газета, Aug. 24, 2011.

31) http://www.tongilnews.com(검색일: 2012. 1. 15).

32) 러시아의 에너지 정책은 2009년 11월 초 발표한 『에너지 전략 2030』을 통해 러시아는 자국의 국내지역 가스관과 구소련 국가들과 원외국가로의 통합가스공급시스템(UGSS) 구축을 추진 중이다. 이 사업의 주요 목적은 에너지 부족 지역인 연해주 일대에 가스를 공급하고 동북아시아 국가들 대상으로 천연가스 수출의 확대에 있다. 가스프롬은 UGSS의 일환으로 '2030 동방가스망 프로그램' 구축 사업을 실행 중이다. 경제발전과 복지증

진을 위한 국가 에너지 잠재력의 효율적 활용을 목적의 장기 전략인 『에너지 전략 2030』에 의해 추진되고 있는데 2003년 발표된 『에너지 전략 2020』이 보완된 것이다. 더 자세한 논의 다음을 참조. http://minenergo.gov.ru/activity/energostrategy/(검색일: 2012. 1. 13); 윤영미, 『동북아시아의 외교와 안보』 (서울: 두남, 2010), pp. 129-142; 「투데이에너지」 2009. 9. 29; 이성규 외, "러시아의 에너지 자원 수출구조와 수출수송 시스템 분석 연구," 동북아에너지연구 출연사업 정책연구사업 09-09, 에너지경제연구원, 2009 참조.

33) Российская газета, June 24, 2009.

34) 더 자세한 논의 다음을 참조. 윤영미(2010), pp. 143-146.

35) 「로동신문」 2011. 10. 30.

36) Российская газета, Sept. 28, 2011.

37) GATT 규정에 따르면, 제3국통과에 따른 수송 과정에서 부과되는 통과료[국경통과료, 배관이용료(또는 수송료) 및 규제는 합리적으로 이루어져야 된다. 그러나 현실적으로는 당사자 간 협의에 의해 결정되는 것이 일반적이다. 국경통과료는 제3국의 국경통과에 따른 불편 비용을 보상해 주는 대가적 성격을 띤다. 그런데 이런 것을 계산하는 일반적이며 국제적인 표준은 없다. 통과료는 배관의 소유와 운영형태에 따라 상이하다. 예를 들면, 우크라이나는 배관의 소유와 운영을 모두 담당하고 있기 때문에 통과료는 국경통과료와 배관이용료가 포함되어 결정된다. 반면, 제3자가 배관의 소유와 운영을 담당하게 된다면 통과국은 국경통과료만 받게 된다. 통과료의 지불 방식은 당사자들간 계약을 통해 현물 또는 경화 형태로 지불된다. 배관이용요율(transportation tariff)을 결정하는 주된 요소는 가스 수송량과 수송비용(고정비+운영비)이다. 이성규, "남・북・러 가스관 사업의 경제적 효과와 참여 방식," 「KDI 북한경제리뷰」 제13권 제10호, 2011. 10, pp. 44-45.

38) Российская газета, Sept. 28, 2011.

39) Российская газета, Nov. 2, 2011.

40) 이 노선에 의하면 북한구간에서는 별도의 지선을 통해 평양에 가스를 공급하게 되며 러시아 구간이 150㎞, 북한구간 740㎞, 남한구간 232㎞다.

41) 2012년 3월 초 대선에서 푸틴총리의 승리로 대통령으로 재집권하면 개정된 헌법에 따라 6년 임기의 대통령을 두 번 할 가능성도 관측된다. 이렇게 되면 그의 집권은 2024년까지 계속되고 나이는 72세가 된다.

42) 오경섭, "2012년 신년공동사설 분석: 김정은의 권력 안정화를 위한 유훈통치," 「세종논평」 no. 239, 2012. 1. 2, pp. 1-2.

43) 「교도통신」 2012. 1. 28.

44) 윤영미, "포스트 김정일 체제와 러시아의 선택," 「국방일보」 2011. 12. 27.

참고문헌

김갑식, “북・러 정상회담의 합의 내용과 의미,” 「이슈와 쟁점」(국회입법조사처) 제288호, 2011. 8. 30.

오경섭, “2012년 신년공동사설 분석: 김정은의 권력 안정화를 위한 유훈통치,” 「세종논평」 no. 239, 2012. 1. 2.

이성규 외, “러시아의 에너지 자원 수출구조와 수출수송시스템 분석 연구,” 동북아에너지연구 출연사업 정책연구사업 09-09, 에너지경제연구원, 2009.

______, “남・북・러 가스관 사업의 경제적 효과와 참여 방식,” 「KDI 북한경제리뷰」 제13권 제10호, 2011. 10.

이영형, “남북러 가스관 연결 프로젝트의 가능성과 한계: 북러관계를 중심으로,” 한국-시베리아센터 2011년 추계 공동학술세미나, 2011. 11. 24 발표논문.

______, “러시아의 對한반도 지정전략과 한국의 대응,” 「북한조사연구」 제10권 2호, 2006.

여인곤, “울란우데 북・러 정상회담의 러시아 측 의도와 평가,” 통일연구원 KINU 현안분석 온라인 시리즈, 2011. 8. 25.

윤영미, 『동북아시아의 외교와 안보』(서울: 두남, 2010).

______, “포스트 김정일 체제와 러시아의 선택,” 「국방일보」 2011. 12. 27.

Дипломатический вестник, № 8, 2000.

________________________, № 9, 2000.

________________________, № 9, 2001.

「교도통신」 2012. 1. 28.

__________ 2008. 3. 21.

__________ 2008. 3. 21.

__________ 2008. 10. 5.

__________ 2011. 10. 14.

__________ 2011. 10. 21.

__________ 2011. 10. 23.

「교도통신」 2011. 10. 30.
「연합뉴스」 2010. 3. 14.
_________ 2011. 1. 20.
_________ 2011. 10. 14.
「조선중앙통신」 2008. 1. 26.
「한겨레」 2011. 8. 22.
「투데이에너지」 2009. 9. 29.

Российская газета, June 24, 2009.
________________, Aug. 25, 2011.
________________, Aug. 24, 2011.
________________, Sept. 28, 2011.
________________, Nov. 2, 2011.
Правда, Aug. 22, 2002.

http://www.eknews.net/xe/files/attach/images/1291/104/149/c6edab52b207a87d8052fed6307a139c.jpg(검색일: 2012. 1. 3).
http://www.ln.mid.ru/(검색일: 2012. 1. 4).
http://minenergo.gov.ru/activity/energostrategy/(검색일: 2012. 1. 13).
http://www.jyaps.co.kr(검색일: 2012. 1. 14).
http://www.tongilnews.com(검색일: 2012. 1. 15).
http://www.app.yonhapnews.co.kr/.../YIBW_showM...(검색일: 2012. 1. 16).

부 록

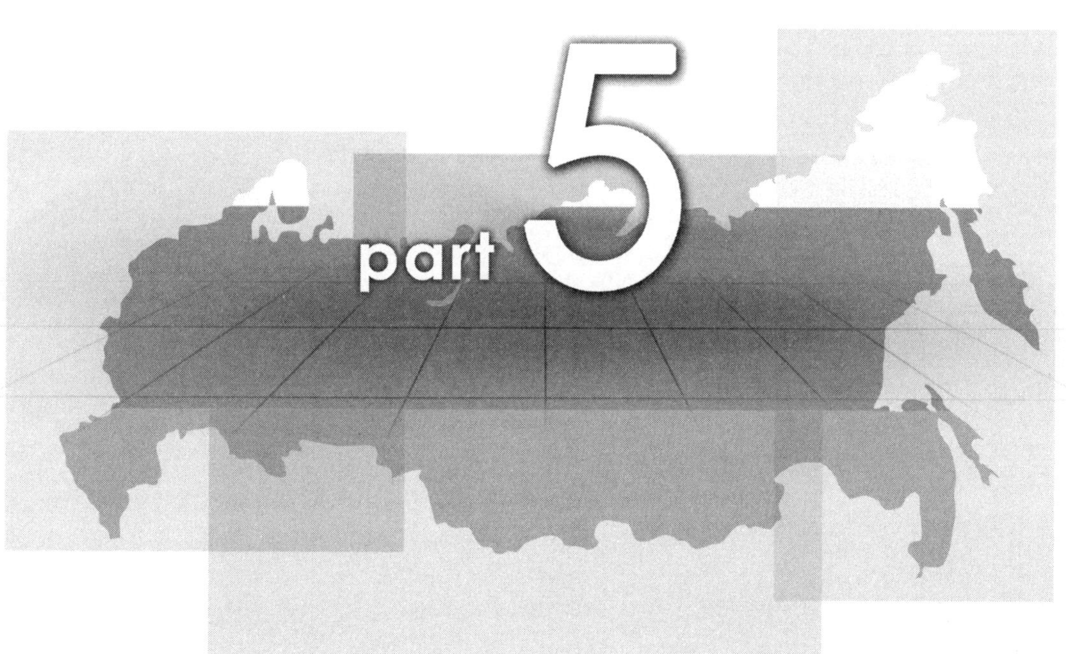

Chapter 12

부록 I. 러시아의 국가개요

II. 한러 정상회담 공동성명 전문(2010. 11)

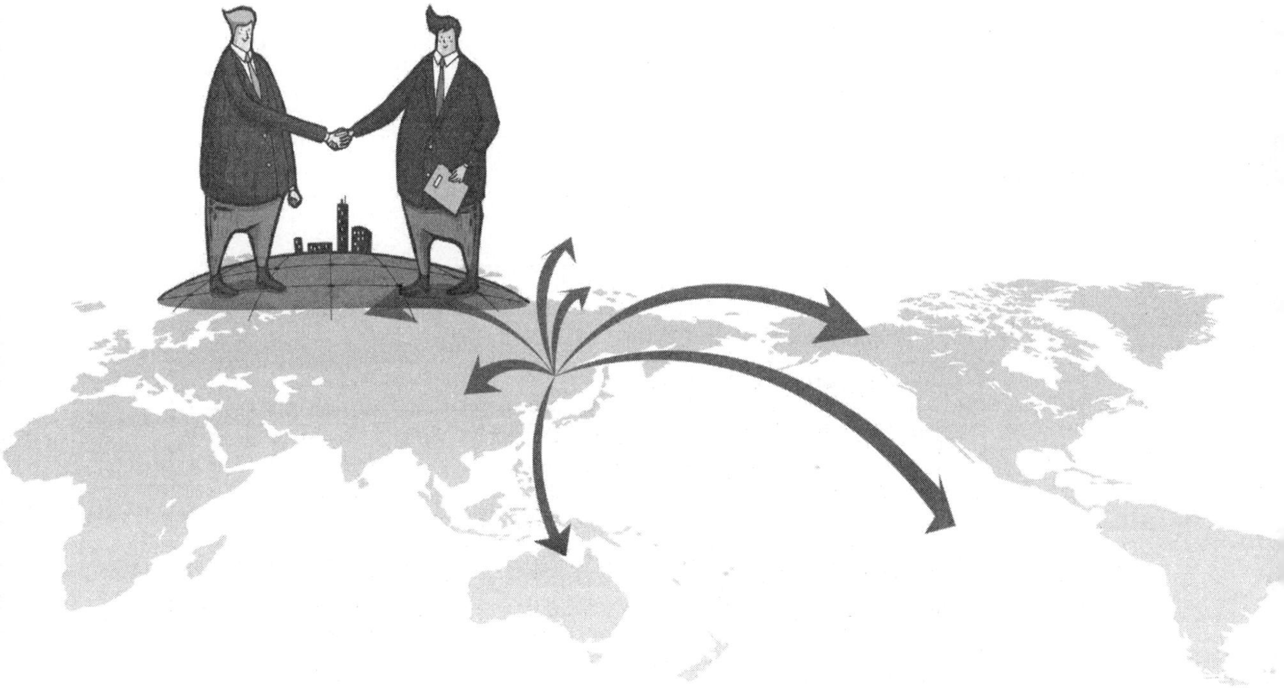

<http://www.iybtv.com/html/xinwen/gjxw/40925.html>

I 러시아의 국가 개요

자 연 지 리	
국토면적	17,075,000 ㎢(한국의 77,4배, 미국의 1,8배)
인 구	1억 4,330명(2005년 기준)
기 후	광범위한 기후대(겨울이 길고 여름이 짧은 대륙성 기후), 1월 평균기온 -16~-9℃ 7월 평균기온 13~23℃
시 간 대	모스크바 GMT+3, 블라디보스토크 GMT+10
인 접 국	아제르바이잔, 벨로루시, 그루지야, 카자흐스탄, 중국, 북한, 라트비아, 몽고, 노르웨이, 폴란드, 미국, 우크라이나, 핀란드, 에스토니아 등
행 정	
공식국명	Russian Federation(Russia)
수 도	Moscow(1,010만 명)
행정조직	7개의 연방관구로 묶여진 총 89개 연방행정구역(21개 공화국, 6개

	지방, 49개 주, 1개 자치주, 10개 자치구, 2개 특별시)
주요도시	상트페테르부르크, 니즈니-니노브고로드, 노보시비르스크, 사마라, 옴스크, 예카테린부르크, 카잔, 첼랴빈스크, 블라디보스토크, 하바롭스크, 이르쿠츠크, 사할린 등
정 치	
정부형태	연방제, 권위주의적 대통령중심제(임기: 4년, 연임에서 6년, 연임으로 개정), 의회민주제: 상원, 하원
대 통 령	블라디미르 푸틴(2004년 3월 14일 재선) 드미트리 메드베데프(2008년 3월 14일 당선) 현 푸틴 총리가 유력한 차기 대선 후보(2012년 3월 4일 대선일)
내 각	총리 1명, 부총리 7명으로 구성
의 회	양원제, 상원: 연방회의 178석, 하원(두마, Duma) 450명, 각각 4년 임기
주요정당	통합러시아당(집권당, 제 1당), 공산당, 조국-전 러시아, 우파 연합 등
사 회 문 화	
민 족	러시아인(82%), 타타르인(4%), 우크라이나인(3%), 기타 대략 100여개 소수민족으로 구성(고려인은 약 20만 명)
언 어	러시아어
종 교	러시아정교(그 외 이슬람, 가톨릭, 기독교, 유대교 등)
회계연도	1월 1일 ~ 12월 31일
도 량 형	미터법
국 경 일	신년(1월 1일~ 5일), 성탄절(1월 7일), 조국수호 기념일(2월 23일), 국제여성의 날(3월 8일), 노동자의 날(5월 1일), 전승기념일(5월 9일), 러시아의 날(6월 12일), 민족단결의 날(11월 4일)

<www.korea.kr/newsWeb/pages/brief...security>

Ⅱ 한러 정상회담 공동성명 전문(2010. 11)

1. 드미트리 메드베데프 러시아연방 대통령은 대한민국 이명박 대통령의 초청으로 2010년 11월 10일부터 11일까지 대한민국을 국빈방문하였다. 양국 정상은 11월 10일 정상회담을 갖고 '전략적 협력 동반자 관계'의 정신하에 양국관계 발전방안 및 주요 지역·국제문제에 대해 폭넓게 논의하였다.

2. 양측은 한 · 러 관계가 정치, 경제, 과학기술, 문화 등 제 분야에서 역동적으로 발전하고 있음에 만족을 표명하였다. 양측은 양국간 협력이 보편적 민주주의와 시장경제 원칙, 그리고 주요 국제문제에 대한 양국 입장의 일치 또는 유사성에 근거하고 있다는데 인식을 같이 하였다.

3. 양측은 2010년 한 · 러 수교 20주년을 기념하여 양국에서 개최된 다양한 행사들이 상호이해 제고와 사회적 네트워크 기반 강화, 새로운 상호

교류채널 구축에 기여하였다는 점을 강조하였다. 이와 관련, 양국 정상의 주도로 출범한 고려대와 상트 페테르부르크 국립대간 '한-러 대화'가 시의적절하다고 평가하였다.

4. 양측은 지속적인 인적교류 확대와 이를 위한 법적·제도적 기반 개선 및 비자간소화에 관한 합의 도출에 큰 의미를 부여하였다. 이와 관련, 양측은 「대한민국 정부와 러시아연방 정부간 한시적 근로활동에 관한 협정」의 체결에 대해 만족을 표명하였다.

5. 양측은 현대화와 혁신을 위한 동반자적 협력프로그램을 조속한 시일내에 마련하기로 하였다. 통신, 금융, 혁신 · 응용 기술 상용화, 녹색성장 및 에너지 절약을 비롯한 환경보호 분야를 중점 협력분야로 지정하였다. 양측은 러시아의 기초과학기술과 한국의 상용화 기술이 상호보완적이라는데 공감하고, IT, 나노, 바이오, 극지연구, 원자력, 신소재, 광학 등 첨단 과학기술 분야에서의 협력을 지속해 나가기로 하였다.

6. 양측은 2010년 9월 20일 상트 페테르부르크에서 개최된 제10차 한-러 경제과학기술공동위원회 개최 결과를 긍정적으로 평가하고, 동 공동위에서의 합의사항을 조속히 실현하기 위해 노력해 나가기로 하였다.

양측은 세계적 경제위기의 영향으로 일시 위축되었던 양국간 교역이 회복되고 있고 한국기업들의 대러시아 투자가 지속적으로 증가하고 있음을 평가하였다. 또한 양측은 양국간 투자가 상호 확대되도록 노력하기로 하였다.

7. 양측은 2009년 8월 7일 체결된 「한－러 에너지 협력 액션플랜」에 따라 양국간 에너지 협력사업들이 원활히 추진되고 있음에 만족을 표하고, 유 · 가스전 공동개발, 러시아 광물자원 개발, 러시아산 천연가스 한국 공급 및 러시아 지역의 전력망 현대화 분야에서 양국 기업간 협력을 강화해 나가기로 하였다.

8. 러측은 국제 핵에너지인프라 구축 계획과 앙가르스크 국제우라늄농축센터에 동참해 줄 것을 한국측에 제의하였고, 한국측은 동 제의를 검토하기로 하였다.

9. 양측은 러시아 극동·시베리아 지역 경제발전을 위한 폭넓은 과제와 인프라, 농업, 어업 및 수산가공, 교통 및 물류 개발을 위한 한-러 공동 프로젝트 연계 등 역내 협력 문제에 대해 논의하였다.
양측은 2010년 9월 6일 이르쿠츠크에서 개최된 '제6차 극동시베리아 분과위원회'에서의 협의 결과에 만족을 표하고, 극동시베리아 개발 관련 양국간 협력을 계속 강화해 나가기로 하였다.

10. 양측은 극동 러시아 항만 및 배후단지 개발을 위한 구체 프로젝트 마련을 위해 공동 노력해 나가기로 하였다.

11. 양측은 한반도 종단철도(TKR)와 시베리아 횡단철도(TSR) 연결, 한－러간 가스관 건설 및 송전망 부설 사업이 양국간 교류 증진 및 동북아 국가간 역내 협력 강화에도 기여할 것이라는 데 의견을 같이 하였다.

12. 양측은 「대한민국 정부와 러시아연방 정부간 해상운송에 관한 협정」에 서명하였으며, 양국간 해운분야에서 교류 · 협력을 확대해 나가기로 하였다.

13. 양측은 2009년 12월 22일 「대한민국 정부와 러시아연방 정부간 해양생물자원의 불법, 비보고 및 비규제 어업 방지 협력에 관한 협정」 체결을 환영하고, 해양생물자원 보존 및 관리를 위한 상호협력을 강화해 나가기로 하였다. 양측은 러시아의 해양생물자원의 상태를 고려하여 러시아의 배타적 경제수역에서 대한민국 어선의 조업분야에서의 협력과 러시아 극동지역의 수산물 가공분야에 대한 투자 협력을 지속적으로 확대해 나갈 의향을 확인하였다.

14. 양측은 최신 농업기술 교류 및 한국기업의 대러시아 투자가 양국의 농업부문 발전에 기여할 것이라는데 인식을 같이 하였다. 이와 관련 양측은 동 분야에서의 호혜적 협력체제를 지원 및 개선해 나가기로 하였다.

15. 한국측은 상호 무역자유화에 긍정적인 영향을 미칠 러시아의 세계무역기구(WTO) 가입에 대해 지지 의사를 표명하였다.

16. 양측은 2008년 한국 최초 우주인 양성, 제1 · 2차 한국형 우주발사체(KSLV-1) 나로호 발사 등 양국간 우주기술 분야 협력증진 노력을 평가하

고, 나로호(KSLV-I) 제3차 발사의 성공을 위해 적극 협력해 나가기로 하였다.

17. 양측은 양국간 군사기술분야에서의 협력이 진전되고 있음을 환영하면서, 동 분야에서의 협력을 지속해 나가기로 합의하였다.

18. 양측은 기후변화에 효율적으로 대처하기 위한 국제적 합의가 도출되도록 긴밀히 협력해 나가기로 하는 한편, 폐기물 재처리, 환경기술 개발경험 공유, 생물 다양성 복원 분야에서도 협력해 나가기로 하였다.

19. 양측은 대중매체, 방송·통신 분야에서 협력을 증진해 나가기로 하였으며, 양자 및 국제기구 차원에서 동 분야 협력을 지속 발전시켜 나가기로 합의하였다.

20. 양측은 유엔헌장을 포함한 국제법 기본원칙에 대한 신념을 재확인하고 국제문제에서 유엔의 역할 강화를 지지하였으며, 회원국의 가장 광범위한 합의에 기초한 유엔안보리 개혁에 지지를 표명하였다.

21. 양측은 국제 테러리즘 및 마약 불법유통, 해적, 사이버범죄를 비롯한 초국가 범죄 등 국제사회의 주요 도전에 대응하기 위해 국제사회가 함께 노력할 것을 촉구하였으며, 에너지 및 식량안보 확보를 위한 협력의 중요성을 강조하였다.

22. 양측은 세계경제의 강하고 지속가능하며 균형된 발전을 위해 국가간 정책공조가 필요하다는 점을 강조하면서, 국제 금융기구 지배구조 개선, 세계금융시스템 규제의 질적 개선 및 경제위기에 대한 대응능력 강화 등의 필요성에 공감하고, 이를 위한 적극적 협력 의지를 표명하였다.

양측은 국제사회와 공조하여 균형있고 호혜적인 다자통상체제를 완성해 나가는데 협력하고자 하는 의지를 표명하였다.

23. 양측은 세계 금융위기의 극복과 세계경제 회복에 있어서 G20의 활동을 긍정적으로 평가하고, G20이 회원국들간 국제경제협력을 위한 최상위 포럼이라는 데 공감하였다. 양측은 G20의 역할을 강화하기 위해 협력해 나가기로 하였다.

양측은 G20이 재정건전화, 금융규제개혁, 보호무역주의 저지 및 국제개발협력 문제 등에 대해 관심을 제고해야 한다는데 동의하였다.

러측은 G20 정상회의 의장국으로서 대한민국의 활동을 높이 평가하였다. 양측은 서울 G20 정상회의의 성공적 개최를 위해 협력을 강화하기로 하였다.

24. 비확산문제의 논의 과정에서 양측은 2012년 대한민국의 핵안보 정상회의 유치 결정을 환영하고, IAEA 검증시스템의 효율성 제고가 중요함을 지적하면서 포괄적 핵실험금지조약의 조속한 발효를 지지하였다. 한국측은 러-미간 체결된 신전략무기감축조약(New START)을 긍정적으로 평가하였다.

25. 양측은 아태지역이 직면한 위협과 도전이 증가함에 따라 역내 모든 국가가 지역 안보 및 안정 확보를 위해 지속적인 노력을 기울여야 한다는 점에 의견을 같이 하였다. 양측은 네트워크 외교 확대 및 EAS, ARF, APEC, ASEM, 여타 지역 협의체간 상호협력 강화의 중요성을 강조하였다. 한국은 2012년 블라디보스토크 APEC 정상회의의 성공적 개최를 위한 러시아의 노력을 지지하였으며, 러시아의 ASEM, EAS 가입이 아태지역내 안보 증진 및 통합 프로세스를 발전시킬 것이라고 평가하였다.

26. 양측은 한반도와 동북아의 평화와 안정을 위하여 현존하는 역내 핵문제를 외교적 방법을 통해 포괄적이고 완전하며 불가역적으로 해결하는 것이 중요하다는 데 인식을 같이 하고, 모든 참여국들이 9 · 19 공동성명과 유엔 안보리의 결의 제1718호 및 제1874호를 충실히 이행할 필요가 있음을 재확인하였다.

양측은 6자회담 재개를 위한 여건을 조성하기 위해 긴밀한 협력을 지속해 나가기로 하였고, 6자회담이 재개되면 동북아 평화안보체제 구축을 위해 실무그룹을 재가동하는 것이 긴요하다는 데 인식을 같이 하였다.

러측은 남북대화에 대한 러측의 지지를 확인하고, 남북대화가 역내 평화·안정 강화를 위해 중요한 요소임을 언급하였다.

27. 양측은 상호신뢰 및 협력의 분위기 속에서 진행된 회담 결과에 만족을

표하였다. 메드베데프 러시아 대통령은 이명박 대통령이 편리한 시기에 러시아연방을 방문하도록 초청하였다. 이명박 대통령은 동 초청에 사의를 표하였다. 구체적인 방문시기는 외교채널을 통해 조율해 나가기로 하였다.

저자소개

윤 영 미(Yeongmi, Yun)

- 충주 출생으로 충주여자고등학교를 졸업하고 이화여자대학교 정치외교학과를 졸업했다. 애버딘대학교(Aberdeen, 영국)에서 국제관계학 석사와 글라스고우대학교(Glasgow, 영국) 정치학 박사를 받았다.

- 현재 평택대학교 외교안보전공 교수로 재직 중이다. 국군방송(FM), '국방광장' 시사앵커(MC)와 국방부 정책기획자문위원 및 기관평가위원, 한국정치학회 및 한국국제정치학회 이사 등 주요 학회에서 활동 중이다. 국방부 합참정책자문위원, 통일부 정책자문위원, 한국국제정치학회 연구이사, 한국정책방송(KTV)의 생방송 앵커(MC)를 걸쳐, 고려대학교 평화연구소의 연구교수 등을 역임했다.

- 「21세기 세계정치와 상생의 외교전략」(도서출판 두남, 2010), 「동북아시아의 외교와 안보」(도서출판 두남, 2010), 「러시아자본주의 혁명, 공역」(전략과 문학, 2010), 「동아시아 철도네트워크의 역사와 정치경제학 I, 공저」(리북, 2008), 「현대비교정치론, 공역」(명인, 2007), 「중앙아시아의 문명과 반문명, 공저」(리북, 2007), 「혁명은 TV로 중계되지 않는다, 공역」(산해, 2006) 등과 "상하이협력기구에서의 러시아 역할과 입장", "러시아의 국가 에너지전략에 대한 소고: 러시아 극동지역을 중심으로", "국가전략 차원에서의 한국의 에너지 외교에 대한 고찰", "전략적 미래 한미동맹과 주한미군 평택재배치의 함의" 등의 다수 논문과 공저가 있다.

저자협의
인지생략

현대러시아정치와 국제관계

초 판 1쇄 발행 —— 2011년 3월 15일
개정판 1쇄 발행 —— 2012년 3월 5일
개정판 2쇄 발행 —— 2015년 8월 5일
지은이 —— 윤 영 미
펴낸이 —— 전 두 표
펴낸곳 —— 도서출판 두남
서울시 강동구 성내1동 455-12 두남빌딩
신 고 : 제25100-1988-9호
(구 제2-624호, 1988. 7. 21)
TEL : 02) 478-2065, 2066, 2067, 2311
FAX : 02) 478-2068
E-mail : dunam1@unitel.co.kr
http://www.dunam.co.kr

정가 22,000원

ISBN 978-89-6414-316-2 93340